21世纪高职高专国家示范院校物流管理专业工学结合系列教材

仓储与配送
管理实务

CANGCHU YU PEISONG
GUANLI SHIWU

缪兴锋 李超锋 编著

华南理工大学出版社
·广州·

广东省 2007 年高等教育教学改革工程项目重点课题
《高职高专产学研结合培养高素质人才改革探索与实践》资助

图书在版编目（CIP）数据

仓储与配送管理实务/缪兴锋，李超锋编著．—广州：华南理工大学出版社，2010.1
（2017.6 重印）
ISBN 978-7-5623-3178-0
（21 世纪高职高专国家示范院校物流管理专业工学结合系列教材）

Ⅰ．仓… Ⅱ．①缪… ②李… Ⅲ．①仓库管理 – 高等学校：技术学校 – 教材 ②物流 – 配送中心 – 企业管理 – 高等学校；技术学校 – 教材 Ⅳ．F253

中国版本图书馆 CIP 数据核字（2009）第 093865 号

总 发 行：华南理工大学出版社（广州五山华南理工大学 17 号楼，邮编 510640）
营销部电话：020 - 87113487　87111048（传真）
　E-mail：z2cb@ scut. edu. cn　　http：//www. scutpress. com. cn
责任编辑：吴兆强　孟宪忠
印 刷 者：虎彩印艺股份有限公司
开　　本：787mm×1092mm　1/16　印张：17　字数：425 千
版　　次：2010 年 1 月第 1 版　2017 年 6 月第 2 次印刷
印　　数：2 501～3 000 册
定　　价：28.00 元

版权所有　盗版必究

"21世纪高职高专国家示范院校物流管理专业工学结合系列教材"
编 委 会

顾　问：王之泰（中国物流学会副会长，教授）

主　编：叶小明（广东轻工职业技术学院院长，教授）

　　　　张宁东（南宁职业技术学院副院长，教授）

副主编：缪兴锋（广东轻工职业技术学院CILT供应链管理学院院长，
　　　　　　　副教授/高工）

　　　　陈杰伦（广东工程职业技术学院副院长，副教授）

　　　　周　旺（南宁职业技术学院教务科研处处长，教授）

　　　　秦殿军（南京工业职业技术学院系主任，教授）

编　委：（按姓氏笔画顺序排列）

　　　　方　轮　王秀贵　印晓南　刘大为　伍　曙

　　　　朱　权　孙　振　张晓青　吴小梅　别文群

　　　　张　强　范家巧　金延芳　饶骏峰　胡艳曦

　　　　赵迪琼　徐　御　黄　慧　梁海琼　曾敬然

总策划：潘宜玲

策　划：吴兆强　孟宪忠

企业专家委员会：

徐隆久（东莞市威特隆仓储设备有限公司总经理）

姜世建（北京易通交通信息发展有限公司IT事业部经理）

邵清东（北京络捷斯特科技发展有限公司总经理）

申　昊（深圳市中海资讯科技有限公司教育项目经理）

马建聪（广东国药控股广州现代物流中心总经理）

李智杰（广州市智成计算机科技有限公司总经理）

任其林（广西大泽联合商贸有限责任公司副总经理）

参编院校名单：

广东轻工职业技术学院（国家示范性院校）

南宁职业技术学院（国家示范性院校）

南京工业职业技术学院（国家示范性院校）

番禺职业技术学院（国家示范性院校）

广东经济管理学院

广东工程职业技术学院

广东岭南职业技术学院

广东技术师范学院天河学院

东莞南博职业技术学院

湖南科技职业技术学院

前　言

21世纪既是一个竞争日益激烈的世纪，也是一个充满机遇的时代。随着我国经济的快速发展，物流业作为国民经济的动脉和基础产业起着越来越重要的作用。许多市场意识敏锐的企业将物流作为提高竞争力和提升核心竞争力的重要手段，力图把握物流这一有力的"法宝"，不断地去开拓市场以赢得物流"第三利润源"。现代物流业是一个兼有知识密集、技术密集、资本密集和劳动密集特点的外向型和增值型的跨行业、跨部门的复合产业，在我国尽管起步较晚，但已逐渐体现出强大的生命力。现阶段，我国正处于由传统物流向现代物流战略转型的发展机遇期，其跨越式的发展也促进了物流教育的发展。企业物流运作与管理水平的提高不仅需要高级物流管理人才，更需要大量掌握一定专业技术、服务于一线的应用型、技能型与操作型物流专业人才，因此，非常有必要大力发展职业教育，尤其是高等职业教育。

我国的物流职业教育仍十分滞后，现代物流人才严重匮乏，已被列为全国12种紧缺人才之一。根据物流人才需求特征及国内外物流业和物流学科的发展动态，未来高职物流教育将呈现如下趋势：

（1）为了适应现代化社会对人才多方面能力的要求，物流职业教育将更侧重于对学生学习能力、实践能力、创新能力、社会适应能力等多种能力的培养以及综合素质的培养。相应地，物流管理专业人才培养模式将紧密围绕素质教育这根主线开展，使学生形成良好的职业道德和正确的价值观。

（2）以学生为中心，构建基于工作过程的课程体系，为学生提供一个适应岗位需要，有职业发展前景的、模块化的学习资源。深化教学改革，实施模块式课程结构和弹性学习制度，以满足企业和学生的不同需要。

（3）以满足企业需求为基本依据，以增强职业能力为本位，加强实践性教学，重点突出职业技能，提高学生在实际工作中的操作能力，以增强学生的岗位适应能力。改进教学模式，加强校内外实训基地和实验室建设，走产、学、研相结合的道路。

（4）物流职业教育将致力于培养科技型和知识创新型人才。随着物流技术的深入发展，物流信息的发生量日益增大。人才培养应力求根据国家和地区的最新技术发展，突出物流行业的新知识、新技术、新方法，体现教学内容的先进性。

为了满足经济建设与人才培养的需要，教育部制订颁布了《高等职业教育物流管理专业紧缺型人才培养指导方案》，它的颁布对全国高职院校物流管理专业发展起到了规范与引导的作用。为了密切配合教育部推出的"指导方案"，契合物流职业教育发展趋势，满足培养物流技能型人才的需要，华南理工大学出版社组织了10多所高职高专院校物流管理专业教学第一线的"双师型"教师，并联合一些在华南珠三角地区具有较大影响力的物流企业、仓储企业以及仓储装备制造企业，共同编写出版了本套《21世纪高职高专国家示范院校物流管理专业工学结合系列教材》，基本满足高职高专院校物流管理专业运输管理、仓储与配送、企业物流及国际物流等专业方向的培养需求。

本套教材开发宗旨是以素质教育、创新教育为基础，以企业岗位需求为依据，以增强学生职业能力为本位，力求突出以下特色：

（1）理念创新。秉承物流管理专业人才培养目标；培养面向生产、建设、管理、服务第一线需要的"下得去、留得住、用得上"，实践能力强，具有良好职业道德的高技能人才。根据职业岗位和工作技能对专业知识结构要求，出版一系列体现教学改革最新理念、内容领先、思路创新、突出实训、成系列配套的高职高专教材。

（2）方法创新。以知识目标为基础，能力目标为杠杆，摒弃"借用教材、压缩内容"的滞后方法，专门开发符合高职特点的"工学结合教材"。在对职业岗位所需求的专业知识和专项能力进行科学分析的基础上，借鉴国内外先进教材，以确保符合职业教育的特色。

（3）特色创新。突出基础理论知识够用、应用和实践技能加强的特色；保持相对统一的活泼的编写体例与丰富的栏目；适量增加实训的内容；提供"课件"、"教学资源支持库"等立体化的教学支持，以方便教师教学与学生学习。

（4）内容创新。针对高职高专学生的特点、培养目标及学时压缩的趋势，控制内容深浅度、覆盖面及写作风格，力求反映知识更新和科技发展的最新动态，将新知识、新技术、新内容、新工艺、新案例及时反映到教材中，体现高职教育专业紧密联系生产、建设、服务、管理一线的实际要求。

经审定，该套教材既可作为高职高专院校物流管理专业的教材，亦可作为高职高专物流工程专业、港航专业、交通运输专业的专业课教材，还可作各层次成人教育和企业培训教学参考书，也适合于作为广大物流从业人员的自学读物。为了配合教学需要，我们还制作了本书的电子课件，若有需要请与责任编辑吴兆强联系：E-mail：zqwu@zcut.edu.cn，QQ362992115。

本书由广东轻工职业技术学院缪兴锋、李超锋共同编著而成。全书由缪兴锋负责总体策划、结构设计和最后统稿，这也是编者研究课题广东省2007年高等教育教学改革工程重点项目《高职高专产学研结合培养高素质人才改革探索与实践》的阶段性成果。

在编写本书过程中得到了许多院校和研究机构的专家、教授和物流企业领导的大力支持，特别是友好单位：东莞市威特隆仓储设备有限公司总经理徐隆久先生；佛山有为物流有限公司总经理曹新川先生；北京络捷斯特科技发展有限公司总经理邵清东先生；深圳市中海资讯科技有限公司教育项目经理申昊先生对编写本教材提供了许多实际案例素材与技术支持，在此一并致谢。

由于编者水平有限，书中难免存在疏漏和不足之处，恳请广大读者提出宝贵意见，以日臻完善。同时，在编写过程中参考了大量的书籍、文献，引用了许多学者的资料，在此谨对他们表示衷心的感谢。

编　者

2009年5月

目 录

第一章 仓储和仓储管理 ……………………………………………………（1）

学习目标 ……………………………………………………………………（1）
引导案例 ……………………………………………………………………（1）
第一节 仓储概述 …………………………………………………………（2）
第二节 仓储的功能 ………………………………………………………（7）
第三节 仓储管理 …………………………………………………………（13）
实训项目 ……………………………………………………………………（20）
课后案例 ……………………………………………………………………（20）

第二章 仓库和仓库设备管理 ………………………………………………（23）

学习目标 ……………………………………………………………………（23）
引导案例 ……………………………………………………………………（23）
第一节 仓库的作用及分类 ………………………………………………（24）
第二节 仓库的结构与布局 ………………………………………………（28）
第三节 仓库设备 …………………………………………………………（33）
第四节 自动化立体仓库 …………………………………………………（51）
实训项目 ……………………………………………………………………（55）
课后案例 ……………………………………………………………………（56）

第三章 仓储经营管理 ………………………………………………………（58）

学习目标 ……………………………………………………………………（58）
引导案例 ……………………………………………………………………（58）
第一节 仓储经营组织 ……………………………………………………（59）
第二节 仓储经营方法 ……………………………………………………（64）
第三节 仓储多种经营 ……………………………………………………（69）
第四节 仓储成本管理 ……………………………………………………（74）
实训项目 ……………………………………………………………………（82）
课后案例 ……………………………………………………………………（83）

第四章 仓储商务管理 ………………………………………………………（86）

学习目标 ……………………………………………………………………（86）
引导案例 ……………………………………………………………………（86）

第一节　仓储商务管理概述 ……………………………………………………… (87)
　　第二节　仓储合同管理 …………………………………………………………… (91)
　　第三节　现代仓储客户关系管理 ………………………………………………… (116)
　　实训项目 …………………………………………………………………………… (119)
　　课后案例 …………………………………………………………………………… (120)

第五章　仓储业务管理 ……………………………………………………………… (122)

　　学习目标 …………………………………………………………………………… (122)
　　引导案例 …………………………………………………………………………… (122)
　　第一节　仓储计划管理 …………………………………………………………… (123)
　　第二节　入库作业管理 …………………………………………………………… (131)
　　第三节　保管业务管理 …………………………………………………………… (138)
　　第四节　出库作业管理 …………………………………………………………… (146)
　　实训项目 …………………………………………………………………………… (151)
　　课后案例 …………………………………………………………………………… (152)

第六章　库存控制 …………………………………………………………………… (158)

　　学习目标 …………………………………………………………………………… (158)
　　引导案例 …………………………………………………………………………… (158)
　　第一节　库存与库存管理概述 …………………………………………………… (159)
　　第二节　库存控制技术 …………………………………………………………… (164)
　　第三节　库存管理的经济分析 …………………………………………………… (179)
　　实训项目 …………………………………………………………………………… (183)
　　课后案例1 ………………………………………………………………………… (183)
　　课后案例2 ………………………………………………………………………… (184)

第七章　仓储安全与保管技术 ……………………………………………………… (186)

　　学习目标 …………………………………………………………………………… (186)
　　引导案例 …………………………………………………………………………… (186)
　　第一节　仓储安全管理 …………………………………………………………… (187)
　　第二节　仓储质量管理 …………………………………………………………… (198)
　　实训项目 …………………………………………………………………………… (204)
　　课后案例 …………………………………………………………………………… (205)

第八章　配送及配送中心 …………………………………………………………… (206)

　　学习目标 …………………………………………………………………………… (206)
　　引导案例 …………………………………………………………………………… (206)
　　第一节　配送概述 ………………………………………………………………… (207)
　　第二节　配送中心及其功能类型 ………………………………………………… (212)

第三节 配送中心组织结构与管理 …………………………………………… (216)

实训项目 …………………………………………………………………… (218)

课后案例 …………………………………………………………………… (219)

第九章 配送运输概述 …………………………………………………… (221)

学习目标 …………………………………………………………………… (221)

引导案例 …………………………………………………………………… (221)

第一节 配送运输概述 ……………………………………………………… (222)

第二节 配送网络 …………………………………………………………… (229)

第三节 配送运输车辆积载 ………………………………………………… (235)

第四节 配送运输车辆调度方法 …………………………………………… (237)

第五节 配送运输合理化 …………………………………………………… (240)

实训项目 …………………………………………………………………… (243)

课后案例 …………………………………………………………………… (243)

第十章 配送成本管理 …………………………………………………… (246)

学习目标 …………………………………………………………………… (246)

引导案例 …………………………………………………………………… (246)

第一节 配送成本概述 ……………………………………………………… (247)

第二节 配送成本的核算 …………………………………………………… (251)

第三节 配送成本的控制策略 ……………………………………………… (255)

实训项目 …………………………………………………………………… (259)

课后案例 …………………………………………………………………… (259)

参考文献 ………………………………………………………………… (262)

第一章　仓储和仓储管理

【学习目标】

知识目标

1. 掌握仓储与仓储管理基本概念及性质；
2. 掌握仓储的基本经济功能和增值服务功能；
3. 掌握仓储管理的研究对象和内容；
4. 掌握仓储的任务、地位和作用以及在物流管理中的地位。

能力目标

1. 能够制订仓储企业的经营目标；
2. 能够制订仓储业的发展战略目标；
3. 能够保证仓储高效运作；
4. 能够根据仓储管理岗位需求制订仓储管理人员的基本素质要求。

【引导案例】

西南仓储公司的转变

西南仓储公司是一家地处四川省成都市的国有商业储运公司，随着市场经济的深入发展，原有的业务资源逐渐减少，在企业的生存和发展过程中，也经历了由专业储运公司到非专业储运公司再到专业储运公司的发展历程。在业务资源和客户资源不足的情况下，这个以仓储为主营业务的企业其仓储服务是有什么就储存什么。以前是以五金交电为主，后来也储存过钢材、水泥和建筑涂料等生产资料。这种经营方式解决了企业仓库的出租问题。

那么，这家企业是如何发展区域物流的呢？

专业化：当仓储资源又重新得到充分利用的时候，这家企业并没有得到更多利益，经过市场调查和分析研究，这家企业最后确定了立足自己的老本行，发展以家用电器为主的仓储业务。

一方面，在家用电器仓储上，加大投入和加强管理，加强与国内外知名家用电器厂商的联系，向这些客户和潜在客户介绍企业确定的面向家用电器企业的专业化发展方向，吸引家电企业进入。另一方面，与原有的非家用电器企业用户协商，建议其转库，同时将自己的非家用电器用户主动地介绍给其他同行。

延伸服务：在家用电器的运输和使用过程中，不断出现损坏的家用电器，以往，每家生产商都是自己进行维修，办公场所和人力方面的成本很高，经过与用户协商，在得到大多数生产商认可的情况下，这家企业在库内开始了家用电器的维修业务，既解决了生产商的售后服务的实际问题,也节省了维修品往返运输的成本和时间,并分流了企业内部的富余人员,一举两得。

多样化:除了为用户提供仓储服务之外,这家企业还为一个最大的客户提供办公服务,向这个客户的市场销售部门提供办公场所,为客户提供了前店后厂的工作环境,从而大大地提高了客户的满意度。

区域性物流配送:通过几年的发展,企业经营管理水平不断提高,企业内部的资源得到了充分的挖掘,同样,企业的仓储资源和其他资源也已经处于饱和状态。资源饱和了,收入的增加从何而来?在国内发展现代物流的形势下,这家企业认识到只有走出库区,走向社会,发展物流,才能提高企业的经济效益,提高企业的实力。发展物流从何处做起?经过调查和分析,决定从学习入手,向比自己先进的企业学习,逐步进入现代物流领域。经过多方努力,他们找到一家第三方物流企业,在这个第三方物流企业的指导下,通过与几家当地的运输企业合作(外包运输),开始了区域内的家用电器物流配送,为一家跨国公司提供物流服务,现在这家企业的家用电器的物流配送已经覆盖了四川(成都市)、贵州和云南等地。

讨论题:

(1)通过分析西南仓储公司向现代物流的转变过程,你认为其转变成功的关键是什么?

(2)通过本案例分析,你认为目前中国传统物流企业怎样才能实现向现代物流的转变?

第一节 仓储概述

一、仓储的概念

(一)仓储的概念

所谓仓储,是以改变"物"的时间状态为目的的活动,通过仓库或特定的场所对物品进行保管、控制等管理,从克服产需之间差异中获得更好的效用。

在物流系统中,仓储是一个不可或缺的构成要素。仓储业是随着物资储备的产生和发展而产生并逐渐发展起来的。仓储是商品流通的重要环节之一,也是物流活动的重要支柱。在社会分工和专业化生产的条件下,为保持社会再生产过程的顺利进行,必须储存一定量的物资,以满足一定时期内社会生产和消费的需要。

仓储就是在特定的场所储存物品的行为。仓储有静态和动态两种:

$$\begin{cases} 静态——存放 \\ 动态——保管、控制、提供使用 \end{cases}$$

当产品不能被及时消耗掉,需要专门场所存放时,就产生了静态的仓储;将物品存入仓库以及对于存放在仓库里的物品进行保管、控制、提供使用等管理,则形成了动态的仓储。可以说,仓储是对有形物品提供存放场所、物品存取过程和对存放物品的保管、控制的过程,是人们的一种有意识的行为。

（二）仓储的性质

仓储是物资产品的生产过程的持续，物资的仓储也创造着产品的价值；仓储既有静态的物品储存，也包含动态的物品存取、保管、控制的过程；仓储活动发生在仓库等特定场所；仓储的对象既可以是生产资料，也可以是生活资料，但必须是实物动产。

由此可见，从事商品的仓储活动与从事物质资料的生产活动虽然在内容和形式上不同，但它们都具有生产性质，无论是处在生产领域的企业仓库，还是处在流通领域的储运仓库和物流仓库，其生产的性质是一样的。

尽管仓储具有生产性质，但与物质资料的生产活动却有很大的区别，主要表现为以下特点：

（1）不创造使用价值，不增加价值。
（2）具有不均衡和不连续性。
（3）具有服务性质。

二、仓储的种类

（一）按仓储经营主体划分

1. 自营仓储

自营仓储主要包括生产企业仓储和流通企业的仓储。生产企业为保障原材料供应、半成品及成品的保管需要而进行仓储保管，其储存的对象较为单一，以满足生产为原则。流通企业自营仓储则为流通企业所经营的商品进行仓储保管，其目的是支持销售。

自营仓储不具有经营独立性，仅仅是为企业的产品生产或商品经营活动服务，相对来说规模小，数量众多，专业性强，仓储专业化程度低，设施简单。

2. 营业仓储

营业仓储是仓储经营人以其拥有的仓储设施，向社会提供仓储服务。仓储经营人与存货人通过订立仓储合同的方式建立仓储关系，并且依据合同约定提供仓储服务并收取仓储费。

营业仓储面向社会，以经营为手段，实现经营利润最大化。与自用仓库相比，营业仓储的使用效率较高。

3. 公共仓储

公共仓储是公用事业的配套服务设施，为车站、码头提供仓储配套服务，其运作的主要目的是为了保证车站、码头等的货物作业和运输，具有内部服务的性质，处于从属地位。但对于存货人而言，公共仓储也适用营业仓储的关系，只是不独立订立仓储合同，而是将仓储关系列在作业合同、运输合同之中。

4. 战略储备仓储

战略储备仓储是国家根据国防安全、社会稳定的需要，对战略物资进行储备。战略储备仓储特别重视储备品的安全性，且储备时间较长。所储备的物资主要有粮食、油料、有色金属等。

（二）按照仓储功能分类

1. 生产仓储

生产仓储为生产领域服务，主要是用来保管生产企业生产加工的原材料、燃料、在制品和待销售的产成品，包括原材料仓储、在制品仓储和成品仓储。

2. 流通仓储

流通仓储为流通领域服务，专门储存和保管流通企业待销售的商品，包括批发仓库、零售仓库。

3. 中转仓储

中转仓储是衔接不同运输方式的仓储，主要设置在生产地和消费地之间的交通枢纽地，如港口、车站等进行的仓储。中转仓储具有货物大进大出的特性，储存期限短，注重货物的周转效率和周转率。

4. 保税仓储

保税仓储是指使用海关核准的保税仓库存放保税货物的仓储。保税仓储所储存的对象是暂时进境并还需要复运出境的货物，或者是海关批准暂缓纳税的进口货物。保税仓储受到海关的直接监控，虽然所储存的货物由存货人委托保管，但保管人要对海关负责，入库或出库单据均需要由海关签署。

5. 加工型仓储

加工型仓储是商品保管和加工相结合的仓储活动。主要职能是根据市场需要，对商品进行选择、分类、整理、更换等流通加工活动。

（三）按照仓储的保管条件分类

1. 普通物品仓储

普通物品仓储是指不需要特殊条件的物品仓储。其设备和库房建造都比较简单，使用范围较广。这类仓储有一般性的保管场所和设施，常温保管，自然通风，无特殊功能。

2. 专用仓储

专用仓储是专门用来储存某一类（种）的物品仓储。一般由于物品本身的特殊性质，如对温湿度的特殊要求，或易于对与之共同储存的物品产生不良影响，因此，要专库储存。例如，机电产品、食糖、烟草仓库等。

3. 特殊物品仓储

特殊物品仓储是在保管中有特殊要求和需要满足特殊条件的物品仓储。如危险品、石油、冷藏物品等。这类仓储必须配备有防火、防爆、防虫等专门设备，其建筑构造、安全设施都与一般仓库不同。例如，冷冻仓库、石油库、化学危险品仓库等。

（四）按照仓储物的处理方式分类

1. 保管式仓储

保管式仓储也称之为纯仓储，是以保管物原样保持不变的方式所进行的仓储。存货人将特定的物品交由保管人进行保管，到期保管人将原物交还存货人。保管物除了所发生的自然损耗和自然减量外，数量、质量、件数不发生变化。保管式仓储分为仓储物独立保管的仓储和将同类仓储物混合在一起的混藏式仓储。

2. 消费式仓储

保管人在接受保管物时，同时接受保管物的所有权，保管人在仓储期间有权对仓储物行使所有权。在仓储期满，保管人将相同种类、品种和数量的替代物交还给委托人所进行的仓储。消费式仓储特别适合于保管期较短的如农产品、市场价格变化较大的商品的长期存放。

三、我国仓储业现状和发展趋势

仓储业是指从事仓储活动的经营企业的总称。仓储业是一个古老的行业，随着社会经济的不断发展，对经济的发展起着重要的保证作用。仓储业已成为社会经济发展的重要组成部分，在国民经济体系中占有重要的地位。

（一）仓储业的发展

1. 传统仓储业应向综合物流发展

传统仓储业务单一，不能适应现代物流客户的个性化需求，应树立以客户为中心的理念，依据自身的优势和特点充分满足客户；应发展基于仓储的流通加工等增值业务，满足客户日益提高的个性化和差异化的需求。服务品种多样化、个性化、快速化成为传统仓储企业发展现代物流的主要手段，能够提升整个仓储业的水平，有条件的仓储业应向第三方物流或物流中心、配送中心方向发展。

2. 实现基于高度信息化基础上的仓储物流管理

现代物流管理已进入集成化的供应链管理时代，要求提供物流服务的企业具有很强的整合能力。缺少高度信息化装备的仓储物流管理是很难实现集成化的供应链管理的。所以，装备先进的信息等基础设施是必然选择。先进的装备可以集商流、物流、信息流、资金流于一体，能有效支持最优化的物流解决方案，为客户提供动态响应灵敏的高质量服务。

3. 提高仓储设备设施的科学化装备

传统仓储业的手工操作肯定不能适应现代物流的需求，仓储现代化是一种必然的趋势。配置现代化的装卸搬运设备、检验设备、储存设备、分拣设备、计量设备和流通加工设备等以满足集成化的高效率仓储管理。

4. 制定相应的物流技术标准和培养满足需求的人才

要加快制定物流仓储等信息化标准。加快各行业协会的建立，制定各行业的管理规范并进行有效的监督。标准的制定一定要结合国际标准。

采取人才引进和培养相结合的策略，树立客户第一、为客户创造价值的现代管理理念，营造人才流动的政策环境，进行物流企业、科研机构和院校等资本与技术的合作，充分发挥各资源优势，使产学研合作的成果在经济发展中起到积极的作用。

（二）中国仓储业的现状和分析

仓储业随着经济的发展、生产力的提高而不断发展。尤其是中国经济高速发展的今天，中国正从一个制造大国走向制造强国。在这一过程中，如何实现仓储业的高效化显得越来越重要。但是由于各种原因，仓储业总体上还比较落后，仓储业的落后造成物流的低效益，还不能满足高速经济建设的需要。这些问题主要体现在以下几方面。

1. 企业对现代物流服务的需求不足

有相当数量的企业管理观念陈旧，仍然停留在企业"大而全"和"小而全"的经营组织层面上，尽管成本高、效益低仍选择自己干，不愿业务外包。这种小规模、专业化程度低、以自我服务为主的物流活动模式在很大程度上限制和延迟了对高效率、专业化、社会化的现代物流服务的需求。

2. 提供专业的一体化现代物流服务的物流企业数量不多

从目前仓储业来看，绝大多数仓储企业所提供的仓储服务方式和手段比较单一，一般只是提供简单的运输、仓储或货运代理等传统的服务，没有形成物流供应链上的一体化服务。同时，仓储业存在着技术装备落后、管理方法不科学、管理人员素质不高等问题。此外，动态管理的响应度不高等因素影响了物流服务的准确性与及时性，从而使企业缺乏竞争力。

3. 管理体制和法规建设在现代物流产业的发展中还不健全

管理体制和法规建设滞后，对于不能适应物流仓储业发展的各类规定和政策要进行及时的清理和修改，努力营造一个公正、公平、合理有序的竞争环境。

4. 仓储业的标准化程度不高

目前，物流行业标准尚没有统一。这在一定程度上影响了物流的运作效率，造成成本的提高。

5. 素质高的物流人才匮乏

物流行业的人才匮乏是影响高效率物流的主要因素之一。国内尽管培养了一定数量的物流专业的学生，但是，这仍然不能适应物流仓储业等发展的需要，尤其是高层次的管理人员更是难求。

【相关链接】

中国仓储业的发展

中国仓储业有着悠久的历史，在中国整个经济发展中起着相当重要的作用。从中国的仓储业发展史来看，可以将其分为三个阶段。

1. 古代仓储业

在原始社会，由于生产力低下，物资条件极差，但是为了生存或适应季节的变化等，将部分物品或是多余的物品进行储存。这种行为就是仓储的萌芽。

2. 近代仓储业

随着生产力的发展和社会分工、生活方式的改变，尤其是经济的发展和物品的逐渐丰富，仓储业得到了较大的发展。在19世纪，仓储业在沿海工业发达地区，如上海、天津、广州等地得到了迅速发展。

3. 新中国成立后的仓储业

新中国成立后，通过对各行业和部门的仓库整合优化，仓储业为经济建设作出了一定的贡献。这当中出现了一些自动化程度较高、设施设备较先进的自动化仓库。

（三）我国仓储业的特点

我国的仓储具有悠久的历史，特别是在中华人民共和国成立之后得到了极大的发展。目前我国的仓储业已有了较大的规模，且形成了各种专业化的门类齐全仓储分工，在数量上已基本能满足我国经济发展的需要，但是在服务质量和效益上还存在着明显的不足。我国的仓储业具有以下特点：

1. 条块分割，具有明显部门仓储业特征

由于我国较长时间实行的计划经济体制，物资资源通过部门体制的方式分配，各部门为了占有和争取更多占有物资资源，储存所获得的分配资源，均以部门体系的纵向方式部署仓储。形成了中央、地方、物资、商业、交通、农业、铁路、电力等部门体系的仓储结构，部门之间互不发生横向交叉联系，因而造成了整体上的仓储互不连接、功能重复、互相不支持配套、重复建设严重。

2. 仓库众多，但是布局不合理

由于部门行业的分头建设，不同部门、不同层次为了满足自身的需要，广泛开展仓库建设，在经济集中地区，特别是部门机构集中地区，仓库高度集中，数量众多。且为了便利纵向的联系和资源调配，都集中在交通中心附近。造成在一个地区，甚至于在全国的仓储布局极度不合理，仓储集中的地区仓储能力大量剩余，其他许多地方没有足够的仓储能力，特别是经济落后地区，仓储能力的不足严重限制了当地经济的发展。

3. 存量巨大，但管理水平较低

总的来说，我国的仓储能力相当巨大，但是仓储管理水平极度低下。一方面表现在仓储利用率低下，货物周转率低，物资流通速度慢，同时仓储保管能力差，货物损耗严重。另一方面绝大多数仓储都没有仓储经营的能力，不能充分利用仓储资源，为社会提供优质服务，也没有充分利用仓储中的巨量沉淀资本为企业和社会创造经济价值。仓储管理水平的低下与我国整体上社会性的不重视仓储管理，仓储管理的资源投入不够，仓储管理人员的文化素质不高、专业知识程度低有密切的关系。许多仓储企业还没有进行现代企业制度改造，没有真正成为独立的市场主体，还不能自主地经营仓储资源。

4. 仓库、设备简陋，技术水平差别极大

仓库建设和仓储管理源出多头，互相之间缺乏联系和合作，也没有形成专业性、功能性的分工，大多数仓储都功能相近，用途相同。再加上仓库建设本身就是短期行为、应急式的决策，只满足当时的一时需要，所建设的仓库普遍都是简易仓库和货场，缺乏应有的机械和设备。又由于仓储企业的经营管理水平低下，仓储自身发展能力极弱，大多数仓储技术水平低下，甚至于机械化程度都严重不足。当然随着我国经济多年的高速发展，为了满足社会需要，也具有一定数量专业化程度高，机械化、自动化程度很高的仓库，但整体上并没有充分发挥其应有的作用。

5. 仓储管理法规不够健全

市场经济是法制的经济，完善的法律制度和严格的依法管理是经济发展的重要保证。处在市场经济中的仓储业也需要全面的法律保护和依法管理。我国关于仓储立法主要表现在：民法通则中的物权规范，合同法的仓储合同、保管合同分则，消防法中的消防要求和消防管理，以及其他一些规章制度。我国还没有完整的仓储法，对于仓储经营中的一些经济行为也没有足够的法律支持。仓储企业通过法律的手段保护自身的利益也做得远远不够。仓储内部的依法管理水平也比较低下。

第二节　仓储的功能

仓储企业通过仓储活动向客户提供及时、有效的物流服务，其服务的对象较广，既包括仓储企业的上游供应商，也包括仓储企业下游的零售商和批发商，同时，包括不同生产厂商的制造工厂以及仓储企业在进行运送活动中接受货物的码头和车站等交通结点。但无论服务的对象是谁，客户始终是形成仓储需求的核心和动力。因此，现代仓储企业在市场环境下，要改变过去那种传统的仓储管理观念和管理方法，树立一种全新的经营和服务理念，以适应在供应链环境下的物流服务。

从仓储企业赢利模式来看，仓储企业单项服务效益的取得，一方面来自于用户接受仓储服务价格的最大化，另一方面也来自于供应商供货价格的最小化，同时，仓储企业在为客户提供服务时所消耗的运营费用的多少，也将决定企业效益的大小。从这个角度看，仓储企业在为用户服务的同时，也是在为自己服务。

仓储功能可以按照基本经济功能和增值服务功能加以分类。

一、基本经济功能

1. 储存保管功能

储存保管功能是仓储最传统、最基本的功能。在商品从生产过程进入到消费过程之间，都存在一定的时间间隔。在这段时间间隔内，形成了商品的暂时停滞。商品在流通领域中暂时的停滞过程，形成了商品储存。同时，商品储存又是商品流通的必要条件。

现代生产的复杂性决定了经济领域中不均衡、不同步的现象是客观存在的，因此，生产的产品需要经过一定时间的储存保管才能和消费相协调。此外，为了应付突发事故和自然灾害，合理使用资源，防止产品因一时过剩而造成浪费；为了获得较优价格而延迟一段时间出售产品，都需要对生产的产品进行一定时间的储存保管。在现代物流领域，人们经常将其看成是整个物流过程的"调节阀"。

2. 拼装功能

拼装是仓储的常用功能，主要通过仓库接收来自一系列制造工厂的产品或原材料，将它们拼装成单一的一票装运，满足此类需求的客户。拼装的特点是有可能实现最低的运输成本，并减少由多个供应商向同一客户供货带来的拥挤和不便。图1-1为仓库过程中的拼装流程。

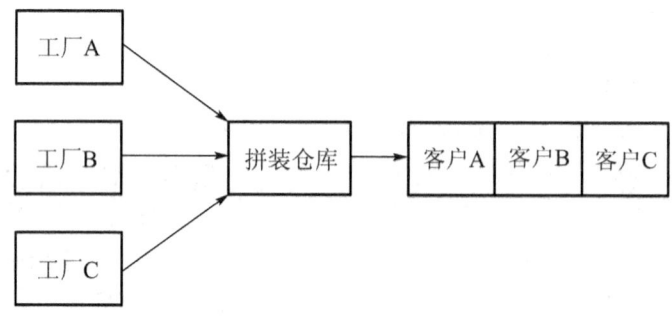

图1-1 仓储过程中的拼装流程

拼装的主要利益是把小批量的几票装运任务结合起来形成规模运输。通过这种拼装方案的利用，使每一个客户都能够享受到低于其单独运输的成本的服务。

3. 分类和交叉功能

分类的仓库作业与拼装仓库作业相反。分类作业接收来自制造商的客户组合订货，并把它们分类或分割成个别的订货，装运到个别的客户处去。图 1-2 为仓储过程中分类流程。

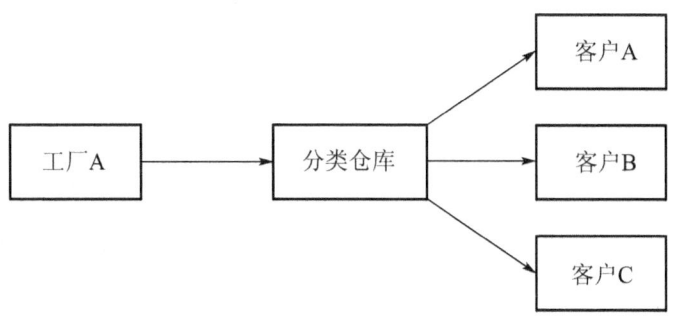

图 1-2　仓储过程中的分类流程

仓库运用转运组合点（如交叉站台设施）实施分类和交叉功能。它与分类作业功能类似，但它接收多个制造商的订货。零售连锁店广泛地采用交叉站台作业来补充快速流转的商店存货。其应用流程为：交叉站台接收多个制造商处运来的整车货物。收到货物后，对有标签的货物，就按客户进行分类；对没有标签的货物，则按地点进行分类。然后，在交叉站台上完成发往不同客户的装车作业。由于省去了储存环节，降低了交叉站台及仓库的搬运、装卸成本，使仓储企业和供应商从分类和交叉功能中都得到了各自的经济利益。图 1-3 为仓储过程中的分类和交叉流程。

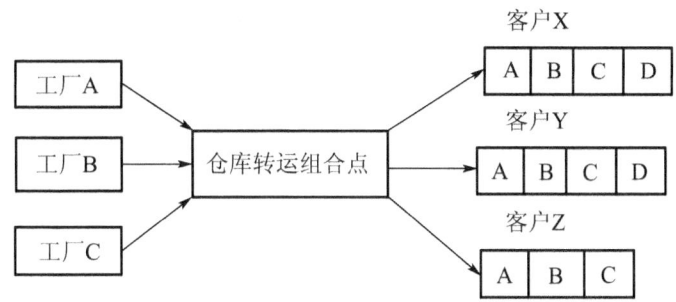

图 1-3　仓储过程中的分类和交叉流程

4. 加工/延期功能

仓储企业可以通过承担少量的生产加工和制造活动来延期或延迟生产。具有包装能力或简单加工能力的仓库可以把产品生产的最后一道工序一直推迟直到该产品的需求时为止。

5. 数量管理

仓储的数量管理包括两个方面：一方面是存货人交付保管的仓储物的数量和提取仓储物的数量必须一致；另一方面是保管人可以按照存货人的要求分批收货和分批出货，对储存的货物进行数量控制，配合物流管理的有效实施，同时向存货人提供存货数量的信息服务，以便客户控制存货。

6. 质量维护

根据收货时仓储物的质量交还仓储物是保管人的基本义务。为了保证仓储物的质量不发生变化，保管人需要采用先进的技术、合理的保管措施，妥善地保管仓储物。仓储物发生危险时，保管人不仅要及时通知存货人，还需要及时采取有效的措施减少损失。

二、增值服务功能

仓储企业提供的服务从层次上分为三类：基本服务、零缺陷服务和增值服务。它们之间存在着明显的区别。基本服务是向所有的客户提供的最低服务水准，是企业建立其最基本业务关系的客户服务方案，所有的客户在特定的层次上承认同等对待，以全面保持忠诚；而零缺陷服务是服务的最高标准，向首选客户作出完美订货的承诺，并通过服务的最高水准完美地履行；增值服务是针对特定客户或特定的仓储活动而言，它是超出基本服务范围之外的附加的仓储活动，一般用于满足客户的特定需求，通过实现客户满意来创造企业的竞争优势。以下主要介绍仓储企业提供增值服务方面的功能。

（一）增值服务的几种类型

1. 以客户为核心的增值服务

以客户为核心的增值服务是向买卖双方提供利用第三方专业人员来配送产品的各种可供选择的方式，它主要包括处理客户向制造商的订货、直接送货到商店或客户地址以及按照零售商店货架储备所需的明细货品规格持续提供递送服务。在仓储活动中，一种普遍的做法是提供"精选—定价—重新包装"服务，以便于按连锁店、平价超市、便利店等的要求独特配置，以配送生产企业的标准产品。这类专门化的增值服务可以有效地用来支持新产品的引入，以及基于当地市场的季节性送货。

2. 以促销为核心的增值服务

以促销为核心的增值服务是利用独特的销售点展销台的配置和旨在刺激销售的其他范围很广的各种服务来实现其功能。销售点展销台可以包括来自不同供应商的多种产品，以便适合特定的零售商店。以促销为核心的增值服务还对储备产品的样品提供特别介绍，甚至进行直接邮寄促销。许多以促销为核心的增值服务还包括销售点广告宣传和促销材料的仓储支持等。

3. 以制造为核心的增值服务

以制造为核心的增值服务是通过独特的产品分类和递送来支持制造活动的，为满足不同客户的需求，把产品的最后定型一直推迟到接收客户定制化订单时为止。例如，采用多种不同外观重新包装一种普通消费者洗碗、盘子用的肥皂，以支持各种促销方案和各种等级的贸易要求。又如，将外科手术的成套器具按需求进行装配，以满足客户的独特要求。增值服务一般都是由专业人员承担，虽然聘请专业人员承担增值服务可能比在制造过程中直接完成的成本高，但是由专业人员提供增值服务能够大大减少生产不合适产品的预期风险。因此，以制造为核心的增值服务能适应特定的客户需求，其结果是使服务得到极大的改善和提高。

4. 以时间为核心的增值服务

在当今的市场竞争中，时间已成为获取竞争优势的关键要素。以时间为核心的增值服务，其主要特征就是要消除不必要的仓库设施和重复劳动，以期最大限度地提高服务速度。

典型的以时间为核心的增值服务形式是通过准时化（JIT）供给仓库来完成的。在准时化的概念下，供应商向位于装配工厂附近的 JIT 供给仓库进行日常的递送，一旦某时某地产生了需求，供给仓库就会对多家客户的零部件进行精确的分类、组合和排序，然后递送到装配线上去。其目的是要在总量上最低限度地减少在装配工厂的搬运次数和检验次数，消除不必要的仓库设施和重复劳动。

（二）增值服务的主要途径

在竞争不断加剧的市场环境下，仓储企业不但要在传统的服务上有更为严格的服务质量，同时还要求他们大大拓展仓储业务，提供尽可能多的增值性服务。

1. 增加便利性的服务

一切能够简化手续、简化操作的服务都是增值性服务。简化是相对于消费者而言的，并不是说服务的内容简化了，而是指为了获得某种服务，以前需要消费者自己做的一些事情现在由仓储服务提供商以各种方式代替消费者做了，从而使消费者获得的这种服务变得更加简单和方便，这自然增加了商品或服务的价值。在提供仓储服务时，推行一条龙的门到门服务、提供完备的操作或作业提示、免费培训、包维修、省力化设计或安装、代办业务、24 小时营业、自动订货、传递信息和转账（可利用电子订货系统、电子数据交换等）、物流全过程追踪等都是对客户有用的增值性服务。

2. 加快反应速度的服务

快速反应已经成为物流发展的动力之一。仓储企业作为物流系统的重要组成部分也要适应这种发展要求。传统的观念和做法是将加快反应速度变成单纯对快速运输的一种要求，而现代物流的观点认为，可以通过两种途径使过程变快。一是提高运输基础设施和设备的效率，如修建高速公路、铁路运行提速、制定新的交通管理办法、提高运输工具本身的行驶速度等，这是一种速度的保障。但这种依靠基础设施效率的提高来保障速度，在大多数情况下仓储企业本身并没有办法保证，在需求方对速度的要求越来越高的情况下，它就变成了一种约束，因此必须想其他的办法来提高速度。第二种办法也是具有重大推广价值的增值性服务方案，它采用优化仓储中心、配送中心、物流中心网络，重新设计适合客户的流通渠道等方法来减少仓储过程中的环节、简化仓储管理的过程，从而提高整个仓储系统的快速反应能力。

3. 降低仓储成本的服务

这种方式是通过提高增值性仓储服务，寻找能够降低仓储成本的解决方案。可以考虑的解决方案包括：采用第三方物流服务来获得仓储设计方案；采用比较适合企业能力但投资较少的仓储设施和设备，或推行现代仓储管理技术，如运筹管理技术、单品管理技术、条码技术和信息技术等，提高仓储作业的效率和效益来降低仓储成本。

4. 延伸服务

运用计算机管理的思想，向上可以延伸到市场调查与预测、采购及订单处理，向下可以延伸到仓储咨询、仓储系统设计、仓储方案的规划与选择、库存控制与决策建议、贷款回收与结算、教育与培训等。关于结算功能，仓储的结算不仅仅是仓储费用的结算，在从事代理、配送的情况下，仓储企业还要替货主向收货人结算货款。关于需求预测功能，仓储企业应该负责根据仓库的进货、出货信息来预测未来一段时间内的商品进出库量，进而预测市场对商品的需求，从而指导客户订货。关于仓储系统设计咨询功能，仓储企业要充当客户的仓储管理专家，为客户设计仓库系统，代替它选择和评价运输网、仓储网和其他物流服务供应商。关于培训与教育功能，仓储企业的运作需要得到客户的理解与支持，通过向客户提供仓储知识培训服务，可以培养其与仓储经营者的认同感，可以提高客户的仓储管理水平，并将仓储经营管理者的要求传达给客户，也便于确立仓储作业标准。延伸服务最具有增值性，但也是最难提供的服务。

目前，能否提供此类增值服务已作为仓储企业是否真正具有竞争力的评价标准。

【扩展知识】

> 这些增值活动只是物流的辅助活动，物流商并没有运用大量流动资金去从事实际的商品买卖，即物流商仓库中的商品是别人的而不是自己的，这与批发商或经营其他业务的服务商向现代物流转化有很大的区别。

三、仓储在物流系统中的作用

物流系统是指在一定的时间和空间里，由所需转移的物资、包装设备、装卸搬运机械、运输工具、仓储设施、人员和通讯联系等若干相互制约的动态要素所构成的具有特定功能的有机整体。具体来讲，物流系统包括包装、运输、储存、装卸搬运、流通加工、配送、信息处理等活动。而仓储是物流系统中的一部分，在社会生产与生活中，由于生产与消费节奏的不统一，商品在流通过程中的储存和滞留就成为必然。如何在生产与消费或供给与需求的时间差中，妥善地保持商品的完好性是物流过程仓储环节所要面对的问题。仓储在物流中的主要作用可以概括为以下几点：

1. 仓储是物流过程中的重要环节

物流过程主要包括运输和仓储两种运作方式，运输和仓储用"移动"和"静止"来实现"供给"和"需求"之间的连接。运输是靠货物的位置移动来实现其增加价值的功能，而传统的仓储是靠改变货物的时间来实现其增加价值的功能。现代仓储是指商品在流通过程中处于"停歇"或"静止"状态的物流形式。

2. 仓储可保证社会再生产过程顺利进行

货物的仓储过程不仅是商品流通的必要保证，也是社会再生产过程得以进行的必要条件。商品的生产过程需要原材料、零件、配件的准备和供给，商品生产的链条中缺少了仓储过程，生产就难以实现，商品的再生产过程也将停止。

3. 仓储可优化商品流通，节约流通费用

物流过程中的仓储环节是商品流通网络中的一个节点，通过仓储作业，可以使商品流通顺畅，加快商品流通的速度，降低商品流通总体成本。仓储通过储存、分拣等过程使商品的流通过程中单位商品流通距离缩短，时间减少，从而降低商品流通的综合成本。

4. 仓储可保证商品在流通过程中的质量

通过仓储环节，对流通商品进行检验，加强商品进入市场前的质量检查工作，可以最大限度地防止不合格商品流入市场。因此，做好商品进出库的检验工作，并管理好商品的在库质量是仓储管理的重要任务。

5. 为商品进入市场做好准备

在仓储作业环节，可以进行商品的整理、包装、质检、分拣、贴标签、再加工等工作。在销售末端环节运营成本越来越高的情况下，尽可能地利用仓库集中作业的低成本和有效性，可以为下一个流通环节提供方便，创造价值。

6. 为生产提供方便

为优化生产和流通环节，使生产过程品种简化，流通环节减少存货品种，在仓储环节可以实现部分的后续生产过程，以达到减少生产或储存成本的目的。比如调色、配色、组配等工序可以在流通环节的库房中来实现，以快速应对客户对产品的特殊要求，并减少生产和存货的品种数量。

7. 为逆向物流提供场所

一般意义的仓储是为商品从原材料到产成品的流通过程提供场所，而现代商品流通向着可持续发展方向发展，商品的包装物及其使用后的回收越来越引起人们的注意。商品流通对逆向物流提出了新的要求，仓库也是逆向物流必不可少的通道和场所。

第三节 仓储管理

一、仓储管理的概念

仓储管理就是对仓库及仓库内的物资所进行的管理，是仓储机构为了充分利用所具有的仓储资源（包括仓库、机械、人、资金、技术），提供高效的仓储服务所进行的计划、组织、控制和协调过程。

仓储管理是经济管理与应用技术相结合的交叉学科，故属于边缘性学科。仓储管理将仓储领域内的生产力、生产关系以及相应的上层建筑中的有关问题进行综合研究，即对仓储领域内的生产、组织、经营、环境等方面问题进行综合研究，以探索仓储管理的规律，不断促进仓储管理的科学化和现代化。

【相关链接】

物流未动仓储先行，仓储管理信息当家

据统计，2004年我国社会物流总额达38.4万亿元，2005年则达到48万亿元，同比增长25.4%。物流总值高速增长。可见我国现代物流整体规模扩大，发展速度加快，运行效率提高，对经济发展的支撑和促进作用更加明显。随着我国生产力水平的提高，以整合交通运输、仓储、配送等环节而成一体，实现企业与社会成本最低、效益最大的物流业与互联网经济一起被人们当成"新经济"的重要内容，被广泛地称作第三利润源泉。这第三利润源泉的源头就是仓储管理。

> 仓储是企业物料配送的一个重要环节,其人员和设备配置以及管理效率在很大程度上影响着整个供应链的运营成本。在提高服务水平、降低库存、节约时间、成本最小化的压力下,仓储管理显然是越来越重要了。
>
> 时至今日,仓库已不再是简单的储存场所,它是集中反映工厂物资活动状况的综合场所,是连接生产、供应、销售的中转站,对促进生产、提高效率起着重要的辅助作用。同时,围绕着仓储实体活动,清晰准确的报表、单据账目、会计部门核算的准确信息也同时进行着,因此仓储是物流、信息流、单证流的合一,是物流中心的重要一环。众多的企业已经意识到仓储管理的重要作用,逐渐加大仓储现代化改造的步伐包括两方面内容:其一,加大对仓库的硬件投入。这包括库房建设和改造、购置新型货架、托盘、数码自动识别系统和分拣加工、包装等新型物流设备,大幅度提升现有仓储自动化水平和物流运作效率,增加物流服务功能。其二,加大对仓库的软件投入,加强物流信息化建设。实现仓储管理、商品销售、开单结算、配送运输、信息查询、客户管理、货物跟踪查询等功能,为客户提供更为方便、可靠、快捷的物流服务。
>
> (资料来源:腾讯科技,2006-07-25)

二、仓储管理的发展过程

仓储管理的发展是随着生产力的发展、社会对仓储要求的不断提高、仓库结构及其技术设备的逐步科学化而不断变化发展的。概括起来,仓储管理主要经历了简单仓储管理、复杂仓储管理和现代仓储管理三个发展阶段。

1. 简单仓储管理阶段

在仓库出现的初期,以及后来相当长的时间内,由于生产力水平低下和发展缓慢,库存数量和品种都很少,仓库结构简单、设备简陋,因此仓库管理工作也就比较简单,主要负责产品出入库的计量及看管好库存物品使之不受损失。在这种情况下的仓储活动,被称为简单仓储管理。

2. 复杂仓储管理阶段

随着生产力水平的提高,特别是机器生产代替手工生产之后,仓储活动随之复杂化。一方面,仓库储存产品数量增多、品种复杂,产品性质各异,对储存条件提出了更高的要求;另一方面,由于社会分工越来越细,许多生产性活动也逐渐转移到流通领域,使得仓库的职能发生了变化,仓库不仅仅是单纯进行储存和保管物资的场所,还增添了产品的分类、挑选、整理、加工、包装等功能。由于储存商品的复杂化和仓储职能的多样化引起了仓储建筑结构的变化以及技术设备的变化,使得仓储活动向复杂化方向发展,因此,这一阶段被称为复杂仓储管理阶段。

3. 现代仓储管理阶段

随着科学技术的进步,特别是计算机的出现和发展,给仓储业带来了一系列的重大变化。现代化仓库以机械化、自动化、立体化高层货架为代表,而随着计算机技术的不断应用和发展,现代化仓库将逐步发展成为由计算机控制的智能型自动化仓库。现代化仓库的出现，要求仓储工作人员专业化、仓储管理科学化、仓储手段现代化。因此，现代仓储管理既要有现代管理的手段和方法，又要有先进的仓储设施。由此看来，现代仓储管理可以理解为仓储机构采用先进的科学技术和管理方法充分利用所具有的仓储资源，提供高效的仓储服务所进行的计划、组织、控制和协调的过程。

目前，国际上许多先进的仓储，已经不是原来意义上的仓储了，而逐步演变成能提供多种服务的商品配送中心，我国一些有条件的仓储企业也正在向配送中心发展。

三、仓储管理的研究对象和内容

1. 仓储管理的研究对象

仓储管理研究的是商品流通过程中货物储存环节的经营管理，即研究商品流通过程中货物储存环节的业务经营活动，以及为提高仓储企业经营效益而进行的计划、组织、指挥、监督和调节活动。

仓储管理主要是从整个商品流通过程的购、销、储、运各个环节的相关关系中，研究货物储存的收、管、发和与之相关的加工经营活动，以及围绕货物储存业务所开展的对人、财、物的运用与管理。

2. 仓储管理的内容

"仓储管理"的定义指明了其所管理的对象是"一切库存商品"，管理的手段既有经济的，又有纯技术的。仓储管理工作包括以下几个方面的内容：

（1）仓库的选址与建设。它包括仓库的选址原则，仓库建筑面积的确定，库内运输道路与作业的布置等问题。仓库的选址和建设问题是仓库管理战略层面所研究的问题，它涉及公司长期战略与市场环境相关联的问题的研究，对仓库长期经营过程中的服务水平和综合成本产生非常大的影响，所以必须提到战略层面来对待和处理。

（2）仓库机械作业的选择与配置。它包括如何根据仓库作业特点和储存商品的种类及其理化特性，选择机械装备以及应配备的数量；如何对这些机械进行管理等。现代仓库离不开仓库所配备的机械设施和设备，如叉车、货架、托盘和各种辅助设备等。恰当地选择适用于不同作业类型的仓库设施和设备将大大降低仓库作业中的人工作业劳动量，并提高货品流通的顺畅性和保障货品在流通过程中的质量。

（3）仓库作业的组织和流程。它包括设置什么样的组织结构，各岗位的责任分工如何，仓储过程中如何处理信息组织作业流程等。仓库的作业组织和流程随着作业范围的扩大和功能的增加而变得复杂，现代大型的物流中心要比以前的储存型仓库组织机构大得多，流程也复杂得多。设计合理的组织结构和分工的明确是仓储管理的目标得以实现的基本保证。合理的信息流程和作业流程使仓储管理高效、顺畅，并达到客户满意的要求。

（4）仓库管理技术的应用。现代仓储管理离不开现代管理技术与管理手段，例如，选择合适的编码系统，安装仓储管理系统，实行 JIT 管理等先进的管理方法。现代物流越来越依靠现代信息和现代管理技术，这也是现代物流区别于传统物流的主要特点之一。商品的编码技术和仓储管理系统极大地改善了商品流通过程中的识别和信息传递与处理过程，使得商品的仓储信息更准确、快捷，成本也更低。

（5）仓库的作业管理。仓库作业管理是仓储管理日常所面对的最基本的管理内容。例如，如何组织商品入库前的准备，如何安排库位存放入库商品，如何对在库商品进行合理保存和发放出库等。仓库的作业管理是仓库日常所面对的大量和复杂的管理工作，只有认真做好仓库作业中每一个环节的工作，才能保证仓储整体作业的良好运行。

（6）仓储综合成本控制。成本控制是任何一个企业管理者的重要工作目标，仓库管理也不例外。仓储的综合成本控制不但要考虑库房内仓储运作过程中各环节的相互协调关系，还要考虑物流过程各功能间的背反效应，以平衡局部的利益和总体利益最大化的关系。选择适用的成本控制方法和手段，对仓储过程每一个环节的作业表现和成本加以控制是实现仓储管理目标的要求。

3. 仓储管理的基本原则

（1）效率原则。效率是指在一定劳动要素投入量时的产品产出量；较小的劳动要素投入和较高的产品产出量才能实现高效率。高效率就意味着劳动产出大，劳动要素利用率高，高效率是现代生产的基本要求。仓储的效率表现为仓容利用率、货物周转率、进出库时间、装卸车时间等指标上，表现出"快进、快出、多存储、保管好"的高效率仓储。

仓储的生产管理的核心就是效率管理，实现最少的劳动量的投入，获得最大的产品产出。劳动量的投入包括生产工具、劳动力、数量以及作业时间和使用时间。效率是仓储管理的基础，没有生产的效率，就不会有经营的效益，就无法开展优质的服务。

高效率的实现是管理艺术的体现，通过准确的核算，科学地组织，妥善地安排场所和空间、机械设备与人员合理配合，部门与部门、人员与人员、设备与设备、人员与设备之间默契配合，使生产作业过程有条不紊地进行。

高效率还需要有效管理过程的保证，包括现场的组织、督促、标准化、制度化的操作管理，严格的质量责任制的约束。反之，现场作业混乱、操作随意、作业质量差，甚至出现作业事故显然不可能有效率。

（2）经济效益的原则。厂商生产经营的目的是为了追求获得最大化利润，这是经济学的基本假设条件，也是社会现实的反映。利润是经济效益的表现。

$$利润 = 经营收入 - 经营成本 - 税金$$

实现利润最大化则需要做到经营收入最大化和经营成本最小化。

社会主义的企业经营也不排除为了追求利润最大化的动机，作为参与市场经济活动主体的仓储业，也应围绕着获得最大经济效益的目的进行组织和经营。但也需要承担部分的社会责任，履行环境保护、维护社会安定的义务、满足社会不断增长的需要等社会义务，实现生产经营的社会效应。

（3）服务的原则。仓储活动本身就是向社会提供服务产品。服务是贯穿在仓储中的一条主线，从仓储的定位、仓储具体操作、对储存货物的控制都围绕着服务进行。仓储管理就需要围绕着服务定位，如提供服务、改善服务、提高服务质量，包括直接的服务管理和以服务为原则的生产管理。

仓储的服务水平与仓储经营成本有着密切的相关性，两者互相对立。服务好，成本高，收费则高。仓储服务管理就是在降低成本和提高（保持）服务水平之间保持平衡。仓储企业进行服务定位的策略：

进入或者引起竞争时期：高服务低价格且不惜增加仓储成本。

积极竞争时期：用一定的成本实现较高的仓储服务。

稳定竞争时期：提高服务水平，争取成本不断降低。

已占有足够的市场份额处于垄断竞争（寡头）：服务水平不变，尽力降低成本。

退出阶段或完全垄断：大幅降低成本，但也降低服务水平。

四、仓储管理的任务

（一）利用市场经济的手段获得最大的仓储资源的配置

市场经济最主要的功能是通过市场的价格和供求关系调节经济资源的配置。仓储企业只有充分利用市场经济的手段，才能获得最大的仓储资源配置，其具体任务包括：根据市场供求关系确定仓储的建设；依据竞争优势选择仓储地址；以生产差别产品决定仓储专业化分工和确定仓储功能；以所确定的功能决定仓储布局；根据设备利用率决定设备配置等。

（二）建立高效的管理机构和完善管理队伍

管理机构是开展有效仓储管理的基本条件，是一切管理活动的保证和依托。生产要素，特别是人的要素只有在良好组织的基础上才能发挥其作用，实现整体的力量。仓储组织机构以实现仓储经营的最终目标为原则而确定，依据管理幅度、因事设岗、责权对等的原则，建立结构简单、分工明确、互相合作和促进的管理机构和管理队伍。

现代仓储管理机构因仓储机构的属性不同，分为独立仓储企业的管理组织、附属仓储机构的管理组织。仓储内部大都实行直线职能管理制度或者事业部制的管理组织结构。随着计算机网络的应用和普及，管理机构趋向于向少层次的扁平化模式发展。

【拓展提高】

组织管理层次、幅度、形式及原则

1. 概念

（1）管理层次：是指组织内纵向管理系统所划分的等级数。管理层次越多，企业的各项政策、指令传达的时间越长，失真的可能性越大，最理想的状态是消除管理层次，实现信息纵向"短路"。因此，提倡尽可能地减少管理层次，现代化的企业组织更倾向于管理幅度宽，层次少，即扁平化管理。

（2）管理幅度：管理幅度是指一个管理人员直接管理的下属有多少，也就是他直接控制的幅度。太大，无暇顾及；太小，可能没有完全发挥作用。一般为6～12人。

2. 形式

（1）直线型：上下级职权贯穿于组织的最高层到最低层，从而形成指挥链的组织结构形式，如比较小的企业不再设诸多部门，由领导直接管理。

（2）事业部型：是由通用汽车公司总裁瓦格提出，并称之为组织管理的一次革命，是按照产品地区或顾客划分并依据划分的结果成为一项独立的事业部。

事业部的特点是独立经营，独立核算，有自己的经营自主权，但是它不是法人，不是独立的公司，不能独立签合同，一定要获得公司的委托才能签合同，这样使其有独立核算的压力。它本身是利润中心，自己承担产品的经营责任。事业部制特别适合规模大、产品多、市场分散的企业。例如海尔、联想、长虹大部分都实行事业部制，尤其像海尔有海尔洗衣机事业部、电冰箱事业部等。

3. 原则

管理幅度、因事设岗、责任对等原则。

（三）以不断满足社会需求为原则开展商务活动

商务工作是仓储对外的经济联系，包括市场定位、市场营销、交易和合同关系、客户服务、争议处理等。

所谓仓储商务活动是指仓储对外的经济联系，包括市场定位（调查、分析）、市场营销（与消费者、媒体、政府）、交易和合同关系（与消费者、存货人）、客户关系管理（与存货人，如信息反馈与提供查询）、争议处理等。

从功能来说，商务管理是为了实现收益的最大化，但是作为社会主义的现代仓储管理，必须遵循社会主义不断满足社会生产和人民生活需要的生产原则，最大限度地提供仓储产品，满足市场需求。满足市场需求包括数量上满足和质量上的满足两个方面。仓储管理者应随时掌握市场需求的变化，开展有效的商务活动，以不断满足社会需求。

（四）以高效率、低成本为原则组织仓储生产

生产管理的核心在于充分利用先进的生产技术和手段，建立科学的生产作业制度和操作规程，实行严格的监督管理，采取有效的员工激励机制等。

仓储生产包括货物入仓、堆存、保管、出仓的作业，仓储物的验收、理货交接，在仓储期间的保管照料、质量维护、安全防护等。

仓储生产的组织遵循高效、低耗的原则：高效是指实现快进、快出，充分利用机械设备，提高仓储利用率；低耗是指降低成本，不发生差、损、错事故等。

（五）从技术到精神领域提高员工素质

没有高素质的员工队伍就没有优秀的企业。企业的一切行为都是人的行为，是每一个员工履行职责的行为表现。员工的精神面貌表现了企业的形象和文化。现代仓储管理的一项重要工作就是不断提高员工的素质，根据企业形象建设的需要加强对员工的约束和激励。

员工的素质包括员工每个人的技术素质和精神素质。提高员工素质应通过不断的、系统的培训和严格的考核，保证每个员工熟练掌握其从事劳动岗位应知和应会的操作、管理技术和理论知识，且要求精益求精，跟上技术和知识的发展和保持不断更新；使其明白岗位的工作制度、操作规程，明确岗位所承担的责任。

良好的精神面貌来自于企业和谐的氛围、有效的激励，对劳动成果的肯定以及有针对性开展的精神文明教育。在现代仓储管理中应重视员工的地位，而不能将员工仅仅看作是生产工具、一种等价交换的生产要素。在信赖中约束、在激励中规范，使员工形成人尽其才、劳有所得、人格被尊重的感受，形成热爱企业、自觉奉献、积极向上的精神面貌。

（六）以优质服务、诚信建立企业形象

企业形象是指企业展现在社会公众面前的各种感性印象和总体评价的整合。企业形象是企业的无形财富，良好的形象可以促进产品的销售，也为企业的发展提供良好的社会环

境。它包括：企业理念，环境形象，产品形象，服务形象，职工形象——敬业，领导形象——清正，廉洁，诚信和良好合作。

仓储业的企业形象所面向的对象主要是生产、流通经营者，其企业形象的建立主要通过服务质量、产品质量、诚信和友好合作获得，并通过一定的宣传手段在潜在客户中推广。在现代物流管理中，对服务质量的高度要求、对合作伙伴的充分信任促使作为物流主要环节的仓储，其企业形象的建立极为必要，具有良好形象的仓储经营企业才能在物流体系中占一席之地，适应现代物流的发展。

五、仓储管理人员的基本要求

1. 仓库管理人员的基本素质要求

（1）具有丰富的商品知识。掌握各种商品的分类、特性等知识，特别是对于所经营的商品要十分熟悉，掌握其理化性质和保管要求，能有针对性地采取管理措施。

（2）熟悉现代仓储技术。熟练运用储存技术、养护技术、分拣技术、信息技术等，特别是现代信息技术的熟练运用。

（3）熟悉仓储设备。能合理和高效地安排、使用仓储设备。

（4）办事能力强。能分清轻重缓急、有条有理地处理事务。

（5）具有一定的财务管理能力。能查阅财务报表，进行经济核算、成本分析，正确掌握仓储经济信息，进行成本管理，进行价格管理和决策。

2. 仓库保管员的职责

（1）认真贯彻仓库保管工作的方针、政策和法律法规，树立高度的责任感，忠于职守，廉洁奉公，热爱仓库工作，具有敬业精神；树立为客户服务、为生产服务的观点，具有合作精神；树立起讲效率、讲效益的思想，关心企业的经营。

（2）严格遵守仓库管理的规章制度和工作规范，严格履行岗位职责，及时做好物品的入库验收、保管保养和出库发运工作；严密各项手续制度，做到收有据、发有凭，及时准确登记销账，手续完备，账物相符，把好收、发、管三关。

（3）熟悉仓库的结构、布局、技术定额，熟悉仓库规划；熟悉堆码、苫垫技术，掌握堆垛作业要求；在库容使用上做到妥善地安排货位，合理高效地利用仓容，堆垛整齐、稳固，间距合理，方便作业、清数、保管、检查、收发。

（4）熟悉仓储物资的特性、保管要求，能有针对性地进行保管，防止货物损坏，提高仓储质量；熟练地填写表账、制作单证，妥善处理各种单证业务；了解仓储合同的义务约定，完整地履行义务；妥善处理风雨灾、热冻等自然灾害对仓储物品的影响，防止和减少损失。

（5）重视仓储成本管理，不断降低仓储成本。妥善保管好剩料、废旧包装，收集和处理好地脚货，做好回收工作；用具、苫垫、货板等妥善保管、细心使用，促使使用寿命延长；重视研究仓储技术，提高仓储利用率，降低仓储物耗损率，提高仓储的经济效益。

（6）加强业务学习和训练，掌握计量、衡量、测试用具和仪器的使用，掌握分管物资的货物特性、质量标准、保管知识、作业要求和工艺流程；及时掌握仓库管理的新技术、新工艺，适应仓储自动化、现代化、信息化的发展，不断提高仓储的管理水平；了解仓库设备和设施的性能和要求，督促设备维护和维修。

(7) 严格执行仓库安全管理的规章制度，时刻保持警惕，做好防火、防盗、防破坏、防虫鼠害等安全保卫工作，防止各种灾害和人员伤亡事故，确保人员、物资、设备的安全。

复习思考题

1. 什么是仓储？仓储管理工作的内容有哪些？
2. 仓储的功能是什么？
3. 仓储的种类有哪些？
4. 简述仓储发展方向及策略。
5. 谈谈仓储活动的性质。
6. 什么是现代仓储管理？
7. 如何区分现代仓储业与传统仓储业？
8. 简述仓储业在物流系统中的地位和作用。
9. 增值服务的类型有哪几种？仓储企业拓展增值服务的意义是什么？
10. 简述现代仓储管理的发展。

【实训项目】

认知实训

实训内容：
(1) 认知仓储企业类型。
(2) 组织学生参观各类仓储企业（生产企业、第三方物流企业、配送企业等）。

实训目的：
(1) 认知仓储的种类及它们的区别。
(2) 了解仓储业的产生及发展趋势。
(3) 掌握仓储管理的发展过程。

实训条件：
(1) 具有校企合作关系的仓储企业。
(2) 任课教师对仓储企业的工作流程比较了解。

实训要求：
(1) 在上课之前安排学生到校外实训基地进行参观。
(2) 参观形式可以多样化，最好是任务驱动式。

【课后案例】

从英迈公司中国物流运作得到的启示

2000年整整一年英迈公司全部库房只丢了一根电缆。半年一次的盘库，由公证公司做第三方机构检验，前后统计结果只差几分线。陈仓损坏率为0.3‰；运作成本不到营业总额的1%……这些都发生在全国拥有15个仓储中心、每天库存货品上千种、价值可达5亿人民币的"英迈中国"身上。他们是如何做到的呢？"英迈中国"运作部强烈的成本概念和服务意识给了我们有益的启示。

一、几个数字

一毛二分三：英迈库中所有的货品在摆放时，货品标签一律向外，而且没有一个倒置，这是在进货时就按操作规范统一摆放的，目的是为了出货和清点库存时查询方便。运作部曾经计算过，如果货品标签向内，一个熟练的库房管理人员操作，将其恢复至标签向外，需要8min，这8min的人工成本就是一毛二分三。

3kg：英迈的每一个仓库中都有一本重达3kg的行为规范指导，细到怎样检查销售单、怎样装货、怎样包装、怎样存档、每一步骤在系统上的页面是怎样的等等，在这本规范指导上都有流程图和文字说明，任何受过基础教育的员工都可以从规范指导中查询和了解到每一个物流环节的操作规范，并遵照执行。在英迈的仓库中，只要有动作就有规范，操作流程清晰的观念为每一个员工所熟知。

5min：统计和打印出英迈上海仓库或全国各个仓库的劳动力生产指标，包括人均收货多少钱，人均收货多少行（即多少单，其中人均每小时收到或发出多少行订单是评估仓储系统的一个重要指标），只需要5min。在Impulse系统中，劳动力生产指标统计适时在线随时可调出。而如果没有系统支持，这样的一个指标统计至少得一个月时间。

10cm：仓库空间甚至货架之间的过道都是经过精确设计和科学规划的，为了尽量增大库存可使用面积，只给运货叉车留出了10厘米的空间，叉车司机的驾驶必须稳而又稳，尤其是在拐弯时。因此，英迈的叉车司机都要经过专业培训的。

20min：在日常操作中，仓库员工从接到订单到完成取货，规定时间为20min。因为仓库对每一个货位都标注了货号标志并输入Impulse系统中，Impulse系统会将发货产品自动生成产品货号，货号与仓库中的货位一一对应，所以仓库员工在发货时就像邮递员寻找邮递对象的门牌号码一样方便快捷。

4h：一次，由于库房经理的网卡出现故障，无法使用Impulse系统，结果他在库房中寻找了4h，都没有找到他想找的网络工作站。依赖IT系统对库房进行高效管理，已经成为库房员工根深蒂固的观念。

1个月：英迈的库房是根据中国市场的现状和生意的需求而建设的，投入要求恰如其分、目标清楚、能支持现有的生意模式并做好随时扩张的准备。每个地区的仓库经理都要求能够在1个月之内完成一个新增仓库的考察、配置与实施，这都是为了飞快地启动物流支持系统。在英迈的观念中，如果人没有准备，有钱也没用。

二、几件小事

（1）英迈库房中的很多记事本都是收集已打印一次的纸张装订而成，即使是各层经理也不例外。

（2）所有进出库房的业务都须严格按照流程进行，每一个环节的责任人都必须明确，违反操作流程，即使有总经理的签字也不可以。

（3）货架上的货品号码标识用的都是磁条，采用的原因同样是因为节约成本，以往采用的是打印标识纸条，但因为进仓货品经常变化，占据货位的情况也不断改变，用纸条标识灵活性差，而且打印成本也很高，采用磁条后问题得到了根本性解决。

（4）英迈要求与其合作的所有货运公司在运输车辆的厢壁上必须安装薄木板，以避免因为板壁不平而使运输货品的包装出现损伤。

（5）在英迈的物流运作中，厂商的包装和特制胶带都不可再次使用；否则，视为侵害客户权益。因为包装和胶带代表着公司自身知识产权，这是法律问题。如有装卸损坏，必须运回原厂请厂商再次包装。而如果由英迈自己包装的散件产品，全都统一采用印有其指定国内总代理怡通公司标识的胶带进行包装，以分清责任。

三、仅仅及格

提起英迈，在分销渠道中都知道其最大的优势，是运作成本，而这一优势又往往被归于其采用了先进的 Impulse 系统。但从以上描述中已可看出，英迈运作优势的获得并非看起来那样简单，而是其对每一个操作细节不断改进、日积月累而成的。从所有的操作流程看，成本概念和以客户需求为中心的服务观念贯穿始终，这才是英迈竞争的核心所在。"英迈中国"的系统能力和后勤服务能力在英迈国际的评估体系中仅被打了 62 分，刚刚及格，据介绍，在美国专业物流市场中，英迈国际能获得 70～80 分。

作为对市场销售的后勤支持部门，英迈运作部认为，真正的物流应该是一个集中的运作体系，一个公司能不能围绕新的业务，通过一个订单把后勤部门全部调动起来，这是一个核心问题。产品的覆盖面不见得是公司物流能力的覆盖面，物流能力覆盖面的衡量标准是其经得起公司业务模式的转换，换了一种产品仍然能覆盖到原有的区域。解决这个问题的关键是建立一整套物流运作流程和规范体系，这也正是大多数国内物流企业和 IT 企业所欠缺的物流服务观念。

思考题：
1. 物流服务观念在物流业务运作中起到什么作用？
2. 从英迈公司中国物流运作得到什么启示？

第二章 仓库和仓库设备管理

【学习目标】

知识目标

1. 掌握仓库的基本概念、功能及分类；
2. 了解仓库的功能与保管方式和结构与布局；
3. 了解仓库设备的发展趋势；
4. 了解仓库常用设备的使用性能；
5. 掌握仓库布局的要求、原则及影响仓库布局的因素。

能力目标

1. 能够应用叉车、托盘、货架、起重机等仓储机械设备；
2. 能够根据货物特性进行仓库布局与规划；
3. 能够选择合适的仓库使用设备。

【引导案例】

海尔对仓库设备的持续更新

海尔集团成立于1984年，在短短16年间由一家濒临破产的小厂成长为全球家电企业十强之一。海尔的产品通过全球3.8万多个营销网点销往世界上160多个国家和地区。在供应方面，海尔的供应商为978家，其中不乏500强企业，如GE、爱默生和巴斯夫等。目前，海尔平均每个月接到6 000多个销售订单，定制7 000多种产品，需要采购的品种达15万余种。

仓库以前被认为是仓储的职能，靠仓库保证生产。现在把物料流速作为考评仓库经营水平的重要指标。提高物流效率的最大目的就是实现零库存。海尔认为没有订单的生产就是生产库存。在现代市场经济时代，如果仍然按照计划生产，而这个计划又不是市场需要的，不是客户的订单，那就是生产库存。

使用立体仓库是海尔物流的一个突破口，表面上看仅仅是仓库设备的换代，实际上是观念的更新。1998年张瑞敏提出在海尔园内建一个立体仓库。以前海尔工厂厂内设有仓库，仓库和工厂混在一起，由于生产规模的不断扩大，生产线随之增加，工厂内部周转仓库面积越来越小，只能大量外租仓库，成本很高。

1999年一个占地7 000多平方米、9 000多个货位的机械立体化仓库投入使用。立体仓库的使用节省了十几万平方米的外租仓库，一些配套基础工作也都得到极大改进，如信息系统管理、标准化包装、机械化搬运、对物料进行统一编码并使用条形码等等。在立体库成功运行后的不久，海尔于2000年5月又投资兴建了全自动立体仓库，占地1.92万平方米，库存量达1.8万多货位，满足海尔园区内冰箱、商用空调、小家电、电热器和冷柜等所有原材料和成品库存的需要。在自动化应用方面，应用了国际先进的自动化技术、机器人技术、通信传感技术等，并配有激光导航小车和从日本引进的穿梭车和堆垛机。

讨论题：
1. 根据海尔的运作理念，我们应如何描述现代仓库的作用？
2. 你认为未来海尔在仓库设备更新换代方面应注意哪些问题？

第一节　仓库的作用及分类

一、仓库的概念

我国古代农业社会由于粮食囤积的需要，出现了"仓廪"及"仓"的概念，兴兵出征又出现了放置兵器的"库"的概念。之后，这两个表征储存功能的概念逐渐融合在一起形成了"仓库"一词。

仓库是保管、存储物品的建筑物和场所的总称。仓库的概念可以理解为用来存放货物包括商品、生产资料、工具和其他财产，及对其数量和价值进行保管的场所或建筑物等设施，还包括用于防止减少或损伤货物而进行作业的土地或水面。从社会经济活动看，无论生产领域，还是流通领域都离不开仓库。

仓储是指通过仓库对物资进行储存和保管。一般来说，它指的是从接受储存物资开始，经过储存保管作业，直至把物品完好地发放出去的全部活动过程，其中包括存货管理和各项作业活动。

仓储的各项活动大致可以分为两大类：一类是基本生产活动；另一类是辅助生产活动。基本生产活动是指劳动者直接作用于储存物品的活动，诸如搬运、验收、保养、分拣等；辅助生产活动，是指为保证基本生产活动正常进行所需的各项活动，诸如保管设施、工具维修、储存设施的维护、物品维护所用技术的研究等。

【相关链接】

> 在西方国家，作为商业用途的仓库（warehouse）产生的历史同样久远。在早期一些西方文学作品中经常可以阅读到用来描述人类将过剩的粮食或猎物保存起来以备不时之需的文字。为了方便运输、贸易和生产活动，早期的仓库只能满足当地商品存储的需要。随着运输工具的不断完善与发展，商品能够实现跨国流动时，仓库中存放的商品所能满足的市场需求也就远远超出当地市场的范围。

二、仓库的重要性

仓库能否给产品增加价值？这是一个理论界与实业界普遍关注的话题。传统流派认为仓储活动不但不能给商品增加价值，事实上它只会增加产品的成本。企业如果遵循这样的结论，仓储成本通常被作为间接成本处理，仓库将被作为多余的环节而令人憎恶。然而事实证明，由于连接生产与消费的供应链不可能永远平衡以及企业对高速、零缺陷供应链的追求，使得仓库不仅有其存在的必要性，而且经营的挑战性也越来越高。

仓库对企业经营的重要性就好比家用冰箱对我们日常生活的重要性。我们在超市采购了一些食品，将这些食品提回家中，存放到冰箱里，当需要的时候我们就从冰箱里取出来，把它们放在厨房案板上加工或者放进书包带到学校去当早点。冰箱的价值体现在哪里？我们随时随地可以获得想喝的牛奶，这个价值究竟是什么呢？如果问题的答案还是不明确的话，不妨反过来设想一下如果没有了冰箱将会增加什么成本？早餐时间到了，你需要一杯牛奶，但是家里没有。这时因为没有冰箱增加的早餐"成本"可能是饿着肚子，或者因为咀嚼发干的面包或馒头而消化不良，或者在吃早餐前不得不下楼到附近超市里买，而且每天的早餐你都需要到附近超市购买所需要的早点，由此所增加的时间、精力支出就是没有冰箱对我们日常生活带来的额外成本。

由此可见，仓库的真正价值表现为在适当的时间和地点提供适当的产品。因此仓储业务可以为公司的产品增加时间和空间价值，完善的仓库管理能够有效地提高客户满意度。

三、仓库的功能

（一）仓库的功能

仓库作为物流服务的据点，在物流作业中发挥着重要的作用。它不仅具有储存、保管等传统功能，而且还具有拣选、配货、检验、分类、信息传递等功能，并具有多品种小批量、多批次小批量等配送功能以及附加标签、重新包装等流通加工功能。一般来讲，仓库具有以下功能：

1. 储存和保管的功能

这是仓库最基本的传统功能，仓库具有一定的空间，用于储存物品，并根据物品的特性，仓库内还配有相应的设备，以保持储存物品的完好性，如储存精密仪器的仓库需要防潮、防尘、恒温等，应设置空调、恒温等控制设备。

2. 配送和加工的功能

现代仓库的功能已由保管型向流通型转变，即仓库由原来的储存、保管货物的中心向流通、销售的中心转变。仓库不仅具有仓储、保管货物的设备，而且还增加分装、配套、捆装、流通加工、移动等设施。这样，既扩大了仓库的经营范围，提高了物资的综合利用率，又方便了消费者，提高了服务质量。

3. 调节货物运输能力的功能

各种运输工具的运输能力差别较大，船舶的运输能力很大，船运船舶一般都在万吨以上，火车的运输能力较小，每节车厢能装10～60吨，一列火车的运量多达几千吨。汽车的运输能力相对较小，一般在10吨以下，它们之间运输能力的差异，也是通过仓库调节和衔接的。

4. 信息传递的功能

信息传递功能总是伴随着以上三个功能而发生的。在处理有关仓库管理的各项事物时，需要及时而准确的仓库信息，如仓库利用水平、进出货频率、仓库的地理位置、仓库的运输情况、顾客需求状况、以及仓库人员的配置等，这对一个仓库的管理能否取得成功至关重要。

（二）仓库的保管方式

仓库的保管方式一般有：

（1）地面平放式——将保管物品直接堆放在地面上。

（2）托盘平放式——将保管物品直接放在托盘上，再将托盘平放于地面。

（3）直接堆放式——将货物在地面上直接码放堆积。

（4）托盘堆码式——将货物直接堆码在托盘上，再将托盘放在地面上。

（5）货架存放式——将货物直接码放在货架上。

（三）仓库的基本服务

1. 现场储备

在实物配送中经常使用现场储备，尤其是那些产品品种有限或产品具有高度季节性的制造商偏好这种服务。他们不是按照年度计划在仓库设施中安排各种存货，而是直接从制造工厂那里进行装运，并通过在战略市场中获得提前存货的承诺，可以大大减少递送时间。于是，在这种概念下，将某个厂商一定数量的产品堆放在仓库里或在仓库里进行"现场储备"，以满足顾客在至关重要的营销期内的订货。利用库存设施进行现场储备，可以在季节销售的最旺期即将到来之前，把各种存货堆放到最接近关键顾客的各种市场中去。

农产品供应商常常向农民提供现场储备服务，在销售旺季期间把农产品定位在更接近对服务敏感的市场中去；销售季节过后，剩余的存货就被撤退到中央仓库中去。

2. 仓库组合

仓库组合类似于仓库分类。当制造也在地理上被分割，通过长途运输组合，有可能降低运费和仓库需求量。在典型的组合运输条件下，从制造工厂装运整卡车的产品到批发商处，每次大批量的装运可以享受尽可能低的费率，一旦产品到达了组合仓库时，卸下从制造工厂装运来的货物后，就可以按照每一个顾客的要求或市场需求，选择一种产品的运输组合。

通过运输组合进行转运，在经济上通常可以得到特别运输费率的支持，即给予各种转运优惠。在组合仓库概念下，内向的产品也可以与定期储存在仓库里的产品结合在一起。提供转运组合服务的仓库所能获得的净效果，就是降低物流系统中整个产品的储存量。组合之所以能带来服务利益，是因为存货可以按照顾客的精确分类进行储备。

3. 生产支持

制造经济会证明具体的零部件对长时间生产的重要意义，而生产支持仓库则可以向装配工厂提供稳定的零部件和材料供给。由于较长的前置时间，或使用过程中的重大变化，所以对向外界采购的项目进行安全储备是完全必要的。对此，大多数总成本解决方案都建议，经营一个生产支持仓库，以经济而又适时的方式，向装配厂供应或"喂给"加工材料、零部件和装配件。

4. 市场形象

尽管市场形象利益也许不像其他服务利益那样明显，但是它常常被营销经理看做是地方仓库的一个主要优点。市场形象因素基于这样的见解和观点，即地方仓库（以及被推测为当地存货）比起距离更远的仓库来对顾客的需求反应更敏感，提供的递送服务也更快，并因此而产生这样的想法：认为地方仓库将会提高市场份额，并有可能增加利润。尽管市场形象因素是频繁讨论的一个战略，但很少有扎实的研究来确认它对实际利益的影响。

【特别提示】

> 仓库的功能是随着物流的发展而逐步完善的。随着供应链的发展，各节点企业的仓库的功能必将随着节点的作用而进行某方面的强化，以适应整个供应链协调发展的需要。

四、仓库的分类

早期仓库的功能较为单一，主要是物资的存储及保管功能。随着社会经济的发展，物流由少品种大批量进入到多品种小批量或多批次小批量的时代，从重视仓库的保管效率逐渐变为重视如何才能顺利进行入货、发货和配送作业，因此，仓库的功能也随之不断扩展。现代仓库的基本功能包括：物资的保管功能、调节物资的供需功能、调节物资的运输功能、实现物资的配送功能、附加物资的流通加工功能以及节省物资的功能。仓库的基本活动包括：存储、保养、维护和管理。

仓库是物流系统的基础设施，按照不同的分类标准，仓库有着许多不同的类别。

1. 按用途分类

按用途分类，有自有仓库、营业仓库、公共仓库和保税仓库等。

（1）自有仓库。自有仓库是指企业为保管本企业的物品而建设的仓库，是为企业自身生产经营活动服务配套的一种仓库。

（2）营业仓库。营业仓库是指按照仓库业管理条例取得经营许可，保管他人物品的仓库。是以经营为手段、以盈利为目的的一种社会化仓库。

（3）公共仓库。公共仓库是指国家或公用事业单位为了公共利益而建设的仓库，是为公有事业配套服务的一种仓库。

（4）保税仓库。保税仓库是依据国家有关法律和国际贸易的有关规定取得许可，专门保管国外进口而暂未纳税的货物的仓库。

2. 按功能分类

按功能分类，有生产仓库、流通仓库、加工仓库、储备仓库、集配仓库、中转仓库、配送仓库等。

（1）生产仓库。生产仓库是为生产企业生产或经营活动储存原材料、燃料、配件、半成品、成品的仓库。储存原材料的一般叫原料仓库，储存成品的一般叫成品仓库。

（2）流通仓库。流通仓库是为商品流通企业经营活动储存商品的仓库。

（3）加工仓库。加工仓库是为流通加工服务的加工型仓库，一般具有加工厂和仓库双重职能，将商品加工与仓储结合在一起，既加工又储存。

（4）储备仓库。储备仓库是为国家储备部门存放各种储备物资的仓库，如战备物资储备仓库、备荒物资储备仓库、流通调节储备仓库等。

（5）集配仓库。集配仓库是以物资集货配送为目的的仓库。

（6）中转仓库。中转仓库是以中转储备为主要目的的仓库。

（7）配送仓库。配送仓库是以物流配送为目的的仓库。

3. 按储存方式分类

按储存方式分类，有普通仓库、危险品仓库、冷藏仓库、恒温仓库等。

（1）普通仓库。普通仓库是指自然通风、无特殊功能的一般仓库。

（2）危险品仓库。危险品仓库是指储存易燃、易爆、有毒、有害物资的特殊仓库。

（3）冷藏仓库。冷藏仓库是指具有制冷设备，有良好保温隔热的低温仓库。

（4）恒温仓库。恒温仓库是指保持一定恒温和湿度的仓库。

4. 按结构分类

按结构分类，有平房仓库、多层仓库、立体仓库、散装仓库等。

（1）平房仓库。平房仓库是指仓库建筑物是平房，结构较简单的仓库。

（2）多层仓库。多层仓库是指仓库建筑物具有两层及两层以上的仓库。

（3）立体仓库。立体仓库是指仓库内部设施层数较多，具有多层货架，十层以上托盘，可进行立体储存的仓库。这种仓库通常自动化、信息化程度较高，主要使用计算机控制，采用机械化自动化作业。

（4）散装仓库。散装仓库是指专门储存散粒或粉状物资的容器式仓库。

5. 按仓库选址不同分类

按仓库选址不同分类，有港口仓库、内陆仓库、枢纽站仓库。

（1）港口仓库。港口仓库是建立在海港、航空港口附近的仓库。

（2）内陆仓库。内陆仓库是指建立在内陆地区的仓库。

（3）枢纽站仓库。枢纽站仓库是指建立在货运枢纽站或流通物资集散地的仓库。

6. 按技术不同分类

按技术不同分类，有实物仓库、虚拟仓库等。

（1）实物仓库。实物仓库是指储存各种实体物资的各类仓库。

（2）虚拟仓库。虚拟仓库是指建立在计算机网络技术上，进行物资储存、保管和运送监控的物流设置。随着现代信息技术和物流技术的发展，这种新型仓库将会得到进一步发展，可实现方便、快捷、有效地调度和高效统一地管理，是现代物流仓储发展的新趋势。

第二节　仓库的结构与布局

一、仓库的结构

（一）仓库的总体构成

仓库通常由生产作业区、辅助作业区、行政生活区、库内运输道路、停车场和绿化区等构成。

1. 生产作业区

生产作业区是仓库的主体。仓库的主要业务和商品保管、检验、包装、分类、整理等都在这个区域里进行。主要建筑物包括库房、货场、装卸站台以及加工、整理、包装场所等。

2. 辅助作业区

辅助作业区为仓储的主要业务提供各项服务，例如，设备维修、各种物料和机械的存放、垃圾处理等。主要建筑物包括维修加工及动力车间、工具设备库、车库、油库、变电室等。

3. 行政生活区

行政生活区是仓库行政管理机构和员工休息生活的区域，包括办公楼、警卫室、宿舍和食堂等。为了便于业务接洽和管理，行政生活区一般设在仓库主要出入口附近，并与生产作业区用隔墙隔开。这样既便于工作人员与作业区的联系，又便于减少非作业人员减少对仓库生产作业的影响和干扰。

4. 库内运输道路

商品出入库和库内搬运要求库内、外交通运输线相互衔接，并与库内各个区域有效连接。仓库交通运输布置得是否合理，对于仓库组织仓储作业和有效地利用仓库面积都产生很大的影响。

5. 停车场和绿化区

停车场和绿化区设置要遵照相应的法律法规并使不同区域所占面积与仓库总面积保持适当的比例。例如，停车场面积必须保证商品接收、发运需要，绿化区面积不少于30%等。

（二）仓库的结构设计考虑因素

仓库的结构对于实现仓库的功能起着非常重要的作用。因此，仓库的结构设计应考虑以下几个方面。

1. 平房建筑和多层建筑

仓库的结构从出入库作业的合理化方面看，尽可能采用平房建筑。这样，储存物品就不必上下移动，因为利用电梯将储存产品从一个楼层搬运到另一个楼层费时费力，而且电梯往往也是物品流转中的一个瓶颈。但在城市商业中心区，那里的土地有限或者昂贵，为了充分利用土地，采用多层建筑成为最佳选择。采用多层楼库时，要特别重视对货物上下楼的通道设计。

2. 仓库出入口和通道

仓库出入口的位置和数量是由建筑物主体结构和面积、库内货物堆码形式、出入库作业流程和次数以及仓库职能等因素所决定的。出入库口尺寸的大小是由卡车是否出入库内，所用叉车的种类、尺寸、台数、出入库次数、保管货物尺寸大小所决定的。库房内的通道是保证库内作业顺畅的基本条件，通道应延伸至每一个货位，使每一个货位都可以直接进行作业。通道需要通直平整，减少转弯和交叉。

3. 立柱间隔

库房内的立柱是出入库作业的障碍，会导致保管效率低下，因而立柱应尽可能减少。但当平房仓库梁的长度超过25m时，建无柱仓库有困难，则可设梁间柱，使仓库成为有柱结构。对于在开间方向上的壁柱，可以每隔5～10m设一根，由于这个距离仅和门的宽度有关，库内又不显露出柱子，因此和梁间柱相比，在设柱方面比较简单。但是在开间方向上的柱间距必须与隔墙、防火墙的位置，门、库内通道的位置，天花板的宽度或是库内开间的方向设置的卡车停车站台长度等相匹配。

4. 天花板的高度

由于实现了仓库的机械化、自动化,因此现在对仓库天花板的高度也提出了很高的要求。即使用叉车的时候标准提升高度是3m,而使用多段式高门架的时候要达到6m。另外,从托盘装载货物的高度来看,包括托盘的厚度在内,密度大且不稳定的货物,通常以1.6m为标准。以其倍数(层数)来看,1.2m/层×4层=4.8m,1.6m/层×3层=4.8m,因此,托盘货架仓库的天花板高度最低应该是5～6m。

5. 地面

不同构造的地面会有不同的耐压强度,地面承载力也会不同。地面承载力必须根据承载货物的种类或堆码高度具体研究。通常,一般平房普通仓库1m²地面承载力为2.5～3吨,其次是2～2.5t;多层仓库随层数增高,地面承受负荷能力减小,一层为2.5～3t,二层为2～2.5t,三四层为1.5～2t,五层以上为1～1.5t甚至更小。地面的负荷能力是由保管货物的重量以及所使用的装卸机械的总重量、楼板骨架的跨度等所决定的。流通仓库的地面承载力,还必须保证重型叉车作业的足够受力。

二、仓库的布局

仓库布局是指对仓库的各组成部分,如库房、货棚、货场、辅助建筑物、库内道路、附属固定设备等,在规定的范围内,进行平面和立体的全面合理安排。仓库布局是否合理,将对仓储作业的效率、储存质量、储存成本和仓库盈利目标的实现产生很大影响。

(一)仓库布局原则

(1)尽可能采用单层设备,这样造价低,资产的平均利用率也高。

(2)使货物在出入库时单向和直线运动,避免逆向操作和大幅度变向的低效率运作。

(3)在物料搬运设备大小、类型、转弯半径的限制下,尽量减少通道所占用的空间。

(4)尽量利用仓库的高度,可以多使用高层货架或使用托盘来多层堆放以提高储存量,增加利用空间。

(5)要适应现代仓储的需求,尽量配置高效的物料搬运设备及操作流程,以提高生产效率。

(6)实施有效的存储计划,确保储存空间有效利用。

(二)仓库布局要求

(1)要适应仓储企业生产流程,有利于仓储生产的正常进行。

①单一的物流方向。入库商品的交割单据、地磅、卸车、验收、存放地点之间的安排必须适应仓储生产流程,尽可能按一个方向流动。

②最短的运距。应尽量减少迂回运输,并根据仓储作业方式、商品品种、地理条件等,合理安排主干道、支通道的相对位置。

③最少的装卸环节。减少在库商品的装卸搬运次数和环节,商品的卸车、验收、堆码作业最好一次完成。

④最大地利用空间。采用立体仓库布置,有利于商品的合理储存和充分利用库容。

(2)有利于提高仓储经济效益。

①要因地制宜,充分考虑地形、地质条件,满足商品运输和存放上的要求,并能保证仓容充分利用。

②平面布置和竖向布置相适应。竖向布置是指在建设场地平面布局中每个因素，如库房、货场、道路、排水、供电、站台等，在地面标高线上的相互位置。

③能充分、合理地利用机械化设备。我国目前普遍使用的门式、桥式起重机一类的固定设备，合理配置这类设备的数量和位置，并注意与其他设备配套，要便于开展机械化作业。

（3）有利于保证安全生产和文明生产。

①库内各区域间、各建筑物间应根据"建筑设计防火规范"的有关规定，留有一定的防护间距，并有防火、防盗等安全设施，经过消防部门和其他管理部门的验收。

②平面布局应符合卫生和环境要求，既要满足库房的通风、日照等，又要考虑环境绿化、文明生产，有利于增进职工的身体健康。

（三）影响仓库布局的因素

（1）仓库的专业化程度。仓库专业化程度主要与库存物品的种类有关。库存物品种类越多，仓库的专业化程度越低，仓库布局的难度就越大；反之难度小。因为储存物品种类越多，各种物品的理化性质就会有所不同，所要求的储存保管保养方法及装卸搬运方法也将有所不同，因此，在进行仓库布局时，必须考虑不同的作业要求。

（2）仓库规模和功能。仓库的规模越大，功能越多，则需要的设施设备就越多，设施设备之间的配套衔接成为仓库布局中的重要问题，增加了仓库布局的难度。

（3）库内道路。库内道路的设置与仓库主要建筑设施的布局是相互联系、相互影响的。在进行库房、货场和其他作业场地布局时就应该考虑作业场地和道路的配置，尽可能减少运输作业的混杂、交叉和迂回。另外，还应根据具体要求合理确定干、支线的配置，适当确定道路的宽度，最大限度地减少道路的占地面积。

（四）

1. 扇型仓库

扇型仓库是指产品从仓库向一个方向运送，这种单向辐射型仓库称为扇型仓库。这种仓库的辐射方向与干线上的运动方向一致，如图 2-1 所示。这种仓库布局适用于在运输主干线上仓库距离较近、下一仓库的上风向区域，恰好是上一仓库的合理运送区域时。

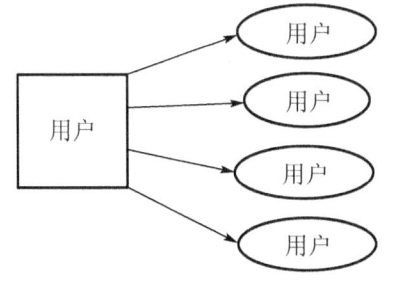

图 2-1 扇型仓库

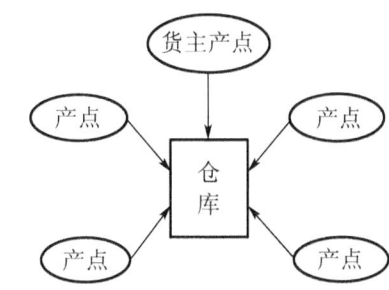

图 2-2 吸引型仓库

2. 吸引型仓库

吸引型仓库是指仓库位于许多货主的某一居中位置，货物从各个产地向此中心运送，如图 2-2 所示。这种仓库大多属于集货中心。

3. 辐射型仓库

辐射型仓库是指仓库位于许多用户的一个居中位置，产品由此中心向各个方向用户运送，形如辐射状，如图2-3所示。它适用于用户相对集中的经济区域，而辐射面所达用户只起吸引作用；或者适用于仓库是主干输送线路中的一个转运站时的情况。

4. 聚集型仓库

聚集型仓库类似于吸收型仓库，但处于中心位置的不是仓库，而是一个生产企业聚集的经济区域，四周分散的是仓库，而不是货主和用户，如图2-4所示。这种仓库适用于经济区域中生产企业十分密集，不可能设置若干仓库的情况。

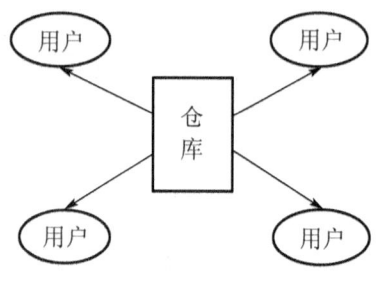

图2-3 辐射型仓库

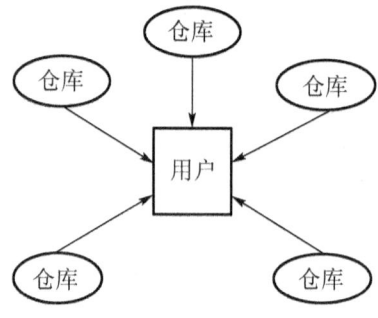

图2-4 聚集型仓库

（五）仓库布局的主要内容

1. 仓库结构类型的选择

仓库的结构类型根据仓库的功能和任务来确定，主要内容包括：

（1）仓库的主要功能是单纯储存还是兼有分拣、流通、加工、配送等功能。

（2）储存的对象，即储存物品的性质、类型、数量、外形尺寸。

（3）仓库内外环境要求是常温、冷藏还是恒温，以及防盗、防火、防污染等条件。

（4）经济能力，投资额的大小，对经营成本的要求等。

2. 仓库设施、设备的配置

根据仓库的功能、存储对象、环境要求等确定主要设施、设备的配置，如表2-1所示。

表2-1 仓储功能与设备类型

功能要求	设备类型
存货、取货	货架、叉车、堆垛机械、起重运输机械等
分拣、配货	分拣机、托盘、搬运车、传输机械等
验货、养护	检验仪表、工具、养护设施等
防火、防盗	温度监视器、防火报警器、监视器、防盗报警设施等
流通加工	所需的作业机械、工具等
控制、管理	计算机及辅助设备等
配套设施	站台（货台）、轨道、道路、场地等

【拓展提高】

仓储面积及参数的确定

仓库面积取决于存储商品的总量、种类以及构成。对于单间的无大型设备的仓库，取 $500 \sim 700 m^2$ 为宜，而对于机械化程度高的大型仓库，其面积可达 $1\,000 \sim 2\,000 m^2$。

仓库的长度应大于装卸线的长度；仓库的宽度可取长度的 $1/8 \sim 1/3$。

小型仓库的宽度一般为 $10 \sim 13m$；中型仓库为 $20 \sim 25m$。

仓库高度视库内使用设备以及货物堆存高度而定，单层仓库一般为 $5m$，多层仓库的底层为 $4 \sim 5m$，上层为 $3.5 \sim 4m$，一些采用起重机的仓库，其高度可达 $8m$ 以上。

3. 确定仓库主体构造

仓库主体构造分类包括：基础、地坪、骨架构成、立柱、墙体、屋盖、楼板、地面、窗、出入口、房檐、通风装置等。

（1）仓库框架。骨架由柱、中间柱及墙体构成。仓库内有立柱，会影响仓库的容量、装卸作业的方便性，能减少应尽量减少。

（2）防火问题。仓库主体构造要采用防火结构设计，外墙地板、楼板、门窗必须是防火结构，使用耐火或不燃烧材料，如混凝土、石棉类建材。

（3）出入口尺寸。主要是由货车是否入库，所使用的叉车种类、尺寸、技术参数、台数、出入库频率，保管货物的尺寸大小等因素决定的。

（4）站台（货台）的高度。库外道路平面停放的待装卸货车车厢底板高度尺寸应与库内地面平齐，这样运输车辆虽不进入仓库作业，但利用叉车进行装卸搬运作业却十分方便。

4. 仓库附属设施、设备

（1）保管设备。在库内堆放要保管货物时，通常采用的方法有：地面散堆法、平托盘分层堆码法、框架托盘分层堆放法、货架散放法、托盘在货架放置法。其中，后两种放置法都需要用货架，货架的种类很多，如普通货架就有货物直放货架、托盘货架。后者是将平托盘放在货架上，这种存放方法有利于仓库作业机械化。

（2）分拣装置、装卸设备。在许多仓库中有机械化、电子化的货物分拣设置，以及进行机械化作业的各种叉车，安装与作业方法及所需面积等方面应相互协调。

第三节　仓库设备

一、仓库设备的种类

仓储工作中所使用的设备按其用途和特征可分为装卸搬运设备、保管设备、计量设备、养护检验设备、通风设备、保暖设备、照明设备、消防安全设备、劳动防护设备以及其他用途设备和工具。在仓库设备的具体管理中，则应根据仓库规模的大小进行恰当分类。以下对仓储作业中主要的设备进行介绍。

1. 装卸搬运设备

装卸搬运设备主要用于商品的出入库、库内堆码以及翻垛作业。这类设备对改进仓储管理、减轻劳动强度、提高收发货效率具有重要作用。目前，我国仓库中所使用的装卸搬运设备通常可以分成三类，即装卸堆垛设备、搬运输送设备和成组搬运工具，如：堆垛机、输送机、叉车。

（1）堆垛机。堆垛机是专门用来堆码或提升货物的机械。

普通仓库使用的堆垛机是一种构造简单、用于辅助人工堆垛、可移动的小型货物垂直提升设备。这种机械的特点是：构造轻巧，能在很窄的走道内操作减轻堆垛工人的劳动强度，且堆码或提升高度较高，仓库的库容利用率高，作业灵活。因此，在中小型仓库内被广泛使用，主要有有轨堆垛机、无轨堆垛机等类型，如图2-5、图2-6所示。

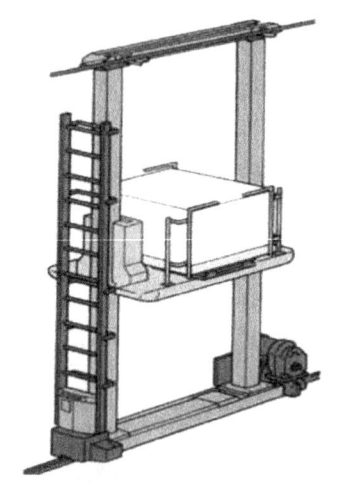

图2-5 有轨堆垛机

图2-6 无轨堆垛机

（2）输送机。输送机是一种连续搬运货物的机械。

输送机特点是在工作时连续不断地沿同一方向输送散料或者重量不大的单件物品，装卸过程无需停车。其优点是生产率高、设备简单、操作简便。缺点是一定类型的连续输送机只适合输送一定种类的物品，不适合搬运很热的物料或者形状不规则的单件货物；只能沿一定线路定向输送，因而在使用上具有一定局限性。

根据用途和所处理货物形状的不同，输送机常见的有带式输送机和辊子输送机，如图2-7、图2-8所示。

此外，还有链式输送机、螺旋式输送机、移动式输送机、固定式输送机、重力式输送机和电驱动式输送机等多种设备。

图2-7 带式输送机

图2-8 辊子输送机

（3）叉车。叉车在仓储作业过程中，是比较常用的装卸设备，有万能装卸机械之称。

叉车是指具有各种叉具，能够对货物进行升降和移动以及装卸作业的搬运车辆。它具有灵活、机动性强、转弯半径小、结构紧凑、成本低廉等优点。叉车的类型很多，按照其动力类型可划分为电瓶和内燃机两大类（内燃机的燃料又分为汽油、柴油和天然气三种）；按其基本构造分类，又可分为平衡重式叉车、前移式叉车、侧叉式叉车等，如图2-9、图2-10、图2-11所示。

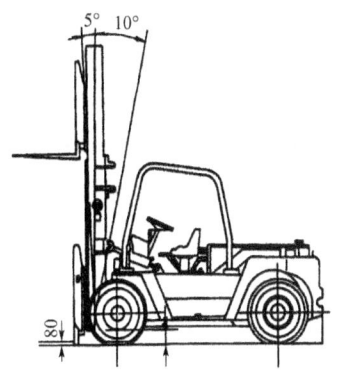
图2-9 平衡重式叉车

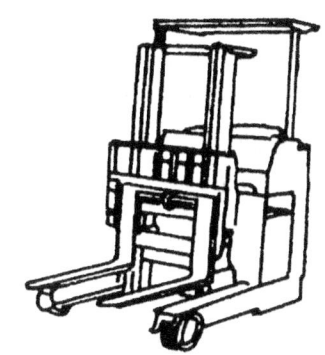
图2-10 前移式叉车

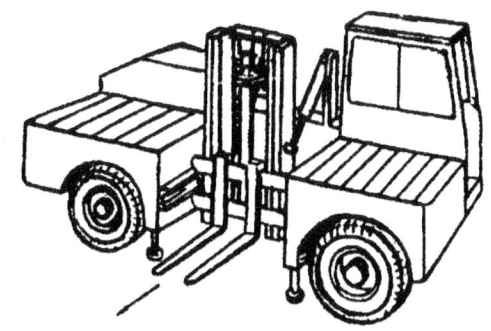
图2-11 侧叉式叉车

2. 保管设备

保管设备是用于保护仓储商品质量的设备，包括：

（1）苫垫用品。苫垫用品包括苫布（篷布、油布、塑料布等）、苫席、枕木（愣木、垫木）、垫仓架、水泥条、花岗石块等。主要用于露天货物堆放商品的苫垫以及底层仓库的衬垫，具有防尘、防晒、防雨、防风、防潮等作用。

（2）存储用具。存储用具包括各种类型的货架、货橱等。主要用于存放批量小、拆零、贵重等物品，具有易点数、提高仓容利用率等特点。

（3）辅助用具。辅助用具主要包括平面托盘和立桩折叠式托盘两种。这两种托盘辅助于叉车装卸作业。主要用于体积小或质量比较重的商品，具有点数方便、装卸简便等特点。

3. 计量检验设备

计量设备是指商品在入库验收、在库检查和出库交接过程中使用的度量衡工具，包括磅秤、杆秤、地重衡、轨道衡、电子秤、流量计、检尺器、长度计量仪、自动计数器等。

计量设备主要用于商品出入库的计量、点数，以及库存期间的盘点、检查等。计量设备必须具有准确性、灵敏性、不变性及稳定性等特点。

4. 安全与养护设备

（1）安防设备。安防设备包括闭路电视监控系统、门禁系统和闯入报警系统等组成，其主要目的是防止人员和货物在未经许可的情况下进出仓库。

（2）消防设备。消防设备包括警报器、各式灭火器、水源设备、砂土箱、水桶、水龙带等。主要用于灭火和防火。

（3）养护设备。养护设备主要有温湿度计、测潮仪、吸湿器、烘干机、通风机、空调机等，用于养护商品防止商品变质。在华南地区，因为常年温度高、湿度大，物资储存天然环境较差，对物资养护设备要求更高。

（4）劳动防护设备。劳动防护设备是指用于确保仓库职工在作业中的人身安全的一些防护用具和用品。

二、常用仓库设备

（一）货架

1. 货架的分类

货架的种类多种多样，根据不同的划分方式，可以分成不同的类型。

（1）按照货架发展形态的不同可分为传统式货架和新型货架。传统式货架包括层架、层格式货架、抽屉式货架、橱柜式货架、U形架、悬臂架、栅架、鞍架、气罐钢筒架、轮胎专用货架等。新型货架包括：旋转式货架、移动式货架、装配式货架、调节式货架、托盘货架、进车式货架、高层货架、阁楼式货架、重力式货架、屏挂式货架等。

（2）按照货架适用性的不同可分为通用货架和专用货架。

（3）按照货架制造材料的不同可分为钢货架、钢筋混凝土货架、木质货架和钢木合制货架。

（4）按照货架封闭性程度的不同可分为敞开式货架、半封闭式货架和封闭式货架。

（5）按照货架结构的不同可分为层架、层格架、橱架、抽屉架、悬臂架、三角架和栅型架等。

（6）按照货架可移动性的不同可分为固定式货架、移动式货架、旋转式货架、组合式货架、可调式货架和流动储存货架。

（7）按照货架高度的不同可分为低层货架（高度在5m以下）、中层货架（高度在5～15m）、高层货架（高度在15m以上）。

（8）按照货架载重量的不同可分为轻型货架（每层货架的载重量在150kg以下）、中型货架（每层货架的载重量在 150～500kg）、重型货架（每层货架的载重量在 500kg 以上）。

（9）按照货架结构的不同可分为整体结构式和分体结构式。

（10）按照货架载货方式的不同可分为悬臂式货架、橱柜式货架、棚板式货架。

（11）按照货架构造的不同可分为组合可拆卸式货架、固定式货架。组合式货架以轻便、灵活、适用范围广为特点；固定式货架以牢固、承载大、刚性好为特点。组合式货架多用于平面仓库和分离式自动仓库，固定式货架多用于库架合一式自动仓库。其中，固定式货架又分为单元式货架、一般式货架、流动式货架、贯通式货架。

2. 常用货架

（1）托盘式货架。托盘式货架是使用最广泛的托盘类货物存储系统，通用性较强。其结构是货架沿仓库的宽度方向分成若干排，其间有一条巷道，供堆垛起重机、叉车或其他搬运机械运行，每排货架沿仓库纵长方向分为若干列，在垂直方向又分成若干层，从而形成大量货格，便于用托盘存储货物，如图 2-12 所示。

图 2-12　托盘式货架

（2）悬臂式货架。悬臂式货架由悬臂和纵梁相连而成。悬臂式货架分单面和双面两种，由金属材料制造而成，为了防止所储存材料的破损，常常加上木质衬垫或橡胶衬垫。悬臂架的尺寸不定，一般根据所放长形材料的尺寸大小而定。

悬臂式货架为边开式货架的一种，可以在架两边存放货物，适合存储长、大件货物和不规则货物，诸如钢铁、木材、塑料等等，其前伸的悬臂具有结构轻巧、载重能力好的特点。如果增加搁板，特别适合空间小、高度低的库房，管理方便。悬臂式货架同样可以实现多层应用，如图 2-13 所示。

图 2-13　悬臂式货架

(3) 重力式货架。重力式货架又称为流动式货架，如图 2-14 所示，这是一种利用存储货物自身重力来达到在存储深度方向上使货物运动的存储系统，较多用于拣选系统中。重力式货架采取"先进先出"型存取模式，存货时托盘从货架斜坡高端送入滑道，通过导向轮下滑，逐个存放；取货时从斜坡低端取出货物，其后的托盘逐一向下滑动待取。托盘货物在每一条滑道中依次流入流出，故特别适用于易损货物和大批量同品种、短时期储存的货物。重力式货架仓库利用率极高，运营成本较低，但对通道物流布局有特殊要求。

 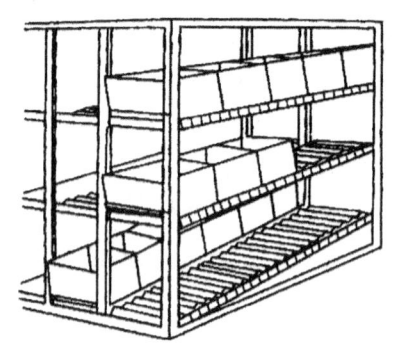

图 2-14　重力式货架

(4) 货格式货架。货格式货架是由一个个货格组成的，在存储时，避免了货物的相互挤压，每个货物是独立的单元，可以实现货物的先进先出。货格式货架是立体仓库货架的主要形式如图 2-15 所示。货格式货架是最常用的一种货架，在自动化仓库中广泛应用。货格式货架由货格所组成的，根据货格的多少，可以将自动化仓库分为大型仓库、中型仓库和小型仓库。

图 2-15　货格式货架

(5) 旋转式货架。旋转式货架又称为回转式货架。在拣选货物时，取货者不动，通过货架的水平、垂直或立体方向回转，货物随货架移动到取货者的面前。它是适应目前生产及生活资料由少品种大批量向多品种小批量发展趋势而发展起来的一类现代化保管储存货架。

旋转式货架在存取货物时，可以通过计算机进行自动控制，即根据下达的货格指令，该货格以最近的距离自动旋转至拣货点停止。这种货架的存储密度大，货架间不设通道，与固定式货架相比，可以节省占地面积 30%～50%。

由于货架转动，拣货线路简捷，拣货效率高，拣货时不容易出现差错。根据旋转方式不同，可分为垂直旋转式货架、水平旋转式货架、立体旋转式货架三种，如图 2-16、图 2-17、图 2-18 所示。

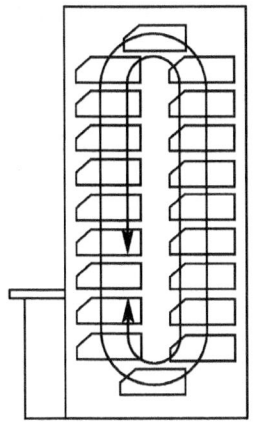

图 2-16 垂直旋转式货架

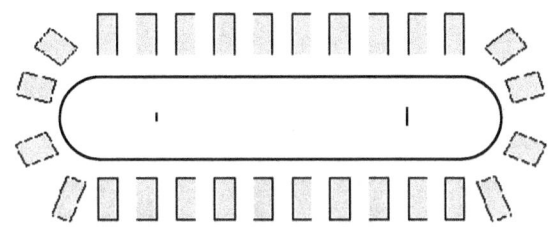

图 2-17 水平旋转式货架

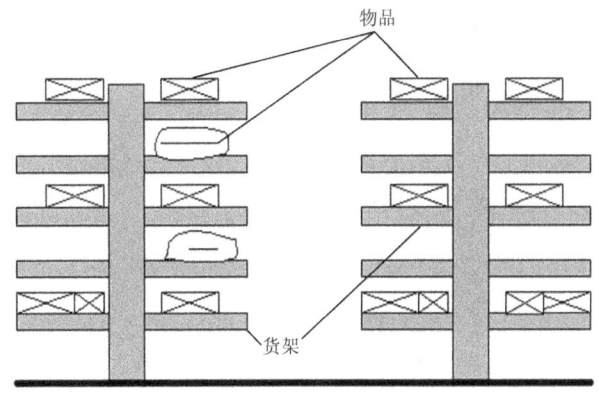

图 2-18 立体旋转式货架

（6）拣选式货架。拣选式货架是满足拣选要求，存取货物时通过拣选小车来完成的货架。拣选式货架为多层货架，货架载荷尺寸根据用户需要设计制作，每格载荷为 300～1 000kg，适用于多品种、大批量、出入库作业不频繁的小件货物存储，如图 2-19 所示。

图 2-19 拣选式货架

配送中心通过使用拣选式货架、拣选搬运设备（无动力拣选车、动力拣选台车、动力牵引车、堆垛机、搭乘车存取机、无动力输送机、动力输送机和计算机辅助拣选台车等）来完成货物的存储和拣选，拣选式货架与拣选搬运设备搭配使用。

（7）阁楼式货架。阁楼式货架适用于场地有限、品种繁多、数量少的情况，其底层货架不但是保管物料的场所，而且是上层建筑承重梁的支撑，承重梁的跨距大大减小，建筑费用也大大降低。阁楼式货架也适用于现有旧仓库的技术改造，配合使用升降机操作，可以大大提高仓库的空间利用率。

阁楼式货架采用全组合式结构，专用轻钢楼板，造价低，施工快。根据场地情况和使用需要，阁楼式货架可灵活设计成两层、多层各种形式，以充分利用空间，如图 2-20 所示。

图 2-20　阁楼式货架

（8）装配式货架。装配式货架采用组合式结构，调节灵活，拆装方便，如图 2-21 所示。组合货架要实现标准化、系列化，因为如果每个单位自行设计、制造组合货架，质量会缺乏保证，成本也会比较高。货架实现标准化设计和专业化生产，不仅能提高产品质量，使产品规格多样化、系列化，而且能节约原材料，降低成本。

（9）移动货架。移动货架是一种带轮且可移动的货架。在货架下面装有滚轮，在仓库地坪上装有导轨，货架通过轮子沿导轨移动，如图 2-22 所示。

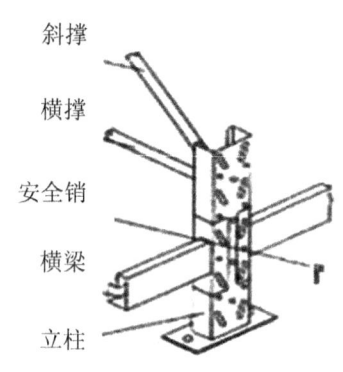

图 2-21　装配式货架

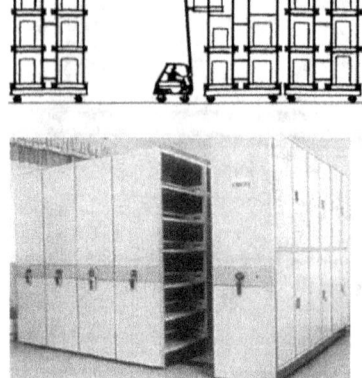
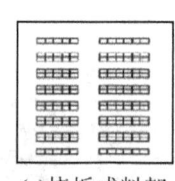
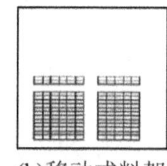

(a)栈板式料架　　(b)移动式料架

图 2-22　密集式移动货架

它适用于库存品种多、出入库频率较低的仓库，或库存频率较高、但可按巷道顺序出入库的仓库。因为它只需要一个作业通道，所以可大大提高仓库面积的利用率，被广泛应用于办公室存放文档、图书馆存放档案文献、金融部门存放票据、工厂车间及仓库存放工具和物料等作业中。

（二）叉车

叉车又称铲车、叉式装卸车，是装卸搬运机械中最常见的具有装卸、搬运双重功能的机械。它以货叉作为主要的取货装置，依靠液压起升机构升降货物，由轮胎式行驶系统实现货物的水平搬运。叉车除了使用货叉以外，还可以更换各类装置以适应多种货物的装卸、搬运和作业。

1. 叉车的分类

叉车的种类很多，常按不同标准进行分类。

（1）按其动力装置的不同可分为：

① 内燃式叉车，动力装置是内燃机，又可分为汽油机式叉车、柴油机式叉车和液化石油气叉车。特点是机动性好，功率大，独立性强，应用范围广，一般情况下，重、大吨位的叉车采用内燃机为动力，如图 2-23 所示。

② 电动式叉车，又称电瓶式叉车，以蓄电池为动力，如图 2-24 所示。它和内燃机式叉车相比，具有结构简单、操作简单、动作灵活、无废气污染、噪声低、燃费低、维修费少等优点，但动力持久性差，需要专门充电设备，行驶速度慢，对路面要求较高，应用受到限制，主要适合室内作业。

图 2-23　内燃式叉车

图 2-24　电动式叉车

（2）按照功能和功用进行分类可分为：

① 平衡重式叉车。其货叉位于叉车的前部，为了平衡货物重量产生的倾翻力矩，保持叉车的纵向稳定性，在叉车后部装有平衡重。它是叉车中机动性最高的叉车，也是目前应用最广泛的叉车，如图 2-25 所示。

② 插腿式叉车。叉车的两条腿向前伸出，支撑在很小的车轮上。支腿的高度很小，可同时一起插入货物底部，由货叉托起货物。货物的重心落到车辆的支撑平面内，因此稳定性很好，不必再设平衡重。它一般由蓄电池供电驱动。它的作业特点是起重重量小、车速低、结构简单、外形小巧，适于通道狭窄的仓库内作业，如图 2-26 所示。

图2-25 平衡重式叉车

图2-26 插腿式叉车

③ 侧面式叉车。侧面式叉车门架和货叉在车体的一侧,其主要作业特点是:(a)在出入库作业的过程中,车体进入通道,货叉面向货架或货垛,这样进行作业时不必先转个弯然后作业,适于窄通道作业;(b)有利于装搬条形长尺寸货物,因为长尺寸货物与车体平行,不受通道宽度的限制,如图2-27所示。

图2-27 侧面式叉车

图2-28 前移式叉车

④ 前移式叉车。前移式叉车有两条前伸的支腿,与插腿式叉车比较,前轮较大,支腿较高,作业时支腿不能插入货物的底部,而门架可以带着整个起升机构沿着支腿内侧的轨道移动,这样货叉叉取货物后稍微升起一个高度,即可缩回,保证叉车运行时的稳定性。前移式叉车与插腿式叉车一样,都是货物的重心落到车辆的支撑平面内,因此稳定性较好,适于仓库内作业,如图2-28所示。

⑤ 集装箱叉车。集装箱叉车是专门用于集装箱的装卸搬运,分正面式和侧面式两类,它的主要特点是可搬运较大重量的货物,如图2-29所示。

图2-29 集装箱叉车

图2-30 高货位拣选叉车

⑥ 高货位拣选叉车。高货位拣选叉车的主要作用是高位拣货。操作台上的操作者可以与装卸装置一起上下运动，并拣取储存在两侧货架内的货物，使用于多品种少量入出库，如图 2-30 所示。

2. 叉车的特点

（1）叉车将装卸和搬运两种作业合二为一，加快作业效率。

（2）在仓库、车站、码头和港口等货物搬运装卸的场所都要应用叉车进行作业，有很强的通用性。

（3）与大型起重机械相比，它成本低、投资少、见效快、经济效益好。

（4）与汽车相比较，它的轮距小，外形尺寸小，重量轻，能在作业区域内任意调动，适应货物数量及货流方向的改变，可机动地与其他起重运输配合工作。

（5）叉车可以应用于许多机具难以使用的领域作业。

（三）托盘

托盘是指用于集装、堆放货物以便于装卸货物搬运和运输的水平平台装置。其主要特点是装卸速度快、货损货差少。

1. 托盘的分类

按托盘基本形态分为：用叉车、手推平板车装卸的平托盘、柱式托盘、箱式托盘；用人力推动的滚轮箱式托盘、滚轮保冷箱式托盘；采用木板托盘，用设有推换附件的特殊叉车进行装卸作业的滑板，或装有滚轮的托盘卡车中使货物移动的从动托盘；其他还有装运桶、罐等专用托盘之类的与货物形状吻合的特殊构造托盘。

按托盘形状不同可分为多种形式，如双面叉、四面叉、单面使用型、双面使用型等。按其材质的不同，由木制、塑料制、钢制、铝制、竹制、复合材料以及纸制等。

（1）平托盘。平托盘是在承载面和支撑面间夹以纵梁，构成可集装物料、可使用叉车或搬运车等进行作业的货盘，如图 2-31 所示。

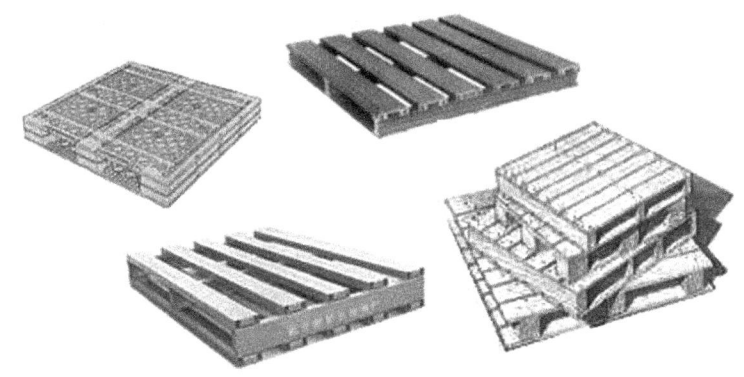

图 2-31　平托盘

（2）箱式托盘。箱式托盘是在一个平托盘上部安装上平板状、网状等构造制成的箱型设备，可将形式不规则的货物集装，多用于散件或散状物料的集装，如图 2-32、图 2-33 所示。

箱式托盘有固定式、可卸式和折叠式三种，一般下部可叉装，上部可吊装，并可进行堆码（一般为四层）。

（3）柱式托盘。柱式托盘是平托盘上装有四个立柱的托盘，其目的是在多层堆码保管时，保护好最下层托盘货物。托盘上的立柱大多采用可卸式的，高度多为1200 mm左右，立柱的材料多为钢制，耐荷重3吨，自重30 kg左右，如图2-34所示。

图2-32　网箱托盘　　　　图2-33　箱式托盘　　　　图2-34　柱式托盘

（4）滚轮箱式托盘和滚轮保冷箱式托盘。滚轮箱式托盘是在箱式托盘下部安装脚轮的箱型设备，按上部结构的形式可分为固定式、可卸式和折叠式三种，如图2-35所示。

 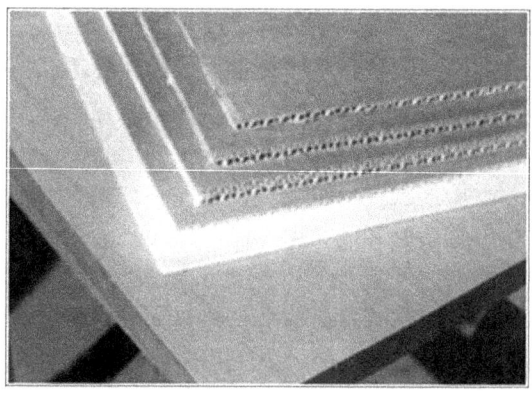

图2-35　滚轮箱式托盘　　　　　　　　　图2-36　滑动板

滚轮保冷箱式托盘在滚轮箱式托盘上部安装有保冷装置的托盘，其保冷功能根据物品温度管理的范围划分成一类（-18℃以下）和二类（0～10℃）两种。

（5）滑动板。滑动板是瓦楞纸、板纸或塑料制的板状托盘，也叫薄板托盘，如图2-36所示。具有轻、薄、价廉的特点，但需要带有特殊附件的叉车进行装卸。

【相关链接】

托盘的标准化

托盘的标准化是物流领域的一个非常重要的问题。托盘如果只是在工厂和仓库使用，是不能充分发挥其效益的，只有全程托盘化，才能取得良好的效果。这就必然涉及托盘的标准化问题。

托盘的规格是指托盘的长与宽，通常用"宽×长"来表示。因为托盘的长与宽及其面积，会涉及货物在托盘上的堆码，也涉及与运输工具内容尺寸和内容面积的配合，因此物流界是十分重视的。

国际标准化组织也十分重视托盘规格标准问题，先后三次提出建议规格。

1961年ISO/R198提出采用800×1200、800×1000、1000×1200三个尺寸（单位均为mm，下同）。

1963年ISO/R329建议在上述基础上增加：1200×1600、1200×1800两个规格尺寸。

1971年国际标准化组织托盘委员会（1SO/TC51）就1200mm系列托盘已在国际上广泛使用，但又与国际标准集装箱配套有困难的情况（美、英、日等国再三倡议采用1100mm系列）提出：保留1200mm系列的同时，增加800×1100、900×1100和1100×1100三种规格的托盘。

1982年我国颁布的国家标准是800×1200、800×1100和1000×1200三种。机械工业系统使用JB3003—1981，规定平托盘规格为825×1100、545×825两个规格；

箱式托盘和柱式托盘为800×1000和500×800。我国铁路使用的托盘规格主要有850×1250、900×1250、950×1250和1000×1250四个规格。

2. 托盘的使用

（1）托盘的使用方法。托盘的使用方法具体分为：

① 托盘联运。托盘联运是托盘的重要使用方式。托盘联运又称为一贯托盘运输，其含义是将载货托盘货体，从发货人开始，通过装卸、运输、转运、保管、配送等物流环节，将托盘原封地送达收货人的一种"门到门"运输方法。

② 托盘专用。各仓库内部都有提高工效、追求物流合理化问题，因此，专用托盘的使用领域广阔。专用托盘适用于某一领域的要求，这一领域的各个环节，采用托盘作为贯通一气的手段。如在工厂物流系统中为配合流水线作业，专用托盘使用也很广泛。如汽车工厂的零部件专用托盘，其流程是托盘装入零部件后，进入立体仓库保管，按装配计划，从立体仓库取出托盘进入装配流水线，内置的零件在一定装配位置装配完了后，空盘再回送至供应部门，如此往复使用。

（2）托盘的管理和联运体系。实施全程托盘化，必然涉及托盘回收的问题。将商品装在托盘上送到目的地后，既不能将托盘放下不管，也不能等对方卸下商品再带回空托盘，那样会导致时间效率差。在联运系统中，一般使用托盘种类比较少，尺寸和材料大体相同，托盘价格相差不大。因此，托盘一般只保留数量的归属权，而不强调个别托盘的归属和返盘。在联运体系中主要有以下几种交换方式：

① 对口交流方式。它是指交换单位间签订托盘交换合同，阐明在托盘流通中共同遵守的回送、使用、保养、归属、滞留期、收费标准以及清算方法等事宜的流通形式。

② 及时交换方式。它是指产、供、销单位都以运输为中心，在发运托盘载货的同时，从运输单位取回同等数量的空托盘或托盘货物，或者在接受托盘载货的同时，交给运输单

位同等数量的空托盘或载货托盘。

③ 租赁方式。租赁方式是指托盘归托盘公司所有,使用者在其遍布全国各地的营业点进行租赁和使用后的归还。

④ 租赁-交换方式。这是交换方式与租赁方式的结合方式。

(3) 使用托盘应注意的事项。使用托盘应注意如下几点:

① 不是所有货物都可以用托盘运输。适宜于托盘运输的货物以包装件杂货物为限,散装、超重、超长或冷藏货物均不能以托盘运输。危险货物以托盘运输时,切勿将性质不同的危险货物装在同一托盘上。

② 必须符合托盘积载的规定。例如,同一批货装载每个托盘的数量和重量必须保持一致,不能有多有少;不同收货人的货物不能装在同一托盘上;托盘平面应该全部装载货物,并且货物要码齐放平。

③ 每一托盘货载,必须捆扎牢固以具有足够的强度、稳定性和平衡性。既能够承受一般海上风险,经受装卸操作和移动,也能够在其上面承受一定的压力。

④ 货物以托盘运输时,必须在所有运输单证上注明"托盘运输"字样。在提单上除列明一般必要的项目外,还需要列明托盘数量和托盘上装载货物的货物件数,因为这关系到一旦货物发生丢失或损坏按什么标准计算进行赔偿的问题。

(四) 起重机

1. 起重机械的概念及工作特点

起重机械是一种循环、运动的装卸机械,主要用来垂直升降货物或兼作货物的水平移动,以满足货物的装卸、转载等作业要求。它的基本工作过程如图2-37所示。

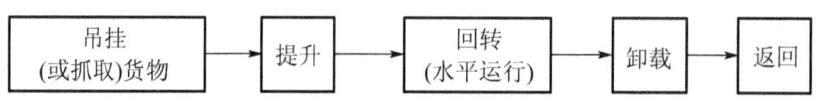

图2-37 起重机械的一般工作过程

在工作中,各工作机构经常处于反复启动、制动,而稳定运动的时间较为短暂。起重机以装卸为主要功能,搬运的功能较差,搬运距离很短。大部分起重机体移动困难,因而通用性不强,主要应用于港口、车站、仓库、物流中心等场所。起重机的作业方式是从货物上部起吊,因而需要的作业空间高度较大。

起重机的合理运用对减轻劳动强度、降低运输成本、提高劳动生产率、加快车船周转、对实现装卸搬运机械化起着重要作用。

2. 起重机械的基本类型

起重机械包括轻小型起重设备、升降机(如载货电梯)和起重机。轻小型起重设备主要有千斤顶、葫芦、卷扬机、滑车等。它们的特点是:轻小简练、使用方便。手动的轻小型起重设备尤其适用于无电源的场合使用,如图2-38所示。

起重机适用于装卸大件笨重货物,借助于各种吊索也可以装卸其他货物,起吊运能力较大,一般为3~30吨。起重机其重量及运动方式可分为桥式起重机、臂式类起重机。

(a)手板葫芦　　　　　　　(b)手拉葫芦

图2-38　手板葫芦和手拉葫芦

最常见的是门式起重机、桥式起重机和汽车起重机等数种。

1. 桥式起重机

桥式起重机配有起升机构、大车运行机构和小车运行机构。依靠这些机构配合，可在整个长方形场地及其上空作业，使用于车间、仓库、露天货场等场所。桥式类起重机包括：通用桥式起重机、门式起重机、装卸桥等。

（1）桥式起重机。桥式起重机又称"桥式行车"，俗称"桥塔"或"天车"，其桥架由主梁和端梁构成，沿架设在建筑物上的行车轨道行走。小车在主梁横向运行，一般用于库房内部，如图2-39所示。

图2-39　桥式起重机

（2）门式起重机。门式起重机俗称"门吊"，其桥架（大车）由主梁和支腿构成门架，沿地面轨道行走。起重机构（小车）在桥梁主梁上沿小车轨道横向运行，一般用于露天货场，如图2-40所示。

图 2-40　门式起重机

（3）装卸桥。如岸边集装箱装卸桥，该装卸桥是在港口使用的一种装卸起重机，主要用在港口码头、车站等场合进行货物的装卸与搬运。其特点是装卸率高，通常以生产率来衡量和选择装卸桥。如图 2-41 所示。

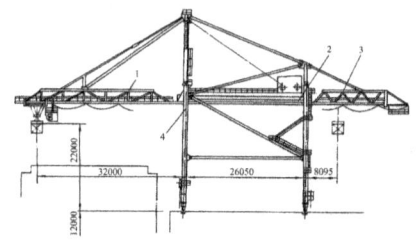

图 2-41　轻型岸边集装箱装卸桥

2. 臂架类起重机

臂架类起重机配有起升机构、旋转机构、变幅机构和运行机构。液压起重机还配有伸缩臂机构。依靠这些机构的配合动作，可在圆柱形场地及上空作业。臂架类起重机可装在车辆上或其他运输工具上，构成运行臂架式起重机。这种起重机具有良好的机动性，可适用于码头、货场、工厂等场所。臂架类起重机包括：固定式起重机、移动式起重机、浮式起重机等。

（1）固定式起重机。固定起重机可分为门座起重机、回转支承式及固定抓勾机等，图 2-42 为回转支承式固定起重机。回转支承式固定起重机为单臂架式，钢丝绳变幅采用滑轮补偿，货物可作水平位移，因此可作全幅度带载变幅，作业效率高。采用单排交叉滚柱式或球式回转支承，可作 360° 全回转，运转平稳，使用可靠。适用于内河港口中小型码头、库场、堆栈或厂区内进行杂物或散货的装卸作业。

图 2-42　回转支承式固定起重机

（2）移动式起重机。

在通用或专用汽车底盘上，装上起重工作装置及设备的起重机称为汽车起重机，如图 2-43 所示。汽车起重机具有通过性好、机动灵活、行驶速度快、可迅速转移作业地点，到达目的地能够快速投入工作等优点，并且制造容易且较经济。它特别适合于流动性作业场所、不固定的场合。由于汽车车身较长，转弯半径较大，且只能在起重机的两侧和后方进行作业。

图 2-43　汽车起重机　　　　　　　　图 2-44　轮胎起重机

轮胎起重机是将起重工作装置和设备装设在专门设计的自行轮胎底盘上，如图 2-44 所示。

履带式起重机将起重工作装置和设备装设在履带式机车底盘上，靠行走支撑轮在自身封闭的履带上滚动运行的起重机。与轮胎起重机相比，履带对地面的平均压力小，可在松软、泥泞的恶劣地面上进行作业。此外，它的爬坡能力强，牵引性能好，如图 2-45 所示。

如图 2-45　履带式起重机　　　　　　图 2-46　门座起重机

门座起重机是装在沿地面轨道行走的门形底座上的全回转臂架起重机，如图 2-46 所示。它是码头前沿的通用起重机械之一。门座起重机的工作地点相对比较固定，可以以较高的生产率完成船到岸、船到车、船到船之间等多种装卸作业。

（3）浮式起重机。浮式起重机是以专用浮船作为支撑和运行装置，浮在水上作业，可沿水道自航或拖航的水上起重机。它被广泛应用于海河港口，可单独完成船到岸或船到船的装卸作业，如图 2-47 所示。

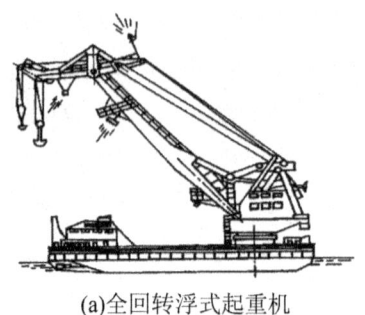
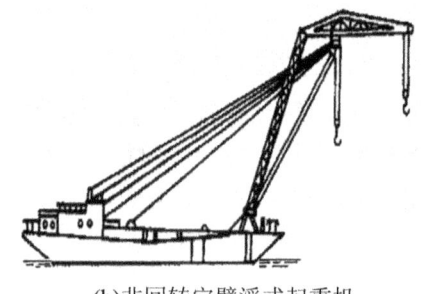

(a)全回转浮式起重机　　　　(b)非回转定臂浮式起重机

图 2-47　浮式起重机示意图

（五）其他机械设备

1. 输送机械

输送机械是按照规定路线连续地或间歇地运送散件物料和成件物品的搬运机械，是现代物料搬运系统的重要组成部分。输送机械系统是由两个输送机及其附件组成一个比较复杂的工艺输送系统，完成物料的搬运、装卸、分拣等功能。被广泛应用于工厂企业的流水生产线、物料输送线及流通中心、配送中心物料的快速拣选和分拣。

根据货物性质的不同，输送机械可分为间歇性输送机械（主要用于集装单元的装卸搬运）和连续性输送机械（主要用于散货的装卸搬运）两类。

按动力性质的不同，输送机械可分为有牵引构件的输送机（如带式输送机、链式输送机、板式输送机、悬挂输送机、垂直输送机）、无牵引构件的输送机（如滚轮式输送机、螺旋输送机、振动输送机）和气力输送装置（如悬浮式气力输送装置、推送式气力输送装置）三类。

2. 分拣输送系统

分拣输送系统是将随机的、不同类别、不同去向的物品，按其要求（产品类别或产品目的地）进行分类的一种物料搬运系统。随着社会生产力的提高，商品品种的日益丰富，在生产和流通领域中的物品分拣作业，已成为耗时、耗力、占地大、差错率高、管理复杂的部门。为此，物品分拣输送系统已经成为物料搬运系统的一个重要分支，被广泛应用于邮电、航空、食品、医药等行业以及流通中心和配送中心等。

在分拣输送系统中，分拣机是最主要的设备。分拣机的种类很多，按工作方式可分为以下几种：横向推出式分拣机、升降推出式分拣机、倾斜式分拣机、悬吊式分拣机。

3. 巷道堆垛机

巷道堆垛机是在高层货架的窄巷道内作业的起重机，可大大提高仓库的面积和空间利用率，是自动化仓库的主要设备，又称"有轨堆垛机"。巷道堆垛机可分为：

①按用途分有单元型、拣选型和单元拣选型三种。

②按机械结构分有单立柱/双立柱、单叉/双叉和单伸位/双伸位。

③按转移巷道方法分有固定式、转移式和转移车式三种。

4. 专用机械

专用机械是有专用取物装置的起重、输送机械或工业车辆的综合，一般进行专用作业。如翻车机、堆取料机、码垛机、拆垛机、分拣输送系统专用机械设备、集装箱专用装卸机械（如岸边集装箱起重机、集装箱跨运车、集装箱叉车、轮胎集装箱龙门起重机、轨道式集装箱起重机等）、托盘专用装卸机械、船舶专用装卸机械、车辆专用装卸机械等。

第四节　自动化立体仓库

一、自动化立体仓库及其组成

1. 自动化立体仓库的定义

随着科学技术和工业生产的飞速发展，现代物流技术领域内出现了一种新型仓储方式——自动化立体仓库（简称自动化仓库）。它是以高层货架为主体，以成套搬运设备为基础，以计算机控制技术为手段的高效率物流、大容量存储的机电一体化高科技集成系统。它集机械、电子、计算机、通信、网络、传感器和自动控制等多种技术于一体，以搬运机械化、控制自动化、管理微机化、信息网络化为特征，成为现代化物流设计中产品生产与存储的枢纽。

自动化立体仓库的计算机管理及控制系统，是基于现代信息技术、控制技术及计算机通信技术等而发展起来的综合应用系统。自动化立体仓库的高新技术水平就是由此而体现。自动化立体仓库实际上也是一种多层存放货物的高架仓库系统，由计算机自动控制与管理系统、货架、堆垛机和入出库输送设备等构成，能按指令自动完成货物的存取，并能对库存货物进行自动管理，如图2-48所示。

图2-48　自动化立体仓库

自动化仓库管理与控制系统的主要任务是对仓库中的材料、货位等基本信息进行管理，优化仓库存储的效率，管理材料的在库情况并控制仓库中的自动化设备，实现仓库中材料的自动出入操作和存储操作。它不仅对信息进行管理，也对物流及设备进行管理和控制，是现代企业物流和信息流管理的重要组成部分。

立体仓库的产生和发展是第二次世界大战之后生产和技术发展的结果。20 世纪 50 年代初，美国出现了采用桥式堆垛起重机的立体仓库；20 世纪 50 年代末至 60 年代初出现了司机操作的巷道式堆垛起重机立体仓库；1963 年美国率先在高架仓库中采用计算机控制技术，建立了第一座计算机控制的立体仓库。此后，自动化立体仓库在美国和欧洲得到迅速发展，并形成了专门的学科。20 世纪 60 年代中期，日本开始兴建立体仓库，并且发展速度越来越快，成为当今世界上拥有自动化立体仓库最多的国家之一。

我国对立体仓库及其物料搬运设备的研制开始并不晚，1963 年研制成第一台桥式堆垛起重机（机械部北京起重运输机械研究所），1973 年开始研制我国第一座由计算机控制的自动化立体仓库（高 15m，机械部起重所负责），该库 1980 年投入运行。到目前为止，我国已建成自动化立体仓库数百座。立体仓库由于具有很高的空间利用率、很强的入出库能力、采用计算机进行控制管理而利于企业实施现代化管理等特点，已成为企业物流和生产管理不可缺少的仓储技术，越来越受到企业的重视。

自动化立体仓库应用范围很广，几乎遍布所有行业。在我国，自动化立体库应用的行业主要有机械、冶金、化工、航空航天、电子、医药、食品加工、烟草、印刷等。

【相关链接】

> 自动化立体仓库的发展现在并不以大型化为方向，美国 Hallmark 公司已安装了 120 个巷道的系统。相反地，为适应现代工业生产的要求，出现了规模更小、反应速度更快和使用范围更广的自动化仓库系统。

2. 自动化立体仓库的组成

自动化立体仓库主要由以下部分组成：

（1）高层货架。高层货架是立体仓库的主要构筑物，一般用钢材或钢筋混凝土制作。钢货架的优点是构件尺寸小，仓库空间利用率高，制作方便，安装建设周期短。钢筋混凝土货架的突出优点是防火性能好，抗腐蚀能力强，维护保养简单。

高层货架按建筑形式可以分为整体式和分离式两种。整体式是指货架除了储存货物以外，还可以作为建筑物的支撑结构，就像是建筑物的一个部分，库房与货架形成一体化结构。分离式是指储存货物的货架独立存在，建在建筑物内部，它可以将现有的建筑物改造为自动化仓库，也可以将货架拆除，使建筑物用于其他目的。图 2-49 是高层货架示意图。

立体仓库的建筑高度一般在 5m 以上，最高的可达 40m，常用的立体仓库高度在 7～25m 之间。库内高层货架每两排合成一组，每两组货架中间设有一条巷道，供巷道堆垛起重机和叉车行驶作业。每排货架分为若干纵列和横排，构成货格或存货位，用于存放托盘或货箱。巷道堆垛起重机自动对准货位存取货物，配合周围出入库搬运系统完成自动存取作业。

图2-49 高层货架　　　　　图2-50 巷道式堆垛机

（2）巷道式堆垛机。巷道式堆垛机是立体仓库中最重要的搬运设备。它是随着立体仓库的出现而发展起来的专用起重机，如图2-50所示。它的主要用途是在高层货架的巷道内来回穿梭，将位于巷道口的货物存入货格，或者从货格中取出货物运到巷道口。

巷道式堆垛机一般由机架、运行机构、升降机构、货叉伸缩机构、电气控制设备组成。

①机架：由上下横梁及立柱构成，高度可达30m，起重量在1～2吨。上横梁装有导轨并与架空导轨相接触，下横梁装有起重机的行走轮并与地面轨道相接触。

②运行机构：包括电动机、减速器和制动器。电动机有主电动机和微速电动机两台，供起重机高速运行和低速对准货位时使用。

③升降机构：包括货台和卷扬机。货台沿立柱上下滑行，由卷扬机牵引升降。

④货叉伸缩机构：该机构装在货台上，由双速电动机、链条、链轮和货叉等组成，用于在货架上存取托盘。

⑤电气控制设备：主要包括电力拖动、控制、检测和安全保护装置，以保证起重机对准货位和操作人员的安全。

（3）周边搬运系统。周边搬运系统包括搬运机、自动导向车、叉车、台车、托盘等。其作用是配合巷道堆垛机完成货物输送、搬运、分拣等作业，还可以临时取代其他主要搬运系统，使自动存取系统维持工作，完成货物出入库作业。

（4）控制系统。自动化立体仓库的控制形式有手动控制、随机自动控制、远距离自动控制和计算机自动控制四种形式。

存取系统的计算机中心或中央控制室接收到出库或入库信息后，通过对输入信息的处理，又由计算机发出出库指令或入库指令，巷道机、自动分拣机及其他周边搬运设备按指令启动，协调完成自动存取作业，管理人员在控制室对整个过程进行监控和管理。

二、自动化立体仓库的分类

1. 按建筑形式分类

按建筑形式可分为整体式和分离式。

（1）整体式，即货架与建筑物构成一个不可分割的一体化结构。在这种仓库中，货架既可存储物品，同时又成为建筑物的支承结构。

（2）分离式，即货架与建筑物是相互独立的。货架建在建筑物内部，与建筑物分离。这种方式可以利用已有的建筑物建造自动化立体仓库，拆除货架之后，建筑物可做其他用途。

2. 按货物存取形式分类

按货物存取形式分类，可分为单元货架式仓库、移动货架式仓库和拣选货架式仓库。

①单元货架式仓库。这是一种最常见的结构，货物先放在托盘或周转箱内，再装入货架的货格中。

②移动货架式仓库。这种货架由电动控制，可以在轨道上行走，由控制装置控制货架的合拢与分离。作业时货架分开，在巷道中可进行作业。不作业时可将货架合拢，只留一条作业巷道，从而节省仓库面积，提高空间利用率。

③拣选货架式仓库。分拣机构是这种仓库的核心组成部分。它有航道内分拣和航道外分拣两种。两种分拣方式又可分为人工分拣和自动分拣。

3. 按仓库高度分类

①货架高度在12m以上的为高层自动化仓库。

②货架高度在5～12m之间的为中层自动化仓库。

③货架高度在5m以下的为低层自动化仓库。

④一般货架高度在5m以上，才称之"立体"仓库。

4. 按仓容分类

根据仓库空间容量大小一般分为三种：仓容在2000托盘以下的为小型自动化立体仓库；仓容在2000～5000托盘的为中型自动化立体仓库；仓容在5000托盘以上的为大型自动化立体仓库。

【相关链接】

> 一般自动化立体库中的钢货架为整体式库架分离货架，仓库主体为门式钢架钢结构，钢货架结构用材为Q235冷弯薄壁型钢。国内货架纵向（沿巷道）一般总长约47.3m，总宽度为19.44m，其中单侧货架宽度为5.84m，巷道宽度为7.76m。与仓库的主体结构相对应，沿巷道方向，钢货架可划分为4部分，4部分分别包含10、9、8和11个单元，单元跨度为1.204m，沿横向，每部分为由巷道分隔为两单体，单体间每隔两跨设立体桁架拉接。货架总高度为16.48m（局部17.23m），共分16层，层高为0.975m，货物支承在各单元横梁上，每单元单层货物重量为1000kg（10.0kN）。

三、自动化立体仓库的优缺点

1. 自动化立体仓库的优点

（1）提高仓库的空间利用率。由于自动化立体仓库采用高层货架、立体储存，可大幅度地向空间发展，大大提高了仓库的空间利用率。目前，世界上最高的立体仓库高度已达50m，是平面仓库的5～10倍。

(2) 提高仓储作业效率。自动化立体仓库因实现了货品出入库作业的自动化、机械化，从而大大提高了作业效率，节约劳动力。采用自动化技术后，还能较好地适应黑暗、低温、污染、有毒和易爆等特殊场合的物品存储需要，从而改变了工作环境，保证了安全操作。

(3) 减少商品的破损率。由于采用托盘和周转箱存货，搬运作业安全可靠，商品的破损率减小。

(4) 提高仓库管理水平。计算机能够准确无误地对各种信息进行存储和管理，因此能减少商品存储和信息处理过程中的差错。借助计算机管理还能有效地利用仓库储存能力，便于清点和盘库，合理减少库存，从而提高管理水平。

2．自动化立体仓库的缺点

①结构复杂，配套设备多，建筑和设备投资较高。

②货架安装精度要求高，施工比较困难，而且施工周期长。

③储存货物的品种受到一定限制，不适于储存超长和重量较大的货物。

④对仓库管理和技术人员要求较高，须经过专门培训。

⑤变化困难，仓库一旦建成，很难根据货品及储存特性进行调整。

⑥设备的保养和维护要求高。

因此，在选择建设自动化立体仓库时，必须考虑自动化立体仓库在整个企业中的营运策略地位和设置自动化立体仓库的目的，不能为了自动化而自动化，而后再详细斟酌建设自动化立体仓库所带来的正面和负面影响，最终，还要考虑相应采取的补救措施。所以，在实际建设中必须进行详细的方案规划，进行综合测评，最终确定建设方案。

【实训项目】

参观操作实训

实训内容：

(1) 熟悉了解仿真实训中心立体仓库和自动堆垛机设备工作原理和应用范围。

(2) 掌握实训中心立体仓库操作流程和技能。

(3) 掌握实训中心立体仓库在企业中的应用。

实训目的：

(1) 了解仓储设备的种类、作用、使用方法与维修。

(2) 掌握现代物流企业的立体仓库应用，包括立体仓库应用、自动入库操作、自动出库操作。

实训设备：

(1) 立体仓库货架。

(2) 自动堆垛机。

(3) 出/入库系统。

实训要求：

(1) 熟悉仓库设备要求。

(2) 参观当地自动化仓库，观察其工作流程并记录。

(3) 向现场师傅学习各种仓储设备的使用与维修方法。

实训操作与规范：

(1) 有组织地进行活动。

(2) 注意安全。

(3) 听从现场指挥。

复习思考题

(一) 判断题

1. 按照仓库的功能不同，可将仓库分为自用仓库、营业仓库和公共仓库。（   ）
2. 按仓库的结构和构造进行分类，可将其分为多层仓库、立体仓库和散装仓库三种。
（   ）
3. 仓库工作是一项组织严密的工作，但技术要求不高。（   ）
4. 仓库信息管理是现代仓储管理中的核心部分。（   ）
5. 选择仓库设备时，必须注重其适应性、经济性及先进性。（   ）
6. 仓库根据货物保管和仓储作业的需要也会配备抽风机、各式电扇、防爆式电灯等设备。（   ）
7. 仓库的高度、梁柱的位置等因素不会影响仓库设备的选择。（   ）
8. 通用平托盘只能单面使用。（   ）
9. 笼车是底板安装轮子的集装单元化工具，其优点是存取货物方便，移动灵活。
（   ）
10. 托盘规格尺寸标准化是托盘加快流通的前提。（   ）
11. 起升的行驶速度是决定叉车装卸搬运能力的主要因素。（   ）
12. 仓库保管应遵循"以防为主，防治结合"的原则。（   ）

(二) 简答题

1. 简述仓库的主要类型及主要作用。
2. 设计仓库的结构应考虑哪些因素？
3. 仓库总体布局指什么？合理布局的原则有哪些？
4. 自动化立体仓库指什么？一般由哪些设备组成？
5. 现代仓库设备配置的原则有哪些？
6. 货架的作用有哪些？
7. 简述托盘的概念及其优点。
8. 叉车与其他装卸搬运工具相比，其优点主要体现在哪些方面？

【课后案例】

美国仓库的设备选用

通常，美国仓库在改善设备方面要做以下几项工作：

（1）采用蓄电池叉车，不用内燃机叉车，主要是蓄电池叉车安全，污染少，且速度控制方便、传动部件少、使用寿命长。

（2）不采用巷道机之类的全自动设备，而采用机械化、半自动化的设备，以替代手工劳动。

（3）采用高架仓库，因为美国地价高，在同样的顶面和基础情况下，增加堆垛高度，可多储存货物。

（4）扩大发货站台，满足仓库由储存型向流通型的转变。

（5）把信息传输系统尽可能放在仓库楼层里，而不是放在公司总部，使操作人员能够及时处理信息。计算机终端由现场工人直接操作，譬如寻找货物具体存放位置，可直接按键盘查找，不必去问管理人员。这样工作效率可大大提高。

目前，已把计算机放在叉车上，可直接指挥叉车作业，当然这一般出现在自动化程度较高的仓库。

（6）在美国，物流企业趋向越来越大。要更好地满足客户需求，似乎企业越小越好，但实践结果却是企业越大越好。

美国仓库以往集中在三个人口稠密地区，即东海岸的纽约、中部的芝加哥和西海岸的洛杉矶。现在，美国仓库发展趋势正在向西部和南部移动，如达拉斯、乔治亚、佛罗里达州的气候好，也是发展地区（如亚特兰大）。很多大公司把仓库选在重要地区，如烟草公司就有80多个仓库分布在这些地区。随着信息系统的建立，除了这五个区域外，其他次要的、人口较多的地区也可建设这样的系统。过去大物流公司在全国范围内配送需要60多个仓库，后来随着信息优化，可减少到20～30个仓库，但处理货物的量还是一样的。到20世纪80年代中期又减少到4～8个仓库。这主要是因为信息和交通运输的先进化。但随着客户对服务需求的升级，仓库数又回到8～12个，另一个原因是不同区域的人口品味不同，需求的商品也不同，仓库库存也不同，例如美国西南部毗邻墨西哥的居民，喜欢吃墨西哥风味的菜。为了满足不同区域、不同口味的需要，仓库数量出现了回升趋势。

思考题：

1. 由于国情的差异性，相对于美国仓库设备选用而言，中国仓库在设备选择上会有哪些不同的考虑？

2. 仓库是否越多越大越好，为什么？

第三章　仓储经营管理

【学习目标】

知识目标
1. 了解仓储经营组织的含义、目标及意义；
2. 理解仓储经营管理的内容、仓储经营合理化的标志；
3. 掌握基本仓储经营方法与多种经营的条件；
4. 掌握仓储增值服务手段和仓储成本控制策略；
5. 掌握仓储成本分析的意义以及仓储成本的构成。

能力目标
1. 能够有效地组织现有条件实现仓储经营合理化；
2. 能够因地制宜地开展仓储多种经营活动；
3. 能够采取有效策略降低仓储经营成本实现效益最大化；
4. 能够胜任现代仓储企业的各种岗位工作。

【引导案例】

纳贝斯克食品（苏州）有限公司的灵蛙无线仓储管理系统

纳贝斯克食品有限公司为世界500强企业，纳贝斯克食品（苏州）有限公司于1995年11月在苏州投资5000千万美元建立。先进的生产设备和技术为它奠定了坚实的基础。主要产品为曲奇等烘烤食品，几种主要产品在国内都占据领先的市场份额。

纳贝斯克的产品决定了其原料的复杂性，与一般的企业仓库不同，该仓库存储的物料既有箱式包装，也有料罐式存储的流体型原料，出入库的方式也存在常规栈板出入库和管道出入库两种方式。

实施灵蛙无线仓储管理系统前，纳贝斯克的仓库只简单进行分区，种类繁多、形式各异的物料也未按照固定的区域存放，经常出现仓库员工不能准确找到和区分物料的现象。物料入库后也没有严格按照批次进行管理，有的原料因长时间没有使用甚至过期变质，造成了一定的资源浪费。

生产中使用的物料种类、规格繁多，传统的手工出入库记录和不准确的库位限制了出入库操作的速度，与先进的高速生产线形成强烈的反差，并成为企业内部物流的瓶颈。

该仓库还存在一个重要问题，车间生产是三班倒，24h连轴转，这就要求仓库同步工作，因此，仓库根本不能进行准确的盘点，只能利用产线休息时盘点或由员工在出入库操作的同时进行粗略清点，仓库库存数据与实际值一直都有较大偏差。库存数据是ERP系统的基础，是重要数据，不准确的库存数据也造成ERP的一些功能形同虚设，企业各级领导也为之大伤脑筋。

针对纳贝斯克的仓库的具体情况,2004年纳贝斯克决策者准备为仓库实施基于条码的无线仓储管理系统,经过现场调查和各方的研究,最终确定了两种物料形式(箱式、流体)兼容、统一分区编码、动态盘点的无线仓储管理系统方案。该工程当年就实施完毕并上线运行。

该系统在灵蛙仓库管理系统LINX—WMS2.0的基础上进行了部分客户化的功能定制,利用无线数据采集终端和条码打印设备,统一物料的条码和格式,对原料、成品建立批次,实现物料的全面条码管理,原料严格按批次先进先出。

对仓库进行区位划分,物料与仓位严格对应,规范管理。出入库和盘点操作都采用无线手持终端进行,在实际操作的同时,出入库和盘点的数据也自动录入系统中,提高了操作速度。系统按发料单对要发的物料批次、位置进行指定,既提高了发料速度,也减少了发料的错误。

与ERP集成,建立从采购到生产的连续物流体系,仓库库存数据和出入库、移库数据及时反馈到ERP系统,并建立库存预警机制,使得企业信息系统的功能得到全面发挥。

系统为实现仓库不停工的动态盘点设计了精巧缜密的算法,基于自动识别技术的动态盘点功能,使得盘点操作不再需要停工,而是与其他出入库操作同时进行,该仓库切实实现了7(天)×24(小时)的连续运转,与生产线的节奏保持了一致。

对于管道出入库的物料,实施中建立起设备数据自动采集功能,并根据管道流体的特点,设计了相应的解决方案。

系统实施以后,企业的库存准确率提高到99.8%,并通过与ERP数据交互,保证了ERP中的实施库存数据的准确性。出入库采用条码扫描方式,速度快,数据准,使用一年多来,未出现以前人工操作时物料出入库错误的现象。同时,采用批次管理后,实现了先进先出,并且加快了库存周转率,减少了库存资金的占用。

目前拥有300多名雇员的纳贝斯克正为成为"中国烘烤食品第一"而充满信心地努力工作。

讨论题:
1. 先进的仓储管理系统对生产的促进作用体现在哪些方面?
2. 仓储经营管理现代化的现实意义?

第一节　仓储经营组织

一、仓储经营组织的含义、目标及意义

1. 仓储经营组织的含义

仓储经营组织是以实现仓储经营的最高效益为经营目标,将仓储作业人员与仓储作业手段有效地结合起来,完成仓储作业过程各环节的职责,为商品流通提供良好的仓储服务和有效的经营管理的实体。

2. 仓储经营组织的目标

企业经营的目标在于取得最大的经济效益,仓储经营也不例外。总体来说,仓储经

组织的目标是指按照仓储活动的各项要求和仓储管理上的需要，合理组织与仓储经营有直接关系的部门、环节及相关人员，使其工作协调、有效地进行，同时加速商品在仓库中的周转，合理使用人力、物力，借以取得最大的经济效益。具体而言，仓储经营组织的目标是实现仓储经营活动的"多、快、好、省"，即"多储存、多经营、快进、快出、保管好、费用省"。

（1）"多储存"是指在进行仓储经营组织时，要合理规划库存容量，巧妙设计存储方法，最大限度地利用有效的存储面积和存储空间。

（2）"多经营"是指在仓储经营中通过采用多种经营方式，如商品交易中介、运输中介、配送与配载等，为顾客提供优质的多样化服务。

（3）"快进"是指物资运抵到港口、车站或仓库专用线时，要以最快的速度完成物资的接运、验收和入库作业活动。"快出"是指物资出库时，要及时迅速和高效地完成备料、复核、出库和交货清理作业活动。

（4）"保管好"是指在仓储经营中，要根据物资性质和储存条件，采用科学的保管方法，合理安排储存场所，确保物资的数量、质量完好无损。

（5）"费用省"是指仓储的各环节、各部门都要加强经营管理，尽量节省人力、物力和财力的消耗，实现仓储成本最低。

在仓储经营组织时，应综合人、财、物各方面的因素，并注意以下几个方面：一是采取多样性的仓储经营方法；二是加强人力资源的管理，完善人才培训和激励机制；三是保证仓储作业过程的连续性；四是建立良好的风险防范机制。

3. 仓储经营组织的意义

作为仓储经营管理的重要组成部分，仓储经营组织对于社会、对于企业都有着重要意义。仓储经营组织得好与坏，不仅直接关系到企业的经济利益，而且最终会影响到全社会的利益。

（1）仓储经营组织对社会的意义。仓储经营的重要作用就在于在生产与消费环节之间起到纽带和桥梁作用，克服商品生产与商品消费在地理上的分离的矛盾，衔接商品生产与消费在时间上的不一致性。仓储经营组织通过组织协调仓储各环节、各部门以及相关人员，能确保物资在生产与消费环节顺利流通，从而提高了社会生产效率，保证了社会再生产的顺利进行。同时，良好的仓储经营组织能节省人力、物力，可避免物资在储存中造成不必要的损害，因此，仓储经营组织对节省社会资源也有重要意义。

（2）仓储经营组织对企业的意义。仓储经营的目标是获取最大经济效益，因此，良好的仓储经营组织与企业的经济效益是息息相关的。仓储经营组织对企业的意义具体表现为：

① 搞好仓储经营管理能保证企业再生产活动的顺利进行。企业的原材料的生产、采购和使用在时间和空间上都存在矛盾，为了保证原材料的按时、按量供应和现代化生产的连续进行，必然要求对原材料保证有一定的储备。储备量过少，必然会影响生产的顺利进行。储备量过多，导致资金占用过大，增加资金使用成本，而且会增大市场风险，降低企业效益；从企业内部生产环节来看，由于专业化程度的不断提高，社会分工的深化，生产的各单位之间的产品交换在时间和空间上也存在同样的矛盾，为了保证各单位生产活动的顺利进行，因此也必须在各环节之间保留一定的储备，才能保证大规模的现代化生产的连

续进行；从企业的产品销售来看，生产和消费之间也存在同样的时间和空间矛盾。

② 搞好仓储经营管理，是提高仓储能力、加快资金周转、节约费用、降低成本、提高经济效益的有效途径。要搞好仓储经营活动，必须充分利用仓储设施和资源，提高仓储服务能力，提升仓储经营的层次，提高仓储服务的附加值，提高仓储企业的收益。通过仓储经营管理减少物资资产在仓储过程中的沉淀，盘活资金，增加收益，减少物质耗损和劳动消耗。从而可以加速物资和资金的周转，节省费用支出、降低物流成本，开发"第三利润源泉"，提高社会的、企业的经济效益。

③ 仓储经营是物流发展的需要，可将仓储设施向社会开放，开展多样化经营，提高效益。在物流高速发展的今天，对仓储的技术要求越来越高，加上市场竞争的加剧，符合配送要求的地理位置的土地供给的减少，地价的大幅度上升，规模经济对仓储面积要求的增大等等都使仓储经营设施的投资增大。因此，为满足社会对仓储的需求，尤其是大量中小企业对仓储的需求，盘货仓储企业的资本，提高仓储设施的使用率，增加效益，必须将现有的仓储经营设施向社会开放，开展多样化经营。

④ 开展仓储经营管理可以加强企业基础工作，提高管理水平。经营管理是仓库管理的最高阶层，经营管理需要良好的生产管理、财务管理、人事管理的支持，同时良好的经营管理又能促进各项管理的水平提高。仓储管理的基础工作包括建立仓储管理指标体系、制定仓容定额、折算商品储存吨数与计量等内容，是仓储管理工作的基石。为适应仓储管理的功能的变化，物流企业要以提高仓储经济效益为目标，加强各项基础工作，健全仓储管理体系，为提高仓储经营管理水平创造良好条件。

二、仓储经营管理的内容

仓储经营管理既包括仓储企业对内部仓储业务活动的管理，也包括对整个企业资源的经营活动的管理，即仓储商务活动的管理。

1. 仓储业务管理

仓储业务管理是指对仓库和仓库中储存的物资进行管理。这种业务管理是仓储经营管理的基础，是各种公共仓储、营业仓储和自营仓储都必须进行的管理活动。这种对仓库和仓库中储存的物资的管理工作，是随着储存物资的品种多样化和仓库设计结构、技术设备的科学化而不断变化发展的。

仓储管理的手段既有经济的，也有纯技术的，具体包括以下几个方面：

（1）仓库的选址与建筑决策管理。企业在建立仓库选址时要依据企业生产经营的运行和发展来考虑；应保证所建仓库各种设备的有效利用，不断提高仓库的经济效益；要能保证仓库运营的安全，一方面要保证储存物资不受各种可能的自然灾害或人为破坏，另一方面要保证储存物资对企业及周围环境的安全。

（2）仓库的机械作业的选择与配置。企业根据实际需要以及自身的实力要决定是否采用机械化、智能化设备，若要使用，就要对智能化的程度、投资规模、设备选择、安装、调试与运行维护等的管理。

（3）仓库的日常业务管理。例如，如何组织物资入库前的验收，如何存放入库物资，如何对物资进行有效的保养，如何出库等。

（4）仓库的库存管理。库存管理包括对库存物资的分类、库存量、进货量、进货周期等的确定。

（5）仓库安全管理。仓库安全管理是其他一切管理工作的基础和前提，包括仓库的警卫和保卫管理、仓库的消防管理、仓库的安全作业管理等内容。

（6）其他业务管理。除了以上的业务管理外，仓库业务考核问题、新技术和新方法在仓库管理中的运用问题等都是仓储业务管理所涉及的内容。

2. 仓储商务管理

仓储商务是指仓储经营人利用所具有的仓储保管能力向社会提供仓储保管产品和获得经济收益所进行的交换行为。

仓储商务是仓储企业对外的基于仓储经营而进行的经济交换活动，是一种商业性的行为，因而，仓储商务发生在公共仓储和营业仓储之中，企业自营仓储则不发生仓储商务。仓储商务管理则是仓储经营人对仓储商务所进行的计划、组织、指挥和控制的过程，是独立经营的仓储企业对外商务行为的内部管理，属于企业管理的一个方面。

仓储商务管理的目的是为了仓储企业充分利用仓储资源，最大限度地获得经济收入和提高经济效益。仓储商务管理涉及企业的经营目标、经营收益，因而更为重视管理的经济性、效益性。相对于其他企业项目管理，商务管理具有外向性，围绕着仓储企业与外部发生的经济活动的管理；商务管理又有整体性的特征，商务工作不仅是商务职能部门的工作，涉及仓储企业整体的经营和效益，也是其他部门能否获得充足工作量的保证。其具体内容有：

（1）仓储经营组织管理。仓储经营组织管理包括仓储经营管理机构的设定、经营管理人员的选用和配备、经营管理制度、工作制度的制定与实施等。

（2）仓储企业经营战略管理。经营战略管理包括企业经营战略的制定、经营环境跟踪、战略调整、战略实施等内容。在制定企业经营战略时，要综合考虑企业自身的人力、财力、物力以及市场对仓储产品的需求和供给状况，以实现可持续发展和利润最大化为原则，合理制定企业经营发展目标和经营发展方法。仓储企业可以在总体经营战略的基础上选择租赁经营、公共仓储、物流中心或者配送中心的经营模式，或者采用单项专业经营或者综合经营，实行独立经营或者联合经营的经营定位。另外，要根据经营环境因素的变化以及根据战略实施的结果反馈进行分析后，对战略进行相应的调整，并对战略规划的实施进行管理。

（3）市场管理。仓储企业要广泛开展市场调查和研究，对市场环境因素以及仓储服务的消费者行为进行分析，细分市场以发现和选择市场机会；向社会提供能满足客户需求的仓储服务、制定合理的价格策略；加强市场监督和管理，广泛开展市场宣传，巩固和壮大企业的客户队伍。

（4）资源管理。仓储企业需要充分利用仓储资源，为企业创造和实现更多的商业机会。因此，要合理利用仓储资源，做到物尽其用。

（5）制度管理。高效的商务管理离不开规范、合理的管理制度。仓储企业应该在资源配置、市场管理、合同管理等方面建立和健全规范的管理制度，做到权力、职责明确。

（6）成本管理。一方面，企业应该准确进行仓储成本核算，确定合适价格，提高产品或服务的竞争力；另一方面，企业应该通过科学合理的组织，充分利用先进的技术来降低交易成本。

（7）合同管理。仓储企业应该加强商务谈判和对合同履行的管理，做到诚实守信、依约办事，创造良好的商业信誉。

（8）风险管理。仓储企业通过细致的市场调研和分析、严格的合同管理，以及规范的商务责任制度，妥善处理商务纠纷和冲突，防范和减少商务风险。

（9）人员管理。商务人员的业务素质和服务态度在很大程度上影响着企业的整体形象，因此，商务管理还应该包含对商务人员的管理。仓储企业应该以人为本，重视商务人员的培训和提高，通过合理的激励机制调动商务人员的积极性和聪明才智，同时还要加强对商务人员的监督管理，创建一支高效、负责的商务队伍。

三、现代仓储经营活动

随着物流业的快速发展，为了能最经济地满足来自市场的需求和挑战，现代仓储通过扩大自己的业务范围来提供更多的增值服务项目，从而使自己能在激烈的市场竞争中获得更多的利益。

面对消费者价值取向的日益多重化，经营者深刻意识到加强现代仓储的多种经营，改进为客户服务的方式是创造持久竞争优势的有效手段。现代仓储经营活动主要包括以下内容：

1. 流通加工

流通加工是指物品从生产地到使用地的过程中根据需要施加包装、分割、裁剪、计量、分拣、刷标志、拴标签、组装等简单作业的总称。流通加工是物流服务业与现代化生产发展相结合的产物，它弥补了企业大批量生产加工不能满足不同消费者需要的不足，是目前仓储企业的一项具有广阔前景的经营业务，必将给流通领域带来很大的经济和社会效益。

流通加工的重要性不仅在于为物流合理化提供了条件，更重要的是为提高社会经济效益开辟了一条途径，流通加工在我国的仓储中显得越来越重要。但仓储企业的流通加工业务的开展都或多或少地需要一定的资源投入，需要一定的成本投入，因此，仓储企业需要选择自身能力之内的、具有成本优势的流通加工业务，才能使得流通加工经营获得收益。

2. 产品配套、组装

当某产品需要由一些组件或配件组装配套而成时，可通过现代仓储提供配套组装的增值服务来完成。在储存过程中，配件不出仓库就直接由装配工人完成配装，提高了物流的效率，节约了供应链成本，不仅使得现代仓储的竞争力增强、效率提高，而且也使制造商和分销商的压力减轻。

3. 配送与配载

（1）配送。配送是在经济合理区域范围内，根据用户的要求对物品进行拣选、加工、包装、分割、组配等作业，并按时送达指定地点的物流活动。

现代仓储经营人利用商品大量储存在仓库内等待向消费者送货的条件，向存货人提供分批、分时的送货业务，并进行商品组合、分类等处理，具有极其便利的条件。

（2）配载。配载是指向运输线路和运输工具安排货载的技术业务。大型化的运输工具需要大量的货载支持，需要经仓储的集货。大量聚集在现代仓储的货物需要高效的配载安排，保证运输工具的满载和待运货物的及时出运。

在进行车辆配载时，要坚持方便装卸、充分利用运输工具、保证商品安全、满足用户需求的原则，力求做到满载满装、合理安排待运商品的配载，以最少的运力来满足配送的需要。

简单的配载一般通过经验和手工计算来完成。在装载商品种类较多、车辆种类也较多情况下，可采用计算机计算进行优化配载。

4. 订货决策支持

由于现代仓储掌握了大量的货物信息资料，因而仓储企业便于对每种货物的需求情况作出统计分析，从而为客户提供订货及库存控制的决策支持，甚至帮助客户作出相关的决策。

5. 物流系统设计咨询

现代仓储为了更好地为客户服务，应充当货主的物流专家，为货主设计物流系统，替货主选择和评价运输商、仓储商及其他物流服务供应商。国内有些专业物流公司正在进行这项尝试，这是一项增加价值、增加公共现代仓储竞争力的服务。

6. 物流信息处理

随着计算机逐渐成为现代仓储的主要工作手段，将各个物流环节的各种物流作业中产生的物流信息进行实时采集、分析和传递，并向客户提供各种作业明细的咨询信息，对现代仓储变得相当重要。

第二节　仓储经营方法

一、仓储经营合理化的标志

仓储经营合理化的含义是用最经济的经营办法实现仓储的功能。判断仓储合理化的标志主要有质量标志、数量标志、时间标志、结构标志、分布标志和费用标志。

1. 质量标志

质量标志是仓储经营合理化的首要标志。保证仓储物的质量，是完成仓储功能的根本要求，只有这样，商品的使用价值才能通过物流之后得以最终实现。在仓储中增加了多少时间价值或是得到了多少利润，都是以保证质量为前提的。

2. 数量标志

数量标志是指在保证功能实现的前提下，确定一个合理的数量范围。目前管理科学的方法已能在各种条件的约束下，对合理数量范围做出规范条件，形成合理的仓储数量控制方法。

3. 时间标志

时间标志是指在保证功能实现的前提下，寻求一个合理的仓储时间。仓储的时间标志，包括周转天数、周转次数等。在总时间一定前提下，个别仓储物的仓储时间也能反映合理程度，如果少量仓储物长期或呆滞储存，虽反映不到宏观周转指标中去，也标志着仓储存在不合理。

4. 结构标志

结构标志是从仓储物不同品种、不同规格、不同花色的仓储数量的比例关系对仓储合理性的判断，尤其是相关性很强的各种货物之间的比例关系更能反映仓储合理与否。由于这些货物之间相关性很强，只要有一种货物出现耗尽，即使其他种货物仍有一定数量，也会无法投入使用。

5. 分布标志

分布标志是指不同地区仓储的数量分布比例关系，以此判断当地需求比，以及对需求的保障程度，也可以由此判断对整个物流的影响。

6. 费用标志

费用标志是指仓储费、维护费、保管费、损失费、资金占用利息支出等实际费用，以此判断仓储经营的合理与否。

二、仓储经营方法

为了实现仓储经营合理化，必须采用科学的仓储经营方法，对商品的仓储及仓储经营进行有效的动态控制。仓储企业要想实现仓储经营合理化，实现企业利润最大化，必须确定科学有效的仓储经营方法。仓储经营方法根据仓储目的的不同，可以分为保管仓储、混藏仓储、消费仓储、租赁经营和多种经营等方法。

（一）保管仓储

1. 保管仓储的概念

保管仓储是指仓库经营人提供完善的仓储条件，接受存货人的仓储物资进行保管，在保管期届满，将原先收保的仓储物原样交还存货人，存货人支付仓储费的一种仓储经营方法。在保管仓储中，仓储经营人以获得仓储保管费最多为经营目标，仓储保管费与仓储物的数量、仓储时间和仓储费率三者密切相关。

2. 保管仓储的特点

（1）保管仓储的目的在于保持保管物原状，寄存人交付保管物于保管人，其主要目的在于保管。也就是说，他主要是将自己的货物存入仓储企业，仓储企业必须对仓储物实施必要的保管而达到最终维持保管物原状的目的，一定要确保原物形状。它与存货企业是一种提供劳务的关系，所以在仓储过程中，仓储物的所有权不转移到仓储过程中，仓储企业没有处分仓储物的权力。

（2）仓储物一般都是数量大、体积大、质量高的大宗货物和物资。例如：粮食、工业制品、水产品等。

（3）保管仓储活动是有偿的，保管人为存货人提供仓储服务，存货人必须支付仓储费。仓储费是保管人提供仓储服务的价值表现形式，也是仓储企业盈利的来源。

（4）仓储保管经营的整个仓储过程均由保管人进行操作，仓储经营企业需要有一定的投入，为了使仓储物品质量保持完好，需要加强仓储的管理工作。仓储企业要加强仓储技术的科学研究，不断提高仓库机械化、自动化水平，组织好物资的收、发、保管保养工作，掌握监督库存动态，保持物资的合理储备。建立和健全仓储管理制度，加强市场调节和预测，与客户保持联系，不断提高仓储工作人员的思想政治水平和业务水平，培养一支业务水平高、技术水平高、管理水平高的仓储工作队伍。这一切吸引仓储客户的活动，都需要一定的投入，才能使保管仓储发挥其应有的作用。

(二) 混藏仓储

1. 混藏仓储的概念

混藏仓储是指存货人将一定品质、数量的种类物交付保管人储藏，而在储存保管期限届满时，保管人只需以相同种类、相同品质、相同数量的替代物返还的一种仓储经营方法。混藏仓储经营人的收入依然来自于仓储保管费，存量越多，存期越长，收益越大。

2. 混藏仓储的特点

（1）混藏仓储的对象是种类物。混藏仓储的目的并不是完全在于原物的保管，有时寄存人仅仅需要实现物的价值的保管即可，保管人以相同种类、相同品质、相同数量的替代物返还，并不需要原物返还。因此当寄存人基于物之价值保管的目的而免去保管人对原物的返还义务时，保管人减轻了义务负担，也扩大了保管物的范围，种类物成为保管合同中的保管物。保管人即以种类物为保管物，则在保存方式上失去各保管物特定化的必要，所以将所有同种类、同品质的保管物混合仓储保存。

（2）混藏仓储的保管物并不随交付而转移所有权，混藏保管人只需为寄存人提供保管服务，而保管物的转移只是物的占有权转移，与所有权的转移毫无关系，保管人无权处理存货的所有权。

（3）混藏仓储是一种特殊的仓储方式。混藏仓储与消费仓储、保管仓储有着一定的联系，也有一定的区别。保管仓储的对象是特定物，而混藏仓储和消费仓储的对象是种类物。

混藏仓储在物流活动中发挥着重要的作用，在提倡物尽其用、发展高效物流的今天，赋予了混藏仓储更新的功能，配合以先进先出的运作方式，使得仓储物资的流通加快，有利于减少耗损和过期变质等风险。另外，混藏方式，能使仓储设备投入最少，仓储空间利用率最高。

【课堂案例】

> **理解混藏仓储的特点**
>
> 例如：农民将玉米交给仓储企业保管，仓储企业可以混藏玉米，仓储企业将所有收存的玉米混合储存于相同品种的玉米仓库，形成一种保管物为混合物（所有权的混合）状况，玉米的所有权并未交给加工厂，各寄存人对该混合保管物按交付保管时的份额，各自享有所有权。在农民需要时，仓储企业从玉米仓库取出相应数量的存货交还给农民。

（三）消费仓储

1. 消费仓储的概念

消费仓储是指存货人不仅将一定数量、品质的种类物交付仓储管理人储存保管，而且与保管人相互约定，将储存物的所有权也转移给保管人，在合同期届满时，保管人以相同种类、相同品质、相同数量替代品返还的一种仓储方法。

2. 消费仓储的特点

（1）消费仓储是一种特殊的仓储形式，具有与保管仓储相同的基本性质，消费仓储保管的目的是对保管物的保管，主要是为寄存人的利益而设定，原物虽然可以消耗使用，但其价值得以保存。寄存人交付保管物于保管人，只求自己的物品在需要时，仍然能够得到等同于原样的输出。

（2）消费仓储以种类物作为保管对象，仓储期间转移所有权于保管人。在消费仓储中，寄存人将保管物寄于保管人处，保管人以所有人的身份自由处理保管物，保管人在他所接收的保管物于转移之时便取得了保管物的所有权。这是消费仓储最为显著的特征。在保管物返还时，保管人只需以相同种类、相同品质、相同数量的物品代替原物返还即可。

（3）消费仓储以物的价值保管为目的，保管人仅以种类、品质、数量相同的物进行返还。在消费仓储中不仅转移保管物的所有权，而且必须允许保管人使用、收益、处分保管物。即将保管物的所有权转移给保管人，保管人无需返还原物，而仅以同种类、同品质、同数量的物品返还，以保存保管物的价值即可。保管人通过经营仓储物获得经济利益，通过在高价时消费仓储物，低价时购回获得利益，如建筑仓储经营人直接将委托仓储的水泥用于建筑生产，在保管到期前从市场购回相同的水泥归还存货人；或者通过仓储物市场价格的波动进行高卖、低买，获得差价受益。当然在最终，需要买回仓储物归还存货人。

消费式仓储经营人的收益主要来自于对仓储物消费的收入，当该消费的收入大于返还仓储物时的购买价格时，仓储经营人获得了经营利润。反之，消费收益小于返还仓储物时的购买价格时，就不会对仓储物进行消费，而依然以原物返还。在消费仓储中，仓储费收入是次要收入，有时甚至采取无收费仓储。

可见消费仓储是仓储经营人利用仓储物停滞在仓库期间的价值进行经营，追求利用仓储财产经营的收益。消费仓储的开展使得仓储财产的价值得以充分利用，提高了社会资源的利用率。消费仓储可以在任何仓储物中开展，但对于仓储经营人的经营水平有极高的要求，现今在期货仓储中广泛开展。

【特别提示】

保管仓储、混藏仓储和消费仓储的差别

仓储方式	仓储对象	仓储物的所有权	仓储经营人的收益	适用范围
保管仓储	特定物	不转移	仓储费	数量大、体积大、质量高的大宗货物，如粮食、工业制品、水产品等
混藏仓储	种类物	不转移	仓储费	品质无差别、可以准确计量的商品，主要适用于农村、建筑施工、粮食加工等行业
消费仓储	种类物	转移	主要是对仓储物消费收益，仓储费只是次要收益	主要开展在期货仓储中

（四）租赁经营

仓库租赁经营是通过出租仓库、场地，出租仓库设备，由存货人自行保管货物的仓经营方式。在进行仓库租赁经营时,最主要的一项工作是签订一个仓库租赁合同,在法律条款的约束下进行租赁经营,取得经营收入。

在仓库租赁经营中,租用人的权利是对租用的仓库及仓库设备享有使用权,并保护仓储设备设施,按约定的方式支付租金。出租人的权利是对出租的仓库及设备设施拥有所有权,并享有收回租金的权利,同时必须承认租用人对租用仓库及设备设施的按约定的使用权,并保证仓库及设备设施的完好性能。

仓储租赁经营可以是整体性的出租,也可以采用部分出租、货位出租等分散方式进行。在分散出租形式下,仓库所有人需要承担更多的仓库管理工作,如环境管理、保安管理等。例如,目前正迅速发展的箱柜委托租赁保管业务。

仓储租赁经营的经营方在经营方法上要注意以下一些问题:

(1) 仓储经营人应该根据市场需要提供合适的仓库、场地和仓储设备,并保证所提供的仓储资源质量可靠。

(2) 仓储经营人应该加强环境的管理、安全管理工作,协助租用人使用好仓储资源,必要时可为租用人提供仓储保管的技术支持。

(3) 应该签订仓储租赁合同,以明确双方的权利义务关系。

【相关链接】

城市箱柜委托租赁保管业务

城市箱柜委托租赁保管业务仓储经营的一种新形式,仓库业务者以一般城市居民和企业为服务对象,向他们出租体积较小的箱柜来保管非交易物品的一种仓库业务。

对一般居民和家庭的贵重物品,如金银首饰、高级衣料、高级皮毛制品、古董、艺术品等,提供保管服务。对企业以法律或规章制度规定必须保存一定时间的文书资料、磁带记录资料等物品为对象提供保管服务。箱柜委托租赁保管业务强调安全性和保密性,它为居住面积较小的城市居民和办公面积较窄的企业提供了一种便利的保管服务。箱柜委托租赁保管业务是一种城市型的仓库保管业务。

许多从事箱柜委托租赁保管业务的仓库经营人专门向企业提供这种业务,他们根据保管物品、文书资料和磁带记录资料的特点建立专门的仓库,这种仓库一般有三个特点:一是注重保管物品的保密性,因为保管的企业资料中许多涉及企业的商业秘密,所以仓库有责任保护企业秘密,防止被保管的企业资料流失到社会上去。二是注重保管物品的安全性,防止保管物品损坏变质。因为企业的这些资料如账目发票、交易合同、会议记录、产品设计资料、个人档案等需要保管比较长的时间,必须防止保管物品损坏变质。三是注重快速服务反应。当企业需要调用或查询保管资料时,仓库经营人能迅速、准确地调出所要资料及时地送达企业。

第三节　仓储多种经营

一、开展仓储多种经营的条件

仓储多种经营是指仓储企业为了实现经营目标，采用多种经营方式。如在开展仓储业务的同时，还开展运输中介、商品交易、配载与配送、仓储增值服务等。当然仓储企业要开展多种经营必须具备一定的条件：

（1）要能适应瞬息万变的物流市场。消费者需求受市场环境多种不可控因素影响，环境因素在不断变化，市场需求也在不断变化。这时企业采用的多种经营必须能适应市场需求的变化。

（2）能更好地减少风险。任何一个企业的经营活动都存在着风险，问题在于如何去减少风险、分散风险和增强抗风险的能力。多元化经营能分散风险，但实践证明，若经营项目选择不当又会带来风险。实施仓储经营多样化，可使仓储的经营范围更广，把资金分散经营，其前提条件就是这些项目是企业的优势项目，可以减少风险，确保企业的正常经营。

二、仓储增值服务

随着物流业的快速发展，仓储企业充分利用其联系面广、仓储手段先进等有利条件，向多功能的物流服务中心方向发展，开展加工、配送、包装、贴标签等多项增值服务，从而提高仓储在市场经济中的竞争能力，增加仓储利润来源，提高自身的经济效益。

仓储本身就是为客户提供的一项增值服务，它为客户提供了时间与空间上的效用。为了能最经济地满足来自市场的需求和挑战，包括动态的仓储环境。仓储可提供的增值服务主要有：

（1）托盘化。托盘化即将产品转化为一个独立托盘的作业过程。

（2）包装。产品的包装环节由仓储企业或和仓储部门来完成，并且把仓储的规划与相关的包装业务结合起来综合考虑，有利于整个物流效益的提高。

（3）贴标签。贴标签即在仓储过程中完成在商品上或商品包装上贴标签的工序。

（4）产品配套、组装。当某产品需要由一些组件或配件组装配套而成时，就有可能通过仓储企业或部门的配套组装增值服务来提供整个供应链过程的效率。在仓储过程中，这些配件不出仓库就直接由装配工人完成配装，提高了物流的效率，节约了供应链成本，不但使得仓储企业的竞争力增强、效率提高，同时也使得生产部门和企业的压力减轻。

（5）涂油漆。把对商品的涂油漆过程放到仓储环节来进行，同样可以达到缩短物流流程，节约物流成本，提高仓储企业的效率。

（6）简单的加工生产。一些简单的加工生产业务，本来是在生产过程中作为一道单独的工序来完成的。把这些简单加工过程放到仓储环节来进行，可以从整体上节约物流流程，降低加工成本，并使生产企业能够专心于主要的生产经营业务活动。如把对商品的涂油漆过程放到仓储环节来进行，可以达到缩短物流流程，节约物流成本，提高仓储企业的效率。

(7) 退货和调换服务。当客户的产品销售之后，产品出现质量问题或出现纠纷，需要实施退货或货物调换业务时，由仓储企业来帮助办理有关事项。

(8) 订货决策支持。由于仓储过程中掌握了每种货物的消耗过程和库存变化情况，这就有可能对每种货物的需求情况做出统计分析，从而为客户提供订货及库存控制的决策支持，甚至帮助客户做出相关的决策。

【特别提示】

> 物流管理是现代流通的发展，仓储企业应利用本身就是准物流经营者身份的优势，掌握现代物流管理技术，积极介入到整体物流领域，提升仓储服务的层次和争取获得更高的收益。

三、运输中介

运输中介即运输服务中间商。他们通常不拥有运输设备，但向其他厂商提供间接服务。他们的职能类似营销渠道中的批发商。他们从各种托运人手中汇集一定数量的货源，然后购买运输。

中间商主要有货运代理人、经纪人。

(1) 货运代理人（简称货代）。货运代理人是以赢利为目的的，他们把来自各种顾客手中的小批量装运整合成大批量装载，然后利用专业承运人进行运输。到达目的地，货代把大批量装载拆成原来的装运量。货代的主要优势在于大批量的装运可以获得较低的费率，而且在很多时候可以使小批量装运的速度快于个别托运人直接和专业承运人打交道的速度。货运代理人有以下优点：

①使专业承运人的规模经济效益提高，货代使小批量货物可以集中到发运地，便于整合运输。

②缩短专业承运人发出货物的时间，减少货物在专业承运人处的储存时间，提高作业效率。

③使托运人的发货时间缩短，货代收集的大批量货物可以让专业承运人快速发货而不必等待集货发运。

④货代收集的大量货物可以集中一次发运到目的地，不用中途重新装运，减少工作量，减少货物二次装运的破损率。

⑤货运代理人具有熟练的运输专业技能，充分掌握运输市场的信息，且与众多的实际承运人有着密切的关系和简单而有效的业务流程。

(2) 经纪人。经纪人实际上是运输代办，他以收取服务费为目的。

货运中间商对整个物流活动来说相当于润滑油，他使托运人和承运人有机结合，并方便了小型托运人的托运活动，因为小型托运人无法得到承运人的较好服务。货运中间商同时也简化承运人的作业行为，中间商使无数的小托运人不再涌到承运人处办理托运。货运中间商会根据托运人的要求，最合理地安排运输方式，节约费用，可以避免物流浪费。

四、流通加工

1. 流通加工的概念

流通加工是指物品从生产地到使用地的过程中，根据需要施加包袋、分割、计量、分拣、刷标志、拴标签、组装等简单作业的总称。流通加工是目前仓储企业的一项具有广阔前景的经营业务，它必将给流通领域等带来很大的经济和社会效益。

2. 流通加工产生的原因

流通加工是物流服务业与现代化生产发展相结合的产物，它弥补了企业大批量生产加工不能满足不同消费者需求的不足，例如：某生产企业对钢材除了有标号、规格型号上的要求外，在长度、宽度等方面也有特殊的要求。但是生产企业面对成千上万的用户，在生产过程中是很难达到这一要求的。而惟有在流通过程中通过流通加工来满足不同客户的需求。为了提高物流效率、降低物流成本，可以实施对在物流过程中的商品进行加工。

3. 流通加工的业务

随着经济的增长，消费者需求的多样化促使物流企业在流通领域开展流通加工。目前，在世界许多国家和地区的现代仓储都大量存在流通加工业务，在满足消费者多样化需求的同时，也为现代仓储带来了可观的效益。现代仓储提供的流通加工业务主要包括：

（1）弥补生产领域加工不足的深加工。有许多产品在生产领域的加工只能到一定的程度，这是由于存在的许多限制因素限制了生产领域不能完全终极地加工。

（2）为适应多样化需要的流通加工。生产部门为了实现高效率、大批量生产，其产品往往不能完全满足客户所需的要求。为了满足客户对产品多样化的需要，同时又保证社会高效率的大生产，将生产出来的单调产品进行多样化的改制加工就成为流通加工中一种重要的加工形式。

（3）为保护产品所进行的加工。这种加工业务是指在物流过程中，直到用户投入使用前都存在对产品的保护问题，防止产品在运输、储存、装卸、搬运、包装等过程中遭受损失，使其使用价值能顺利实现。

（4）为提高物流效率、方便物流的加工。有些产品本身的形态使之难以进行物流操作，而进行流通加工后即可使物流各环节易于操作。

（5）为促进销售的流通加工。流通加工可以从几个方面起到促进销售的作用，如将过大包装（这是提高物流效率所要求的）或散装物分装成适合一次销售的小包装的分装加工；将原以保护产品为主的运输包装改换成以促进销售为主的装饰性包装，以起到吸引消费者、指导消费的作用；将蔬菜、肉类洗净切块以满足消费者要求等等。这种流通加工可能是不改变"物"的本体，只进行简单改装的加工，也有许多是组装、分块等深加工。

（6）生产—流通一体化的流通加工。现代仓储与固定的制造商和分销商进行长期合作，进行合理分工、合理规划、合理组织，统筹进行生产与流通加工的安排，这种形式可以促成产品结构及产业结构的调整，充分发挥企业集团的经济技术优势，是目前流通加工领域的新形式。

4. 仓储开展流通加工的经济效益

（1）直接经济效益。

①流通加工的劳动生产率高。流通加工是集中加工，其加工效率比分散加工要高

得多。

②可提高原材料的利用率。集中下料,合理套裁,有明显的提高原材料利用率的效果。

③可提高加工设备的利用率。在分散加工的情况下,由于生产周期和生产节奏的限制,设备利用时松时紧,从而导致设备的加工能力不能得到充分发挥。而在流通领域的加工是面向社会,加工对象较为稳定,加工的数量得到大幅度的提高,从而使设备的利用率提高。

④流通加工使商品增值。

⑤加工委托人对加工劳动的支付。

⑥经过流通加工使商品物流成本降低,仓储经营人参与利益分享。

(2)间接经济效益。

①能为许多生产厂家缩短生产时间,使他们可以腾出更多的时间来进行创造性生产。

②能为多个生产或消费部门服务。

③对生产的分工和专业化起中介作用。

④可以在加工活动中更为集中、有效地使用人力和物力,会比生产企业加工更能提高加工的经济效益。

⑤吸引更多的仓储货源。

⑥提高仓储服务水平的回报。

总之,流通加工是一项具有广阔前景的物流活动。流通加工的重要性不仅在于为物流合理化提供了条件,更重要的是为提高社会经济效益开辟了一条途径,它在我国的仓储中显得越来越重要。但仓储企业的流通加工业务的开展或多或少都要有一定的资源投入或者成本投入,因而需要选择仓储企业有能力开展的业务,有成本优势的业务进行流通加工,才能使得流通加工经营获得收益。

流通加工的总收益≥流通加工成本投入

【相关链接】

典型的流通加工方法

(1)钢材流通加工。采用集中剪板、集中下料方式,可避免单独剪板下料的一些弱点,提高材料利用率。

(2)木材流通加工。可依据木材种类地点等进行加工。如在木材产区可对原木进行流通加工,使之成为容易装载,易于运输的形状,以供以后进一步加工。这样既可提高运输效率,也可提高出材率。

(3)平板玻璃流通加工。主要方式是集中套裁,开片供应。可提高平板玻璃的利用率;简化玻璃生产厂家的规格,实现大量生产,提高生产效率。

(4)食品流通加工。食品流通加工的项目很多,如冷冻加工、分选加工、分装加工、精致加工等。

(5) 煤炭流通加工。煤炭流通加工有多种形式，如矸加工、煤炭加工等。加工可提高煤炭运输效益，减少运输能力浪费。煤炭加工可采用管道运输方式运输煤炭，减少煤炭消耗，提高煤炭利用率。

(6) 水泥流通加工。此类加工的方法很多，集中搅拌混凝土是其中的一种主要加工方法。

(7) 组装产品的流通加工。有些产品在生产过程中完全组装好，不但包装成本高，且运输及装卸效率都会下降，所以对于一些组装技术不高的产品，如自行车、家具可在流通加工中完成。

(8) 生产延续的流通加工。一些产品因本身特殊性的要求，需要较宽阔的仓储场地或设施，而在生产场地建设这些设施又不经济，那么就可将部分生产领域中的作业延伸到仓储环节完成。如对时装的检验、分类等。

五、配送与配载

(一) 配送

1. 配送的含义

配送是在经济合理区域范围内，根据用户的要求，对物品进行拣选、加工、包装、分割、组配等作业，并按时送达指定地点的物流活动。

2. 配送的特点

配送作为一种现代化的物流管理方式，在物流全过程中起着很重要的作用。配送可以缩短流通渠道，减少物流环节，提高资金效益和促进物流的合理化。它具体有以下特点：

(1) 配送是从配送中心至用户的一种特殊送货方式。它不单是送货，在活动内容中还有"分拣"、"配货"、"配装"等工作，即满足用户的各种需求。

(2) 配送不是单独的运输或输送，而是运输与其他活动共同构成的组合体。

(3) 配送是和订货系统紧密联系的，但它又不是广义概念的组织商品订货、签约、进货及对商品处理分配供应，而是以供应者送货到户式的服务性供应。从服务方式来讲，是一种"门到门"的服务，可以将商品从仓库一直送到用户的仓库、营业所、车间或生产线的起点。

(4) 配送是以用户要求为出发点，并以最合理的方式，在现代化的装备和管理水平保证下，达到一种高水平的送货方式。

3. 仓储经营人的配送经营

仓储经营人利用商品大量储藏在仓库内等待向消费者送货的条件，向存货人提供分批、分时的送货业务，并进行商品组合、分类等处理，具有极其便利的条件。影响仓储开展配送业务的原因只能是仓储经营人进行配送的收益能否超过开展配送的成本。仓储开展配送的收益有：

(1) 配送中的直接收益。接受配送的委托人因配送业务支付的费用，通常该费用比较低廉。仓储经营人如果只获得该收入，往往无法维持配送业务。

(2) 配送组合、加工的收益。该收益是仓储开展配送的另一项劳务收益，能够充分利用仓储中的劳动力和场地、设备的已有投入，有利于有效利用仓储资源。

（3）提高仓储的服务水平。高水平的服务可以获得较高的回报，分享服务的增值。

（4）吸引更多的仓储。因业务的扩张，提供的仓储产品多样化，能满足更多客户的需要，使客户市场扩展。

（二）配载

配载是指向运输线路和运输工具安排货载的运输业务。交通运输工具的大型化和运输线路的细分是现代运输业的特征。大型化的运输工具需要大量的货载支持，需要经仓储集货。大量聚集在仓储中的货物需要高效的配载安排，保证运输工具的满载和要运输货物的及时出运。在配送中同样把需要的商品进行分拣和配货之后，要进行车辆的配载。由于配送的每种商品数量都不大，而总数量较大，常常需要安排许多车辆才能满足对用户的配送。

配载问题也是配送活动的一个重要内容，合理的配载可充分利用运输工具，把所送的商品以最合理的方式安排在运输车辆上，以最少的运力来满足配送的需要，并且充分利用车辆的容积和载重量，做到满载满装，以降低运输成本。

在进行车辆配载时，要坚持方便装卸，充分利用运输工具，保证商品安全，满足用户需求的原则。

简单的配载一般通过经验和手工计算来完成。在装载商品种类较多，车辆种类又较多情况下，可采用计算机进行管理。编制设计相应的运输组织软件，并将经常运送的商品数据和车辆的数据输入内存，以后每次只需输入需要运送的各种商品量至运送地点，即可找到最佳的配载效果。

【拓展提高】

物流经营者

物流经营者的类型主要有：

（1）物流经营者本身为产品生产者和物流组织者。
（2）物流经营者本身为经销商、批发商或采购商。
（3）物流经营者是参与物流某项功能的服务者。
（4）专业物流基本功能的服务者。
（5）综合物流经营者。
（6）虚拟物流，其经营者绝大多数是那些虚拟公司。

第四节　仓储成本管理

一、仓储成本分析的意义

仓储成本是指仓储企业在开展仓储业务活动中各种要素投入的以货币计算的总和。仓储成本是物流成本的重要组成部分，对物流成本的高低有直接的影响。仓储成本分析对于物流企业来说，意义重大。而物流成本长期以来被认为是经济领域的"黑暗大陆"，同时又被认为是企业的第三利润源。长期以来，由于人们对物流活动普遍重视不够，大部分物流成本得不到揭示，使得物流方面的浪费现象严重，直接影响了经济效益。加强物流领域的成本管理，特别是把现代成本管理理论与模式融入到物流成本管理中，进而形成新的物流成本管理模式，不断降低物流领域的成本，消除"黑暗大陆"与"物流冰山"。这正是目前国际国内从事现代物流业的专家和企业家在理论研究和实践探索中关注的热点。

1. 仓储成本分析为企业制订仓储经营管理计划提供依据

仓储经营管理计划是仓储企业为适应经营环境变化，通过决策程序和方案选择，对仓储经营活动的内容、方法和步骤明确化、具体化的设想和安排。在制定经营管理计划时，必须考虑自身的经营能力，仓储成本正是仓储经营能力的重要指标，因此通过仓储成本的分析，能帮助企业对不同经营方案进行比较，选择成本最低、收益最大的方案制定经营计划，开展经营。

2. 仓储成本分析为仓储产品定价提供依据

仓储企业的根本目的依然是追求利润最大化。仓储企业在为社会提供仓储产品（服务）时，需要有明确的产品价格，即仓储费。从长远看，必须保证仓储费高于仓储成本，才能保证仓储企业的生存与发展。因此仓储成本是仓储费制定的主要依据。

3. 仓储成本分析有利于加速仓储企业的现代化建设

仓储成本分析有利于推动仓储技术革新，充分挖掘仓库的潜力，为仓储设施设备改造提供依据。仓储企业要提高仓储能力和仓储效率必然要进行技术革新，改造设施和设备，但是设施设备的投入必须获得相应的产出回报，这必须在准确的成本核算和预测的基础上才能提供保证。

4. 仓储成本分析为仓储企业的劳动管理提供依据

劳动力成本本身就是仓储成本的重要组成部分，但是劳动力成本与其他成本之间可能存在着替代关系，也可能有互补关系，因而确定劳动量的使用的决定性因素是收益，以能够获得总成本最低或者总收入增加为原则确定劳动力的使用量。同时，成本因素也是劳动考核、岗位设置的依据和决定劳动报酬的参考依据。

总之，通过仓储成本分析，有利于提高仓储企业的经济效益，降低仓储生产经营中的各种浪费，同时也可以将企业的经济利益与职工的经济利益紧密地联系起来，提高企业经营者的自觉性，从而提高企业仓储经营管理水平和经济效益。

二、仓储成本的构成

成本是一项综合性指标，为了保证目标成本的顺利实现，必须依靠各级管理人员和全体职工的共同努力在相关的工作环节中加以控制。更重要的是需要实事求是地进行指导和监督。只有这样，成本控制才能充分发挥它应有的作用。为此，了解仓储成本的构成以及掌握仓储成本控制的策略是对仓储成本进行有效管理的重要方面。

（一）维持成本

维持成本是指为保持存货而发生的成本，它可以分为固定成本和变动成本。其中固定成本与一定限度内储存数量的多少无关，如仓库折旧与仓储设备的维护开支、仓库职工的工资等；变动成本与储存数量的多少有关，如存货资金的利息费用、存货的毁损和变质损失、存货的保险费用等。变动成本主要的构成如下：

1. 资金占用费

资金占用费即存货占用的资金如果投入其他方面使用所能取得的相应的投资报酬。其比例为当前实行的主要利率。使用主要利率或以主要利率确定的具体利率，是要用推理的方法以现金替代投入存货中去的资金，意味着按该利率水平也可以用货币在市场上买到。在管理上，针对企业可利用的所有资金，根据预期的投资报酬率目标来确定较高的利率。因为，任何投入到存货中去的资金就会失去其他盈利的能力，限制了资金的其他投资。

2. 税费

许多国家将存货列入应税财产，高水平库存导致了高税费的开支。

税率和评估方法通常随地点而不同。在一般情况下，税金是根据一年内某个特定日的存货水平或某一段时间内的平均存货水平征收的。有些地方对存货税金不作任何评估，按存货价值的百分比来确定税金。

3. 保险费

保险费一般是根据风险评估或承担风险的程度直接加以征收。风险的评估或承担的风险取决于存货和储存设施这两方面的性质。例如，存货丢失或损坏的风险高以及易燃的危害性存货将会导致相对较高的保险费用。保险费用还受到储存设施内的预防措施的影响，例如保安摄像机和自动喷水灭火系统等。

4. 陈旧费

陈旧费是指存货耗损且又得不到保险的补偿，该费用的计算是根据以往的经验确定的。此外，陈旧还可以扩大到市场营销损失。陈旧费用必须小心地予以处理，并且应该仅局限于与存货储备有关的直接损失。与陈旧有关的支出应该表示为平均存货的一个百分比。

5. 储存费

储存费是与存货的存放有关而不是与搬运有关的设施费用。这笔费用必须分摊到具体的物品上去，因为它与存货价值没有直接的关系。根据仓库设施的类型（如公共仓库或私营仓库等），储存费支出可以直接计算出来，也可能需要进行分摊。

（二）采购成本

采购成本由外部的供应商发出采购订单的成本和内部的生产准备成本两部分构成。外部采购成本是指企业为了实现一次采购而进行的各种活动的费用，如办公费、差旅费、邮资、电报电话费等支出。这部分采购成本中有一部分与采购次数无关，如常设采购机构的基本开支等，称为采购的固定成本；另一部分与采购的次数有关，如差旅费、邮资等，称为采购的变动成本。

生产准备成本是指当库存的某些产品不由外部供应而是企业自己生产时，企业为生产一批货物而进行更改装备线准备的成本，实质上这也可以看成是一种"采购"，只不过是采购部门向企业生产部门的采购而已。其中更换模、夹具需要的工时或添置某些专用设备的花费等属于固定成本，与生产产品的数量有关的费用如材料费、加工费等属于变动成本。

假定每次采购的成本是固定的，每次生产准备的成本也是固定的，则每年的总采购成本受到一年中采购次数或生产准备次数的影响，也就是受到每次采购规模或每次生产数量的影响。随着采购次数的减少（即规模和生产数量的增加），年总采购成本会下降。

采购成本和维持成本随着采购次数或采购规模的变化而呈反方向变化。起初随着采购批量的增加，采购成本的下降比储存成本的增加要快，即采购成本的边际节约额比维持成本的边际增加额要多，使得总成本下降。当采购批量增加到某一点时，采购成本的边际节约额与维持成本的边际增加额相等，这时总成本最小。此后，随着采购批量的不断增加，采购成本的边际节约额比维持成本的边际增加额要小，导致总成本不断增加。

总之，随着采购规模（或生产数量）的增加，维持成本增加，而采购（或生产准备）成本降低，使成本线呈 U 形。

（三）缺货成本

仓储成本管理中另一项主要成本是缺货成本。它是指由于库存供应中断而造成的损失。包括原材料供应中断造成的停工损失、产成品库存缺货造成的延迟发货损失和丧失销售机会的损失（还应包括商誉损失）；如果生产企业以紧急采购代用材料来解决库存材料的中断之急，那么缺货成本表现为紧急额外购入（紧急采购成本大于正常采购成本部分）。当一种存货缺失时，客户就会购买竞争对手的存货，这就会对企业产生直接利润损失。如果失去客户，还可能为企业造成间接或长期成本上升。在供应物流方面，原材料或半成品或零配件存货的缺货，意味着机器空闲甚至停产。具体如下：

1. 保险存货的成本

许多企业都会考虑保持一定数量的保险存货，即缓冲存货以防在需求或提前期方面的不确定性。但困难在于如何确定需要保持多少保险存货，保险存货太多意味着多余的库存，而保险存货不足则意味着缺货或失销。

零售业保持保险存货是为了在用户的需求率不规则或不可预测的情况下，有能力供货。工厂保持保险存货是为了零售和中转仓库的需求量超过平均值时有能力补充他们的库存。半成品的额外存货是在工作负荷不平衡的情况下用来使各制造部门间的生产正常化。准备这些追加存货是要不失时机地为客户及内部需要服务，以保证企业长期效益。

但需要指出的是：保险存货的风险更大，比周转存货的储存成本要高；其次，保险存货水平的决策涉及概率分析。

2. 延期交货的成本

延期交货可以有两种形式，缺货商品可以在下次规则订货中得到补充，或者利用快速延期交货。如果客户愿意等到下一个规则订货，那么公司实际上没有什么损失。但如果经常缺货，客户可能就会转向其他供应商。

如果缺货商品延期交货，那么就会发生特殊订单处理和运输费用。对于延期交货的特殊订单处理费用相对于规则补充的变通处理费用要高。由于延期交货经常是小规模装运，运输费率相对要高，而且延期交货的商品可能需要长距离运输，例如从国内另一地区的一个工厂仓库供货。另外，可能需要利用快速、昂贵的运输方式运送延期交货的商品。因此，延期交货成本可根据额外订单处理费用和额外运费来计算。

3. 失销成本

尽管一些客户可以允许延期交货，但是仍有一些客户会转向其他供货商。换句话说，许多公司都有生产替代产品的竞争者，当一个供货商没有客户所需的产品时，客户就会从其他供货商订货，在这种情况下，缺货导致失销。对于卖方的直接损失是这种产品的利润损失。这样，可以通过计算这种产品的利润乘上客户的订货数量来确定直接损失。需要指出的是：

第一，除了利润的损失，还包括当初负责这笔业务的销售人员的人力、精力浪费，这就是机会损失。

第二，很难确定在一些情况下的失销总量。例如，许多客户习惯电话订货，在这种情况下，客户只是询问是否有货，而未指出要订货多少，如果这种存货没有，那么客户就不会说明需要多少，对方也就不会知道损失的总量。

第三，很难估计一次缺货对未来销售的影响。

4. 失去客户的成本

由于缺货而失去客户，也就是说，客户永远转向另一个供货商。如果失去了客户，企业也就失去了未来一系列收入，这种缺货造成的损失很难估计，需要用管理科学的技术以及市场营销研究方法来分析和计算。除了利润损失，还有由于缺货造成的信誉损失。信誉难度量，在库存决策中常被忽略，但它对未来销售及企业经营活动非常重要。

5. 期望损失的计算

为了确定需要保持多少库存，有必要确定如果发生缺货会造成多大的期望损失。

首先，分析发生缺货可能产生的后果，包括：延期交货、失销和失去客户。其次，计算与可能结果相关的成本，即利润损失。最后，计算一次缺货的损失。

【课堂案例】

> 例如：首先假设70%的缺货导致延期交货，延期交货成本是1 000元；20%导致失销，失销成本是2 000元；10%导致失去客户，其成本是20 000元。计算总的期望损失：
>
> 1 000.00×70% = 700（元）
> 2 000.00×20% = 400（元）
> 20 000.00×10% = 2 000（元）
> 　　　　　　　　　3 100（元）
>
> 即：每次缺货的期望损失 = 3 100元。

如果增加库存的成本少于一次缺货的损失，那么就应增加库存以避免缺货。如果发生内部短缺，则可能导致生产损失（人员和机器的闲置）和完工期的延误。如果由于某项物品短缺而引起整个生产线停工，这时的缺货成本可能非常高。尤其对于实施及时管理（JIT）的企业来说更是这样。为了对保险存货量作出最好的决策，制造企业应该对由于原材料或零配件缺货造成停产的成本有全面的理解。

（四）在途存货成本

仓储成本中还有一个常被忽视的地方，即已订购而未到货物的成本，也就是在途存货成本。这项成本不像前面讨论的三项成本那么明显，然而在某些情况下，企业必须考虑这项成本。如果企业以目的地交货价出售产品，这意味着企业负责将产品运达客户，因此，当客户收到订货产品时，产品的所有权才转移。从财务观点来看，产品仍是卖方的库存。因为这种在途库存直到交给客户之前仍然属企业所有，运货所需的时间是储存成本的一部分。然而快速交货意味着更高成本的运输。因此，企业要对运输成本与在途存货储存成本进行权衡抉择。

三、仓储成本费用的构成

与库存成本不同，货物的仓储成本费用主要是指货物保管的各种支出，其中一部分为仓储设施和设备的投资，另一部分则为仓储保管作业中的活劳动或者物化劳动的消耗，主要包括工资和能源消耗等。根据货物在保管过程中的支出，可以将仓储成本费用分成以下几类：

1. 保管费

为存储货物所开支的货物养护、保管等费用，它包括：用于货物保管的货架、货柜的费用开支，仓库场地的房地产税等。

2. 仓库管理人员的工资和福利费

仓库管理人员的工资一般包括固定工资、奖金和各种生活补贴。福利费可按标准提取，一般包括住房基金、医疗以及退休养老支出等。

3. 折旧费或租赁费

仓储企业有的是以自己拥有所有权的仓库以及设备对外承接仓储业务，有的是以向社会承包租赁的仓库及设备对外承接业务。自营仓库的固定资产每年需要提取折旧费，对外承包租赁的固定资产每年需要支付租赁费。仓储费或租赁费是仓储企业的一项重要的固定成本，构成仓储企业的成本之一。对仓库固定资产按折旧期分年提取，主要包括库房、堆场等基础设施的折旧和机械设备的折旧等。

4. 修理费

修理费是指主要用于设备、设施和运输工具的定期大修理，每年可以按设备、设施和运输工具投资额的一定比率提取。

5. 装卸搬运费

装卸搬运费是指货物入库、堆码和出库等环节发生的装卸搬运费用，包括搬运设备的运行费用和搬运工人的成本。

6. 管理费用

管理费用是指仓储企业或部门为管理仓储活动或开展仓储业务而发生的各种间接费用，主要包括仓库设备的保险费、办公费、人员培训费、差旅费、招待费、营销费、水电费等。

7. 仓储损失费用

仓储损失费用是指保管过程中货物损坏而需要仓储企业赔付的费用。造成货物损失的原因一般包括仓库本身的保管条件，管理人员的人为因素，货物本身的物理、化学性能，搬运过程中的机械损坏等，实际中，应根据具体情况，按照企业的制度标准，分清责任合理计入成本。

四、仓储成本控制策略

仓储成本管理是仓储企业管理的基础，对提高整体管理水平、提高经济效益有重大影响，但是由于仓储成本与物流成本的其他构成要素，如运输成本、配送成本，以及服务质量和水平之间存在二律背反的现象，因此，降低仓储成本要在保证物流总成本最低和不降低企业的总体服务质量和目标水平的前提下进行。常见的策略有：

1. 采用"先进先出"方式，减少仓储物的保管风险

"先进先出"是储存管理的准则之一，它能保证每个被储物的储存期不至过长，减少仓储物的保管风险。有效的先进先出方式主要有：

（1）贯通式（重力式）货架系统。利用货架的每层形成贯通的通道，从一端存入物品，另一端取出物品，物品在通道中自行按先后顺序排队，不会出现越位等现象。贯通式（重力式）货架系统能非常有效地保证先进先出。

（2）"双仓法"储存。给每种被储物都准备两个仓位或货位，轮换进行存取，再配以必须在一个货位中出清后才可以补充的规定，则可以保证实现"先进先出"。

（3）计算机存取系统。采用计算机管理，在存货时向计算机输入时间记录，编入一个简单的按时间顺序输出的程序，取货时计算机就能按时间给予指示，以保证"先进先出"。这种计算机存取系统还能将"先进先出"保证不做超长时间的储存和快进快出结合起来，即在保证一定先进先出的前提下，将周转快的物资随机存放在便于存储之处，以加快周转，减少劳动消耗。

2. 提高储存密度，提高仓容利用率

这样做的主要目的是减少储存设施的投资，提高单位存储面积的利用率，以降低成本、减少土地占用。具体有下列三种方法：

（1）采取高垛的方法，增加储存的高度。具体方法有采用高层货架仓库、集装箱等都可比一般堆存方法大大增加储存高度。

（2）缩小库内通道宽度以增加储存有效面积。具体方法有采用窄巷道式通道，配以轨道式装卸车辆，以减少车辆运行宽度要求，采用侧叉车、推拉式叉车，以减少叉车转弯所需的宽度。

（3）减少库内通道数量以增加有效储存面积。具体方法有采用密集型货架，采用不依靠通道可进车的可卸式货架，采用各种贯通式货架，采用不依靠通道的桥式起重机装卸技术等等。

3. 采用有效的储存定位系统，提高仓储作业效率

储存定位的含义是被储存物位置的确定。如果定位系统有效，能大大节约寻找、存放、取出的时间，节约不少物化劳动及活劳动，而且能防止差错，便于清点及实行订货点等的管理方式。储存定位系统可采取先进的计算机管理，也可采取一般人工管理。行之有效的方式主要有：

（1）"四号定位"方式。"四号定位"是用一组四位数字来确定存取位置的固定货位方法，是我国手工管理中采用的科学方法。这四个号码是：库号、架号、层号、位号。这就使每一个货位都有一个组号，在物资入库时，按规划要求，对物资编号，记录在账卡上，提货时按四位数字的指示，很容易将货物拣选出来。这种定位方式可对仓库存货区事先做出规划，并能很快地存取货物，有利于提高速度，减少差错。

（2）电子计算机定位系统。电子计算机定位系统是利用电子计算机储存容量大、检索迅速的优势，在入库时，将存放货位输入计算机。出库时向计算机发出指令，并按计算机的指示人工或自动寻址，找到存放货、拣选取货的方式。一般采取自由货位方式，计算机

指示入库货物存放在就近易于存取之处，或根据入库货物的存放时间和特点，指示合适的货位，取货时也可就近就便。这种方式可以充分利用每一个货位，而不需要专位待货，有利于提高仓库的储存能力，当吞吐量相同时，可比一般仓库减少建筑面积。

4. 采用有效的监测清点方式，提高仓储作业的准确程度

对储存物资数量和质量的监测有利于掌握仓储的基本情况，也有利于科学控制库存。在实际工作中稍有差错，就会使账物不符，所以，必须及时且准确地掌握实际储存情况，经常与账卡核对，确保仓储物资的完好无损，这是人工管理或计算机管理必不可少的。此外，经常的监测也是掌握被存物资数量状况的重要工作。监测清点的有效方式主要有：

（1）"五五化"堆码。"五五化"堆码是我国手工管理中采用的一种科学方法。储存物堆垛时，以"五"为基本计数单位，堆成总量为"五"的倍数的垛形，如梅花五、重迭五等。堆码后，有经验者可过目成数，大大加快了人工点数的速度，而且很少出现差错。

（2）光电识别系统。在货位上设置光电识别装置，通过该装置对被存物的条形码或其他识别装置（如芯片等）扫描，并将准确数目自动显示出来。这种方式不需人工清点就能准确掌握库存的实有数量。

（3）电子计算机监控系统。用电子计算机指示存取，可以避免人工存取容易出现差错的弊端，如果在储存物上采用条形码技术，使识别计数和计算机联结，每次存、取一件物品时，识别装置自动将条形码识别并将其输入计算机，计算机会自动做出存取记录。这样只需向计算机查询，就可了解所存物品的准确情况，因而无需再建立一套对仓储物实有数的监测系统，减少查货、清点工作。

5. 加速周转，提高单位仓容产出

储存现代化的重要课题是将静态储存变为动态储存，周转速度一快，会带来一系列的好处。资金周转快，资本效益高，货损货差小、仓库吞吐能力增加、成本下降等。具体做法诸如采用单元集装存储，建立快速分拣系统，都有利于实现快进快出，大进大出。

6. 采取多种经营，盘活资产

仓储设施和设备的巨大投入，只有在充分利用的情况下才能获得收益，如果不能投入使用或者只是低效率使用，只会造成成本的加大。仓储企业应及时决策，采取出租、借用、出售等多种经营方式盘活这些资产，提高资产设备的利用率。

7. 加强劳动管理

工资是仓储成本的重要组成部分，劳动力的合理使用，是控制人员工资的基本原则。我国是具有劳动力优势的国家，工资较为低廉，较多使用劳动力是合理的选择。但是对劳动进行有效管理，避免人浮于事、出工不出力或者效率低下也是成本管理的重要方面。

8. 降低经营管理成本

经营管理成本是企业经营活动和管理活动的费用和成本支出，包括管理费、业务费、交易成本等。加强该类成本管理，减少不必要支出，也能实现成本降低。当然，经营管理成本费用的支出时常不能产生直接的收益和回报，但也不能完全取消，所以加强管理是很有必要的。

【前沿问题】

物流系统要素具有"效益背反"的特点,如商品库存量与服务水平之间就存在"效益背反"的关系。解决物流系统"效益背反"问题,是现代物流成本管理的关键所在。

降低成本与提高效益是人们永远追求的目标。现代物流的概念及其经营行为的变革,不仅在流通界产生了飞跃,而且在制造业、运输业、批发零售业之间产生了深远影响。现代物流使得企业的经营活动更为高效,运营的成本更为低廉。它不仅促进了全球大规模零售企业的成长,而且极大地满足了顾客的各种要求,并推动全球制造业的发展,从而加快了全球经济一体化的步伐,也适应了社会生产复杂化的需要。

【实训项目】

实训内容:
(1) 到相关企业了解经营管理。
(2) 到仓储经营企业参与仓储成本的核算。

实训目的:
(1) 了解现代仓储企业的经营活动。
(2) 了解现代仓储企业的保管仓储、混藏仓储、消费仓储、租赁经营等多种经营方法。
(3) 了解仓储成本的构成以及掌握仓储成本控制的策略。
(4) 掌握仓库成本核算方法。

实训要求:
(1) 联系不同种类的仓库参观学习。
(2) 现代仓储企业采用多种经营方式的条件。
(3) 与财务人员了解仓储成本核算的方法。
(4) 记录各个企业仓储成本核算的不同。

实训操作与规范:
(1) 有组织地进行活动。
(2) 注意安全。
(3) 听从现场指挥。
(4) 要有保密意识。

复习思考题

1. 仓储经营组织的目标是什么?
2. 仓储经营组织对企业有何重要意义?
3. 现代仓储的经营活动主要包括哪些?
4. 现代仓储的经营的方法有哪些?

5. 仓储可提供的增值服务有哪些？
6. 如何判断仓储经营合理化？
7. 仓储成本分析对于物流企业来说有何意义？
8. 仓储成本费用可分成哪几类？
9. 常见的仓储成本控制策略有哪些？

【课后案例】

中国储运集团的仓储物流运作模式

现代物流的主体功能是运输和仓储，其他功能如加工、配送、装卸、包装、信息服务、货运代理等是在这个主体功能上发展深化的。因此，储运业有着向现代物流发展的先天条件和业务继承性。发达国家的许多现代物流企业是在原有仓储运输企业的基础上，经过功能扩张而成长起来的。如果拥有便利的交通条件、较大的占地面积、库房、货场、水电气设施、铁路专用线及运输装卸装备等，与新建物流企业相比，将获得较大的成本竞争优势。

中储早在几年前就借鉴国外发达国家的经验，提出了从传统储运企业向现代物流企业转变的发展战略。这是因为中储具有发展现代物流的综合优势。

1. **硬件优势**

（1）规模收益。中储占地面积1 350万 m^2，货场450万 m^2，库房200万 m^2，仓储面积总量居全国同类企业之首。与新建物流企业相比，中储的成本极其低廉，具有大批量中转和多批次、小批量配送的先天优势，具备将仓库转变成大型物流中心的条件。便于各类企业物流业务的集中管理，形成规模效益，降低成本。

（2）经济便利的铁路专用线。中储的客户服务体系中共有铁路专用线129条，总长114km，与全国各铁路车站可对发货物，存放在中储仓库。无论从产地出货，还是在消费地进货，客户都能获得铁路运输直接入库的经济、安全和便利。这是形成中储全国物流与区域配送相结合的服务特色的重要基础。

（3）机械化作业程度高。中储的库房、货场都有龙门吊和行车覆盖，大大提高了作业效率和安全系数，降低了人工成本。

2. **全国的网络优势**

中储在推行现代企业制度的过程中，建立了以资产为纽带的母子公司体制，理顺了产权关系，形成了集团公司的框架，中储所属64个仓库分布在全国各大经济圈中心和港口，形成了覆盖全国、紧密相连的庞大网络。中储利用这一网络，不仅提供仓储运输等物流服务，还有效地整合商流资源，成为金属材料、纸制品、化肥等生产企业的代理经销商。物流重在网络，没有网络，就没有统一的服务标准、单证和结算体系，就不能真正做到"门到门"服务。中储有一个天然网络，这是跻身市场、建立现代物流配送中心的基础。

3. **较强的增值服务功能**

在现代市场竞争中，传统的储运功能和硬件设施优势逐渐被市场物流资源的整合力和增值服务能力所取代。增值服务主要包括能简化客户手续、带来便利性的服务；通过物流中间加工，创造价值的服务；合理组织，降低物流总成本的服务等，中储目前的增值服务主要包括：

（1）现货交易及市场行情即时发布。中储的20个仓库根据区域经济的需要，成为前店后库式的商品交易市场。包括金属材料、汽车、建材、木材、塑料、机电产品、纸制品、农副产品、蔬菜水果、日用百货等市场，并在中储网站上发布全国各大生产资料市场的实时行情。

（2）物流的中间加工。中储的各大金属材料配送中心都配有剪切加工设备，如天津与上海宝钢、日本三菱商社合资兴建的天津宝钢储运物资配送有限公司，总投资1.3亿元人民币，从日本引进具有国际先进水平的钢材横剪、纵剪生产线，年加工能力10万～12万t。

（3）全过程物流组织。中储凭借40年的储运经验和专业的物流管理队伍，运用现代信息技术，为用户设计经济、合理的物流方案，整合内外部资源，包括不同运输方式的整合、仓储资源和运输资源的整合、跨地区资源整合等，组织全过程代理和"门到门"服务，实现全过程物流的总成本最低。

（4）形式多样的配送服务。

①生产配送。作为生产企业的产成品配送基地，为生产企业提供产前、产中、产后的原材料及产成品配送到生产线及全国市场的配送服务。如中储的天津唐家口仓库、陕西咸阳仓库等为周边的彩电生产厂提供配送服务。

②销售配送。生产企业在产品出厂到销往全国市场途中，中储担当其地区配送中心的角色。生产企业将产品大批量运至中储各地的物流中心，由中储提供保管及众多销售网点的配送服务。如海尔、澳柯玛、长虹等产品已通过中储各地的物流中心销往全国市场。

③连锁店配送。为超级市场和连锁商店提供上千种商品的分拣、配送服务，如上海沪南公司为正大集团易初莲花超市提供随叫随到的配送服务。

④加工配送。中储的许多物流中心为用户提供交易、仓储、加工、配送及信息服务等一条龙服务。

4. 中储的客户

中储紧贴市场，根据不同客户对物流的需求，适时调整经营策略，大力发展全程物流代理、现货交易市场及行情实时发布、国际货运代理、配送等业务，取得了可喜的成绩。

中储现有的客户主要有四大类：

第一类客户是生产资料的生产和经销企业，包括金属材料、建筑材料、汽车、木材、机电产品、塑料、纸制品、化肥等生产及批发商，由于生产资料流通体制的改革和买方市场的形成，从20世纪90年代初开始，许多仓库变为前店后库式的生产资料交易市场，有大中型金属材料市场近10个。客户包括：宝钢、首钢、武钢、邯钢、包钢、攀钢、浦项制铁、晨鸣纸业、一汽、二汽、天津汽车厂等。提供交易、仓储、加工、配送、信息等一条龙服务。中储目前在华北、东北、西北、华东等各大地区金属材料市场的年交易额达300亿元。

第二类客户主要是国家大型重点工程项目。已承接黄河小浪底水利枢纽、北京首都机场改扩建、来宾电厂等数十个国家重点工程大型设备的国际货运代理业务。服务内容包括：揽货、定仓、报关、报验、保险、解送、集装箱拼、装、拆箱、分拨、仓储及配送服务。对部分建设工程项目，实施生产资料配套采购及配送服务。

第三类客户主要是生活资料生产企业。最典型的是家电生产企业，如海尔、长虹、康佳、厦华、澳柯玛、LG、美的、厦新等。此外还有爱立信、百威、青岛啤酒等。这部分客户是中国市场经济的飞速发展给中储带来的，主要提供生产和销售配送服务。如中储南京仓库成为长虹在江苏地区的配送中心，海尔将天津南一仓库和石家庄东三教仓库作为其华北地区的配送中心。目前这类业务的发展很快。为提高服务质量，中储为客户及时提供在库及在途信息。

第四类客户是商业批发和零售企业。中储为其提供仓储、分拣及配送服务。

5. 运用现代物流技术，实现从传统储运向现代物流业跨越

面对新经济给传统产业带来的严峻挑战和物流市场发展的巨大潜力，传统储运业务将退居从属地位，具备现代物流组织管理和实现内部信息化管理的新兴物流企业将成为行业的首脑。中储的目标是充分发挥中储股份的龙头作用，利用国内外两个资源及中储的内部资源，采取收购、兼并等手段，实现全国合理布局，建成一批与现代物流需求相适应的物流中心，进而推动中储整体向现代物流企业的转变的步伐，与国际接轨，再造中储，建成服务一流的现代物流企业。为此，中储总公司加快了系统信息化建设，投资成立"中储物流在线有限公司"，目的是将虚拟的电子网络和有形的物流网络有机地结合，整合国内外资源，提升传统业务。在实施过程中，充分发挥自身的优势，首先完成系统内部物流网建设，包括数据源、单证和业务流程的标准化，再造业务流程，通过对传统企业的电子化改造，使之成为能够满足现代物流需求的数码仓库。实现以电子化配送中心、仓库、运输网络为基础，以数码仓库完备的现代物流组织为纽带，'以中储电子商务物流平台为核心，横向联合运输网络系统、纵向连接行业分销系统，建立布局合理、运转高效的现代物流配送和分销电子商务网络体系。

讨论题：

1. 中储在仓储业的经营和发展给了你哪些启发？
2. 你认为仓储经营的发展需要什么保证措施？

第四章 仓储商务管理

【学习目标】

知识目标
1. 掌握仓储商务、商务管理的概念及内容；
2. 了解仓储商务管理所遵循的原则；
3. 掌握仓储合同的定义、种类、订立的原则；
4. 理解仓储合同的变更、解除与终止条件；
5. 掌握现代仓储客户关系管理的内涵及原则。

能力目标
1. 能够准确判别仓储合同的标的和标的物；
2. 能够熟悉仓储合同中订立的过程；
3. 能够妥善处理仓储商务的业务纠纷；
4. 能够处理以客户为中心的客户关系。

【引导案例】

仓储管理模式

仓储是集中反映工厂物资活动状况的综合场所，是连接生产、供应、销售的中转站，对促进生产提高效率起着重要的辅助作用。

仓储是产品生产、流通过程中因订单前置或市场预测前置而使产品、物品暂时存放。它是集中反映工厂物资活动状况的综合场所，是连接生产、供应、销售的中转站，对促进生产、提高效率起着重要的辅助作用。同时，围绕着仓储实体活动，清晰准确的报表、单据账目、会计部门核算的准确信息也同时进行着，因此仓储是物流、信息流、单证流的合一。

仓储管理可以简单概括为8部曲关键管理模式：

第一部曲是追。仓储管理应具备资讯追溯能力，前伸至物流运输与供应商生产出货状况，与供应商生产排配与实际出货状况相衔接。同时，仓储管理必须与物流商进行ETD/ETA连线追溯，分别是：ETD（Estimated to Departure）——离开供应商工厂出货的码头多少量？离开供应商外包仓库的码头多少量？第三方物流与第四方物流载具离开出发地多少量？ETA（Estimated to Arrival）——第三方物流与第四方物流载具抵达目的地多少量？抵达公司工厂的码头多少量？抵达公司生产线边仓多少量？与VMI Min/Max库存系统连线补货状况。

第二部曲是收。仓库在收货时应采用条码或更先进的RFID扫描来确认进料状况，关键点包括：在于供应商送货时，送货资料没有采购 VPO 号，仓库应及时找相关部门查明原因，确认此货物是否今日此时该收进；在清点物料时如有物料没有达到最小包装量的散数箱时，应开箱仔细清点，确认无误，方可收进；收货扫描确认时，如系统不接受，应及时找相关部门查明原因，确认此货物是否收进。

第三部曲是查。仓库应具备货物的查验能力，对于甲级？（只有几家供应商可供选择的有限竞争市场和垄断货源的独家供应市场的 A 类物料）特别管制，严控数量，独立仓库，24 小时保安监控；建立包材耗材免检制度，要求供应商对于线边不良包材及耗材无条件及时补货退换；对于物料储存时限进行分析并设定不良物料处理时限。

第四部曲是储。物料进仓做到不落地或至少做到（储放在栈板上，可随时移动），每一种物料只能有一个散数箱或散数箱集中在一个栈板上，暂存时限自动警示，尽量做到储位（Bin-Location）管制，做到 No Pick List（工令备捡单），不能移动！

第五部曲是拣。拣料依据工令消耗顺序来做，能做到依灯号指示拣料则属上乘（又称 Pick to Light），拣料时最好做到自动扫描与扣帐同时动作，及时变更库存信息告知中央调度补货。

第六部曲是发。仓库发料依据工令备拣单发料、工令、备料单与拣料单应三合一为佳，做到现场工令耗用一目了然，使用自动扫描系统配合信息传递运作。

第七部曲是盘。整理打盘始终遵循散板散箱散数原则。例如 1 种物料总数 103 个，是 10 箱（每箱 10 个）加 3 个零数，在盘点单上盘点数应写成 10 箱×10 个＋3 个＝103 个。对于物料要进行分级分类，从而确定各类物料盘点时间，定期盘点可分为日盘、周盘、月盘；日盘点搭配 Move List（库存移动单）盘点；每月 1 号中午 12 点结账完成的目标要设定。

第八部曲是退。以整包装退换为处理原则，处理时限与处理数量应做到整包装即退或每周五下午 3 点整批退光，做到 Force Parts（线边仓自动补换货）制度取代 RMA（退料确认：Return Material Authorization）做法，与 VMI Hub 退货暂存区共享原则，要求供应商做免费包装箱供应。（案例来源：宁海物流中心网站）

讨论题：
1. 为什么说仓储是物流、信息流、单证流的合一？
2. 试分析仓储商务与仓储管理的联系？

第一节　仓储商务管理概述

一、仓储商务

1. 仓储商务的概念

仓储商务是仓储经营人利用其仓储保管能力向社会提供仓储保管产品并获取经济收益的商业行为。仓储商务活动是企业对外的一种经济交换活动，因此，若企业自营仓储则不发生仓储商务活动。

2. 仓储商务的内容与过程

仓储商务活动是企业对外经济活动的综合体现，其内容包括制定企业经营战略、市场调研和市场开拓、商务磋商和签订商务合同、合同履行等。

（1）制定企业经营战略。仓储企业要实现可持续发展，离不开一支合理高效的商务队伍、一套完善的商务管理和作业规章制度、一个科学合理的管理体系，因此，在全面了解企业资源的情况下制定企业经营战略，对仓储企业的发展至关重要。在制定企业经营战略时，要综合考虑企业自身的人力、财力和物力以及市场对仓储产品的需求和供给状况，以实现可持续发展和利润最大化为原则，合理制定企业经营发展目标和经营发展方法。仓储企业可以在总体经营战略的基础上选择租赁经营、公共仓储、物流中心或者配送中心，或者采用单项专业经营或者综合经营，实行独立经营或者联合经营的经营定位。

（2）市场调研和市场开拓。市场调研是企业进行有效经营决策不可缺少的一步，市场调研的资料和结论往往作为企业经营决策的重要依据。仓储企业市场调研的目的在于寻找和发现潜在的商业机会，对市场进行分析并合理选择商业机会。仓储企业市场调查的重点应放在仓储市场的供求关系、仓储服务需求方的需求变化、同行业的竞争状况等方面。

市场开拓的目的在于通过采取针对性的有效措施，挖掘有潜在需求的客户，并与之建立业务关系。市场开拓可采用广告宣传、人员促销、关系营销、企业联系等方法。企业也可结合有效的市场开拓进行企业形象宣传。

（3）商务磋商和签订商务合同。合同是市场经济主体之间权利义务关系的综合体现。仓储企业经营人应本着诚实信用、互惠互利的原则积极与客户进行商务沟通和商务谈判。由于物资仓储往往需要较长时间，而且在保管的过程中还可能涉及到加工处理、分拆等作业，也有可能涉及到仓单持有人的第三方关系，为了避免产生争议，商务磋商的应该尽可能细致、充分。双方在意思表示一致的基础上应该订立较为完备的商务合同，以明确仓储合同双方的债权债务关系，为仓储活动的顺利开展提供有保障的法律依据。

（4）合同的履行。合同的履行是双方权利义务得以实现的阶段，也是仓储企业实现其经济利益的阶段。对于一项仓储商务合同而言，合同的履行主要包括以下一些关键环节：

① 存货人交付仓储物。存货人应按合同约定的时间和地点准备好仓储物。仓储物应该适合仓储，存货人对仓储物的状态、质量应提供相应的证明。若存放危险品或易变质的物质，存货人应向保管人详细说明仓储物的性质和存放时的注意事项。

② 保管人接收仓储物并保管仓储物。这是保管人在仓储过程中主要义务体现。具体包括：保管人按合同约定在接受仓储物之前准备好合适的仓库；保管人在接受仓储物时对仓储物进行严格检验，确定仓储物的状态、质量和数量；按合同约定对仓储物妥善进行卸载、堆放；货物接受完毕后，向存货人签发仓单；采取有效措施对仓储物进行妥善保管和相应的作业；对于存放期间仓储物的损害或变化应采取必要的处理措施并及时通知存货人。

③ 存货人提货。仓储期满后，存货人或仓单持有人可凭仓单向保管人提取仓储物。提货人提货时应对仓储物进行检验，确定仓储物的状态、数量和质量是否完好。提货人对仓储中产生的残损货物、收集的地脚货、货物残余物等有权一并提取。

④ 存货人支付仓储费用。这是存货人的一项义务。按合同的约定，仓储费的支付可能是预付、定期支付、提货时支付等方法。存货人应严格按照合同履行仓储费用的支付义务，也包括支付保管人的垫付费用、仓储物的性质造成保管人的损失、超期存货费和超期

加收费等费用。

二、仓储商务管理

1. 仓储商务管理的概念

仓储商务管理是仓储经营人对仓储商务活动进行的计划、组织、指挥和控制的过程，是企业管理的一部分。

相对于其他企业项目管理，仓储商务管理具有以下特征：

（1）经济性。虽然企业管理的最终目标是要追求企业利润最大化，各方面的管理也是围绕这一总目标展开，但与企业经营管理、人力资源管理等相比，商务管理更加直接涉及到企业的经营目标和经营收益，更为重视管理的经济性和效益性。

（2）外向性。仓储商务活动是企业对外的一种经济交换活动，仓储商务管理是围绕着仓储企业的与外部发生的经济活动的管理。

（3）整体性。仓储商务活动直接涉及到企业整体的经营和效益，因此在仓储企业，高层管理者会将仓储商务管理作为自己的核心工作。仓储商务管理的好与坏，直接影响到其他各部门的工作。因此，仓储商务管理具有全局性和整体性的特点。

2. 仓储商务管理的目的

仓储商务管理的目的是为了最充分地利用仓储资源，最大限度地实现经济效益。具体表现如下：

（1）满足社会需要。仓储服务是社会生产和发展的结果，随着社会分工的进一步发展，人们对仓储服务会提出更加多样化的需求。因此，仓储企业需要加强仓储商务管理，有效地开发市场、挖掘商业机会、跟随市场的需要调整产品结构、提高服务水平，以增强企业的竞争力，使自己的产品被社会接受。

（2）充分利用仓储资源。企业进行商务管理就是要获取更多的商务机会，并实现这些商务机会。机会能否变成企业利润，离不开企业的核心产品——仓储服务。因此，仓储企业需要充分利用企业的一切资源，包括仓储能力和作业能力、资金能力和人力资源等，获取最多的商业机会。

（3）提高经济效益。一方面，仓储企业通过商务管理采取先进的经济管理理论、现代化技术、有效的经营方法，能最大限度地控制和减少交易成本。另一方面，企业通过商务管理积极开拓市场、寻求商务机会，提高企业收益。因此，通过仓储商务管理，最终能实现企业经济效益最大化。

（4）减少风险。企业的经营风险绝大部分来自于商务风险，高水平的商务管理就在于避免发生商务风险。仓储企业通过严密的市场调研和市场分析、严格的合同管理、规范的商务责任制度，可以建立有效的风险防范机制。

（5）打造企业形象。仓储企业通过有效的市场宣传、人员管理、合同管理等商务管理手段，可以打造诚信、高效的企业形象。企业形象作为企业的无形资产，是企业可持续发展的有力保障。因此，任何仓储企业都应该将良好的企业形象作为企业经营和管理的目标。

三、仓储商务管理所遵循的原则

1. 满足社会需要

社会主义生产的目的就是为了满足社会不断增长的需求。仓储生产同样也是为了满足社会对仓储的需要。仓储商务管理就是保持仓储产品社会交换的不断进行，使仓储资源能最大限度地被利用，服务于社会，为社会创造更大的财富。在仓储商务管理中以社会的需要来组织产品的供应，当产品供不应求时，充分挖掘仓储潜力，发展仓储能力，使需要仓储的物资都能获得必要的仓储；当供过于求时，通过组织增值服务，开展多元服务，进一步提高服务质量，使仓储总供给量与市场需求平衡。要避免垄断经营、歧视经营、囤积仓储能力等不满足社会需要的经营方式。随着社会需求的不断发展和不断变化，仓储商务也应不断求新、求变，不断创新，跟上社会需要的发展。

2. 适应市场竞争

市场经济的基本特征就是广泛的市场竞争，没有竞争就没有市场。低进入门槛的仓储业，供给的增长极快，也就必然成为竞争激烈的行业。仓储商务工作面临的就是竞争激烈的局面，商务管理就要敢于竞争、善于竞争，既要敢于开展积极的竞争，也要勇于面对竞争的挑战。仓储业需要制订完整的市场竞争策略，建立成本优势、价格优势、服务优势、技术优势，充分利用资本经营手段，规模化发展，实现规模效应，形成网络服务，形成竞争优势，在市场竞争中求生存、求发展。

3. 守法，依法商务

市场经济是法制的经济，需要通过法律规范市场，防止恶性竞争和不正当竞争，防止侵害合法权益，维护合法行为和利益。商务工作需要严格遵守法律法规的强制规定，法律有规定的严格按照法律的规定行事，法律没有规定的按照法律的精神开展商务行为。在商务工作中严格遵守民法、合同法、消防法、环境保护法等法律法规，守法商务、依法商务。

商务工作涉及与企业外的经济利益关系，商务管理部门特别要重视利用法制的手段保护企业自身的利益，防止合法利益受到侵犯，维护自身的合法权益。

4. 追求效益最大化

追求利润最大化是市场经济主体的生产经营目的。作为商业活动，仓储经营显然也是为了在向社会提供仓储产品中获得最大的经济效益。获得收益最大化也就是仓储商务管理的基本原则。在仓储商务管理中需要通过合理地利用企业资源、有效的营销手段和竞争策略、广泛的市场开发、准确的产品定位、优质的服务、以人为本的激励措施促进产品的销售，使仓储资源能被充分、高效率地利用。另一方面通过不断降低交易成本，控制生产成本，防止责任风险的发生使得企业成本降低，实现仓储经营的利润最大化，使企业能保持正常经营和进一步发展。

四、仓储商务管理的主要内容

仓储商务管理是仓储企业管理的一部分，包括对参与商务工作的人、财、物等资源的管理，其目的在于创造最大的经济效益。具体而言，仓储商务管理包括以下一些内容：

（1）市场管理。仓储企业要广泛开展市场调查和研究，加强市场监督和管理，广泛开展市场宣传，使仓储服务能切合市场需求。

（2）资源管理。仓储企业需要充分利用仓储资源，为企业创造和实现更多的商业机会。因此，要合理利用仓储资源，做到人尽其才、物尽其用。

（3）制度管理。高效的商务管理离不开规范、合理的管理制度。仓储企业应该在资源配置、市场管理、合同管理等方面建立和健全规范的管理制度，做到权利、职责明确。

（4）成本管理。一方面，企业应该准确进行成本核算、确定合适价格，提高产品的竞争力；另一方面，企业应该通过科学合理的组织、充分利用先进的技术降低交易成本。

（5）合同管理。仓储企业应该加强商务谈判和合同履行的管理，做到诚实守信、依约办事，创造良好的商业信誉。

（6）风险管理。仓储企业通过细致的市场调研和分析、严格的合同管理，以及规范的商务责任制度，妥善处理商务纠纷和冲突，防范和减少商务风险。

（7）人员管理。商务人员的业务素质和服务态度在很大程度上影响着企业的整体形象，因此，商务管理还应该包含对商务人员的管理。仓储企业应该以人为本，重视商务人员的培训和提高，通过合理的激励机制调动商务人员的积极性和聪明才智，同时还要加强对商务人员的监督管理，创建一支高效、负责的商务队伍。

第二节　仓储合同管理

一、仓储合同的定义和种类

（一）仓储合同的定义

仓储合同，又称仓储保管合同，是指保管人储存存货人交付的仓储物、存货人支付仓储费的合同。在仓储合同关系中，存入货物的一方是存货人，保管货物的一方是保管人，交付保管的货物为仓储物。

（二）仓储合同的特征

仓储合同具有以下法律特征：

（1）保管人须为有仓储设备并专门从事保管业务的人。仓储合同中为存货人保管货物的一方必须是仓库营业人。仓库营业人，它可以是法人，也可以是个体工商户、合伙、其他组织等，但必须具备一定的资格，即必须具备仓储设备和专门从事仓储保管业务的资格。

所谓仓储设备，是指可以用于储存和保管仓储的必要设施，这是保管人从事仓储经营业务必不可少的基本物质条件。仓储保管人应具备的仓储设备，虽然没有什么特别要求，但是，该设备须能充分保证仓储能实现对存货人所存放货品进行保管的基本目的，即应当至少满足储藏和保管物品的需要。

所谓从事仓储业务的资格，是指保管人必须取得专门从事或者兼营仓储业务的营业许可，这是国家对保管人从事仓储经营业务的行政管理要求。在我国，仓储保管人应当是在工商行政管理机关登记，从事仓储保管业务，并领取营业执照的法人或其他组织。根据《仓储保管合同实施细则》的规定，经工商行政管理机关核准，是一切民事主体从事仓储经营业务的必要资格条件。

（2）仓储合同的标的物须为动产。在仓储合同中，存货人应当将仓储物交付给保管人，由保管人按照合同的约定进行储存和保管，因此，依合同性质而言，存货人交付的仓储对象必须是动产。换言之，不动产不能成为仓储合同的标的物。

（3）仓储合同是双方、有偿合同。

（4）仓储合同为诺成合同。

（5）仓储合同存货人货物已交付或行使返还请求权以仓单为凭证。在仓储合同中，存货人按照合同约定将仓储物交付保管人时，保管人应当给付仓单。仓单是表示一定数量、品种的货物已经交付的法律文书，是有价证券的一种，其性质当为记名的物权凭证。

【相关链接】

> 《合同法》第381条规定："仓储合同是保管人储存存货人交付的仓储物，存货人支付仓储费的合同。"双方、有偿性显而易见。
>
> 第386条所规定的仓单的重要一项即为仓储费。
>
> 第392条规定：如果存货人或者仓单持有人逾期提取仓储物，那么，保管人应当加收仓储费。因此，仓储合同为双方性、有偿性的合同。
>
> 我国《合同法》第382条"仓储合同自成立时生效"之规定，确认了仓储合同为诺成性合同，而不是等到仓储物交付才生效。

（三）仓储合同的种类

仓储合同也可以依据不同的标准，作出不同分类。不同种类的仓储合同具有不同的种类特征，也更具有不同的法律效力。

1. 按照仓储合同发生的原因分类

仓储合同按照仓储合同发生的原因分为一般仓储合同与指令性仓储合同。

一般仓储合同是存货人与保管人之间，根据存货人提出的存储计划和保管人的仓储能力，基于双方的意思表示一致而达成的由保管人保管存货物人的货物，存货人给付保管人一定数额保管费用的协议。一般仓储合同成立，完全是出于存货人与保管人的意思表示一致，是双方自愿协商签订的。

指令性仓储合同，是指存货人与保管人基于国家指令性计划，遵循平等、自愿、等价有偿、诚信的原则而协商达成的仓储合同。我们知道，保持必要的物资储备是任何国家都不能忽略的战略基础，在任何条件下，国家都应保存一定的储备物资。国家依据必要的物资存储计划而授权有关部门与保管人进行协商，遵循市场经济条件下价值规律的客观要求，达成等价有偿的仓储协议，从而完成指令性计划物资的储备。

2. 按照仓储合同标的物的性质分类

按照仓储合同标的物的性质分为工业仓储合同、农业仓储合同、商业仓储合同与其他仓储合同。工业仓储合同，是指从事工业生产的法人或其他组织在组织工业生产的过程中储存保管原材料、机器、工具、燃料等而订立的合同。农业仓储合同，是指保管人为农业领域内的公民、法人及其他组织提供农产品保管服务的合同。农业仓储合同中当事人，特别是保管人，不仅受《合同法》及相关实施细则的约束，而且还应遵守有关仓储营业管理办法，如《国家粮油仓库管理办法（修订）》等。所谓商业仓储合同，是指保管人与从事商业活动的存货人之间所订立的为存货人保管商业流通物的合同。由于仓储物的性质的多样性和特殊性，仓储还可以有其他种类，如化学危险品、特殊物资仓储合同等。

3. 按仓储经营方式分类

按照不同仓储经营方式中，仓储标的物是否为特定物或特定化了的种类物以及仓储是否移转所有权，仓储合同可分为一般仓储合同、消费仓储合同、混藏仓储合同与仓库租赁合同。

【课堂分析】

> 小案例
>
> 一般仓储合同以特定物或特定化的种类物为标的物，合同期限届满时，保管人的原物返还于存货人。
>
> 例如：存货人存入 100 袋小粘大米，取回时依然是存入时的那 100 袋小粘大米，并无二致。

混藏仓储合同是指存货人将一定品质数量的种类物交付保管人储藏，而在储存保管期限届满时，保管人只需以相同种类、相同品质、相同数量的替代物返还的仓储合同。

如上例，存货人与保管人签订的是混藏合同，存入 100 袋小粘大米，取回时只要是相同种类和品质的 100 袋大米，可以是东北产的，也可以是天津产的。

消费仓储合同是指存货人不仅将一定数量品质的种类物交付仓储保管人储存保管，而且与保管人相互约定，将储存物的所有权也移转于保管人处，在合同期届满时，保管人以相同种类、相同品质、相同数量的替代品返还的仓储合同。消费式仓储合同的不同之处是涉及仓储物所有权转移到保管人，自然地保管人需要承担所有人的权利和义务。消费式仓储经营人的收益，除了约定的仓储费（一般较低）外，更重要的是消费仓储物与到期购回仓储物所带来的差价收益。

仓库租赁合同，是指仓库所有人将所拥有的仓库以出租的方式开展仓储经营，由存货人自行保管商品所签订的合同。仓储人只提供基本的仓储条件、进行一般的仓储管理，如环境管理、安全管理等，并不直接对所存放的商品进行管理。仓库租赁合同严格意义上来说不是仓储合同，只是财产租赁合同。但是由于仓库出租方具有部分仓储保管的责任，所以具有仓储合同的一些特性。

4. 按仓储具体目的分类

按仓储具体目的的不同，仓储合同可以分为生产仓储合同、流通仓储合同与国家储备合同。物资存储可以发生于生产过程中，也可以发生在流通过程中，既有生产资料的物资保管，又有生活资料的物资保管。

凡是发生在生产过程的仓储保管行为，因其目的在于确保工业、农业生产的不间断进行，故而该仓储合同应属于生产仓储合同；如农场主将化肥保管于保管人处的合同。

凡是发生在流通过程中的仓储保管行为，因其目的在于进入流通消费领域，故而该仓储合同应属于流通仓储合同；国家因其所承担的巨大社会责任而储备物质，为了预防自然灾害、社会动荡等意外事故的发生和人民经济生活中的特殊需要而为国家储备行为，因此订立的仓储合同，应当属于国家储备仓储合同。

二、仓储合同的标的和标的物

仓储合同的标的是仓储保管行为，其为仓储合同关系中存货人与保管人的民事权利义务共同指向的对象，包括仓储空间、仓储时间和保管要求，仓储人要为此支付仓储费。

仓储合同的标的物是仓储物，是仓储合同标的的载体和表现。作为仓储合同标的物的物品，一般没有太大限制，无论是生产资料还是生活资料，无论是特定物质还是种类物，抑或可分物与不可分物，都可以成为仓储合同的标的物。但是，就不动产而言，它不能成为仓储物，因为仓储保管合同之目的在于对物的安全储存，保管人要在存储期限届至时完好地返还存货人所储存的货物，仓储物若为不动产则无从谈起存储，所以，仓储合同的标的物只能是动产，而不能为不动产。

至于一些易燃、易爆、易腐烂、有毒的危险品等，以及一些易渗漏、超限的特殊货物，只需存货人与保管人在订立仓储合同时约定一些必要的特别仓储事项即可。另外，货币、知识产权、数据、文化等无形资产和精神产品也不能作为标的物。

三、仓储合同的内容

仓储合同的内容，是检验合同的合法性、有效性的重要依据。一般来说，仓储合同包括以下方面的条款：

（1）存货人、保管人的名称、地址和合同当事人是履行合同的主体，需要承担合同责任，需要采用完整的企业注册名称和登记地址，或者主办单位地址。主体为个人的必须明示个人的姓名和户籍地或常住地（临时户籍地）。有必要时可在合同中增加通知人，但通知人不是合同当事人，仅仅履行通知当事人的义务。

（2）保管物的品名或品类、数量、质量、包装在仓储合同中要明确地标明。货物的数量应使用标准的计量单位，而且计量单位应准确到最小的计量单位，比如以包、扎、捆、把等计算的，就必须明确每包、扎、捆、把有多重或多少根、块。总之，对计量单位要防止有不同理解，产生歧义。仓储物的质量应当使用国家或有关部门规定的质量标准，也可以使用经过批准的企业标准，还可以使用行业标准，上述质量标准均可以由存货人与保管人在仓储合同中约定，而在没有质量标准时，双方当事人可自行约定质量标准。如果双方在仓储合同中没有约定质量标准，则依《合同法》第61条，可以协议补充，不能达成补充协议的，按照合同有关条款或者交易习惯确定。至于仓储物的包装，一般应由存货人负责，有国家或专业标准的，按照国家或者专业标准的规定执行，没有国家或专业包装标准的，应当根据仓储物便于保管的原则而由存货人与保管人商定。

（3）仓储物验收的内容、标准、方法、时间和保管人验收仓储物的项目有：仓储物的品种、规格、数量、外包装状况，以及无需开箱、拆捆而直观可见可辨的质量情况。包装内的货物品名、规格、数量，以外包装或货物上的标记为准；外包装或货物上无标记的，以供货方提供的验收资料为准。散装货物按国家有关规定或合同规定验收。依照惯例验收期限，国内货物不超过10日，国外到货不超过30天，法律另有规定或当事人另有约定的除外。

货物验收期限，是指自货物和验收资料全部送达保管人之日起，至验收报告送出之日止。货物验收期限的日期均以运输或邮政部门的戳记或送达的签收日期为准。超过验收期限所造成的实际损失,由保管人负责。如果保管人未能按照合同约定或者法律法规规定的项目、方法和期限验收仓储物或验收仓储物不准确,应当负责因此造成的损失。存货人未能提供验收资料或提供资料不齐全、不及时,所造成的验收差错及贻误索赔期由存货人负责。

(4) 仓储条件和要求合同双方当事人应根据货物性质、要求的不同,在合同中明确规定保管条件。保管人如因仓库条件所限,不能达到存货人要求,则不能接受。对某些比较特殊的货物,如易燃、易爆、易渗漏、有毒等危险物品,保管人保管时,应当有专门的仓库、设备,并配备有专业技术知识的人负责管理。必要时,存货人应向保管人提供货物储存、保管、运输等方面的技术资料,防止发生货物毁损、仓库毁损和人身伤亡事故。存货人在交存特殊货物时,应当明确告知保管人货物有关保管条件、保管要求。否则,保管人可以拒绝接收存货人所交付的危险货物。

(5) 货物进出库手续、时间、地点、运输方式,仓储合同的当事人双方应当重视货物入库环节,防止将来发生纠纷。因此在合同中,要明确入库应办理的手续、理货方法、入库的时间和地点以及货物运输、装卸搬运的方式等内容。

出库时间由仓储合同的当事人双方在合同中约定,当事人对储存期间没有约定或者约定不明确的,存货人可以随时提取仓储物,保管人也可以随时要求存货人提取仓储物,但是应当给予必要的准备时间。另外提货时应办理的手续、验收的内容、标准、方式、地点、运输方式等也要明确。

(6) 仓储物的损耗标准及损耗的处理。仓储物的损耗标准是指货物在储存过程中,由于自然原因(如干燥、风化、散失、挥发、粘结等)和货物本身的性质等原因,不可避免地要发生一定数量的减少、破损,而由合同当事人双方事先商定一定的货物自然减量标准和破损率等。在确定仓储物的损害标准时,要注意易腐货物的损耗标准应该高于一般货物的损耗标准。除了对货物按照保管条件和要求保管外,损耗标准应当根据储存时间的长短来确定。损耗的处理是指仓储物实际发生的损耗,超过标准或没有超过标准规定的,应当如何处理的问题。例如,仓储物出库时与入库时实际验收数量不一致,在损耗标准范围之内的视为货物完全交付。如果损耗数量超过约定的损耗标准,应核实后作出验收记录,由保管人负责处理。

(7) 计费项目包括保管费、转仓费、出入库装卸搬运费,车皮、站台、专用线占有、包装整理、商品养护等费用。此条款中除明确上述费应由哪一方承担外,还应明确各种费用的计算标准、支付方式、支付时间、地点、开户银行、账号等。

(8) 责任划分和违约处理仓储合同中可以从货物入库、货物验收、货物保管、货物包装、货物出库等方面明确双方当事人的责任。同时应规定违反合同时应承担的违约责任。承担违约责任有支付违约金、损害赔偿以及采取其他补救措施。

(9) 合同的有效期限,即货物的保管期限。合同有效期限的长短,也与货物本身的有效储存期有关。所谓有效储存期,是指某些货物由于本身的特性,不能长时间存放,例如药品、胶卷、化学试剂等,一般都注明了有效使用期限。根据有效使用期限确定的储存保管期限,称为有效储存期。对于仓库保管人员来说,保管这种产品不仅要注意仓库温度、湿度的变化,还应注意其储存期限。特别是对一些接近失效期的产品,应及时通知存货人按时出库,出库前还要注意留给产品调运、供应和使用的时间,以使其在失效之前能够进入市场,投入使用。根据有关规定,储存的货物,在临近失效期时,保管人未通知存货人及时处理，因超过有效储存期限所造成的货物损失，保管人负有赔偿责任。保管人通知存货人后，如果存货人不及时处理，以致超过有效储存期限而造成货物损坏、变质的，保管人不负赔偿责任。

（10）变更和解除合同 仓储合同的当事人如果需要变更或解除合同，必须事先通知另一方，双方意见一致即可变更或解除合同。变更或解除合同的建议和答复，必须在法律规定或者合同约定的期限内提出。如果发生了法律或合同中规定的可以单方变更或解除合同的情形，那么，拥有权利的一方可以变更或解除合同。

【课堂讨论】

> 如何获得物流合同？
>
> 德国的物流企业获得物流合同的一种方法：一个潜在的新物流客户开业了，物流企业的代表带上公司的宣传册去拜访，送上小小的纪念品，比如有公司标志的圆珠笔。第一次见面未必提业务。过一段时间，再去或者请对方来公司，了解他的业务并告诉他，我能为你提供什么服务，价格是多少。如果对方愿意接受，客户关系就建立起来了。物流企业会定期拜访客户，并且过一段时期都会举办一些活动。
>
> 试针对案例讨论仓储营销有什么方法？

上述内容，一般为通常的仓储合同所应具备的主要条款。但是，合同毕竟是当事人双方的意愿，签订合同是当事人自己所为的法律行为，因此，基于双方的利益考虑，当事人之间还可以就更多的、更为广泛的事项达成一致，充实仓储合同的具体内容，如争议的解决方式、合同的履行地点、是否允许转保管储存等等。只要是一方要求必须规定的条款，而又与另一方达成一致意见的，都应当是仓储合同的重要条款。下例是工商行政管理局在网上发布的仓储合同示范文本。

【范例】

仓储合同

合同编号：＿＿＿＿＿＿＿＿＿＿＿＿

保管人：＿＿＿＿＿＿＿＿＿＿＿＿＿＿   签订地点：＿＿＿＿＿＿＿＿

存货人：＿＿＿＿＿＿＿＿＿＿＿＿＿＿   签订时间：＿＿＿＿＿＿＿＿

第一条　仓储物

仓储物名称	品种规格	性质	数量	质量	包装	件数	标记	仓储费
合计人民币金额（大写）								

第二条　储存场所、储存物占用仓库位置及面积：＿＿＿＿＿＿＿＿＿＿＿＿＿＿＿。

第三条　仓储物（是/否）有瑕疵。瑕疵是：＿＿＿＿＿＿＿＿＿＿＿＿＿＿＿。

第四条　仓储物（是/否）需要采取特殊保管措施。特殊保管措施是：_____。

第五条　仓储物入库检验的方法、时间与地点：_____。

第六条　存货人交付仓储物后，保管当给付仓单。

第七条　储存期限：从_____年____月____日至_____年____月____日。

第八条　仓储物的损耗标准及计算方法：_____。

第九条　保管人发现仓储物有变质或损坏的，应及时通知存货人或仓单持有人。

第十条　仓储物（是/否）已办理保险，险种名称：_____保险金额：_____
保险期限：_____保险人名称：_____。

第十一条　仓储物出库检验的方法与时间：_____。

第十二条　结算方式与时间及期限：_____。

第十三条　储存期间届满，存货人或者仓单持有人应当凭仓单提取仓储物。存货人或者仓单持有人逾期提取的，应当加收仓储费，具体如下：_____提前提取的，不减收仓储费。

第十四条　存货人未向保管人支付仓储费的，保管人（是/否）可以留置仓储物。

第十五条　违约责任：_____。违约损失赔偿额计算方法：_____。

第十六条　本合同解除的条件：
订作人可以随时解除合同，但应及时书面通知承揽人并承担由此给承揽人造成的损失。

第十七条　合同争议的解决方式：本合同项下发生的争议，由双方当事人协商解决，也可以由当地工商行政管理部门调解；协商或调解不成的，按下列第_____种方式解决：

（一）提交_____仲裁委员会仲裁。

（二）依法向_____人民法院起诉。

第十八条　其他约定事项：_____。

保管人：_____（公章）　　　　　存货人：_____（公章）
代表人：_____（盖章）　　　　　代表人：_____（盖章）
地　址：_____　　　　　　　　　地　址：_____
开户银行：_____　　　　　　　　开户银行：_____
账　号：_____　　　　　　　　　账　号：_____

四、仓储合同的订立

（一）仓储合同订立的原则

仓储合同的订立，是存货人与保管人之间依意思表示而实施的能够引起权利与义务关系发生的民事法律行为。订立仓储合同，应当遵循以下基本原则：

（1）平等原则。平等原则是指作为仓储合同的当事人双方，在法律上地位一律平等。无论谁为存货人，也不论保管人是谁，双方均享有独立的法律人格，独立地表达自己的意思，双方是在平等基础上的利益互换。

（2）公平及等价有偿原则。该项原则是一项经济原则，是价值规律的要求。等价有偿原则，要求仓储合同的双方当事人依价值规律来进行利益选择，禁止无偿划拨、调拨仓储物，也禁止强迫保管人或存货人接受不平等利益交换。合同双方都要承担相应的合同义务，享受相应的合同利益。

（3）自愿与协商一致的原则。自愿意味着让存货人与保管人完全地依照自己的知识、判断去追求自己最大的利益。协商一致是在自愿基础上寻求意见表示一致，寻求利益的结合点。存货人与保管人协商一致的约定，具有与法律同等的约束力。仓储合同的订立只有在协商一致的基础上，才能最充分地体现出双方的利益，从而保证双方的依约定之履行。

（二）仓储合同中订立的过程

根据《合同法》的规定，只要存货人与保管人之间依法就仓储合同的有关内容经过要约与承诺的方式达成意思表示一致，仓储合同即告成立。

1. 要约

所谓要约，就是一方当事人向另一方发出的以订立合同为目的而提出的合同条件。要约是特定的合同当事人所为的意思表示，它以具体的、足以使合同成立的主要条件为内容，向要约人希望与之缔结合同的相对人发出，且表明一经对方承诺即受约束。在仓储合同中，一般来说，要约的内容至少应当包括以下内容：标的物数量、质量、仓储费用。即使没有具体的数量、质量和仓储费用表述，也应当可以通过具体的方式来确定这些内容。根据仓储合同的特点和现实环境，仓储合同的要约最好是书面发出，特别是大批货物的储存与保管，更是要提出可行的储存计划。

有效要约的结果是产生预约仓储合同。所谓预约，是指当事人之间约定将来订立一定合同的合同。将来应当订立的合同，称为"本约"；而约定订立本约的合同，称为"预约"。在预约中，仓储合同的本约在预约成立时尚未成立。预约仓储合同的成立和生效，仅仅只是使当事人负有将来按照预约仓储合同所规定的条件去订立仓储合同的义务，而不负履行将来要订立的合同中的义务。

预约仓储合同是有效要约的结果，而不仅仅是一种简单的意向声明。作为一般的意向声明，仅仅表示存货人与保管人之间存在着准备订立契约的意向性说明或者陈述，它可能包括了未来合同的主要条款，但终归因为该声明中并没有包括声明人明确、肯定的要约表示，而于此声明发表后，原则上不具有任何法律约束力，他人对声明所作出的同意表示也不能使仓储合同成立，除非此种声明确实已经使他人产生信赖并且因为声明人撤销声明而给他人造成了信赖利益的损失。

【相关链接】

课堂案例分析

例如，天天渔业公司于2003年5月4日向某冷库发出一份函电称："有带鱼50吨欲储存于贵库，每天储存费用为2000元，如同意，请在一周内答复。如无异议，一周后正式订立合同。"此函电具有具体的明确内容，因而是有效的要约。冷库如果在一周内答复，则成立预约仓储合同。如果渔业公司在函电中称"一周后可以考虑订立合同"，则不能成立预约仓储合同，而只是一种意向性表明，冷库对该声明的承诺并不能成立合同，也不负担任何义务。

此外，不能将预约仓储合同理解为附期限的民事法律行为。所谓附期限的民事法律行为，是指当事人在法律行为中规定了一定的期限，把期限的到来作为法律行为生效的根据。在附期限的合同中，合同已经成立，只是因为当事人在合同中规定了一定的期限，才使合同尚未生效。这与预约是存在极大区别的。

预约仓储合同尽管只是预约，但也是一种合同。依据预约仓储合同，存货人与保管人负有应当订立本合同的义务，如果预约的一方当事人不履行其订立本约的义务，则另一方有权请求其履行义务及承担违约责任。在预约仓储合同成立的情形下，如果存货人或保管人不履行订立本仓储合同的义务，另一方完全有权请求法院强制其订约。

2. 承诺

承诺是受要约人完全同意要约内容的意思表示。承诺必须是在要约的有效期限内作为，并与要约的内容完全一致。除受要约人之外的任何第三人所作的承诺不是法律上的承诺，而仅仅是一项要约，就像迟到的承诺只是要约一样。受要约人对要约内容的任何扩充、限制或者其他变更，都只能构成一项新要约，而非有效的承诺。

在仓储合同订立过程中，保管人一经承诺，仓储合同即告成立，且同时生效。也就是说，仓储合同是诺成合同，合同的成立与生效同时发生，该效力之发生基于一个有效的承诺。

（三）仓储合同中的代理

仓储合同的主体是双方当事人，即存货人与保管人，双方订立仓储合同，要具有合法的资格。只有符合法律规定的条件和要求，才能成为合格的主体，才能订立有效的仓储合同。根据民法上的代理制度，代理人可以受当事人的委托而从事民事活动，以被代理人的名义订立合同。代理人依据被代理人的授权而确定代理权限范围，在此范围内，他以被代理人的名义同第三人独立进行民事活动，由此产生的法律后果直接受归于被代理人。但是，如果仓储合同中的代理人在没有代理权、超越代理权或者代理权终止后仍然以被代理人的名义对外订立仓储合同，如果经被代理人追认后，是有效仓储合同。反之，未经仓储合同当事人的追认，该仓储合同对被代理人不发生效力，由代理人自己承担责任。不过，依照《合同法》第49条规定，虽然代理人是无权代理，但相对人主观上是善意的，他不知道，也不应当知道行为人是无权代理，恰恰相反，他有理由相信行为人是有代理权的人。因此，该仓储合同既非无效，也不能请求撤销，而应完全依据合同内容来履行。

（四）无效仓储合同

无效仓储合同，是指仓储合同虽然已经订立，但是因为违反了法律、行政法规或者公共利益，而被确认为无效。无效仓储合同具有违法性、不得履行性、自始无效性、当然无效性等特征。

按照仓储合同无效的范围可以将无效仓储合同分为全部无效的仓储合同与部分无效的仓储合同。全部无效的仓储合同，是指仓储合同的主要内容和构成要件不合法或者违法。主要表现为：仓储合同的保管人未经有关行政管理机关核准登记而非法从事仓储营业；签订合同的当事人或其代理人恶意串通，损害国家、集体或者第三人的利益；以合法的形式掩盖非法目的，规避法律；以欺诈、胁迫的手段订立仓储合同而损害国家和公共利益；其他一些违反法律、法规的强制性规定，而为储存保管行为，如为他人保管走私物品、毒品等等。

部分无效的仓储合同，是指仓储合同中的某些条款不合法或者违法。如仓储合同中，对危险物品、易燃、易爆物品的保管方式约定，违反相关法律法规的要求，而使公共安全受到危害。而根据《民法通则》与《合同法》的有关规定，合同部分无效而不影响其他部分效力的，其他部分仍然有效。因此，仓储合同仅仅是部分条款无效时，并且无效部分不影响其他部分效力的，其他部分应当作为有效合同内容来看待，当事人双方要继续严格履行合同义务。

按照仓储合同被发现无效的时间划分，无效合同可分为履行前无效的仓储合同、履行中无效的仓储合同与履行后无效的仓储合同。

履行前无效的仓储合同，是在仓储合同订立后履行前发现该合同无效。对于此种情形，存货人与保管人应当依照有关法律、法规的要求对合同进行修改或者重新签订有效的仓储合同。如果当事人坚决不修正合同，另一方当事人有权不履行合同，有关部门可以制止履行无效仓储合同。

履行中无效的仓储合同，是在无效仓储合同的履行过程中发现合同无效。对于正在履行的无效仓储合同，双方当事人一经发现即应中止履行，使彼此的权利义务关系尽可能地回复到订立合同前的状态。

履行后无效的仓储合同，是指无效的仓储合同已经履行完毕后，才发现合同无效。对于已经履行的无效仓储合同，应根据具体情况灵活处理。如果已履行的合同严重违反了国家法律、法规，损害国家利益、社会公共利益和他人利益。无效仓储合同的当事人必须承担相应法律责任。

五、仓储合同的变更、解除与终止

（一）可变更和可撤销仓储合同

可变更或者可撤销的仓储合同，是指仓储合同有效订立后，如果该合同存在法律事实，导致合同存在重大误解或合同的履行显失公平，则仓储合同的一方当事人可以请求法院或者仲裁机构予以变更，仓储合同依然有效；当事人请求撤销的，仓储合同即为无效合同，而且是自始无效。仓储合同有以下几种情形可变更或可撤销。

1. 仓储合同的订立是由于当事人一方或者双方对合同的内容有重大误解

所谓重大误解，是指合同当事人因自己的过错而对合同内容等发生误解，导致了合同的订立，并且误解直接影响到当事人所应享受的权利和承担的义务。在仓储合同中，行为人对行为的性质、双方当事人、仓储物的品种、质量、规格和数量等产生错误认识，使得行为的后果与自己的意思相悖，如果履行将显失公平，可以认定为重大误解，一般表现为：①对合同性质发生误解。如将仓储作为借贷，这一误解使当事人将承担完全不同的义务，也违背了当事人的订约目的。②对当事人的误解，如把甲公司当作乙公司。③对仓储物的误解，包括对仓储物品种、质量、规格和数量等的错误认识。④对保管费用及报酬的误解。⑤对信息的传达错误而造成误解。

第四章 仓储商务管理

【拓展提高】

> **课堂讨论**
>
> **合同是否有效？**
>
> 　　广东某汽车装配厂从国外进口一批汽车零件，准备在国内组装、销售。2005年3月5日，与某仓储公司签订了一份仓储合同。合同约定，仓储公司提供仓库保管汽车配件，期限为10个月，从2005年4月15日起到2006年2月15日止，保管仓储费为10万元；还约定任何一方有违约行为，要承担违约责任，违约金总额为总金额的20%。另外，汽车装配厂已交仓储公司定金2000元。
>
> 　　合同签订后，仓储公司开始为履行合同做准备，清理了合同约定的仓库，并且从此拒绝了其他人的仓储要求。2005年3月27日，仓储公司通知装配厂已经清理好仓库，可以开始送货入库。但配装厂表示已找到更便宜的仓库，如果仓储公司能降低仓储费的话，就送货仓储。仓储公司不同意，配装厂明确表示不需要对方的仓库。4月2日仓储公司再次要求配装厂履行合同，配装厂再次拒绝。
>
> 　　4月5日，仓储公司向法院起诉，要求汽车配装厂承担违约责任，支付违约金、退还定金并支付仓储费。
>
> 　　汽车装配厂答辩称合同未履行，因而不存在违约问题。
>
> 　　1. 仓储合同是否生效？
> 　　2. 仓储公司的要求是否合理？为什么？
> 　　3. 如果你是法官，会做怎样的判决？

　　构成仓储合同的重大误解，应当同时具备以下条件：①存货人或保管人所给出的意见表示完全是出于误解，仓储合同的当事人虽然给出了意见表示，但纯粹是基于错误认识所致。②存货人与保管人对合同的主要内容等发生了重大误解，只有对仓储合同的主要内容发生误解才构成"重大"的要求，才可能影响当事人的权利义务关系，使缔结目的不能实现。③误解是误解一方的非故意行为。如果仓储合同的一方当事人明知自己对合同内容发生误解，而仍然与对方订立合同，则只能说明其希望追求该结果的发生，不得以重大误解请求变更或撤销合同。④如果合同履行，将使误解一方遭受较大损失。显然，在仓储合同中，重大误解具有明显的三大特征：其一，存货人与保管人订立和实施仓储合同的行为与误解有因果关系；其二，这种误解是重大的，而非细枝末节上的差错；其三，因为错误即将或已经造成了较大的损失。

　　因此，依据仓储合同中重大误解的上述构成要求与特征，下述行为则不能认定为重大误解：①判断错误。存货人或保管人对合同履行前景的预测与事后的实际情况不相符，不能认为是对合同内容的误解。②当事人一方或双方对法律文件或文书的误解。仓储合同一方当事人对仓储物的保管说明书理解有误导致双方当事人发生纠纷，不是重大误解。③对自己的履行能力估计有误。如果仓储保管人未能像事先声明的那样提供完善的保管设施，即保管人原来以为自己在合同履行时可以达到履行能力，而在实际履行时并未达到合同约定的履行条件，致使仓储合同在履行中发生纠纷，则此种情形不能视为重大误解。

【相关链接】

常见的无效仓储合同主要形式

（1）一方以欺诈、胁迫手段订立合同，损害国家利益的仓储合同。欺诈的基本含义就是故意把不真实的情况作为真实情况来表示，或者故意隐瞒真实情况。而胁迫则是以损害相威胁，迫使仓储合同的另一方当事人与自己订立合同。需要强调指出的是，仓储合同的一方当事人以欺诈、胁迫手段订立仓储合同，必须是在损害了国家利益的前提下才为无效。至于欺诈、胁迫订立的合同不损害国家利益的情形下，仓储合同则仅为可变更或可撤销合同。

（2）恶意串通，损害国家、集体或者第三人利益的仓储合同。仓储合同中的恶意串通是指存货人与保管人非法串通在一起，合谋订立仓储合同而使国家、集体、第三人利益受到损害。所谓恶意，是存货人与保管人明知或者应当知道自己的行为将给国家、集体或第三人造成损害，而故意行为。所谓互相串通，是指存货人与保管人都是基于共同的目的，而希望通过订立仓储合同而损害国家、集体或者第三人的利益，而且存货人与保管人互相配合、共同实施。

（3）以合法形式掩盖非法目的的仓储合同。以合法形式掩盖非法目的的仓储合同，是指存货人与保管人通过订立仓储合同的形式来掩盖彼此间非法目的，即以形式上的合法来掩盖某种不合法的真正目的。

（4）损害社会公共利益的仓储合同。社会公共利益在民法上又称为公序良俗、公共秩序。各国立法均从原则上确定了违反公序良俗或者公共秩序的合同无效。仓储合同也不例外。仓储合同遵循公共秩序和善良风俗原则，对于维护国家和社会的一般利益及社会道德观念具有重要价值。例如，尸体应当存储于火葬场或医院的停尸房，这是基本的约定俗成，如果普通冷库与他人订立储存尸体的合同，则该合同因违背善良风俗而无效。

对于无效仓储合同可以采取的处理办法

（1）返还财产或折价补偿。返还财产是指仓储合同被依法确认无效后保管人应当将依无效仓储合同而占有的存货人的财产返还给存货一方，不过，这种返还乃是基于物权的返还。而存货人只能给付保管人一定数量的补偿金，作为对保管人已交付的费用的返还。财产的返还既指单方返还，也包括双方互为返还。仓储合同以保管人提供储存和保管服务为标的，保管行为不具备可返还性，因此，保管人只能要求存货人给予适当的折价补偿。必须明确：这种折价补偿不是保管行为的等价给付，仅仅是对保管人必要费用的返还和对保管服务的适当补偿而已。

(2) 赔偿损失。仓储合同被确认无效后，有过错的一方应当赔偿对方因合同无效所遭受的损失，存货人与保管人都有过错的，各自承担相应的责任。当仓储合同被确认为无效时，如果一方当事人请求损害赔偿，他不仅要证明有客观存在的损害事实，而且还要证明另一方当事人对于合同的无效具有主观上的故意或过失，并且损害事实确实是因为另一方当事人过错导致的合同无效而产生的。

(3) 追缴财产。如果存货人与保管人恶意串通，为了牟取非法利益而订立明知违反法律、行政法规或者社会公共利益的仓储合同，那么，对于双方因为该无效仓储合同而取得的财产，都应当予以追缴。损害国家利益的，追缴财产在填平补偿了国家或者集体或者第三人的损失后，其余部分收归国库。

2. 仓储合同订立时显失公平

所谓显失公平，是指当事人的权利义务极不平等时，合同的履行将给当事人一方造成重大损失。在仓储合同中，如果存货人或者保管人利用自己的优势地位或对方的经验不足而故意地造成仓储合同当事人在给付对待之间利益不平衡，则构成仓储合同的显失公平。

仓储合同的显失公平与仓储合同存在重大误解是有明显不同的，不能将二者混淆而论。在显失公平情况下，所发生的是存货人与保管人的利益失衡，一方承受不公平的损失，另一方必然享受不公平的较大利益；而在重大误解的情况下，一方当事人肯定会受损失，另一方也未必因对方的误解而获益。

3. 以欺诈手段订立的仓储合同

以欺诈手段订立的仓储合同，是指仓储合同的一方当事人故意隐瞒真实情况或者故意告知对方当事人虚假情况，并且明知这种故意行为会使对方陷入错误认识，而希望或者放任此种结果的发生。在构成条件上，仓储合同的一方当事人存在着欺诈的主观恶意，并且以故意陈述虚假情况或故意隐瞒真实情况的方式实施欺诈行为，致使受欺诈的一方当事人陷入错误，从而做出基于错误认识的表示，订立合同。

4. 因胁迫而订立的仓储合同

因胁迫而订立的仓储合同，是指当事人一方以将要发生的损害或者直接施加损害相威胁，使另一方当事人产生恐惧并因此而订立仓储合同。"将要发生的损害"，是使受胁迫一方相信能够发生，并足以使受胁迫一方感到恐惧、害怕的损害；直接施加损害相威胁，是指胁迫一方通过实施某种不法行为，使受胁迫一方陷于恐惧，被迫与其订立仓储合同。如威胁揭露他人隐私、损坏他人名誉或者威胁使用暴力等。

在仓储合同中，胁迫的构成一般要具备如下要件：①仓储合同的一方当事人有胁迫的故意，即胁迫者意识到自己的行为将造成另一方当事人心理上的恐惧，并且希望通过此种胁迫使对方与自己订立仓储合同；②胁迫者实施了胁迫行为；③仓储合同的另一方当事人因受胁迫而订立了仓储合同；④胁迫行为是非法的，而不是正常情况下一方当事人向另一方当事人依法施加某种压力来促成合同成立。用胁迫而订立的仓储合同明显具有一方故意而另一方迫不得已的特点，呈现出仓储合同的利益失衡。

5. 一方当事人乘人之危而订立的仓储合同

所谓乘人之危订立的仓储合同，是指存货人或者保管人利用对方当事人的危难处境或者紧迫需要，诱使、强迫他人接受某种明显不公平的条件而订立的仓储合同。乘人之危的仓储合同具有如下特征：①仓储合同的当事人的一方主观上有乘人之危的故意，即明知对方当事人的危难而故意诱使、强迫他人订立合同；②行为人实施了在危难急迫之际而诱使、强迫他人订立仓储合同的行为；③受损害人出于危险急迫的需要而订立了仓储合同；④乘人之危的一方当事人从仓储合同中获取了不正当的利益，严重损害了另一方当事人的利益。

（二）仓储合同的变更

仓储合同的变更是指对已经合法成立的仓储合同的内容在原来合同的基础上进行修改或者补充。仓储合同的变更并不改变原合同关系，是原合同关系基础上的有关内容的修订。仓储合同的变更应具备下列条件：①原仓储合同关系的客观存在，仓储合同的变更并不发生新的合同关系，变更的基础在于原仓储合同的存在以及其实质内容的保留；②存货人与保管人必须就合同变更的内容达成一致；③仓储合同的变更协议必须符合民事法律行为的生效要件。

仓储合同的变更程序类同于合同订立程序，即先由一方发出要约，提出变更之请求，另一方做出承诺，双方意思表示一致，变更成立。但是，受变更要约的一方必须在规定的期限内答复，这是与普通要约的不同之处。仓储合同变更后，被变更的内容即失去效力，存货人与保管人应按变更后的合同来履行义务，变更对于已按原合同所作的履行无追溯力，效力只及于未履行的部分。任何一方当事人不得因仓储合同的变更而要求另一方返还在此之前所作的履行。仓储合同变更后，因变更而造成对方损失的，责任方应当承担损害赔偿责任。

（三）仓储合同的解除

仓储合同的解除是指仓储合同订立后，在合同尚未履行或者尚未全部履行时，一方当事人提前终止合同，从而使原合同设定的双方当事人的权利义务丧失。它是仓储合同终止的一种情形。

1. 仓储合同解除的方式

（1）存货人与保管人协议解除合同。存货人与保管人协议解除合同，是指双方通过协商或者通过行使约定的解除权而导致仓储合同的解除。因此，仓储合同的协议解除又可以分为事后协议解除和约定解除两种。

事后协议解除，是指存货人与保管人在仓储合同成立后，在尚未履行或尚未完全履行之前，双方通过相互协商而同意解除合同，从而使仓储合同所确立的权利义务关系终止。约定解除，是指存货人与保管人在订立仓储合同的时候，就在合同中约定一定的合同解除条件，而在该条件成立时，享有解除权的一方当事人可以通过行使解除权而使仓储合同关系归于消灭。享有解除权的一方当事人称为解除权人。

（2）仓储合同依法律的规定而解除。仓储合同的法定解除是指仓储合同有效成立后，在尚未履行或尚未完全履行之前，当事人一方行使法律规定的解除权而使合同权利义务关系终止，合同效力消灭。仓储合同一方当事人所享有的这种解除权是由法律明确规定的，只要法律规定的解除条件成熟，依法享有解除权的一方就可以为单方采取法律行为：行使解除权，而使仓储合同关系归于消灭。根据《合同法》第94条的规定，仓储合同法定解除的条件为：①因不可抗力致使合同的目的不能实现。如地震、台风、洪水、战争等毁坏了仓库或仓储物，使之储存与保管成为不可能。②一方当事人将预期违约，即仓储合同的一方当事人在履行期间，明确表示或者以自己的行为表示将不履行主要义务，另一方当事人的合同目的将不能实现，在此情形下，合同目的将不能实现的一方享有解除权。③仓储合同的一方当事人迟延履行主要义务，经催告后在合理期限内仍未履行，另一方当事人享有合同解除权。④仓储合同的一方当事人迟延履行义务或者有其他违约行为，致使合同的目的不能实现。在此情形下，另一方当事人可以行使解除权，使仓储合同关系归于消灭。上述四项条件，是法律规定的仓储合同解除条件，只要符合上述条件中任何一项，仓储合同的一方当事人就可以行使解除权，仓储合同关系归于消失。

2. 仓储合同解除的程序

仓储合同中享有解除权的一方当事人在主张解除合同时，必须以通知的形式告知对方当事人。只要解除权人将解除合同的意思表示通知对方当事人，就可以发生仓储合同即时解除的效力，无需对方当事人答复，更无需其同意，对方有异议的，可以请求法院或者仲裁机构确认解除合同的效力，即确认行使解除权的当事人是享有合同解除权。原则上仓储合同的解除权人应以书面形式发出通知，便于举证自己已经尽了通知之义务。仓储合同的解除权人应当在法律规定或者与另一方当事人约定的解除权行使期限内行使解除权，否则，其解除权将归于消失。

在仓储合同中，除非有特别约定，仓储物所有权并不发生移转，所以仓储合同的解除是没有追溯力的。

3. 仓储合同解除的法律后果

（1）终止履行。仓储合同解除的法律效力就是使仓储合同关系终止，使一切基于该仓储合同而发生的权利义务关系终止。因此，当仓储合同解除后，其尚未履行的部分当然要终止履行。

（2）采取补救措施。仓储合同是提供储存与保管服务的合同，因此，合同的性质决定了保管人不可能在合同解除时要求存货人恢复原状，而只能要求对方采取折价补偿等方式来补救，如采取偿付额外支出的仓储费、保养费、运杂费等方式。不过，对于仓储物来说，由于其一般仅转移占有权于保管人，存货人基于物上请求权可以要求保管人恢复原状，原物返还。

（3）赔偿损失。仓储合同解除后，存货人或者保管人应当承担因为合同解除而给对方造成的损失，该项损失不能因为仓储合同的解除而免除。

六、存货人的权利与义务

（一）存货人的义务

1. 告知义务

存货人的告知义务包括两个方面：对仓储物的完整明确的告知和瑕疵告知。所谓完整告知，是指在订立合同时存货人要完整细致地告知保管人仓储物的准确名称、数量、包装方式、性质、作业保管要求等涉及验收、作业、仓储保管、交付的资料，特别是危险货物，存货人还要提供详细的说明资料。存货人寄存货币、有价证券或者其他贵重物品的，应当向保管人声明，由保管人验收或者封存，存货人未声明的，该物品毁损、灭失后，保管人可以按照一般物品予以赔偿。存货人未明确告知的仓储物属于夹带品，保管人可以拒绝接受。

所谓瑕疵，包括仓储物及其包装的不良状态、潜在缺陷、不稳定状态等已存在的缺陷或将会发生损害的缺陷。保管人了解仓储物所具有的瑕疵可以采取针对性的操作和管理，以避免发生损害和危害。因存货人未告知仓储物的性质、状态造成的保管人验收错误、作业损害、保管损坏由存货人承担赔偿责任。在订立合同时，必须预先告知保管人。

2. 妥善处理和交存货物

存货人应对仓储物进行妥善处理，根据性质进行分类、分储，根据合同约定妥善包装，使仓储物适合仓储作业和保管。存货人应在合同约定的时间向保管人交存仓储物，并提供验收单证。交存仓储物不是仓储合同生效的条件，而是存货人履行合同的义务。存货人未按照约定交存仓储物，构成违约。

3. 支付仓储费和偿付必要费用

存货人应根据合同约定按时、按量地支付仓储费，否则构成违约。如果存货人提前提取仓储物，保管人不减收仓储费。如果存货人逾期提取，应加收仓储费。由于未支付仓储费，保管人有对仓储物行使留置权的权利，即有权拒绝将仓储物交还存货人或应付款人，并可通过拍卖留置的仓储物等方式获得款项。

仓储物在仓储期间发生的应由存货人承担责任的费用支出或垫支费，如保险费、货物自然特性的损害处理费用、有关货损处理费、运输搬运费、转仓费等，存货人应及时支付。

4. 及时提货

存货人应按照合同的约定，按时将仓储物提离。保管人根据合同的约定安排仓库的使用计划，如果存货人未将仓储物提离，会使得保管人已签订的下一个仓储合同无法履行。

（二）存货人的权利

1. 查验取样权

在仓储保管期间存货人有对仓储物提取合理数量的样品进行查验的权利。由于查验，当然会影响保管人的工作，取样还会造成仓储物的减量，但存货人合理进行的查验和取样，保管人不得拒绝。

【特别提示】

> 合同法赋予了货物所有人随时检查或提取样品的权利，有的仓储合同期限较长，仓储物在仓储过程中可能发生某些变化，若等到提取时才发现问题，不仅不能避免损失，还会发生损失承担的争议，所以行使该权利无疑为避免纠纷打下良好基础。

2. 保管物的领取权

当事人对保管期间没有约定或约定不明确的，保管人可以随时要求寄存人领取保管物；约定不明确的，保管人无特别事由，不得要求寄存人提前领取保管物，但存货人可以随时领取保管物。

3. 获取仓储物孳息的权利

《合同法》地 377 条规定："保管期间届满或者寄存人提前领取保管物的,保管人应当将原物及其孳息归还寄存人。"可见,如果仓储物在保管期间产生了孳息,存货人有权获取该孳息。

【相关链接】

什么是孳息?

孳息指由某一特定物产生的收益。孳息可以分为天然孳息和法定孳息。天然孳息指根据物的自然属性而获得的收益,如树木所结的果实、母畜所生的幼畜等。法定孳息指基于法律关系所获得的收益,如出租人根据租赁合同收取的租金、出借人根据贷款合同取得的利息等。

孳息的产生有天然和加工之别。尤其是加工孳息,它是加以人工而获得的孳息,如经播种、灌溉、施肥等而产生的谷物、水果等,它已经包含了占有人的劳动。当加工人是善意占有人时,如果仍坚持原物和孳息一并返还,这对善意占有人很不公平。

从更广泛的意义上讲,还会对物的价值的发挥产生负面影响。因为当善意的无权占有人在不能肯定自己是否对物享有权利时,如果不保护他对该物的孳息享有权利,他便不会使该物有更大的收益。因此,无论从保护善意无权占有人利益的角度,还是从社会利益方面考虑,都应该保护善意占有人享有加工孳息的权利。

当然法律并不是只保护善意占有人的加工孳息,如果天然孳息当中包含善意占有人的付出,如山中自然生长的树木,无权占有人就树木生长本身并没有加以任何外在人力,但他却一直对该树木尽了照管义务。此时,尽管孳息应随原物一并返还,但应支付善意占有人一定的报酬。

七、保管人的权利和义务

(一) 保管人的义务

1. 提供合适的仓储条件

仓储人经营仓储保管的先决条件就是具有合适的仓储保管条件,有从事保管货物的保管设施和设备。包括适合的场地、容器、仓库、货架、作业搬运设备、计量设备、保管设备、安全保卫设施等条件。同时还应配备一定的保管人员、商品养护人员,制定有效的管理制度和操作规程等。同时保管人所具有的仓储保管条件还要适合所要进行保管的仓储物的相对仓储保管要求,如保存粮食的粮仓、保存冷藏货物的冷库等。保管人若不具有仓储保管条件,则构成根本违约。

2. 验收货物

保管人应该在接受仓储物时对货物进行理货、计数、查验,在合同约定的期限内检验货物质量，并签发验货单证。验收货物按照合同约定的标准和方法，或者按照习惯的、合理的方法进行。保管人未验收货物推定为存货人所交存的货物完好，保管人也要返还完好无损的货物。

3. 签发仓单

保管人在接受货物后，根据合同的约定或者存货人的要求，及时向存货人签发仓单。在存期届满，根据仓单的记载向仓单持有人交付货物，并承担仓单所明确的责任。保管人根据实际收取的货物情况签发仓单。保管人应根据合同条款确定仓单的责任事项，避免将来向仓单持有人承担超出仓储合同所约定的责任。

4. 合理化仓储

保管人应在合同约定的仓储地点存放仓储物，并充分使用先进的技术、科学的方法、严格的制度，高质量地做好仓储管理。使用适合于仓储物保管的仓储设施和设备，如容器、货架、货仓等，从谨慎操作、妥善处理、科学保管和合理维护等各方面做到合理化仓储。保管人对于仓储物的保管承担严格的责任，因其保管不善所造成的仓储物在仓储期间发生损害、灭失，除非保管人能证明损害是由于货物性质、包装不当、超期等以及其他免责原因造成的，否则保管人要承担赔偿责任。

5. 返还仓储物及其孳息的义务

保管人应在约定的时间和地点向存货人或仓单持有人交还约定的仓储物。仓储合同没有明确存期和交还地点的，存货人或仓单持有人可以随时要求提取，保管人应在合理的时间内交还存储物。作为一般仓储合同，保管人在交返仓储物时，应将原物及其孳息、残余物一同交还。

6. 危险告知义务

当仓储物出现危险时，保管人应及时通知存货人或仓单持有人，并有义务采取紧急措施处置，防止危害扩大。包括在货物验收时发现不良情况、发生不可抗力损害、仓储物的变质、仓储事故的损坏以及其他涉及仓储物所有权的情况，都应该告知存货人或仓单持有人。

（二）保管人的权利

1. 收取仓储费的权利

仓储费是保管人订立合同的目的，是对仓储物进行保管所获得的报酬，是保管人的合同权利。保管人有权按照合同约定收取仓储费或在存货人提货时收取仓储费。

2. 保管人的提存权

储存期间届满，存货人或者仓单持有人不提取货物的，保管人可以催告其在合理期限内提取，逾期不提取的，保管人可以提存仓储物。所谓提存，是指债权人无正当理由拒绝接受履行或下落不明，或数人就同一债权主张权利，债权人一时无法确定，致使债务人难以履行债务，经公证机关证明或法院的裁决，债务人可将履行的标的物提交有关部门保存。一经提存即认为债务人已经履行了其义务，债权债务关系即行终止。债权人享有向提存物的保管机关要求提取标的物请求权，但须承担提存期间标的物损毁灭失的风险并支付因提存所需要的保管或拍卖等费用，且提取请求权自提存之日起 5 年内不行使而消灭。

提存程序一般来说，首先应由保管人向提存机关呈交提存申请书。在提存书上应当载明提存的理由、标的物的名称、种类、数量以及存货人或提单所有人的姓名、住所等内容。其次，仓管人应提交仓单副联、仓储合同副本等文件，以此证明保管人与存货人或提单持有人的债权债务关系。此外，保管人还应当提供证据证明自己催告存货人或仓单持有人提货而对方没有提货，致使该批货物无法交付其所有人。

3. 验收货物的权利

验收货物不仅是保管人的义务，也是保管人的一项权利。保管人有权对货物进行验收，在验收中发现货物溢短，对溢出部分可以拒收，对于短少的有权向存货人主张违约责任。对于货物存在的不良状况，有权要求存货人更换、修理或拒绝接受，否则需如实编制纪录，以明确责任。

八、违约责任和免责

（一）仓储合同违约行为的表现形式

1. 拒绝履行

拒绝履行是指仓储合同的义务一方当事人无法律或约定根据而不履行义务的行为。仓储合同不履行的表现，不以明示为限，单方毁约、没有履行义务的行为、将应当交付的仓储物作其他处分等，均可以推断为不履行义务的表现。如存货人在储存期间届至时，保管人履行了储存与保管义务后，不支付仓储费；保管人在约定的期限内不返还仓储物或将仓储物挪作他用等。如果仓储合同的义务人拒绝履行义务，权利人有权解除合同；给权利人造成损失的，权利人有权请求义务人赔偿其损失。

2. 履行不能

仓储合同的履行不能是指当事人应履行义务的一方无力按合同的约定内容履行义务。履行不能可能由于客观原因不能履行，如仓储物因毁损、灭失而不能履行；也可能是由于主观过错而不能履行义务，如保管人将仓储物返还给存货人。履行不能的情况自仓储合同成立时就已经存在的，则为原始不能；如果是在合同关系成立以后才发生的，则为嗣后不能，如仓储物于交付前灭失。如果仓储物只灭失部分，则为部分不能；如果全部灭失的，则为全部不能。由于自己的原因而不能履行义务的，为事实上的不能；由于法律上的原因而不能履行义务的，为法律上的不能。

仓储合同不同种类的履行不能，其后果亦不相同。但总的来说，除自始的客观不能及原始的法律不能外，其他各项履行不能，将产生以下法律后果：①权利人可以请求赔偿损失。由于保管人的违约导致履行不能，存货人可以要求解除合同，追究保管人的违约责任。如果是因存货人违约导致履行不能，保管人可追究其违约责任。②属一时履行不能的，权利人可请求赔偿损失、解除合同、追究义务人的违约责任；可以继续履行的，则可要求继续履行并追究其迟延责任。

3. 履行迟延

因可归责于义务人的原因，未在履行期内履行义务的行为，为履行迟延。在仓储合同中，保管人未在合同规定的期限内返还仓储物，存货人未按时将货物入库，未在约定的期限内支付仓储费用等行为均属于履行迟延。履行迟延具有以下特征：①义务人未在履行期限内履行义务；②如果义务人无履行能力，则属于履行不能；③如果义务人有履行能力，其行为具有违法性。

义务人履行迟延，经催告后在合同期限内未履行，权利人可以解除合同、请求义务人支付违约金和赔偿损失。

4. 履行不适当

履行不适当，即未按法律规定、合同约定的要求履行的行为。在仓储合同中，在货物的入库、验收、保管、包装、货物的出库等任何一个环节未按法律规定或合同的约定去履行，即属不适当履行。由于履行不适当不属于真正的履行，因此作为仓储合同权利主体的一方当事人，可以请求补正，要求义务人承担违约责任，支付违约金并赔偿损失，此外还可以根据实际情况要求解除合同。

（二）仓储合同的违约责任及其承担方式

仓储合同的违约责任是指仓储合同的当事人在存在仓储违约行为时所应该依照法律或者双方的约定而必须承担的民事责任。通过法定的和合同约定的违约责任的承担，增加违约成本，弥补被违约方的损失，减少违约的发生，有利于市场的稳定和秩序。违约责任往往以弥补对方的损失为原则，违约方需对对方的损失，包括直接造成的损失和合理预见的利益损失给予弥补。违约责任的承担方式有支付违约金、损害赔偿、继续履行、采取补救措施等。

1. 支付违约金

违约金是指一方违约应当向另一方支付的一定数量的货币。从性质上而言，违约金是"损失赔偿额的预定"，具有赔偿性，同时，又是对违约行为的惩罚，具有惩罚性。在仓储合同中，赔偿性违约金是指存货人与保管人对违反仓储合同可能造成的损失而做出的预定的赔偿金额。当一方当事人违约给对方当事人造成某种程度的损失，而且这种数额超过违约金数额时，违约的一方当事人应当依照法律规定实行赔偿，以补偿违约金不足部分。惩罚性违约金，是指仓储合同的一方当事人违约后，不论其是否给对方造成经济损失，都必须支付的违约金。

违约金分为法定违约金和约定违约金两种。法定违约金是指法律或法规有明确规定的违约金。根据法律、法规对违约金的比例是否有明确规定，法定违约金又可分为两种。一是固定比率的违约金，即有关法规具体规定了违约金的交付比率；一是浮动比率的违约金，即有关法律只规定了违约金上下浮动界限的百分比，具体比例由当事人在此范围内约定。对于仓储合同，我国法律只规定了固定比率的违约金，而没有规定浮动比率的违约金。

约定违约金是指仓储合同当事人在签订合同时协商确定的违约金。约定违约金是仓储合同当事人的自主意思表示，没有比例幅度，完全由存货人与保管人协商确定。但是，当事人约定违约金既不能过高，也不能过低，过高会加重违约方的经济负担，过低又起不到其应有的督促当事人履行合同的作用。

法定违约金与约定违约金发生冲突时，应当是约定违约金优先适用，但在充分尊重约定的前提下，依诚实信用及公平原则，国家对约定违约金进行适度干预也是完全必要的。

2. 损害赔偿

损害赔偿是指合同的一方当事人在不履行合同义务或履行合同义务不符合约定的情形下，在违约方履行义务或者采取其他补救措施后，在对方还有其他损失时，违约方承担赔偿损失的责任。作为承担违反合同责任的形式之一，损害赔偿最显著的性质特征即为补偿性。在合同约定有违约金的情况，损害赔偿的赔偿金是用来补偿违约金的不足部分，如果违约金已能补偿经济损失，就不再支付赔偿金。但是如果合同没有约定违约金，只要造成了损失，就应向对方支付赔偿金。由此可见，赔偿金是对受害方实际损失的补偿，是以弥补损失为原则的。

受害方的实际损失包括直接经济损失和间接经济损失。直接经济损失，又称实际损失，是指仓储合同的一方当事人因对方的违法行为所直接造成的财物的减少。如仓储合同中仓储物本身灭失或毁损，为处理损害后果的检验费、清理费、保管费、劳务费或采取其他措施防止损害事态继续扩大的直接费用支出等等。

间接经济损失，是指因仓储合同一方当事人的违约行为而使对方失去实际上可以获得的利益。它包括：利润的损失（主要是指被损害的财产可以带来的利润）、利息的损失、自然孳息的损失等。

尽管违约方承担的是完全赔偿责任，但是损害赔偿也不能超过违反合同一方当事人于订合同时预见到或者应当预见到的因违反合同可能造成的损失。因此，在确定损害赔偿责任时，应注意避免损害赔偿的扩大。在违约行为发生时，受害一方当事人有及时采取防止损失扩大的义务，没有及时采取措施致使损失扩大的，无权就扩大的部分要求赔偿。

3. 继续履行

继续履行是指一方当事人在不履行合同时，对方有权要求违约方按照合同规定的标的履行义务，或者向法院请求强制违约方按照合同规定的标的履行义务，而不得以支付违约金和赔偿金的办法代替履行。

通常来说，继续履行有下列的构成要件：①仓储合同的一方当事人有违约行为；②违约一方的仓储合同当事人要求继续履行；③继续履行不违背合同本身的性质和法律；④违约方能够继续履行。在仓储合同中，要求继续履行作为非违约方的一项权利，是否需要继续履行，取决于仓储合同非违约一方的当事人，他可以请求支付违约金、赔偿金，也可以要求继续履行。

4. 采取补救措施

所谓补救措施，是指在违约方给对方造成损失后，为了防止损失的进一步扩大，由违约方依照法律规定承担的违约责任形式。如仓储物的更换、补足数量等。从广义而言，各种违反合同的承担方式，如损害赔偿、违约金、继续履行等，都是违反合同的补救措施，它们都是使一方当事人的合同利益在遭受损失的情况下能够得到有效的补偿与恢复。因此，这里所称的采取补救措施仅是从狭义上而言，是上述补救措施之外的其他措施。在仓储合同中，这种补救措施表现为当事人可以选择偿付额外支出的保管费、保养费、运杂费等方式，一般不采取实物赔偿方式。

（三）仓储合同违约责任的免除

免除民事责任，是指不履行合同或法律规定的义务，致使他人财产受到损害时，由于有不可归责于违约方的事由，法律规定违约方可以不承担民事责任的情况。仓储合同订立后，如果客观上发生了某些情况阻碍了当事人履行仓储合同义务，这些情况如果符合法律规定的条件，违约方的违约责任就可以依法免除。

1. 不可抗力

不可抗力是指当事人不能预见、不能避免并且不能克服的客观情况。它包括自然灾害和某些社会现象。前者如火山爆发、地震、台风、冰雹和洪水侵袭等，后者如战争、罢工等。因不可抗力造成仓储保管合同不能履行或不能完全履行，违约方不承担民事责任。

合同签订后因出现不可抗力的时间不同，会有几种不同的法律后果：当出现不可抗力以后，再要求义务人继续履行义务已无任何可能性时，可以全部免除当事人的履行义务；不可抗力的出现只对合同的部分履行带来影响，在此情况下只能免除不能履行部分的责任；如果不可抗力的出现只是对合同的履行暂时产生影响，等不可抗力的情势消失后，当事人应继续履行合同。

不可抗力的免责是有条件的，在不可抗力发生以后，作为义务方必须采取以下积极的措施才可以免除其违约责任：

（1）发生不可抗力事件后，应当积极采取有效措施，尽最大努力避免和减少损失，如果当事人有能力避免损失的加剧，但未采取有效措施致使损失扩大，扩大的损失不属于不可抗力造成的损失。

（2）发生不可抗力事件后，应当及时向对方通报不能履行或延期履行合同的理由。及时通报的目的是使对方当事人根据合同不能履行的具体情况，采取适当措施，尽量避免或减少由此而造成的损失。如果遭受不可抗力的一方没有及时通报，由此而加重了对方的损失，则加重部分不在免责之列。

（3）发生不可抗力事件后，应当取得有关证明。即遭遇不可抗力的当事人要取得有关机关的书面材料，证明不可抗力发生以及影响当事人履行合同的情况，这样如果日后发生纠纷，也可以做到有据可查。

2. 仓储物自然特性

根据《合同法》及有关规定，由于储存货物本身的自然性质和合理损耗，造成货物损失的，当事人不承担责任。如原我国内贸部发布的《国家粮油仓库管理办法》中规定，一般粮食保管自然损耗率（即损耗量占入库量的百分比）为：保管时间在半年以内的，不超过0.10%；保管时间在半年以上至1年的，不超过0.15%；保管时间在1年以上直至出库，累计不超过0.20%。因此在此范围内的损耗属于合理损耗，保管人对此不承担任何责任。

3. 存货人的过失

由于存货人的原因造成仓储物的损害，如包装不符合约定、未提供准确的验收资料、隐瞒和夹带、存货人的错误指示和说明等，保管人不承担赔偿责任。

4. 合同约定的免责

基于当事人的利益，双方在合同中约定免责事项，对负责事项造成的损失，不承担互相赔偿责任。如约定货物入库时不验收重量，则保管人不承担重量短少的赔偿责任；约定不检验货物内容质量的，保管人不承担非作业保管不当的内容变质损坏责任。

【课堂分析】

好帮手配送中心与新民食品厂签订配送合同，该厂将货物存储在好帮手配送中心。6月20日，20箱夹心饼干由管到家配送到迁吉超市。到货后，迁吉超市收货人由于经常签收饼干，都未出现质量问题，这次就在未做验货情况下签收了配送单。一周后，超市售货员发现该批夹心饼干大部分由于包封不当受潮，6月天气炎热，部分夹心饼干已开始发霉。超市向新民食品厂进行索赔，但该厂要求好帮手配送中心进行赔偿，并扣押支付给好帮手配送中心的各项费用。好帮手配送中心不服，将配送剩余物强行占有，以超市已签单为由，拒不归还。

请分析，在此事件中，配送人、委托人、收货人三方具有的权利与义务分别是什么？

九、仓单

(一) 仓单的概念和性质

《合同法》第 385 条规定:"存货人交付仓储物的,保管人应当给付仓单。"所谓仓单,是指由保管人在收到仓储物时向存货人签发的表示已经收到一定数量的仓储物的法律文书。仓单,既是存货人已经交付仓储物的凭证,又是存货人或者持单人提取仓储物的凭证,因此,仓单实际上是仓储物所有权的一种凭证。同时,仓单在经过存货人的背书和保管人的签署后可以转让,任何持仓单的人都拥有向保管人请求给付仓储物的权利,因此,仓单实际上又是一种以给付一定物品为标的的有价证券。

由于仓单上所记载的权利义务与仓单密不可分,因此,仓单有如下效力:①受领仓储物的效力。保管人一经签发仓单,不管仓单是否有存货人持有,持单人均可凭仓单受领仓储物,保管人不得对此提出异议。②转移仓储物所有权的效力。仓单上所记载的仓储物,只要存货人在仓单上背书并经保管人签字或者盖章,提取仓储物的权利即可发生转让。

(二) 仓单的内容

仓单作为收取仓储物的凭证和提取仓储物的凭证,依据法律规定还具有转让或出质的记名物权证券的流动属性,它应当具备一定形式,其记载事项必须符合《合同法》及物权凭证的要求,使仓单关系人明确自己的权利并适当行使自己的权利。根据《合同法》第 386 条的规定,保管人应当在仓单上签字或者盖章,仓单包括下列事项:①保管人的签字或者盖章;②存货人的名称及住所;③仓储的品种、数量、质量、包装、件数和标记等物品状况,以便作为物权凭证,代物流通;④仓储物的损耗标准;⑤储存场所和储存期间;⑥仓储费及仓储费的支付与结算事项;⑦若仓储物已经办理保险的,仓单中应写明保险金额、保险期间及保险公司的名称;⑧仓单的填发人、填发地和填发的时间。

目前,仓单是由各仓储单位自行编制,因此没有统一的格式。表 4-1 是某仓储企业仓单的正面,表 4-2 是该仓单的反面,该仓单为一式四联。

表 4-1 仓单(正面)

公司名称:					
公司地址:					
电话:		传真:			
账号:		批号:			
储货人:		发单日期:			
业主名称:		起租日期:			
兹收到下列货物依本公司条款(见后页)储仓					
唛头及号码	数量	所报货物	每件收费	每月仓租	进仓费	出仓费
总件数:				经手人:		
总件数(大写):						
备注:						
核对人:						

表4-1 仓单(反面)

存货记录					
日　期	提单号码	提货单位	数　量	结　余	备　注

储货条款：
　　一、本仓库所载之货物种类、唛头、箱号等，均系按照储货人所称填写，本公司对货物内容、规格等概不负责。
　　二、货物在入仓交接过程中，若发现与储货方填列内容不符，我公司有权拒收。
　　三、本仓库不储存危险物品，客户保证入库货物绝非为危险品，如果因储货人的货物品质危及我公司其他货物造成损失时，储货方必须承担因此而产生的一切经济赔偿责任。
　　四、本仓单有效期一年，过期自动失效。已提货的仓单和提单档案保留期为一年。期满尚未提清者，储货人须向本公司换领新仓单。本仓单须经我公司加硬印方为有效。
　　五、客户（储货人）凭背书之仓单或提货单出货。本公司收回仓单和分提单，证明本公司已将该项货物交付无误，本公司不再承担责任。

（三）仓单的转让

仓单的最重要特征，是作为物权凭证的有价证券，具有流通性。《合同法》第387条规定："仓单是提取仓储物的凭证。存货人或者仓单持有人在仓单上背书并经保管人签字或者盖章的，可以转让提取仓储物的权利。"这一规定表明了仓单的可转让性及其法律要求。

仓单作为有价证券，可以流通，流通的方式可以是转让仓单项下仓储物的所有权，即转让仓单；还可以是按照《担保法》的规定，以仓单出质，即以仓单设定权利质押，使质权人在一定条件下享有提取仓单项下仓储物的权利。

仓单转让或者仓单出质，均须符合法律规定的形式，才能产生相应的法律效力。存货人转让仓单必须在仓单上背书并经保管人签字或者盖章，若只在仓单上背书但没有保管人签字或者盖章，即使交付了仓单，转让行为也不能生效。因而，背书与保管人签章是仓单转让的必要的形式和条件，缺一不可。背书是指存货人在仓单的背面或者粘单上记载被背书人（即受让人）的名称或姓名、住所等有关事项的行为。保管人的签字或盖章则是确保仓单及仓单利益、明确转让仓单过程中法律责任的手段。

存货人以仓单出质，应当与质权人签订质押合同，在仓单上背书并经保管人签字或者盖章，将仓单交付质权人，质押合同生效。当债务人不履行被担保债务时，质权人就享有提取仓储物的权利。

仓单如果要进入商品交易所进行上市流通，必须使用标准仓单。所谓标准仓单是指指定交割仓库在完成入库商品验收、确认合格并签发《货物存储证明》后，按统一格式制定并经交易所注册，可以在交易所流通的实物所有权凭证。标准仓单的表现形式为《标准仓单持有凭证》。标准仓单持有凭证，是在交易所办理标准仓单交割、交易、转让、质押、注销的凭证，受法律保护。其内容包括：会员号、会员名称、投资者编码、投资者名称、品种、类别、等级、生产年份、仓单数量、冻结数量、抵押数量等,交易所依据《货物存储证明》代为开具。如表4-3所示为吉林玉米中心批发市场的仓单持有凭证。

表4-3 吉林玉米中心批发市场仓单持有凭证

年　　月　　日　　　　　　　　　No.

交易商			摊位代码	
交货时间	存货数量	存货时间	指定仓库	仓单号

储运部(盖章):　　　　　　经办人:　　　　　　提交人:
第一联:交易商　　　　　　　　　　　　第二联:储运部

标准仓单可进行交割、转让、交易、注销和质押等。

1. 标准仓单的注册

注册标准仓单须经交割预报、商品入库、验收、指定交割仓库、申请注册等环节。

会员或投资者向指定交割仓库发货前,应由会员向指定交割仓库办理"入库预报",指定交割仓库根据库容情况决定入库预报数量。指定交割仓库同意接受入库预报后,于收到入库预报定金的当日(工作日),开出《入库通知单》,并在当日通报交易所。指定交割仓库凭《入库通知单》安排货位、接收商品,并按交易所有关规定对入库商品的种类、质量、包装等进行检验。入库商品检验合格后,指定交割仓库填写《标准仓单注册申请表》(附货物检验报告书)和《货物存储证明》报交易所。

货物卖方所在会员单位凭指定交割仓库开出的证明到交易所领取《标准仓单注册申请表》和《标准仓单持有凭证》。《标准仓单注册申请表》上一般需注明入库通知单编号、会员号、投资者编码、品种、等级、类别、数量、生产年份,需加盖指定交割仓库公章和法定代表人签章(或其委托负责人签章)、仓库经办人签章,同时注明开具日期。

交易所可在自指定交割仓库提出注册申请之日起的一定时间内对仓库检验合格的货物进行抽查,抽查不合格的不予登记注册。仓单注册后,交易所抽查中发现不合格的,责成仓库限期提供合格商品等补救措施,并对指定交割仓库采取其他相应处罚。

2. 标准仓单的流通

标准仓单流通是指标准仓单的交割、转让和交易。办理抵押或质押业务的标准仓单不能流通。标准仓单的交割,按各商品交易所制定的交割细则的有关规定办理。

标准仓单的转让是指会员自行协商买卖标准仓单的行为。标准仓单交易是指交易所根据会员申请,以公开竞价方式为会员买卖标准仓单的行为。标准仓单的转让和交易必须遵照商品交易所的具体规定,具体内容可以通过访问商品交易所的网站获得。

标准仓单交易流程一般为:

①在竞价开始前宣读标准仓单交易的有关事项。

②竞价交易按先买后卖和提交申请的时间先后顺序进行。

③竞价交易开始后，由主持人逐笔组织交易。每笔交易由申报起点价开始，递增或递减报价。

④对于买入申请，卖方如接受主持人报出的价位，应举手确认应价并报出数量。应价的数量之和超过该笔竞价总数量的，由交易主持人继续向下调整价位；应价的数量之和不超过该笔竞价总数量的，即按该价位成交；未成交部分返回到前一个价位，按数量大小顺序成交，同数量的按举手应价的时间先后顺序成交。

⑤对于卖出申请，买方如接受主持人报出的价位，应举手确认应价并报出数量。应价的数量之和超过该笔竞价总数量的，由交易主持人继续向上调整价位；应价的数量之和不超过该笔竞价总数量的，即按该价位成交；未成交部分返回到前一个价位，按数量大小顺序成交，同数量的按举手应价的时间先后顺序成交。

⑥当主持人报出新价位后，连喊三次无人应价的，退回到前一个价位，按数量大小成交；同数量的按举手应价的时间先后顺序成交。

⑦如主持人按申报起点价格报价后，连喊三次无人应价的，即撤销此笔交易。

⑧一旦成交，即签订《标准仓单交易成交协议》，该协议由买卖双方代表签字确认后生效。协议生效后在交易所规定的时间内，买卖双方到交易所结算部，办理仓单过户和货款结算划转手续。

会员进行标准仓单的转让和交易，不得有以下行为：虚假转让和交易；内幕转让和交易；蓄意哄抬或压低价格；利用标准仓单转让和交易影响期货价格；蓄意违约。

3. 标准仓单的注销

标准仓单注销是指标准仓单合法持有人到交易所办理标准仓单提货手续的过程。

标准仓单持有人注销标准仓单，须通过会员提交标准仓单注销申请及相应的《标准仓单持有凭证》。标准仓单注销申请的内容包括会员名称、会员号、投资者名称、投资者编码、注销商品的品种、等级、数量、生产年份和提货仓库意向。交易所根据会员申请及指定交割仓库的具体情况按照先站台、后房仓的原则开具《提货通知单》，并签发《标准仓单注销表》，同时收回原《标准仓单持有凭证》，如有剩余，签发新的《标准仓单持有凭证》。货主提货时，须向指定交割仓库出具《提货通知单》、提货人身份证、提货人所在单位证明，同时结清有关费用。

第三节　现代仓储客户关系管理

在现代市场竞争中，越来越多的企业意识到客户对于他们的重要意义：营销、销售、产品、服务、时间、资源分配、盈利能力、长期增长和企业优势等一系列问题的核心都是客户；谁能最终赢得客户，谁就在根本意义上获得了优势和先机；高价值的、回头的、满意的、创利的客户是全世界所有盈利型和增长型企业关注的焦点。如何善待自己的客户，把管理客户纳入到企业经营管理的核心部分，已成为现代企业重点考虑的问题。

一、现代仓储客户关系管理的涵义

现代仓储客户关系管理是一种管理理念，其核心思想是将现代仓储的客户（包括最终客户、供应商、分销商等合作伙伴）作为最重要的企业资源，通过完善的客户服务和深入的客户分析来满足客户的需要，保证实现客户的终生价值。

所谓客户终身价值是指企业在同客户保持关系的全过程中所获取的利润。这种计算主要包括两个部分：客户的终身成本（包括获取成本、营运成本和客户服务成本）以及可从客户处获得的收入总额。

现代仓储客户关系管理也是一种旨在改善企业和与客户之间关系的新型管理机制，它实施于企业的市场营销、销售、客户与技术支持等与客户相关的领域，通过向企业的销售、市场和客户服务的专业人员提供全面、个性化的客户资料，并强化跟踪服务和信息服务的能力，使他们能够协同建立和维护一系列与客户和生意伙伴之间卓有成效的一对一的关系，从而使企业得以提供更便利和周到的优质服务，提高客户满意度，吸引和保持更多的客户，进而增加现代仓储的业务量。另外，通过信息共享和优化业务流程来有效地降低仓储的经营成本。现代仓储客户关系管理的实施要求以客户为中心来构架企业的业务流程，完善对客户需求的快速反应以及管理者决策的组织形式，规范以客户为核心的工作流程，建立客户驱动的商品、服务设计，进而培养客户的品牌忠诚度，提高客户的价值保留，从而扩大可赢利份额。

综上所述，现代仓储客户关系管理就是指企业通过富有意义的交流沟通，理解并影响客户行为，最终实现提高客户保留、客户忠诚和客户创利的目的，是一个将客户信息转化成积极的客户关系的反复循环的过程。

二、现代仓储客户关系管理的原则

现代仓储客户关系管理的原则主要包括以下几点：

1. 主动性原则

仓储企业与客户的交流沟通是仓储企业客户关系管理的一项重要内容，是企业维护自身形象、化解矛盾、扩大影响、互通信息的重要手段。能否主动与客户交流沟通，会使仓储企业处于完全不同的两种竞争状态。因此，仓储企业只有积极主动地与客户交流沟通才能使沟通的渠道畅通无阻。

2. 情感性原则

融洽仓储企业与客户之间关系是现代仓储客户关系管理的行为机制，这是一种管理行为，但不意味着这种管理行为是冷冰冰的，没有人与人之间的情感交流。而恰恰相反，在与客户之间关系的协调中除了原则性的矛盾难以沟通外，其他矛盾都是可以通过相互之间的理解和包容得到解决的。而这种理解和包容的基础就是感情上的交流和认同。所以在日常商务活动中要注意培养双方的情感，要在尊重客户的同时注重自身的商务职业道德，从而提高企业与客户之间的"亲和力"。

3. 互惠性原则

通过现代仓储客户关系管理的实施，不仅使仓储能够从中获得利益，同时使客户也能够获得一定利益。互惠性原则是现代仓储客户关系管理活动的基本原则，也是商务活动生存和发展的基本原则。遵循互惠性原则必须做好两方面工作：第一，必须以客户为中心，保护客户的利益；第二，必须注重企业的公众形象，时时按照公众需求予以调整，得到公众的信任和支持，从而拥有企业的长远利益。反之，为了追求企业利益不惜损害公众利益，是急功近利的短期行为，到头来必然会失去公众的信任和支持，致使企业的利益最终丧失殆尽，这是现代仓储客户关系管理的大忌。

4. 个性化原则

个性化原则是指与客户交流沟通的方法应力求独辟蹊径、不落俗套，给人以新鲜的感觉，以适应仓储企业所面对的复杂而多变的社会环境。由于每个企业的经营活动内容及客观条件不同，所采取的交流沟通方法也应有所不同。因此，面对不同的客户和不同的客户需求，采取适宜的、具有独特个性魅力的交流沟通方法，会使客户感到耳目一新而乐于与之交流沟通，从而吸引更多的客户，维持客户对企业的偏爱。

三、为现代仓储客户关系管理营造竞争优势

现代市场竞争的实质就是一场决定企业生死存亡的客户争夺战，几乎所有的企业都在不遗余力地留住老客户、争取新客户。人们越来越强烈地感觉到客户资源将是21世纪市场竞争至关重要的资源。拥有客户就意味着拥有市场，谁能与客户保持沟通，把握住客户的需要，并与客户建立牢固的关系、维持客户的忠诚度，谁就能获得竞争优势，立于不败之地。实施客户关系管理的企业可以通过对现有客户、竞争对手的客户及竞争对手的分析，重新确定适合本企业发展的经营方向，并找到竞争对手的弱点，从而在竞争中获得优势。具体来说，仓储企业获得的便捷和优势体现在以下几个方面：

（1）仓储企业的客户可利用电话、传真、网络等访问仓储企业，进行业务往来。

（2）任何与客户打交道的员工都能全面了解客户、根据客户需求进行交易，了解如何对客户进行服务，记录自己获得的客户信息。

（3）能够对各种销售活动进行追踪。

（4）拥有对市场活动、销售活动的分析能力。

（5）用户可不受地域限制，随时访问仓储企业的业务处理系统，获得客户及商品方面的信息。

（6）能够从不同角度提供成本、利润、生产率、风险率等信息，并对客户、商品、职能部门、地理区域等进行多维分析。

四、以客户为中心的客户关系管理

当今世界，Internet 正在改变着我们的生活和工作。内视型的管理模式已不能适应激烈的竞争，面向外部世界的客户关系管理才能使仓储企业全面掌握其外部的客户，从而成为推动企业腾飞的真正动力。利用现代仓储客户关系管理系统，仓储企业能搜集、追踪和分析每一个客户的信息，从而知道他们是谁、需要什么，并把客户想要的商品送到他们手中。现代仓储客户关系管理还能观察和分析客户行为对仓储企业收益的影响，通过管理与客户间的互动，使仓储企业与客户的关系变得更为融洽，盈利得到提高。

现代仓储客户关系管理要求企业从"以商品为中心"的模式向"以客户为中心"的模式转移。也就是说，仓储企业关注的焦点应从内部运作转移到客户关系上来。如何做到以客户为中心呢？借助客户关系管理，仓储企业可以建立与客户之间的"学习关系"，即从与客户的接触中了解他们在接受服务中遇到的问题和对仓储的意见和建议，并帮助他们加以解决，同时了解他们是谁、通信地址、个人喜好以及操作习惯等，并在此基础上进行

"点到点"的个性化服务。

【相关链接】

> 例如：当你在亚马逊书店购买图书以后，该书店就会记录下你购买和浏览过的书目，当你再次进入该书店时，书店就会根据你的喜好推荐相关书目；你去该书店的次数越多，书店对你的了解也就越多，也就能更好地为你服务。
>
> 客户关系管理在亚马逊书店的成功实施，不仅为它带来了65%的回头客，也极大地提高了该书店的声誉和竞争力。

综上所述，现代仓储客户关系管理的核心思想就是以客户为中心，其宗旨就是改善企业与客户之间的关系，使客户时时感觉到仓储企业的存在，仓储企业随时了解到客户的变化，通过与客户的"接触"，搜集客户的意见、建议和要求，通过控制分析，提供完善的个性化服务，协助客户完成他们的工作和满足他们的要求。现代仓储客户关系管理要求企业从传统的"以商品为中心"的经营理念中解放出来，确立"以客户为中心"的仓储企业运作模式，从而提高客户的忠诚度，为仓储企业带来丰厚的利润和上升空间。

复习思考题

1. 何谓仓储商务管理？有何任务？
2. 仓储商务有何基本内容？它应遵循哪些原则？
3. 仓储合同有哪些种类？合同标的是什么？
4. 订立仓储合同要遵循哪些原则？合同何时生效？
5. 仓储合同有什么条款？根据实例编制合同。
6. 仓储合同如何变更与解除？会产生什么后果？
7. 存货人和保管人分别有什么合同权利和义务？
8. 违约责任有何承担方式？
9. 仓储保管人具有哪些免责事项？
10. 什么是仓单？仓单有哪些效力？
11. 仓单如何签发？怎样凭仓单提货？仓单丢失时如何提货？
12. 客户关系管理的核心是什么？

【实训项目】

实训内容：
（1）参与具体企业的仓储合同的订立过程。
（2）到仓储企业具体制作仓单实践。

实训目的：
（1）了解与掌握仓储合同的制定流程。
（2）了解仓储合同签定时的注意事项。

(3) 掌握合同签订的过程。
(4) 掌握仓单的内容。

实训要求：

(1) 熟悉仓储合同内容，掌握仓储合同签订的过程；了解仓储合同的格式。
(2) 熟悉仓单的内容，并到仓库观看仓单的制作方法。

实训操作与规范：

(1) 把学生分组（4人一组）模拟进行仓储合同内容、洽谈及仓储合同的书写与签订。
(2) 有组织地进行活动，注意安全，听从现场指挥。
(3) 按照仓储合同格式、仓单格式自己尝试相关操作。

【课后案例】

仓储经营案件

某水果店诉某仓储公司仓单与仓储合同不符纠纷案：某水果店与某仓储公司签订了一份仓储合同，合同约定仓储公司为水果店储存水果5t，仓储期间为1个月，仓储费为5000元，自然耗损率为4%。水果由存货人分批提取。合同签订以后，水果店按照约定将水果交给仓储人储存，入库过磅为50100kg。仓储公司在接受货物以后，向水果店签发了仓单。在按照双方的仓储合同填写仓单过程中，由一人读合同的条款，另一人填写，由于该合同的工作人员的发音有方言的口音，填写人将自然耗损率误写为10%，存货人也没有多看就将仓单取走。合同到期以后，存货人持仓单向仓储公司提货，出库过磅时发现水果仅有46000kg。扣除4%的自然耗损以后还短缺2096公斤，于是，水果店要求仓储公司赔偿损失。仓储公司认为仓单上写明的自然耗损率为10%，因此剩余46000kg并没有超出自然耗损的范围，因此不存在赔偿问题。双方争执不下，水果店向法院起诉，要求仓储公司赔偿。

原告认为，仓储合同中约定自然耗损率为4%，仓单上的10%是由于被告工作人员的笔误所致，因此被告应当按照合同的约定履行义务。被告交付的水果仅有46000kg，扣除自然耗损以后还短缺2096kg，根据《合同法》第394条的规定，仓储人应当对此承担赔偿责任。被告认为，根据《合同法》第387条的规定，仓单是提取货物的凭证，因此只要我方交付的货物符合仓单的内容就已经履行自己的合同义务，不再承担赔偿责任。仓单上记载的自然耗损率为10%，现在实际的损耗4100kg，并没有超出仓单规定的耗损的范围，因此我方不应当承担赔偿责任。

法院审理认为，根据《合同法》第387条的规定，仓单是提取货物的根据，因此保管人员只要按照仓单的规定交付了货物，就不再承担赔偿责任，仓单上写明的自然耗损率为10%，因此被告交付了46000kg的水果，并没有超过规定的自然耗损率，因此不承担赔偿责任，据此法院判决驳回原告的起诉。

案件评析：审理本案的关键在于正确地处理仓单和仓储合同的关系。在通常情况下，仓单是无因有价证券，因此一旦开出就与产生该仓单的原因关系脱离，不再受原因关系的影响。也就是说，一旦仓单开出，就具有了相应的效力，不论仓储合同的效力如何，对仓单都不能构成影响。保管人只要按照仓单的内容交付了货物就已经履行了自己义务，这也是本案的审理法院作出判决的理由。但是仓单的这种无因性并不是绝对的，首先这种无因性在直接的合同当事人之间不产生作用，例如存货人与保管人签订了仓储合同，保管人接受货物并且签发了仓单，如果仓单并没有转让给第三人，仍然由存货人持有，则存货人不能根据仓单的无因性主张权利。此时仓单的基础关系的效力将影响仓单的效力，即仓储合同的内容将对仓单的内容产生影响。可见，审理本案的法院对仓单的效力作出了错误的判决，原因在于没有正确地理解仓单的无因性。因此本案中，原告根据仓储合同的约定要求履行合同是正确的，被告以仓单的记载对抗不成立，被告应当向原告赔偿超过自然耗损的水果损失。

讨论题：
1. 仓储业务中的存货方在交接货和填写仓单时应注意哪些问题？
2. 仓储业务中的保管方在交接货和填写仓单时又应该注意哪些问题？

第五章　仓储业务管理

【学习目标】

知识目标

1. 掌握货物保管场所规划和分类的依据；
2. 掌握货位管理的基本步骤、确定原则和排列方式；
3. 掌握货位管理的主要目的、货位的存货的主要方式；
4. 掌握入库作业管理流程；
5. 掌握保管业务管理流程与方法；
6. 掌握入库货物的养护保管；
7. 掌握入库货物检查与盘点流程与方法；
8. 掌握货物出库的依据、要求和方式。

能力目标

1. 能够熟悉仓库货区、货位布局规划方法；
2. 能够熟悉货物的堆码与苫垫的原则与方法；
3. 能够熟悉仓储货物的入库作业的基本步骤与方法；
4. 能够了解仓库理货内容、方法；
5. 能够分析寻找仓库货物盘点错误原因，划清责任归属；
6. 能够根据仓库调度的指令进行快速、准确备货；
7. 能够根据出库业务流程，审核出库凭证后准确发货。

【引导案例】

小技巧可以解决大成本

上海通用三种车型的零部件总量有 5 400 多种，这相当于一个中型超市的单品数。通用的这些零部件来自 180 家供应商，这也和一个大型卖场的供应商数量相近。我们来看看通用怎么提高供应链效率、帮助整个供应链降低库存。

通用的部分零件是本地供应商所生产的，这些供应商会根据通用的生产要求，在指定的时间直接送到生产线上。这样，因为不进入原材料库，所以保持了很低或接近于"零"的库存，省去大量的资金占用。

但供应商并不愿意送那些用量很少的零部件。于是，以前的传统汽车制造商要么有自己的运输队，要么找运输公司把零件送到公司。

这种方式的缺点是：

（1）有的零件根据体积或数量的不同，并不一定正好能装满一卡车。但为了节省物流成本，他们经常装满一卡车才给你，如果不装满，就要等待。这样不仅造成了库存多，占地面积大，而且也影响了对客户的配送速度。

（2）不同供应商的送货环节缺乏统一的标准化的管理，在信息交流、运输安全等方面，都会带来各种各样的问题，如果想管好它，必须花费很多的时间和大量的人力资源。

所以通用就改变了这种做法，使用了叫做"循环取货"的小技巧：他们聘请一家第三方物流供应商，由他们来设计配送路线，然后每天早晨依次到不同的供应商处取货，直到装上所有的材料，再直接送到上海通用。这样，通过循环取货，通用的零部件运输成本可以下降30％以上。这种做法省去了所有供应商空车返回的浪费，充分节约运输成本，而且体现了这样的基本理念：把所有增值空间不大的业务外包给第三方，他们会比通用更懂得怎样节省费用。

（案例来源：中国物流学会网站）

讨论题：
1. 你认为通用公司的这种做法能够实现JIT吗？
2. 本案例给分销业的启示是什么？

仓储是物流的主要环节之一，无论是配送中心，还是普通的物流中心，一般都少不了仓储业务。仓储不但需要必要的设施和设备，还需要科学合理的作业程序和方法。本章将介绍主要仓储业务及其管理技术。

第一节　仓储计划管理

仓储计划主要包括货物保管场所规划、货位安排规划以及商品堆码三个方面的内容。货物的储存计划是通过合理规划库区，对库存进行合理分类保管，建立保管秩序，对货物进行定置管理，实现"物得其所，库尽其用"的储存管理目标。

【相关提示】

> 判断储存规划是否良好的因素有两个，一是看是否能提高仓库的空间利用率，二是看是否能充分地减少货物的搬运量，节约物流工作量。

所以，有的地方把货物储存规划看做是商品的储存空间与搬运系统的规划。

一、货物保管场所的规划

货物保管场所规划就是根据货物特性、流向等特点，并结合企业自身仓位来对各个货物的储存保管场所进行作业安排。其规划方法主要有分区分类规划。分区分类规划是指按照库存物品的性质（理化性能或使用方向）划分出类别，根据各类货物储存量的计划，结合各种库房、货场、起重运输设备的具体条件，确定出各库房和货场的分类储存方案。

1. 仓位分区分类规划的方法

（1）按库存物品的理化性质不同进行规划。这种方式就是按照库存物品的理化性能（如体积、重量、吸湿性、易燃易爆性、氧化性等）进行分类管理，例如化工品区、纺织品区、冷藏品区、危险品区等。理化性质相同的物品集中存放，便于仓库对库存物品采取相应的养护措施，同时还便于对同种库存物品进行清查盘点。从空间利用情况看，同种物品集中存放时可以进行集中堆码，便于提高仓库货位的利用率。

（2）按库存物品的使用方向或按不同货主进行规划。在仓库中经常有同样的物品却分属于不同的客户的情况,如果此时依然按照物品的性质来进行货位规划,串发的可能性非常大。所以需要根据物品的所有权管理来进行分区分类管理,以便于仓库的发货或货主提货。但是这种方式的缺点也是显而易见的,即非常容易造成货位的交叉占用,以及物品间相互影响。

2. 仓位分区分类规划的原则

(1) 存放在同一货区的物品必须具有相容性。也就是说,性质互相影响、互相抵触的物品不能同库保存,比如容易引起其他物品串味的就不能与易被串味的物品放在一起,如汽油、香料和茶叶、面粉等。容易受到污染的电子类零部件就不能与有易散发灰尘的物品存放在一起。

(2) 保管条件不同的不应混存。当物品保管要求的温湿度等条件不同时,也不宜把它们放在一起,因为在一个保管空间同时满足两个或多个保管条件是不可能的,也是不经济的。

(3) 作业手段不同的不应混存。指当存放在同一场所中的物品体积和重量悬殊大时,将严重影响该区域所配置的设备的利用率,同时还增加了作业组合的复杂性、作业难度及作业风险。

(4) 灭火措施不同的绝不能混存。灭火方法不同的物品存放在一起,不仅使安全隐患大大增加,也增加了灭火控制和补救的难度和危险性。

二、货位管理计划

进入仓库中储存的每一笔货物在其理化性质、来源、去向、批号、保质期等各方面都有独自的特性。仓库要为这些物品确定一个合理的货位,既要保证保管的需要,更要便于仓库的作业和管理,仓库需要按照物品自身的理化性质与储存要求,根据分库、分区、分类的原则,将物品固定区域与位置存放,此外还应进一步在定置区域内,依物品材质和型号规格等系列,按一定顺序依次存放,并进行定位管理,以保证"规格不串、材料不混、先进先出"。

1. 货位管理的基本步骤

货位管理的基本步骤见图5-1。

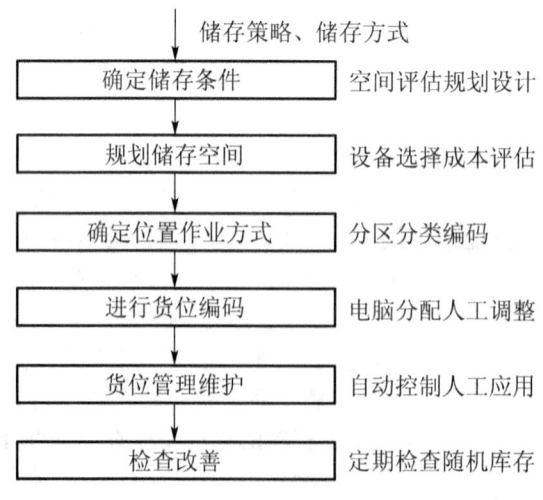

图5-1 货位储存管理流程图

2. 货位的确定原则和排列方式

应根据墙距、预留通道、垛距、仓库高度、柱距及存货性质和类别，来选取科学的货位排列方式。要本着充分利用库容、方便作业、利于维护、确保安全的原则。

通常可按存货类别和性质，合理选用。

（1）横列式货位排列方式，指货垛或货架与库房横向平行排列。

（2）纵列式货位排列方式，指货垛或货架与库房横向垂直排列。

（3）混合式货位排列方式，指货垛或货架与库房的横向平行和垂直均有的排列。

（4）垂直平行式货位排列方式，指货垛或货架与主通道或库房墙壁垂直，而货垛或货架之间又是相互平行的排列方式。

这种方式利于通风，方便货物进出，便于自然采光。但支道多，特别在叉车作业时，要直角转弯，作业通道占用面积较宽，库容利用率相对较小。

（5）斜向式货位排列方式，指货位与主要通道成一定角度（如30°、60°或45°）且减小或取消垛距的货位排列。这种方式扩大了仓库有效面积的应用，但作业通道变窄了，对某些货物进出不利。

3. 仓库货区货位布局

仓库货区布局的目的是要在库存物的处置成本和仓库空间之间寻找最优平衡，是对仓库内的存货区、入库检查区、理货区、配送备货区、通道以及辅助作业区在规定范围内进行全面合理的安排。布局是否合理，将对仓库作业的效率、储运质量、储运成本和仓库的盈利目标的实现产生很大的影响。

（1）影响因素。影响仓库货区布局的因素如下：

① 仓库的专业化程度。它主要与库存物的种类有关。库存物品种越多，仓库的专业化程度越低，仓库货区布局的难度就越大。相反，仓库的专业化程度越高，仓库货区布局的难度越小。储存物品的种类越多，所要求的储存保管保养方法及装卸搬运方法也将有所不同，因而在进行货区布局时，需要提出不同的作业要求，从而使仓库总体布局的难度有所增加。

② 仓库的规模和功能。仓库的规模越大、功能越多，则需要的设施设备通常就越多，设施设备之间的配套衔接就成为总平布置中的重要问题，增加了仓库总平布置的难度。如果仓库规模小、功能少，则反之。

（2）仓库货区布局的要求。一个合理的仓库布局应满足下列条件：

① 适应仓储作业过程的要求，有利于仓储业务的顺利进行。货区布局应以单一的物流流向、最短的搬运距离、最少的装卸搬运环节和最大限度地利用空间为布置目标。

② 有利于节省投资。充分利用现有的资源和外部协作条件，根据设计规划任务和库存物品的性质选择配置设施设备，以便最大限度发挥其效能。

③ 有利于保证安全和职工的健康。仓库建筑必须严格按照"建筑设计防火规范"的规定建设，并且作业环境的安全卫生标准也要符合国家的有关规定。

（3）货区布置的基本思路。货区布置的基本思路一般如下：

①根据货物特性分区分类储存，将性质相近的物品集中存放。

②将单位体积大、单位质量大的物品存放在货架底层，并且靠近储库区和作业通道。

③将周转率大的物品放在储库装卸搬运最便捷的位置。

④将同一供应商或同一客户的物品集中存放,以便于进行分拣配货作业。

(4) 货区布置的形式。货区布置的目的一方面是为了提高仓库平面和空间利用率,另一方面是为了提高物品保管质量,方便进出库作业,从而降低物品的仓储成本。货区布置的形式分为平面布置和空间布置。

① 平面布置。平面布置是指对货区内的货垛、通道、垛间(架间)距、收发货区进行合理的规划,并正确处理它们的相对位置。平面布置时主要依据库存各类物品在仓库中的作业成本,按成本高低分为A、B、C类,A类物品作业量大,应占据作业最有利的货位,B类次之,C类再次之。

平面布置的形式可以概括为垂直式和倾斜式。

第一类垂直式布置是指货垛或货架的排列与仓库的侧墙相互垂直或平行,具体包括横列式布局、纵列式布局和纵横列式布局。

第二类横列式布局是指货垛或货架的长度方向与仓库的侧墙相互垂直。这种布局的主要优点是:主通道长而且宽,副通道短,整齐美观,便于存取查点,如果用于仓库布局,还有利于通风和采光。如图 5-2 所示。

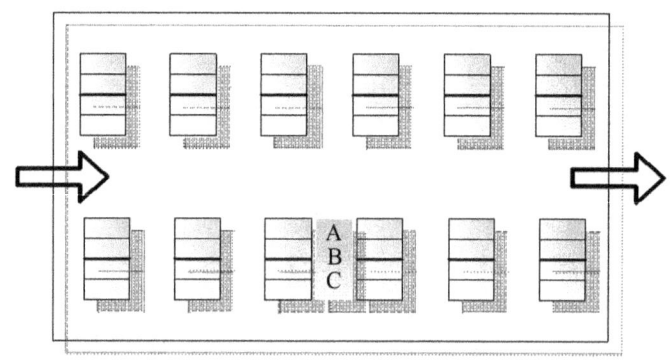

图 5-2 横列式仓库平面布局

第三类纵列式布局是指货垛或货架的长度方向与仓库侧墙平行。这种布局的优点主要是:可以根据库存物品的不同在库时间和进出频率安排货位,在库时间短、进出频繁的物品放置在主通道两侧;在库时间长、进出不频繁的物品放置在里侧。如图 5-3 所示。

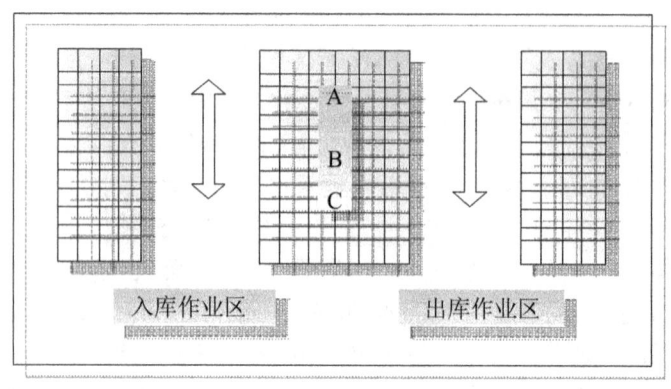

图 5-3 纵列式仓库平面布局

第四类纵横列式布局，是指在同一保管场所内，横列式布局和纵列式布局兼而有之，综合利用两种布局的优点。如图5-4所示。

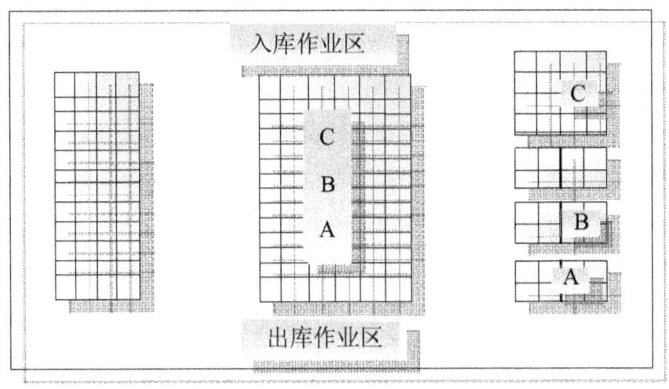

图5-4　纵横列式仓库平面布局

第五类倾斜式布置是指货垛或货架与仓库的侧墙或主通道成60°、45°或30°夹角。具有包括货垛（架）倾斜式布局和通道倾斜式布局。

货垛或货架倾斜式布局，是横列式布局的变形，它是为了便于叉车作业，缩小叉车回转角度，提高作业效率而采用的布局方式，如图5-5所示。

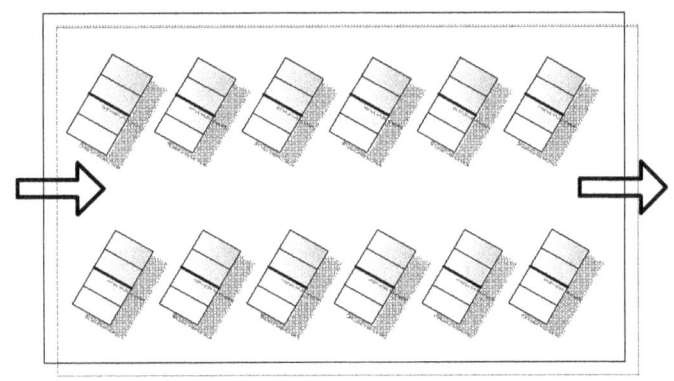

图5-5　货架倾斜式仓库平面布局

通道倾斜式布局，是指仓库的通道斜穿保管区，把仓库划分为具有不同作业特点（如大量储存和少量储存）的保管区等，进行综合利用。这种布局形式下，仓库内形式复杂，货位和进出库路径较多。

② 仓库空间布置。空间布置也称为仓库内部竖向布局，指库存物品在仓库立体空间布局，其目的在于充分有效地利用仓库空间。空间布局的形式主要有：就地堆码、上货架存放、架上平台、空中悬挂等。

三、货位管理

货位管理的主要目的在于搞好科学储存，充分利用场地，利于作业和存货的维护保养，保证存货质量，提高仓库容积的利用率，减少仓库管理费用，确保消防和安全。

（一）货位的存货方式

货位存货方式主要为固定型和流动型两种。

1. 固定型

固定型是一种利用信息系统事先将货架进行分类、编号，并粘贴货架代码，各货架内装置的物品事先加以确定的货位存货方式。

在固定型管理方式下，各货架内装载的物品长期是一致的，这样从事物品备货作业较为容易，同时信息管理系统的建立也较为方便，这是因为只要第一次将货架编号以及物品代码输入计算机，就能很容易地掌握物品出入库动态，从而省去了不断进行库存统计的烦琐业务，与此同时，在库存发出以后，利用信息系统能很方便地掌握账目以及实际的剩余库存量，及时补充库存。

在采用这种货位存货方式时必须注意每一货位的容量都必须大于在该货位存放物品的最大在库量，否则会出现货位不足、物品不能及时入库的情况。因此，此储存方法下，库存的利用率不太高。

2. 流动型

流动型即所有物品按顺序摆放在空的货架上，不事先确定各类物品专用的货架。

流动型管理方式由于各货架内装载的物品是不断变化的，在物品变更登录时出差错的可能性比较高。

固定型和流动型各有一定的实用范围。一般来说，固定型管理适用于非季节性物品、重点客户的物品，以及库存物品种类比较多且性质差异较大的情况；而季节性物品或物品流动量变化剧烈的，由于周转快，出入库频繁，更适用于流动型管理。

（二）货物的堆码与苫垫

1. 堆码原则

①保证货物不变形，且能确保人员、货物及设备的作业安全。

②方便管理人员收发、盘点和维护，便于装卸搬运作业。

③便于信息系统管理，充分提高作业效率和仓储利用率。

2. 码垛要求

①轻启轻放，大不压小，重不压轻。标志直观清晰，标签朝外，箭头向上。

②四角落实，整齐稳当。

③通道宽度适当，方便作业。

④对不同品种、规格型号、批次及不同生产企业的货物要分开堆码。

⑤码垛距建筑物距离，在库内离墙距 50cm 以上，离库顶，平顶为 50cm 以上，人字顶以不超过横梁为准。照明要选用防爆灯，灯头与货物平行距离不少于 50cm；货物离柱的距离为 15cm 左右，垛间距离为 10cm，对易燃品要留出适当的防火距离。库外要距建筑物 2m，排水沟应相距 2m 外方可码垛。

⑥保证"先进先出"的方便，为此，要按进货先后的顺序堆码；

⑦袋装货物定型码垛，重心应倾向垛内；纸箱包装货物箱口应向上；大体积箱装货物分层堆码时，上层要对准下层货物的立柱后方可压放；桶装货物要封口向上；破包货物要另行堆放。

⑧堆码的货物必须是验收完毕，允许入库者；应包装完好，标志清楚。

【相关链接】

在进行堆码作业时必须参照物品的仓容定额、地坪承载力、允许堆积层数等因素进行。仓容定额是某种物品单位面积上的最高储存量,单位是吨/平方米。不同物品的仓容定额是不同的,同种物品在不同的储存条件下其仓容定额也不相同。仓容定额的大小,受物品本身的外形、包装形态、仓库地坪承载能力和装卸作业手段等因素的影响。

3. 堆码方法

堆码作业依靠堆垛机、叉车等设备与人工相结合,按照信息管理系统的指导进行运作。堆码方法按照货物种类、包装形式、码放场所不同,以及方便于现代物流信息系统的规范化管理与监控,来适当选用,通常有:

(1) 方便于计量的"五五化堆码法"。其优点是便于过目成数、整齐、方便盘点和出库。但易多建货位,费劳动力,对机械化、自动化作业有时并不方便。在现代化储位中,要因地制宜地确定使用。"五五化堆码法"又可细分为:

①平行五堆码法:是五件物品平面摆放的码放方法。

②直立五堆码法:是将五件物品重叠码放的方法。

③三二五堆码法:是以二件压三件堆码。

④一四五堆码法:是一件压四件堆码。

⑤梅花五堆码法:是五件环形排列堆码。

⑥平方五堆码法:是垛形长宽均为五的同倍数。

⑦立方五堆码法:是垛形长、宽、高均是五的同倍数。

⑧行列五堆码法:是行和列均成五的倍数的行列式堆码。

⑨分层重叠五堆码法:是层数和每层的小组数均成五的倍数。

⑩分层纵横五堆码法:是层数和每层的小组数均成五的倍数的纵横交错式堆码。

⑪分层压缝五堆码法:是层数和每层的小组数均成五的倍数的压缝式堆垛。

⑫定量分层五五码垛法:是对计量的货物,按过秤方便的数字(如50公斤一秤)定量分层上码。码法须视不同货物而定,一秤不一定是一层,可以标志分隔,其层数可用磅码标明;

(2) 直升式堆码法。该法排列整齐,由下往上按规定的垛宽和高度,相互紧靠的堆码方法,宜用于袋装货物如石英砂、大米等。

(3) 卧式骑缝堆码法。排列成塔形下底宽逐步向上减少堆货宽度的堆码方法,宜用于柱形货物。

(4) 井字堆码法。底层横卧上层纵卧再上层横卧,如此交替纵横,往复堆码,宜用于长或方型货物堆码。

(5) 阶梯式堆码法。货物竖放,底大逐步向上减少堆码层的堆货量。宜用于各种变径柱形货物。

(6) 鱼鳞式堆码法。将环形货物半卧,其一小半压在另一件货物上,依次排列。第一件和最后一件直立堆成柱形;码第二层时方法与第一层相同,但排列方向相反。此法对轮胎、钢圈、电缆、盘条等非常适用。

（7）行列式堆码法。采用平放，排列成行，组成行列式垛形，宜用于体积大而重、外形特殊或需经常四周查看的货物，如汽车、大型工程机械、大功率变压器等。

（8）衬垫式堆码法。在每层垫入与货物相适应的衬垫物，然后再向上堆码。宜用于四面不规则的电动机、减速器等货物。

（9）货架式堆码法。常用高层货架、固定式和活动式货架堆存货物。宜用于规格品种繁多的小件物品和零部件，如轴承、车辆配件、电子产品及其器件等。应专库存放，严禁随意入内，存放时要分清品种、规格、型号、等级、单价等。宜用货箱。在现代物流中自动化立体库多选用此种堆码法。

（10）串联式堆码法。利用货物中间的孔隙，用绳索将一定数量的货物串联起来逐层向上堆码。

（11）托盘式堆码法。根据包装情况，货物超出托盘的边缘的悬伸量，宽方向小于35～40mm，长方向小于25～50mm，其高度按拟装车型而定，但不易超过1370mm。凡合于上述要求的货物均可选用托盘式堆码。常用码盘方式有：

①重叠式码放是各层物品排列相同，无交叉搭配，宜用于包装规格相同的、较重的同类货物。

②正反交叉式码放是在盘上码成丁字形，横放一排，竖放一排。各层间搭接压缝，宜用于长方形包件物品。

③纵横向交叉式码放是相邻两层按交叉方向堆码，同层货物排列一致，对包装形状两端不同的物品可以采用旋转交错，左右交叉，上下交叉等堆码方式。

④梯形码放是宜用于圆柱形物品。

4. 垫垛

垫垛的目的在于隔潮，要根据货物性能，气候条件来确定。

（1）垫垛尺寸及材料。

①库房内下垫厚度为20～30cm；露天货场下垫厚度为30～50cm，台式货场不用下垫。

②主要下垫材料为枕木、方木、石块、水泥墩、油毡、苇席、垫板等。

（2）垫垛要求。

①地面要夯实、铺平，应能承受货物堆放重量，下垫材料更应适应负重要求，严防倒塌、倾斜。木料作垫料时要经过防潮、防虫处理。

②货场存放货物的货区四周应有排水沟，并保证排水流畅，不被阻塞，暴雨不泡垛。

5. 苫盖

苫盖也是为了防止货物受潮，所谓"下垫上盖"，均为配套性防潮措施。

苫盖后的货垛应稳固、严密、不渗漏雨雪。

（1）苫盖材料。常选用雨布、铁皮、油毡、帆布、芦苇等。

（2）苫盖要求。苫盖要求常为：

①对外形和包装规则的货物应采用一类苫盖。（即实施五面苫盖）应牢固、严密。

②对外形不规则的货物宜采用二类苫盖（即实施四面苫盖），不整齐的一端的下垫要低，以免积水。

③对存放于活动料棚和固定料棚的货物，四周必须有围壁或遮盖，否则也应进行适当的苫盖。

（3）苫盖方法。苫盖方法分为如下几种：

①简易苫盖法是就货物堆码外形，把苫盖物直接敷盖在货物上面，宜用于大件包装货物和屋脊形货垛的苫盖。

②鱼鳞式苫盖法是用苫盖物沿货垛底逐层向上苫盖。

③棚架式苫盖法是根据堆码的垛形，用苫盖骨架与苫盖物合装成房屋状，用以苫盖货垛。

（三）货位定位及编号设置

1. 货位编号

将库房、货场、货棚（料棚）、货垛、货架按照一定顺序统一编列号码，并做出明显标志，以便识别，更方便于计算机管理信息系统的监管和控制。按照仓库不同的条件和要求，可运用平面、垂直或立体的纵横各项序列，采用简明的符号和数码编制。

2. 四号定位法简述

这是一种常用的编码方法，它用四个序号标明货物储存位置，在备有多层多格的货架库房里，"四号"是指库房号、货架号、货架层次号、货位号；在不设有层格架的库房或货场里，可在三位号前加一标识符号以便于前面区分。后面紧接三位编号，它分别表示库房或场区号、货架或垛排号、架层或垛位号即可定位。四号定位的优点是方便直观，记入账册和料卡，可见账知物，便于查找和作业。

3. 料卡（也称料牌）功能简述

它是用来标明各货位物品基本情况的标签，一般挂在物品垛位上，也可直接写在物品上。卡片记录项目有品名、规格、数量、入库日期、入库号、出库时间、出库数量等基本数据。有的还注明单位长度、个体重量、体积等。

在发货后应随时变更其数量，保证账、卡、物相符。备注栏应随时记录保养情况或受损、受潮等情况。

第二节 入库作业管理

仓储作业管理基层工作分入库、出库、配送、仓库整理、建立新仓库、交接仓库、账务、盘库、信息处理等工作。本书将仓库工作划分成若干个既相对独立又彼此相关的业务单元阐述仓储业务管理，希望它能在应用时达到统一、灵活、实用的效果。入库是仓储工作的第一步，标志着仓储工作的正式开始。有入才有出，入库是库房里所有工作中的起始工作。如果入库有失误，将给后续工作增添不必要的麻烦。好比汽车出发时晚点，让以后各站正点到达的难度增加。良好的开始等于成功了一半。入库业务的水平高低直接影响着整个仓储作业的效率与效益，因此，入库作业管理至关重要。

一、入库作业流程

仓储货物的入库是指根据供货合同的规定，完成物品的接货、验收和办理入库手续等业务活动的全过程，它是仓储管理的关键环节，如图5-6所示。

入库必须具有存货单位正式开出的物品入库单，并与相应的供货合同相一致的条件下方可入库。入库单是仓库据以接收物品的唯一凭证。物品入库单应包含：物品来源、收货单位、物品名称、品种、规格、数量、单价、实收数、制单时间、收单时间、验收完毕时间、存货单位签章等内容。其仓储入库流程见图5-6。

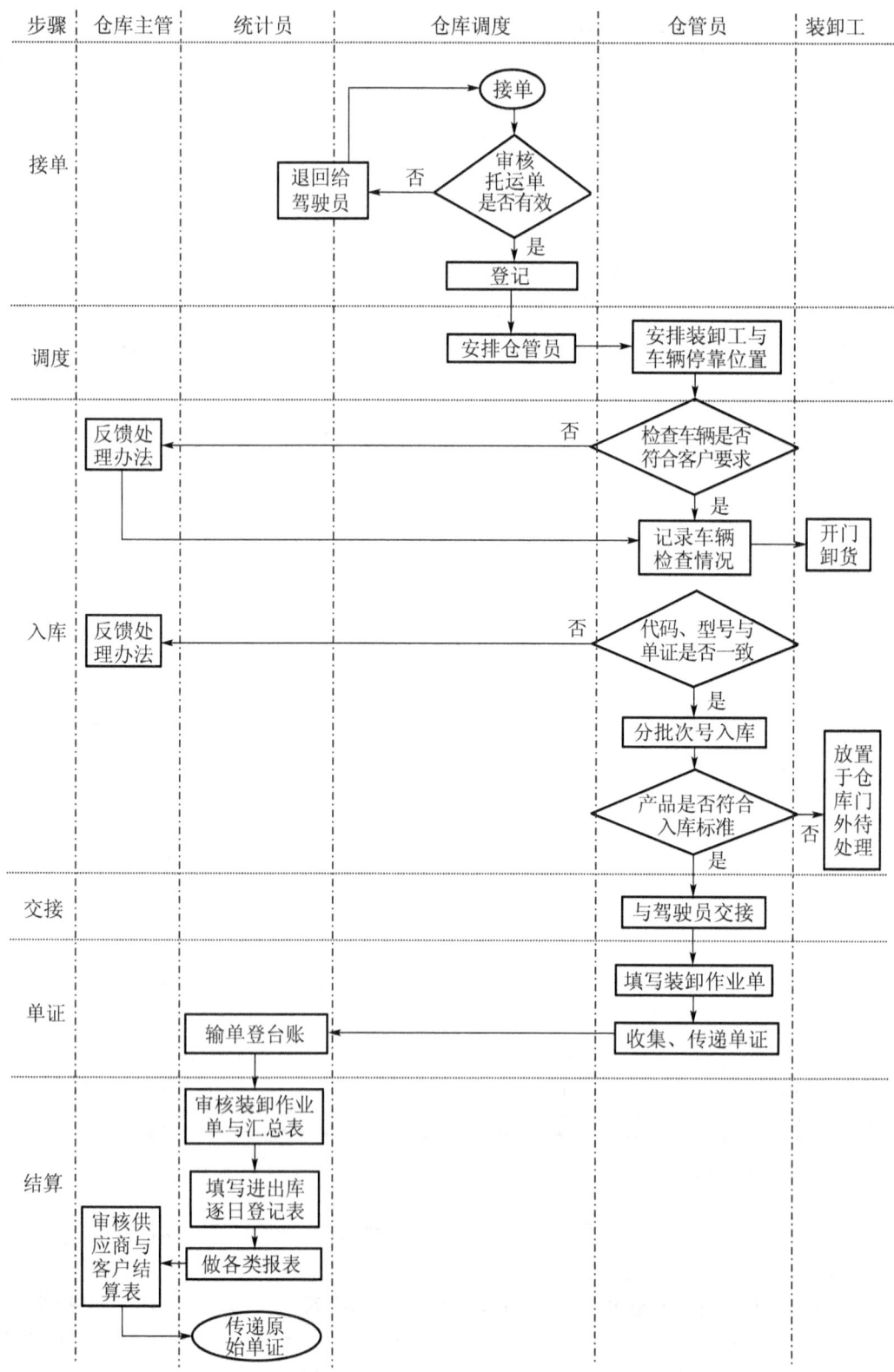

图 5-6 仓储入库流程图

二、入库前的作业准备

仓库应根据仓储合同或者入库单、入库计划，及时进行库场准备，以便货物能按时入库，保证入库过程的顺利进行。入库准备需要由仓库的业务部门、仓库管理部门、设备作业部门分工合作，共同完成。主要有以下工作。

1. 熟悉入库货物

仓库业务、管理人员应认真查阅入库货物资料，掌握入库货物的品种、规格、数量、包装状态、单件体积、到库确切时间、货物存期、货物的物理化学特性、保管的要求等，根据这些信息做好库场安排和准备。

2. 掌握仓库库场情况

要了解货物入库期间、保管期间仓库的库容、设备和人员的变动，以便安排工作。必要时对仓库进行清查，清理归位，以便腾出仓容。

3. 制定仓储计划

仓库业务部门根据货物情况、仓库情况、设备情况，制定仓储计划，并将任务下达到各相应的作业单位和管理部门。

4. 妥善安排仓库货位

仓库部门根据入库货物的性能、数量、类别，结合仓库分区分类保管的要求，核算货位的大小，根据货位使用原则，妥善安排货位、验收场地、确定堆垛方法、苫垫方案等准备工作。

5. 准备货位

仓管员要及时进行货位准备，彻底清洁货位，清除残留物，清理排水管道或排水沟，必要时安排消毒除虫、铺地，检查照明、通风设备，发现损坏，及时修理。

6. 准备苫垫材料、作业用具

在货物入库前，根据所确定的苫垫方案，准备相应的材料，并组织衬垫铺设作业。对作业所需的用具，准备妥当，以便能及时使用。

7. 验收准备

仓库理货人员根据货物情况和仓库管理制度，确定验收方法，准备验收所需要的点数、称量、测试、开箱装箱、丈量、移动照明等器具。

8. 装卸搬运工艺设定

根据货物、货位、设备条件、人员等情况，科学合理地制定卸车搬运工艺，保证作业效率。

9. 准备文件单证

仓管员对货物入库所需的各种报表、单证、账簿要准备好，以备使用。不同仓库、不同货物的业务性质不同，入库准备工作也有所区别，需要根据具体情况和仓库管理制度作好充分准备。

【相关链接】

> 由于仓库不同、货物不同以及业务性质不同、入库准备工作会有所差别，因此，需要根据具体情况和仓库制度做好充分准备。

三、入库货物验收

入库货物验收，就是对需要入库的货物数量、质量和包装进行验收。这是保证入库货物不出差错的第一道关键环节。因此，必须及时认真、全面准确地进行。验收一般在入库场所进行。如果条件许可，也可以在供货现场或到货现场进行现场验收。

货物的入库检验分为数量检验和质量检验。货物数量检验包括毛重、净重的确定，件数的确定、体积丈量等；质量检验则是对货物外表、内容的质量进行的判定。仓库在一般情况下或者合同没有约定检验事项时，仅对货物的品种、规格、数量、外包状况以及无需开箱、拆捆而可以直观可见可辨的质量情况进行检验；对于内容的检验则根据合同约定、作业特性确定。如需要进行装配作业的仓储，就需要检验所有货物的品质和状态。

1. 检验标准和方法

货物质量检验标准和方法一般应根据仓储合同约定，合同没有约定的，按照货物的特性和仓库的习惯确定。仓库应认真研究各种检验方法，必要时要求客户、货主提供检验方法和标准，或者要求收货人共同参与检验。仓库成立专职检验队伍是提高检验水平的有效方法。货物检验的方法主要有以下几种：

（1）视觉检验。在充足的光线下利用视力观察货物的状态、颜色、结构等表面状态，检查有无变形、破损、脱落、变色、结块等损害情况，以判断质量。

（2）听觉检验。通过摇动、搬运操作、轻度敲击，听取声音，以判断质量。

（3）触觉检验。利用手感鉴定货物的细度、光滑度、粘度、柔软程度等，以判断质量。

（4）味觉、嗅觉检验。通过对货物所持有的气味、滋味测定判断质量，或者感觉串味损害。

（5）测试仪器检验。利用各种专用测试仪器进行货物性质测定。如含水量、密度、粘度、成分、光谱等测试。

（6）运行检验。对货物运行进行操作（如电器、车辆等），检查其功能是否正常。

2. 外观质量检验

（1）包装检验。包装检验是对货物的外包装（也称运输包装、工业包装）的检验。检验包装有无被撬开、开缝、挖洞、污染、破损、水渍和粘湿等不良情况。

（2）货物外观检验。对无包装的货物，直接察看货物的表面，检查是否有生锈、破裂、脱落、撞击、刮痕等损害。

（3）重量、尺寸检验。对入库货物的重量、尺寸进行衡量和测量，确定货物的质量。

（4）标签、标志检验。货物标签、标志是否具备、完整、清晰等。标签、标志与货物内容是否一致。

（5）气味、颜色、手感检验。通过货物的气味、颜色判定是否新鲜，有无变质；用手触摸、捏拭，判断有无结块、干涸、融化、含水分太高等。

（6）打开外包装检验。对于外包装检验中有判定内容受损可能的依据时，或者检验标准要求开包检验，点算包内数目时，应该打开包装进行检验。开包检验必须有两人以上在场，检验后在箱件上印贴已验收的标志。需要封装的及时进行封装，对于包装已经破损的应更换新包装。

3. 内在质量检验

内在质量检验指专业检验人员借助各种科学仪器和器械、设备、试剂等在一定的实验环境条件下，检验物品性能的方法，以评定其质量。通常分为物理检验、化学检验和生物检验法，检验后由检验单位出示记录，作为验收依据。质量验收中的检验形式有：

（1）全数检验。适用于贵重物品、无损毁性检验或批量小、质量易波动的物品的检验。

（2）抽样检验。按合同确定的抽样方案，在被检物品中随意抽检少量样品，再对样品逐一检验。结果与标准或合同规定对比后，推定被检物品整体质量。此法用于批量大、质量稳定、价格低廉，易破损性的物品。被检物品应为同一来源，同一质量标准的物品；一个合同的物品作为一个被检批次；如果订货量大，以及连续供货的物品，可以分为若干被检批次。在无明确抽样规定数量时，可用下列公式来取整计算抽样数量。

$$A \approx \sqrt{W/2}$$

式中　A——抽样数量，件；
　　　W——一个被检批次物品的总数，件。

抽样可采用随机抽样或规律抽样法。

（3）免于检验。对有严格质量检验制度而质量保证体系完善，成品质量长期稳定且优良的货物，生产企业自检有合格证明，供货稳定可以免于检验；或拆包后易损或不易恢复原包装的货物只要包装完好，可接收，但若在运输中有污染或破损则仍要检验。

4. 数量检验

根据合同、入库单、运单、发货明细表的规定可记载，除对到库货物进行清点外，还应审核对方提供的磅码单，并进行数量检测。根据不同类型货物，其检测方式主要有：

（1）检斤。采用符合国际商用三级秤标准的电子秤或其他称量系统，在装卸作业的同时检测货物重量（如钢材、有色金属材料等）。随着物流现代化的发展，这种电子称重系统的应用已普遍展开，可分为电子轨道衡、汽车衡、电子地磅、电子吊车秤和电子叉车秤等，并将检测数据直观性的显示供客户查看，还可与仓库计算机管理系统网络连接，随时将称重数据输入计算机进行登录、核算。

液体货物的检测，已采用电子流量测试系统，通过在线流量数据采集，送入计算机系统进行比重补偿修正处理后，按照设定之数学模型自动计算出货物重量，目前已在酸类物品收、发、盘存中成功使用，在油类物品的仓储业务中也有应用。

（2）检尺。应用长度测量工具，检测货物的长、宽或直径等，将数据进行计算，得出其面积、体积。如木材算出其立方数，板材测量其面积再乘以张数以得出其到货数量。

（3）用条形码或人工清点货物数量，如箱体包装货物、汽车、机床等。

（4）复合检验。可用两种或两种以上的验收手段进行检验。

数量检验也可视货物数量大小，确定采用抽验或全验。抽验数量一般占货物总数的20%～30%，若发现超过规定误差数，应扩大抽查数（一般为原抽查数的两倍）再行复验，仍不合格，则以不予接收论处。问题严重的货物应全检。

5. 入库检验的程度

入库检验的程度是指对货物实施数量和质量检验的数量。分为全查和抽查，原则上应采用全查的方式。对于大批量、同包装、同规格、较难损坏的货物，对质量高、可信赖的货物可以采用抽查的方式。在抽查中发现不符合要求的数量较多时，应扩大抽查范围，甚至全查。

6. 入库检验的时间

对货物的数量、外表状况应在入库时进行检验；对货物的内容，在合同的约定时间内进行检验，或者按照仓储习惯在入库的 10 天之内，国外到货 30 天之内进行内容物质量检验。

【相关链接】

> 商品验收工作是一项技术要求高，组织严密的工作，关系到整个仓储业务能否顺利进行，所以，必须做到及时、准确、严格、经济。

7. 填写验收报告

报告的内容和格式，见表 5-1。

表 5-1 验收报告

供应商		订单号		验收员			
运单号						验收日期	
运货日期			到货日期			复核员（日期）	
序 号	储位号	货物名称	货物规格型号	货物编码	包装单位	应收数量	实收数量	备 注

8. 处理验收中发现的问题

对于在验收中发现的货物所存在的问题，如数量差错、质量不符等，一定要及时处理，分清各方应承担的责任，否则遗患无穷。验收中常见的问题及处理方式，见表 5-2。

表 5-2 货物验收中问题的处理方式

常见问题处理	数量溢余	数量短少	品质不合格	包装不合格	规格品类不符	单证与实物不符
通知供货方						
按实数签收						
维修整理						
查询等候处理						
改单签收						
拒绝收货						
退单、退货						

具体情形可按下列情况处理：

（1）发现包装不合要求或破损，发现货物质量问题，应将不合格货物单独存放并妥善保管，且及时与供货单位联系解决。必要时应提出索赔或退货。

（2）数量不符，差额在规定范围之内或计件商品缺件的，出具验收凭证除交供货单位及时补齐外，可先按实收量填发入库单入库。并记录在案，补齐后再予以注销。

（3）数量差额较大，已超过规定范围，应立即向供货单位提出交涉，在处理前，货物应单独封存，不得动用或丢失，以备复验，并作详细记录。复验时请供货或承运单位到场，确有较大差错，应请对方出具证明并签字，作为索赔或退货的依据。

（4）已发生残损、变形、污染、渗漏或腐烂的物品，应出具专项记录及时提交供货方、承运方和货主，提出索赔或退货，经对方复验认可并出具证明由责任方签字后，方可处理。处理前不得入库，应单独存放，妥善保管，不签署入库单，不同意验收。

（5）进口货物的检验中，发生质量和数量问题，由商检局处理，必要时可予以协助。处理前不办理入库手续，不签署入库单，货物另行放置，妥善保管。

（6）纯属于运输造成的问题，一旦确定，应及时填报索赔单，向承运部门索赔，并将索赔单和货运单复印件书面通知货主。

（7）验收完毕，若无大的问题或有关问题已妥善处理，保管员应及时填写和签收入库单，表示货物已正式接收入库。同时应填写验收单连同入库单联单或复印件，一并返给货主、供货单位及管理部门。验收单主要应列出验收中发现的问题及处理情况，责任部门认可签字的证明复印件作为副件附入，对产生问题的原因分析及意见、验收结论、验收单由检验员、保管员共同签字，与入库单各留一份存档。

四、货物入库交接和登记

货物经验收合格，或对验收中发现的问题处理完毕后，可以安排卸货、入库堆码，表示仓库接受货物。在装卸、搬运、堆垛作业完毕后，与送货人办理交接手续，并建立仓库台账。

1. 复核

由复核员与保管员负责进行，主要复核：

（1）货物验收记录及入库单和各项资料凭证是否移交清楚完整。

（2）复核入库货物与上架、上垛货物是否相符，编号是否正确，件数是否准确，计量测试记录与实物批号是否符合，残损货物是否已另行堆放，并办理完手续，有无混杂在一起进入库内。

（3）错货或需退货的物品是否在搬运中又混在入库货物中进库。

（4）上垛、上架货物应挂上的货牌是否准确无误地到位，在输入电脑的建账数据是否已准确录入，账、牌、物三者是否相符。

（5）查验需要提出和说明的问题是否在入库单和验收单上均已明确列出，责任方需要出具并签字的证明是否均已收齐并准确无误，责任是否已完全明确。

2. 交接手续

交接手续是指仓库对收到的货物向送货人进行的确认，表示已经接受货物。办理完交接手续，意味着划分清楚运输、送货部门和仓库的责任。完整的交接手续包括：

(1) 接收货物。仓库通过理货、查验货物，将不良货物剔除、退回或者编制残损单证等明确责任，确定收到货物的确切数量、货物表面状态良好。

(2) 接收文件。接收送货人送交的货物资料、运输的货运记录以及随货在运输单证上注明的相应文件，如图纸、准运证等。

(3) 签署单证。仓库与送货人或承运人共同在送货人交来的送货单、交接清单上签字，并留存相应单证，如表5-3所示。

表5-3　到接货交接单

收货人	发站	发货人	货物名称	标志标记	单位	件数	重量	货物存放处	车号	运单号	提料单号
备注											

3. 登账

登录货物保管明细账，无论用计算机或手工登录，都应详细反映仓库货物进、出、存结的准确情况。主要内容有物品编号、存放位置、入库日期、车（船）号、品名规格、数量、单价、收入、支出、结存明细凭证的序号等。

登录或消除保管账必须以正式收发凭证为依据。账目不得随意涂改，必要修正时应加盖订正章。账目应做到：① 实记录入、出、结存数，账物相符；② 笔笔有结算，日清月结，不做假账；③ 手续健全，账页清楚，数据准确；④ 严格遵守会计记账规则；⑤ 出现问题，经处理后，账面要明确反映，并如实说明。

4. 建档

应建立库存货物档案，以备处理问题用，也便于总结提高仓储管理水平。为此：

(1) 将每份入库单所列的到货原始资料和凭证、验收资料及相关问题处理的资料、凭证、出入库单及存储期相关记录和资料等分别装订成册建立档案，由各库区保管员统一保管。

(2) 档案要统一编号，并注明货位号，账册上应加注档案号。

(3) 保管期为10年，到期应经仓储主要负责人书面批准统一销毁。

(4) 电子计算机仓储管理系统，要设立档案管理子系统以辅助档案管理工作。

第三节　保管业务管理

货物经检验合格入库以后就进入了仓库保管阶段。货物保管主要是指对货物进行合理的保存和经济的管理，将货物存放在合适的仓库位置。这需要对仓库存储空间进行规划，为货物提供良好的保管环境和条件。保管业务主要包括理货、分区、分类和货位编码、合理堆码以及苫垫、盘点等各项工作。

一、理货

仓库理货是指仓库在接受入库货物时，根据入库单、运输单据、仓储合同和仓储规章制度，对货物进行清点数量、检查外表质量、分类分拣、数量接收的交接工作。

（一）理货的作用

1. 理货是仓库履行仓储合同的行为

仓库理货工作是仓库确认收存货物实物的作业过程，经过理货意味着接收货物，因而是仓库履行仓储合同的保管人义务的行为。仓库理货对货物数量和表面质量进行检查，确认货物是仓储合同所约定的货物。发现货物与合同的约定不同，比如数量不同、品种不同、状态不符，仓库可以拒绝接收和追究存货人的违约责任。如果事先未订立合同，仓库对货物进行理货确认，也表明仓库接受货物的仓储，成为一种通过行为订立合同的方式。

2. 理货是仓库保管质量的第一道关口

理货是货物入库的第一次检查，通过对货物的全面检查，及时发现货物的不良情况，对已残损、玷污、变质的货物可以拒绝接收；对已存在质量隐患的货物，予以认定和区别，并采取针对性措施妥善处理，或者采用特别的保管手段，防止损害扩大，有利于提高保管质量。

3. 通过理货划分责任

通过理货确定货物的数量、质量状况，发现货物短少、残损，则仓库对所发现的短少和残损不承担责任，否则未发现的残损货物就会成为仓储期间的损耗，要由仓库承担责任。经检查发现的货物质量隐患的认定，减轻了仓库对货物保管质量的负责程度。另外，理货工作也是从时间上划分了仓库负责期间，在理货之后的期间发生的残损，原则上由仓库负责。

4. 理货是仓储作业的过程

理货过程同时也是仓库管理员安排仓储、指挥装卸搬运作业的过程，仓库承担对货物分类、分拣的作业过程。若采用外部人员作业时，也是监督作业质量的过程。采用内部员工作业的，理货人员就是内部作业质量管理的监控人。

5. 通过理货完成交接工作

货物经理货确认，由理货人员与送货部门或者承运人办理货物交接手续，签署送货单或交接清单，签署现场单证，接收送货文件。

（二）理货的内容

仓库理货是仓库管理人员在货物入库现场的管理工作，其主要内容有以下几方面：

1. 清点货物件数

对于件装货物，包括有包装的货物、裸装货物、捆扎货物，根据合同约定的记数方法，点算完整货物的件数。如合同没有约定，则仅点算运输包装件数（又称大数点收）。对入库开箱的集装箱，则要在理货时开箱点数。

2. 查验货物单重、尺寸

货物单重是指每一运输包装的货物重量。单重确定了包装内货物的含量，分为净重和毛重。对于需要拆除包装的货物需要核定净重。货物单重一般通过过秤的方法核定。对以长度或者面积、体积交易的货物，入库时要对货物的尺寸进行丈量，以确定入库货物的数量。同时，货物丈量也是区分大多数货物规格的方法，如管材、木材的直径，钢材的厚度等。

3. 查验货物重量

查验货物重量是指对入库货物的整体重量进行查验。货物的重量分为净重和毛重，毛重减净重为皮重。根据约定或具体情况确定衡量毛重或净重。对设有连续法定计量工具的仓库，可以直接用该设备进行自动衡重，连续计量设备主要有轨道衡、胶带衡、定量灌包器、流量计等。此外，对一些液体货物，还可以通过测量液体的体积和密度来计算其重量。

4. 检验货物表面状态

理货时应对每一件货物进行外表感官检验，查验货物外表状态，接收货物外表状态良好的货物。外表检验是仓库的基本质量检验要求，确定货物有无包装破损、内容物外泄、变质、污损、散落、标志不当、结块、变形等不良质量状况。

5. 剔除残损

在理货时发现货物外表状况不良，或者怀疑内容物损坏，应将不良货物剔除，单独存放，避免又与其他正常货物混淆。待理货工作结束后进行质量鉴定，确定内容物有无受损以及受损程度。对不良货物可以采取退货、修理、重新包装等措施处理，或者制作残损单证，以便划分责任。

6. 货物分拣

仓库原则上采取分货种、分规格、分批次的方式储存货物，以保证仓储质量。对于同时运入库的多品种、多规格货物，仓库有义务进行分拣、分类、分储。理货工作就是要进行货物确认和分拣作业。对于客户委托的特殊的分拣作业，如对外表的分颜色、分尺码等，也应在理货时进行，以便分存。

7. 安排货位、指挥作业

由理货人员进行卸车、搬运、垛码作业指挥。根据货物质量检验的需要．指定检验货位，对无需进一步检验的货物，直接确定存放位置。要求作业人员按照预定的堆垛方案堆码货物或者上架。作业完毕，要求作业人员清理运输、搬运工具，清扫作业现场，收集地脚货。

8. 处理现场事故

对于在理货中发现的货物残损，不能退回的，仓库只能接受，但要制作残损记录，并由送货人、承运人签字确认。对作业中发生的工损事故，也应制作事故报告，由事故责任人签字。

9. 办理交接

由理货人与送货人、承运人办理货物交接手续，接收随货单证、文件，填制收费单据，代表仓储方签署单证，提供单证由对方签署等。

（三）理货的方法

1. 在运输工具现场进行理货

仓库理货必须在送货入库的运输工具现场进行。一般在车旁与卸货同时进行；或者在车上点数，卸车时查验外表状态。除非特殊情况或者对特殊货物，经送货人、存货人同意，可以在现场以外地方理货。如双方同意在货垛点数，有开箱查验货物内容物质量的要求时，约定卸车时不查验外表质量。

2. 与送货人一起理货

理货又称为理货交接，是货物交接的一个环节，因而理货必须有交接双方在场共同理货，以免将来发生争议。如果送货人或存货人拒绝参与理货，表明其放弃理货权，只能接受仓库单方面的理货结论。

3. 按送货单或者仓储合同理货

仓管员在理货时，按照仓储合同的约定或者送货单的货物记录、质量要求进行，只要货物符合单据、合同所描述的状态和质量标准，符合送货人提供的验收标准，就可以验收，无需要求货物的绝对质量合格。如运单记载货物使用旧包装，则并不要求包装物表面无污迹。没有约定质量标准的，按照国家标准、行业标准或者能保证储藏保管质量不发生变化的要求进行验收，验收货物的品种、规格、数量、外表状态、包装状态等。

4. 在现场进行记录和及时签署单证

对在理货中查验的事项、发现的问题，理货员应在现场进行记录和编写单证，并要求送货人签字证明。不能事后补编补签。

（四）理货单证

1. 计数单

理货点数时不能仅依靠记忆进行计数，这样容易出错。应采用统一格式的计数单进行计数。对每一单元的点数进行记载，同时记载发现的残损等不良现象的货号、残损量、存位，以便统计数量和查找残损。计数单是在理货现场使用的记录簿。

2. 入库单

入库单是仓库统一设置的入库单证。一般由仓库管理部门预填入库货物信息后交付到仓库，作为向仓库下达的仓库作业命令。在查验货物后，将实收货物数、存放货位填写在单上，把货物不良情况在备注上批注，最后要送货人签字。入库单一般一式三联，一联交送货人，仓库留存一联，一联交记账人。

3. 送货单、交接清单

送货单或者交接清单是送货人随货提交来的单证，仓库根据来单理货验收。验收完毕，理货人员签署该单据，并将验收情况，特别是短少和残损记录在单据上，并收留其中一联。

4. 现场记录

现场记录是理货员对作业现场所发生的事故、不当作业、或者其他影响到货物质量、作业安全的事件所进行的记录。现场记录既是明确责任，也是仓库严格管理的需要。

二、养护保管的原则和手段

入库货物的养护保管是指仓库根据货物的特征，结合仓库的具体条件，采取各种科学手段对货物进行保养，防止或延缓货物质量变化的行为。其目的是保持库存货物的使用价值，最大限度地减少货物的自然耗损，杜绝因保管不善而造成货物损害，防止货物损失。

保管不善所造成的损失，保管人要承担赔偿责任。

1. 保管的原则

仓库应高度重视货物保管工作，以制度性、规范性的方式确定保管工作责任；针对各种货物的特性制订保管方法和程序，充分利用现有的技术手段开展针对性的保养。

仓库保管要遵循"以防为主、防治结合"的保管原则。要特别重视货物损害的预防，及时发现和消除事故隐患，防止损害事故的发生。特别要预防发生爆炸、火灾、水浸、污染等恶性事故和造成大规模损害事故。在发生、发现损害现象时，要及时采取有效措施，防止损害扩大，减少损失。

2. 仓库货物保管养护的主要手段

经常对货物进行检查测试，及时发现异常情况；合理地对货物通风；防止雨雪水弄湿货物，及时排水除湿；除虫灭鼠，消除虫鼠害；妥善进行湿度控制、温度控制；防止货垛倒塌；防霉除霉，剔除变质货物；对特殊货物采取针对性的保管措施。

（1）通风。通风是指采取措施，加大空气流通的保管手段。利用干燥空气的大量流通，能降低货物的含水量；利用低温空气降低货物温度；通风还具有消除货物散发出的有害气体的作用，如造成货物窒息的二氧化碳、使金属生锈的二氧化硫、酸性气体等；通风还能增加空气氧分的含量。

通风同时也会将空气中的水分、尘埃、海边空气的盐分等带入仓库，影响货物。

仓库通风的方式有自然通风、机械自然通风、机械循环通风、制冷通风等。普通仓库只采用前两种方式。

（2）温度控制。除了冷库外，仓库的温度直接受天气温度的影响，库存货物的温度也会随天气温度同步变化。货物温度高时，会发生融化、膨化、软化，容易腐烂变质、挥发、老化、自燃甚至爆炸。温度太低，会变脆、冻裂、液体结冻膨胀。一般来说，绝大多数货物在常温下都能保持正常。

普通仓库的温度控制主要是避免阳光直接照射货物。仓库遮阳采用仓库建筑物遮阳和苫盖遮阳。对怕热货物应存放在仓库内阳光不能直接照射的货位。

对温度较敏感的货物，在气温高时可采用洒水降温的办法，包括直接对货物洒水、对怕水货物可以对苫盖、仓库屋顶洒水降温。在日晒降低的傍晚或夜间，将堆场货物的苫盖适当揭开通风，也是对露天货场货物降温保管的有效方法。

货物自热是货物升温损坏的一个重要原因，对容易自热的货物，应经常检查货物温度，当发现升温时，可采取加大通风、洒水等方式降温、翻动货物散热降温，必要时可以在货垛内存放冰块、释放干冰等来降温。

在严寒季节，气温极低时，可以采用加温设备对货物加温防冻。对突然而来的寒潮可以在寒潮到达前对货物进行苫盖保温，也具有短期保暖效果。

（3）湿度控制。湿度分为货物湿度和空气湿度。笼统地说，湿度表示含水量的多少，但在不同场合又有不同的表示方式。货物的含水量指标，用百分比表示。空气湿度又分为绝对湿度和相对湿度。

货物湿度指货物的含水量。货物的含水量对货物有直接影响，含水量高，则容易发生霉变、锈蚀、溶解、发热甚至化学变化；含水量低，则会发生干裂、干涸、挥发、容易燃烧等。控制货物的含水量是货物保管的重要工作。

空气绝对湿度是指空气中含水气量的绝对数，用帕（Pa）或克/立方米（g/m³）表示。如空气最高绝对湿度（也称饱和湿度）为 $31.7 \times 10^2 Pa$ 或者 $22.8 g/m^3$。相对湿度则是空气中的含水气量与相同温度空气能容纳下的最大水气量的百分比，最大为100%。相对湿度越大，表明空气中的水汽量距离饱和状态越接近，表示空气越潮湿；相反，相对湿度越小，表明空气越干燥。湿度控制可以采取以下措施：

①湿度监测。仓库应经常进行湿度监测，包括空气湿度和仓内湿度监测。一般每天早晚各一次，并做好记录。

②空气湿度太低时，应减少仓内空气流通，采取洒水、喷水雾等方式增加仓内空气湿度，或对货物采取加湿处理，直接在货物表面洒水。

③空气湿度太高时，可以封闭仓库或者密封货垛，避免空气流入仓库或货垛；或者在有条件的仓库采用干燥式通风、制冷除湿；在仓库或货垛内摆放吸湿材料，如生石灰、氯化钙、木炭、硅胶等；特殊货仓可采取升温措施。

（4）特殊情况下的保管。为了保证保管质量，除了温度、湿度、通风控制外，仓库应根据货物的特性采取相应的保管措施。如对货物进行油漆、涂刷保护涂料、除锈、加固、封包、密封等，发现虫害及时杀虫，使用防霉药剂等针对性保护措施。必要时采取转仓处理，将货物转入具有特殊保护条件的仓库。

三、检查与盘点

为了对库存货物数量进行有效控制、掌握货物保管的质量，必须对保管场所进行定期或不定期的检查，对货物进行盘点，及时发现和解决保管中的问题。

货物盘点是指对仓库保管的货物进行数量和质量的检查，以清点库存货物的实际数量，做到账、物、卡三相符；查明超过保管期限、长期积压货物的实际品种、规格和数量，以便处理；检查库存货物盈亏数量及原因，以改进仓库管理。

通过盘点要求做到：库存货物数量清、规格清、质量清、账卡清，盈亏有原因，事故损坏有报告，调整有根据，确保库存货物的准确。

1. 盘点检查的内容

（1）检查货物实存量与账、卡的数字是否相符，查明货物盈亏的原因。

（2）查明库存货物的质量状况，有无锈蚀、霉变、潮解、虫蛀等情况，必要时进行理化试验或技术检验。

（3）查明有无超过保管期限及长期未使用的积压货物，并查明积压原因。

（4）检查堆垛是否稳固，苫垫是否严密、失效；场地有无积水和杂草；库房有无漏雨，门窗通风孔是否良好，库房温湿度是否符合保管要求，清洁卫生是否符合要求等。

（5）检查计量工具是否准确，使用与维护是否合理。

（6）检查各种安全措施和消防设备是否齐全，是否符合安全要求。

2. 盘点流程，如图5-7所示。

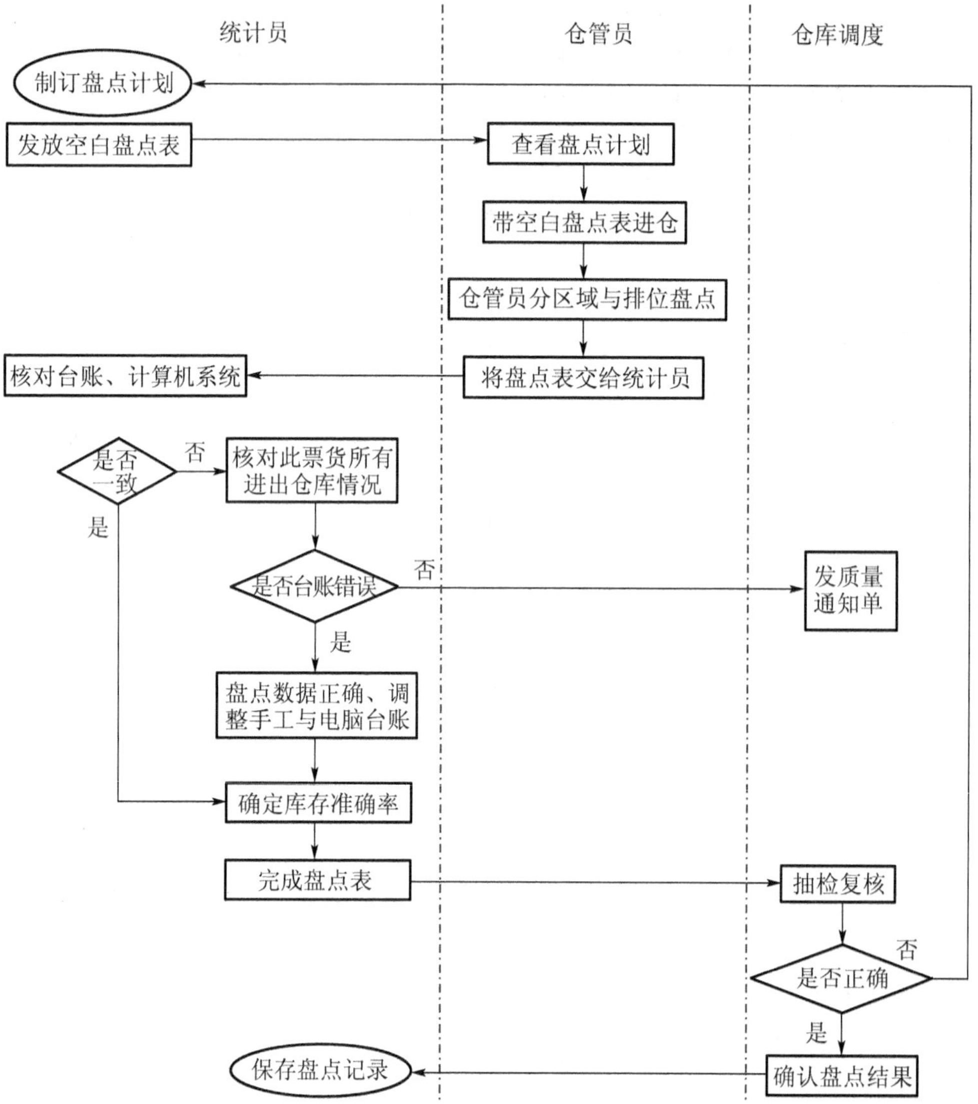

图 5-7 理货盘点流程图

3. 盘点程序

（1）盘点准备。首先是制订盘点计划，确定盘点时间、参加人员、盘点方式和作业程序。

（2）清理现场。对散乱货物和堆码进行整理，区分已入库和未验收的货物。

（3）盘点货物。清点货物数量，鉴别损坏变质货物。

（4）清查数量差错和货物损坏的原因，及时分清责任，提出处理意见。

（5）处理存在的问题。根据盘点实际结果，按有关规定进行盈亏调整、价格调整或责任处理。

4. 盘点检查的方法

（1）永续盘点法。永续盘点法是指仓库管理人员在日常物资发生动态变化时，进行检查清点的一种盘点方法。永续盘点法的具体做法有三种：

①分区轮盘法。即将仓库划分为若干个区域再细分类，然后逐区、逐类、逐日地轮流

盘点。采用这种方法盘点时，一般可事先制订计划，每月盘点约占总数30%左右，这样一个季度就可以盘完全部，完成一次盘点，以后再周而复始，循环进行。

②分批分堆盘点法。即针对仓库收到的每一批物料，事先制订收发料记录笺，置放于一透明塑料袋内，栓附在每批收料的包装件上，当该批物料一有发料，立即在记录笺上记录下来，并将领料单副本一并放入透明塑料袋内，这样在盘点时，可通过它查对该批物料发放数与领料单及实存数是否相符，如有出入，通过查对领料单，便可很快弄清。对于尚未动用过的物料，可认为存量无误。如无特殊情况，就无需查对。

分批分堆盘点法虽然手续较为繁琐，但是实际上在每次发料后，即已起到自动盘点的效果。因此，仍有较多企业采用。

③保险存量或订购点盘点法。即当库存物资达到订购点或保险存量时，由仓库管理人员自行清点存量，并开列对账单，以检查差错。这一种盘点方法对于收发较为频繁的物料比较合适。

永续盘点法不仅是保证账、卡、物三相符的关键，而且是仓库及时反馈库存情况，密切配合采购与生产，防止供应脱节的重要方法。同时，永续盘点不必关闭仓库，仓库业务不受影响，较受企业欢迎。

（2）定期盘点法。定期盘点法，是指事先确定盘点日期，如利用半年或年终财务决算前进行全面盘点的方法。这种盘点方法需要关闭仓库，全面清理，可以减少盘点中的混串和疏漏，使盘点结果能获得准确的数字。但是，定期盘点不能使仓库关闭的时间太长，盘点期间时间短促，这就要求在定期盘点工作开始之前，做好充分的准备，以确保盘点的顺利进行。定期盘点前的准备工作主要有：

①人员的编组与集训。定期盘点需要建立临时性的具有一定形式的联合组织。一般由仓库主管、财务部门、技术部门等几个方面组织，盘点前要统一认识，统一方法，以避免人为的差错。

②清理仓库。盘点之前，要对仓库物资进行一次清理，要求做到：（a）对尚未办理入库手续的物资应予以标明，不在盘点之列；（b）对已办理出库手续的物资要尽快发出或做好标记，亦不在盘点之列；（c）对物资的码垛、货架及其间的物资进行整理，以便于统计计算；（d）检查计量器具，并进行调整，使其在规定的误差范围之内。

③研究制订盘点的工作程序。

④对物资名称、品种、规格要统一口径，计量要统一单位，统一方法，尽量避免因技术概念不确切，计量方法不统一而导致盘点结果发生差错。

⑤制订盘点用表。一般物资盘点用表见表5-4。

表5-4 物资盘点单

仓库号　　　　　货位号

序号	名称	规格型号	单位	单价	账面数	实存数	盘盈数		盘亏数		盈亏原因
							数量	金额	数量	金额	

（3）重点盘点法。重点盘点法指对储存保管的A类或A类与B类物资进行定期清查的一种盘点方法。这一方法主要用以掌握库存重点物资的变动情况，防止并及时发现差错。通常由仓库负责人组织有关业务人员，如料账员、保管员、财务人员和质量检验人员

共同进行。

【拓展提高】

> 盘点分为账面盘点和现货盘点。账面盘点又称为永续盘点,就是把每天入库及出库商品的数量及单价,记录在电脑或账簿上,而后不断地累计加总算出账面上的库存量及库存金额。现货盘点也称实地盘点或实盘,也就是实地去点数、调查仓库内商品的库存数,再依商品单价计算出库存金额的方法。如果要得到最正确的库存情况并确保盘点无误,最直接的方法就是确定账面盘点与现货盘点的结果是否完全一致。如有账货不符的现象,就应分析寻找错误原因,划清责任归属。

第四节　出库作业管理

货物出库应遵循"先进先出、推陈出新"的原则,尤其是已接近保质有效期或规定存储期的货物,要设法先发出,以免发生变质。

一、货物出库业务依据与流程

(一) 货物出库的依据、要求和方式

1. 货物出库的依据

货物出库依据货主开的"货物调拨通知单"进行。不论在任何情况下,仓库都不得擅自动用,变相动用或外借货主的库存货物。

"货物调拨通知单"的格式不尽相同,不论采用何种形式,都必须是符合财务制度要求的有法律效力的凭证。应避免凭信誉或无正式手续的发货。

2. 货物出库的要求

货物出库要求做到"三不三核五检查"。"三不",即未接单据不翻账,未经审核不备货,未经复核不出库;"三核",即在发货时,要核实凭证、核对账卡、核对实物;"五检查",即对单据和实物要进行品名检查、规格检查、包装检查、件数检查、重量检查。

3. 货物出库形式

(1) 送货。仓库根据货主单位的"货物调拨通知单",把货物交由运输部门或提供配送服务送达收货单位。

(2) 自提。由收货人或其代理持"货物调拨通知单"直接到库提取,仓库凭单发货。自提具有"提单到库,随到随发"的特点。

(3) 过户。过户是一种就地划拨的形式,货物虽未出库,但是所有权已从原库存货户转移到新存货户。仓库必须根据原存货单位开出的正式过户凭证,才予办理过户手续。

(4) 取样。货主单位出于对货物质量检验、样品陈列等需要,到仓库提取货样。仓库根据正式取样凭证才予发给样品,并做好账务记载。

(5) 转仓。货主单位为了业务方便或改变储存条件,需要将某批库存货物自甲库转移到乙库。仓库也必须根据货主单位开出的正式转仓单,才予办理转仓手续。

(二) 货物出库业务流程

根据货物在库内的流向，或出库单的流转而构成各业务环节的衔接，货物出库业务的流程如图5-8所示。

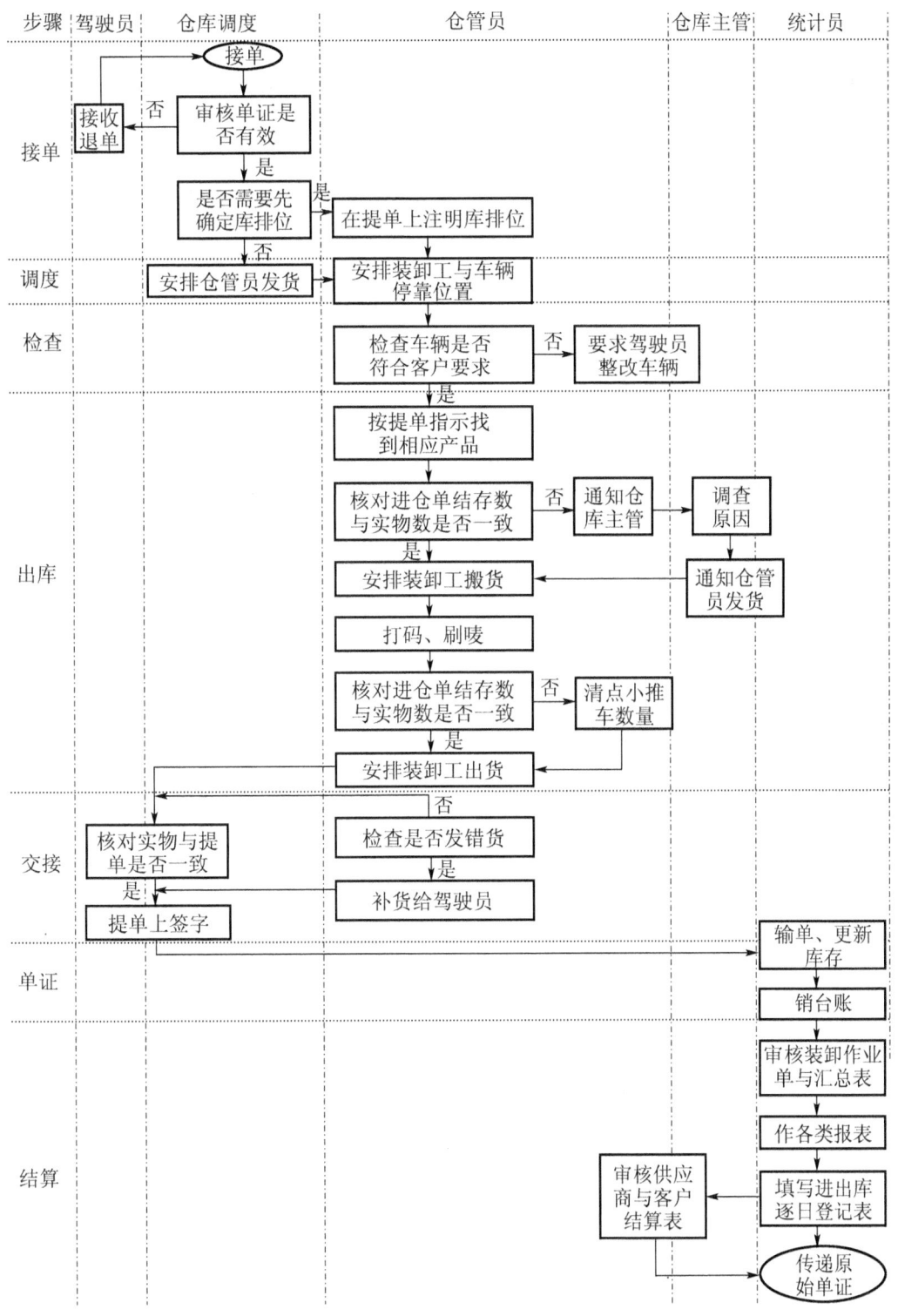

图5-8 货物出库业务流程图

1. 核单备货

货物发放需有正式的出库凭证，仓库保管员必须认真核对出库凭证，首先要审核凭证的真实性，然后核对货物的品名、型号、规格、单价数量、收货单位等，再次审核出库凭证的有效期等。

审核凭证之后，按照单证所列项目开始备货工作。备货时应本着"先进先出、易霉易坏先出、接近有效期先出"原则，备货完毕后要及时变动料卡余额数量，填写实发数量和日期。

2. 复核

为防止差错，备货后应立即进行复核。出库的复核形式主要有专职复核、交叉复核和环环复核三种。此外，在发货作业的各个环节上，都贯穿着复核工作。

3. 包装

出库的货物如果包装不能满足运输部门或用户的要求，应进行包装。

4. 点交

货物经复核后，需要办理交接手续，当面将货物交接清楚。交清后，提货人员应在出库凭证上签章。

5. 登账

点交后，仓管人员应在出库单上填写实发数、发货日期等内容，并签章。

6. 现场和档案的清理

现场清理包括清理库存货物、库房、场地、设备等。档案清理是指对收发、保养、盈亏数量等情况进行整理。

二、货物出库单证的流转

货物出库单证主要是指提货单，它是向仓库提取货物的正式凭证。在仓储企业中，货物出库的主要有用户自提和送货两种不同的出库方式。现将仓储企业基本的出库单证流转情况做一些介绍。

（一）提货方式下的出库单证流转

自提是提货人持提货单来仓库提货的出库形式。账务人员在收到提货单后，经审核无误，向提货人开具货物出门证，出门证上列有每张提货单的编号。出门证的一联交给提货人，账务人员将根据出门证的另一联和提货单在货物明细账出库记录栏内登账，并在提货单上签名，批注出仓吨数和结存吨数，将提货单传给仓管员发货。提货人凭出门证向发货员领取所提货物，待货付讫，仓管员应盖付讫章和签名，并将提货单返回账务人员。提货人凭出门证提货出门，并将出门证交给门卫。门卫在每天下班前应将出门证交给账务人员，账务人员凭此与已经回笼的提货单号码和所编代号逐一核对。如果发现提货单或出门证短少，应该立即追查，不得拖延。

（二）送货方式下的出库单证流转

在送货方式下，一般是采用先发货后记账的形式。提货单随同送货单经内部流转送达仓库后，一般是直接送给理货员，而不先经过账务人员。理货员接单后，经过理单、编写储区代号，分送仓管员发货，待货发讫后再交给账务人员记账。

对于其他的几种出库方式，其单证的流转与账务的处理过程也基本相同。取样和移库对于货主单位而言并不是货物的销售和调拨，但对仓库来说却是一笔出库业务。货主单位签发的取样单和移库单也是仓库发货的正式凭证，它们的流转和账务处理程序与提货单基本相同。货物的过户，对于仓库来说，货物并不移动，只是所有权在货主单位之间转移。所以，过户单可以代替入库通知单，开给过入单位储存凭证，并另建新账务，既作入库处理；对过出单位来说，等于所有货物出库。

三、备货作业

仓库在接到提货通知时，应及时进行备货工作，以保证提货人可以按时提取货物。备货时要认真核对货物资料，核实货物，避免出错。在部分货物出库时，应按照先进先出、易坏先出、不利保管先出的原则，安排出货。已损害的货物应建议提货人先行提货，然后根据与提货人达成的协议安排出货，没有协议安排的，暂不出货。

1. 备货流程

在发货之前，首先，仓管员要根据仓库调度的指令进行备货，其作业流程如图5-9所示。

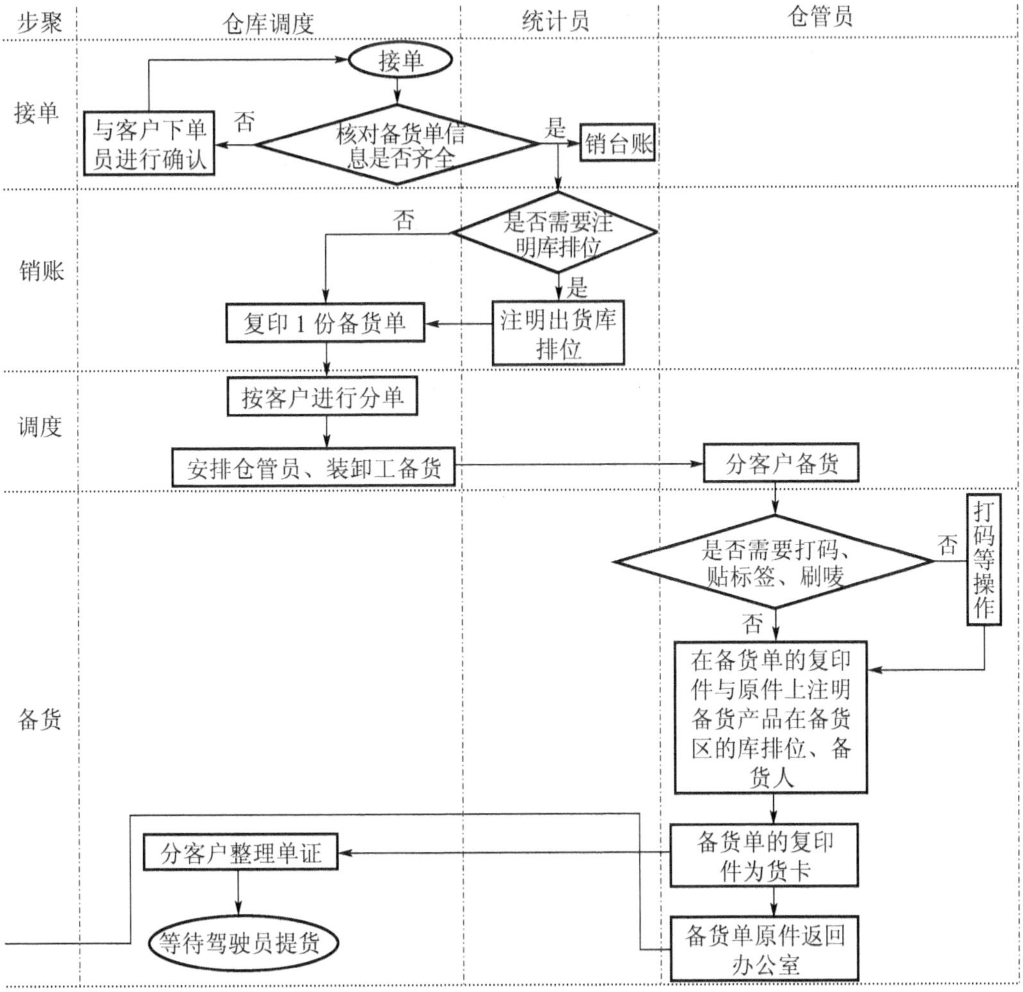

图5-9 备货流程

2. 备货作业

备货工作主要有：

（1）包装整理、标志重刷。仓库应清理原货包装、清除积尘、玷污物。对包装已残损的，要更换包装。提货人要求重新包装的，要及时安排包装作业。对原包装标志脱落、标志不清的进行补贴；提货人要求标注新标志，应在提货日之前进行。

（2）零星货物组合。为了作业方便，对零星货物进行装配，使用大型容器收集或者堆装在托盘上，以免提货时遗漏。

（3）根据要求装托盘或成组。若提货人要求装托盘或者成组，要及时进行相应作业，保证作业质量。

（4）转到备货区备运。将要出库的货物预先搬运到备货区，以便能及时装运。

四、发货出库交接

根据出库业务流程，审核出库凭证的工作之后，即开始按照出库单证所列项目将所拣取的货物按运输路线、自提或配送路线进行分类，再进行严格的出货检查，装入合适的容器或进行捆包，做好相应的标志，然后按车辆趟次或行车路线将货物运至发货区，最后装车发运，这一过程称为发货作业。

1. 发货检查

发货检查是根据用户信息和车次对拣取货物进行货物号码的核实，以及根据有关信息对货物质量和数量进行核对，并对产品状态及质量进行检查。

出货检查是保证单、货相符，避免差错，提高服务质量的关键，是进一步确认拣取作业是否有误的处理工作，因此，必须认真查对，找出产生错误的原因，采取措施防止错误的产生。检查方法有人工检查法，条码检查法和重量计算检查法三种。

（1）人工检查法。人工检查法是由人工将货物逐个点数，查对条码、货号、品名，并逐一核对出货单。进而检验出货质量及出货状况的方法。

（2）条码检查法。条码检查法首先必须导入条码，让条码始终与货物同行。在出货检查时，只需将所拣货物进行条码扫描，电脑便自动将拣货资料输出进行对比，查对是否有数量和号码上的差异，然后在出货前再由人工进行整理和检查。

（3）重量计算检查法。重量计算检查法是把货单上的货物重量自动相加求和，之后，称出发货品的总重量。把两种重量相对比，可以检查发货是否正确。

2. 提货交接

在提货时，仓库应该核实提货人办理收费等的提货凭证，确定提货人已办妥仓库提货手续。认真核对提货人身份，避免错交，并收回提货凭证。

（1）提货人到库提货，仓库应会同提货人共同查验货物，逐件清点，或者查重验斤，检验货物状态。在货物装车前，要对送库车辆进行检查，确认车辆符合装车作业要求，对车辆不利装运情况进行记载或要求车方处理妥善。

（2）由仓库负责装车的，装车前应对车厢进行清扫和必要的铺垫，督促装车人员妥善装车：装车完毕，还要进行合适的捆绑固定。由提货人自理装车的，也要对装车作业进行监督，确认作业损害。

（3）装车完毕，会同提货人签署出库单证、运输单证，收留留存单证，交付随货单证和资料，办理货物交接。按照一车一证的方式向车辆签发出门证，以便门卫放行。

3. 销账、存档

货物全部出库完毕，仓库应及时将货物从保管账上核销，以便仓库内账货相符。将留存的提货凭证、货物单证、记录、文件等归入货物档案。将已空出的货位标注在货位图上，以便安排货物。

复习思考题

1. 简述对仓库作业的要求？
2. 货位管理的基本步骤与原则？
3. 一个合理的仓库布局应满足哪些条件？
4. 货物入库的主要程序有哪些？
5. 如何进行商品的保管与养护？
6. 仓库理货的主要内容包括几方面内容？
7. 简述货物盘点的主要方法及各自适合条件？
8. 影响货物储存质量的因素有哪些？
9. 货物出库的程序如何进行？
10. 备货作业工作包含哪几方面？

【实训项目】

仓库操作的实训

实训内容：

参观相关仓储物流企业或制造企业的仓库，进一步了解与掌握仓库作业的流程。

实训目的：

（1）了解与熟悉仓库入库作业流程。

（2）了解与熟悉仓库盘点、备货作业流程。

（3）了解与熟悉仓库出库作业流程。

实训要求：

（1）熟悉相应理论知识。

（2）联系不同种类的仓库参观。

（3）记录与熟悉各个仓库的工作流程。

（4）重点掌握物品的入库管理、在库保管、出库管理。

实训操作与规范：

（1）有组织地进行活动。

（2）注意安全。

（3）听从现场指挥。

【课后案例】

云南双鹤药业仓储系统的合理化改造

一、云南双鹤药业的总体概况和发展前景

云南双鹤医药有限公司是北京双鹤这艘医药航母部署在西南战区的一艘战舰，是一个以市场为核心、现代医药科技为先导、金融支持为框架的新型公司，是西南地区经营药品品种较多、较全的医药专业公司。公司成立以来，效益一直稳居云南同行业前列，属下有一个制药厂，9个医药经营分公司，30个医药零售连锁药店。它有着庞大的销售网络，该网络以昆明为中心，辐射整个云南省乃至全国，包括医疗单位网络、商业调拨网络和零售连锁网络。当初，公司预计在2002年完成"销售3个亿元，利润300万元，销售双鹤产品3000万元"的任务目标。但面对目前市场竞争越演越烈，该公司要顺利完成预定目标又谈何容易呢？

随着中国的入世及党中央西部大开发的战略的实施，云南双鹤药业面临着巨大的挑战和严重的考验。中国加入WTO后，根据该组织的原则精神，国家必须减让关税，取消或减少非关税壁垒，这样，大量的医药产品将会涌入中国市场，给中国的医药品以巨大的冲击。在这过程中，受国家关税的保护的医药品不得不降低价格以适应市场竞争的需要，因此，公司必须在产品的开发、技术的创新以及管理上加大力度，降低成本，从而真正降低产品的价格，融入国际医药品市场。

中国加入WTO还将对现有的制药企业的产品结构造成冲击。近年来，由于医药行业缺乏竞争，制药行业中某些药品的经济效益较好，从而引发了重复建设，技术经济水平差，缺乏规模效益。中国入世之后，在公平的环境下，外国企业和产品可以付出很低的代价进入我国市场，从而形成竞争，促进产业结构和产品结构合理化。对于双鹤药业，它则可以利用云南省的资源优势，大力开发天然药物和生物资源，研制具有云南特色的名牌产品，以增强竞争。

另外，根据国家药品监督管理局的规定，国家对流通企业和生产企业实行的GSP和GMP认证必须在2004年6月30日之前完成，这样一来，在全国现有持证的医药经营企业13万家中，纷纷出现了并购重组和企业内的改造。

面对这些竞争和社会需求，云南双鹤药业寻求出路和积极转变成了企业面临的重大课题。

二、云南双鹤药业企业物流管理中面临的主要问题

当时，云南双鹤虽已形成规模化的产品生产和网络化的市场销售，但其流通过程中物流管理严重滞后，造成物流成本居高不下，不能形成价格优势。这严重阻碍了物流服务的开拓与发展，成为公司业务发展的"瓶颈"，主要表现在：

（一）装卸搬运费用过高

装卸搬运活动是衔接物流各环节活动正常进行的关键，它渗透到物流各个领域，控制点在于管理好储存物品、减少装卸搬运过程中货物的损耗率、装卸时间等。而云南双鹤恰

好忽视了这一点，由于搬运设备的现代化程度较低，只有几个小型货架和手推车，大多数作业仍处于人工作业为主的原始状态，工作效率低，且易损坏物品。另外仓库设计的不合理，造成长距离的搬运。并且库内作业流程混乱，形成重复搬运，大约有70%的无效搬运，这种过多的搬运次数，损坏了货物，也浪费了时间。

（二）储存费用过高

当时，云南双鹤的仓库的平面布置区域安排不合理，只强调充分利用空间，没有考虑前后工序的衔接和货物内的存放，混合堆码的现象严重，造成出入库的复杂性和长期存放，甚至一些已过有效期发生质变和退回的货物没能得到及时处理，占据库存空间，增大了库存成本。

（三）运输费用没有得到有效控制

运输费用占物流费用比重较大，据日本通产省六大类货物物流成本的调查结果表明，运输成本占物流总成本的40%左右，是影响物流费用的重要因素。云南双鹤拥有庞大的运输队伍，但由于物流管理缺乏力度，没有独立的运输成本核算方法，该企业只单纯地追求及时送货，因此不可能做到批量配送，形成不必要的迂回，造成人力、物力上不必要的浪费。而且由于部分员工的工作作风败坏，乘送货之机办自己的私事，影响了工作效率，也增大了运输费用。

（四）物流管理系统不完备

在企业中物流信息的传递依然采用"批条式"或"跑腿式"方式进行，电脑、网络等先进设备与软件基本上处于初级应用或根本不用，使得各环节间严重脱离甚至停滞，形成不必要的损失。

（五）人力资源及时间浪费大

由于公司人员管理松散和用人制度的不合理，一部分员工长期处于空闲状态，拿着工资却不工作。有时为消磨时间，往往是几个员工聚在一起几个人做一个人的工作，工作中娱乐成了很自然的事情；并且在每一个环节中，诸如寻找、拿取、装卡、拆卸、摆放、运输等，都延缓了工作时间，降低了工作效率，造成无法计量的成本损耗。

综上所述，我们可以看出，物流成本控制的重点在运输和储存费用的控制。在运输中可以加强运输的经济核算，合理选择运输路线，有效调配运输车辆和人员，严格监控运输中的差错事故就可以大幅度地降低运输费用。而在储存中，有些费用好比海中的一座冰山，人们只能看到露出水面的那一部分，虽有很大的潜力可挖，却又不容易找到切入点，因此下面重点谈谈企业当时仓储系统的合理化改造问题。

三、云南双鹤药业仓储系统的合理化改造

（一）企业现有仓储系统的现状和产生的原因

（1）仓库的现代化程度低，设备陈旧落后，不少仍处于人工作业为主的原始状态，人抬肩扛，工作效率低。货物进不来出不去，在库滞留时间过长，或保管不善而破损、霉变、损失严重，加大了物流成本。这与企业的经济实力及远景规划有关。企业建立仓库仅把它作为存放货物的地方，因此对设备现代化的要求很低，而且廉价的劳动力使得企业放弃改造设备的打算，"不怕慢，只怕站"的思想在人们的心中根深蒂固，降低了工作效率。

(2) 仓库的布局不合理。由于企业业务的不确定性，导致不同品种的零散物品占据很大的仓库面积，大大降低仓库的利用率；而且堆码、分区都很混乱，给出入库、盘点等带来诸多不便，往往是提货员拿着一张提货单在仓库里来回寻找，影响了工作效率，也影响了配送，降低了服务质量。

(3) 库存成本过大。企业目前没有一套库存控制策略，包括经济订货批量、订货间隔期、订货点、安全或保险库存等。当某些物品的供大于求时就造成积压，浪费人力、物力和财力；当供小于求，发生缺货时，妨碍了企业的正常生产和销售，不仅带来经济损失，也使企业失去信誉。另一方面是破损、质变及退回货物没能及时处理所形成的库存。企业的仓储部与质检科联系不紧密，信息传递缓慢，对破损、质变等货物的单据处理及层层上报批复的过程复杂，甚至是责任不明确形成的互相推卸，这一切造成了库存的增大和库存成本的提高。

(4) 仓库管理信息系统不完备，其信息化和网络化的程度低。这是受企业的经济是实力、人员素质及现代化意识等因素的影响。现在，企业的储运部只有一台计算机，接收订单、入账、退货单处理、报损、退厂、查询等工作都只能由它完成，工作量大而繁，易出错，同时也影响了整个管理链条中的信息传递和库存管理控制。

(5) 员工素质低下。当时云南双鹤各类人员素质相差很大，基层员工接受不了高层管理人员的思想，导致工作上的误差，甚至一切引起抵触情绪，基层员工在学习培训过程中装模作样，工作起来得过且过，上班时间成了娱乐时间，一些员工还把家里的活带到工作中来做，作风散漫，对本职工作不尽心尽力，更谈不上创造性和积极性。

针对这些现状，企业如何在广泛的空间充分发挥自己的潜力，以不被淘汰呢？我认为，企业除了引进先进技术和人才，整合营销，树立全球竞争观念，开拓国际市场，走国际化经营之路外，更重要的是根据企业的特色优势，实行内部改革，在完善管理和引进技术的同时，加强企业的文化建设，这样才能推进云南双鹤的快速发展。

(二) 企业仓储系统合理化改造的建议和方法

1. 重视对原有仓库的技术改造，加快实现仓储的现代化

目前医药行业的仓库类型主要分为生产物流中的制药原料及成品库和销售物流中的战略仓库，大多数的企业比较倾向于采用搞位货架结合窄通道高位驾驶三向堆垛叉车的立体仓库模式，如西安杨森、通化东宝、奇化顿制药、中美史克等。在此基础上，根据实际需要，尽可能引进国外先进的仓储管理经验和现代化物流技术，有效地提高仓库的储存、配送效率和服务质量。

2. 完善仓库功能逐步实现仓库的社会化

加快实现仓库功能多元化是市场经济发展的客观要求，也是仓库增加服务功能，提高服务水平，增强竞争力，实现仓库社会化的重要途径。在市场经济条件下，仓库不应该再仅仅是存储货物的场所，更要承担货物分类、挑选、整理、加工、包装、代理销售等职能，还应成为集商流、物流、信息流于一身的货物配送中心、流通中心。在美国、日本等发达国家，基本上都把原来的仓库改成货物的流通加工配送中心。基于云南双鹤当时的规模及企业实力，企业应实现现有仓库向共同配送的库存型配送中心转化，货物进入配送中心后，先是分类储存，再根据用户的订货要求进行分拣、验货、最后配送到各连锁店和医疗单位。这种配送中心作业简单，只需将进货货物解捆后，每个库区都与托盘为单位进行

存放即可。

3. 建立完备的仓库管理系统

美国凯玛特的破产再一次警示那些在库存管理上有问题的公司最终难以避免破产的命运。双鹤药业收购的众多子公司也同样存在程度不等的存货管理不善问题,各种过期和滞销存货以及应收款项使得这些国有商业公司步履维艰。所以云南双鹤物流管理的建设必须解决存货管理的低效率现状,降低库存成本和存货滞销风险,解决它在整个管理链条中信息传递问题。

成功的经验表明,WMS 是低风险、高回报的选择,其投资回收期通常不超过一年半,有的甚至在一年以内。也正因此,WMS 受到世人的青睐,大量应用于财富 500 强企业中,其应用行业的范围也十分广泛,包括制药业、食品工业、印刷业、时装服饰业、出版业、电信业和硬件制造等。采用世界最新、最领先的信息管理系统来加强企业的内部管理与控制能力,对贯穿企业产供销各个环节的供应链进行合理、科学的整合,通过创建高度共享的数据平台对远程数据进行安全、高效的传递和处理,为决策者提供有效的预测、控制和分析基础数据。一项由"仓库教育和研究协会"做出的研究表明,最好的仓库运行机制可以获得 99.9% 订单准确率和 99.2% 的准时出货率,"零误差"被认为是可以接受的目标。

如果说物流硬件设备犹如人的身体,那么物流软件解决方案则构成了人的智慧与灵魂,灵魂与人体的结合才是完整的人。同理,要想构筑先进的物流系统,提高物流管理水平,单靠物流设备是不够的。

互联网技术的普遍应用使全球范围内的商业模式正经历着前所未有的变革,每个企业都面临着重建供应链管理,特别是物流流程的挑战。只有重构或优化供应链管理,减少运作成本,企业才有足够的竞争力在各自的市场生存。先进成熟的物流信息系统是众多行业专家多年经验的集成,是好的管理思想的结晶,可以帮助企业优化业务流程,降低物流成本,提高供应链的透明度,确保货物精确及时交付,最终提高客户服务水平,并因此获得客户忠诚度,这也正是企业核心竞争力所在。

据中国信息产业部提供的数据,我国企业的物流成本约为 18%,而美国仅为 9%,借助好的物流软件,可以将中国企业的物流成本降低到 10% 左右。如 EXE 的仓储管理软件,它支持在线和离线仓库管理,适合电子商务的需要。再如澳大利亚 PULSE 物流系统公司提供的仓库管理软件,它除了可以管理库存货物的数量与位置外,更加注重优化仓储中的各种资源,如人力资源、物流装备资源等,通过 RF 设备、扫描仪和其他物料搬运设备来实现对货物、人员、物流设备的运作管理。实践表明,采用 PULSE 仓储管理系统为客户带来的效益是显著的:可以使捡货时间缩短 50%,降低直接劳动成本 40% 以上,仓库空间利用率提高 20%,库存水平减少 15%,客户报告的仓库错误的几率下降至零。

云南双鹤可以根据自己的经济实力和发展需求,有选择地借鉴这些软件。

4. 减少作业环节

每一个作业环节都需要一定的活劳动和物化劳动消耗,采用现代技术手段和实行科学管理的方法,尽可能地减少一些作业环节,既有利于加速作业的进度,又利于降低成本。

(1) 采用"二就直拨"的方法。

● 就厂直拨。企业可以根据订单要求,直接到制药厂提货,验收后不经过仓库就将货物直接调运到各店铺或销售单位。

- 就车直拨。对外地运来的货物，企业可事先安排好短途运输工具，在原车边即行分拨，装上其他车辆，转运收货单位，省去入库后再外运的手续。

以上这两种方法既减少了入库中的一切作业环节，又降低了储存成本。

(2) 减少装卸搬运环节

改善装卸作业，即要设法提高装卸作业的机械化程度，还必须尽可能地实现作业的连续化，从而提高装卸效率，缩短装卸时间，降低物流成本，其合理化措施有：

- 防止和消除无效作业。尽量减少装卸次数，努力提高被装卸物品的纯度，选择最短的作业路线等都可以防止和消除无效作业。

- 提高物品的装卸搬运活性指数。企业在堆码物品时事先应考虑装卸搬运作业的方便性，把分类好的物品集中放在托盘上，以托盘为单元进行存放，既方便装卸搬运，又能妥善保管好物品。

- 积极而慎重地利用重力原则，实现装卸作业的省力化。装卸搬运使物品发生垂直和水平位移，必须通过做功才能完成。由于我国目前装卸机械化水平还不高，许多尚需人工作业，劳动强度大，因此必须在有条件的情况下利用重力进行装卸，将设有动力的小型运输带（板）斜放在货车、卡车上进行装卸，使物品在倾斜的输送带（板）上移动，这样就能减轻劳动强度和能量的消耗。

- 进行正确的设施布置。采用"L"型和"U"型布局，以保证物品单一的流向，既避免了物品的迂回和倒流，又减少了搬运环节。

5. 减少退货成本

随着退货会产生一系列的物流费用、退货货物损伤或滞销而产生的费用以及处理退货货物所需的人员费等各种事务性费用，而且由于退回的货物数量小，品种繁多，使配送费用有增高的趋势，处理业务也很复杂，这些费用构成企业物流成本中的重要部分，必须加以控制。控制退货成本首先要分析退货的原因，一般来讲，只要掌握本企业货物在店铺的销售状况及客户的订货情况，做出短期的销售预测，调整企业的货物数量和种类就能从根本上解决由用户引起的退货现象。另外，应从本企业的角度找出退货的原因，企业往往为了追求最大的销售目标，一味将货物推销给最终用户，而不管货物实际的销售状况和销售中可能出现的问题，结果造成流通在库增加、销售不振，退货成本高昂，因此应改变企业片面追求销售额的目标战略，在追踪最终需求动向和流通在库的同时，为实现最终需求增加而实施销售促进策略。

与上述问题相关联，要根本防止退货成本，企业还必须改变员工绩效评价制度，即不是以员工每月的销售额作为奖惩的依据，而是在考察用户在库状况的同时，以员工年度月平均销售额作为激励的标准，这样才能在防止退货出现的情况下，提高经营效率。当然，在制度上还必须明确划分产生退货的责任，端正员工的工作态度，按用户要求准确无误的发货。

6. 其他具体操作要求。

(1) 经过严格质检入库的货物应根据药品与非药品、处方药与非处方药、内服与外用药品、危险品等分区域储存。冷藏药品按要求在适当温度下存放，阴凉库小于20℃，常温库在0～30℃，适宜湿度范围60%～75%，温度范围2～10℃，上下午定时检查及时调整。

(2) 堆码整齐，五距（底、墙、顶、柱、间）合理，无倒置。

(3) 不同批号不混垛。不可避免时，混垛时限不得超过一个月。

(4) 特殊管理药品专库/专柜，双人双锁，专账记录，账物相符。

(5) 定期清扫库房卫生，保持库容整洁有序。劳动工具及包装物品按指定位置摆放。

(6) 对在库货物实行定时的养护检查，作好养护记录，有质量问题的货物应尽快通知质量管理科处理。

(7) 严把出库质量关，作好复核记录台账。

(8) 退货货物应专人管理并存放于退货区，必须进行重新质量验收程序，做好记录台账。属合格品方可入合格品库，有质量问题的入不合格品库。

(9) 不合格品存放于不合格品库区，进行控制性管理，按程序上报，查明原因及时处理。

7. 培养仓储技术人才，加强物流管理。

要转化就要从引进高素质人才和培训企业员工着手，在广泛吸纳社会上有用人才的同时，云南双鹤为加速提高现有人员的业务技术和道德素质，建立一支高素质的职工队伍，投入了一笔经费对全体员工进行培训。

8. 加快建立现代企业制度和推行 ISO9000 族标准管理模式。

实现现代物流功能的集成化，服务的系统化和作业的规范化，都离不开制度的约束，所以说尽快建立现代企业制度是至关重要的。在短短几年时间里，云南双鹤建立起了一套符合国情厂情的对全体员工激励和约束机制，扭转了云南双鹤的仓储形成的拖、推、懒、散现象，责、权、利不分的现象。要想打破旧的观念，就要输入强烈的市场经济观念，思想上要树立和强化改革开放意识，作风上要树立雷厉风行意识，精神上要树立艰苦创业意识，等等，用现代企业管理制度代替旧的管理模式，规范每一个作业环节、程序和责任人。

（注：本案例摘自于中国物流网，作者：罗慧琼）

讨论题：

1. 双鹤药业储存费用过高的原因是什么？
2. 双鹤药业如何实现作业环节的减少？

第六章 库存控制

【学习目标】

知识目标
1. 掌握库存的含义和分类以及库存控制补给基本策略；
2. 掌握 ABC 库存控制技术与供应链环境下的库存控制技术；
3. 掌握 MRP、JIT、ERP、DRP 与库存管理技术；
4. 掌握库存管理的费用类型以及库存控制基本类型；
5. 掌握定量订货技术、经济批量订货技术、定期订货技术。

能力目标
1. 能够应用 ABC 库存控制技术进行库存管理；
2. 能够应用 MRP、JIT、ERP、DRP 理论指导生产库存，降低成本；
3. 能够熟练应用定量订货技术、经济批量订货技术、定期订货技术进行仓库补货；
4. 能够库存控制技术与方法降低库存管理费用。

【引导案例】

M 公司的库存管理系统

M 公司的库存管理系统可帮助企业的仓库管理人员对库存物品的入库、出库、移库、盘点、补充订货和生产补料等操作进行全面的控制和管理。库存管理系统从级别、类别、货位、批次、单件、ABC 分类等不同角度来管理库存物品，以便用户可以及时了解和控制库存业务各方面的准确情况和数据、库存成本和资金占用情况，做到账、物、卡相符。库存管理系统是一个多层次的管理系统，可以通过灵活的设置实行不同层次的管理。

该系统可以进行物品 ABC 分类码的自动计算，库存物品订货数量的自动计算，各种超常规状态的报警等。系统支持多种计量单位的自动转换，并与采购、销售、生产、财务等系统有良好的接口，可以从这些子系统中获得数据或向这些系统输送数据，保持了数据的一致性。库存管理是企业管理的基础，该系统既可独立运行，也可与其子系统联合使用，组成完整的企业管理信息系统。

由于应用了该库存管理系统，使得该公司的库存成本有了明显的降低。2007 年 12 月份，在对 X 部件调查中发现，X 部件年消耗量为 5 000 件，该部件的订货费用为每次 80 元，单价为 50 元，该部件的单位库存费用为其单价的 40%。

该库存管理系统的主要功能有：

（1）入库管理。用于处理入库操作，记录各种收货的类型（如外购入库、产品入库、委托外加工入库和其他入库），记录入库物品的代码、存放仓库：货位、出库数量、单价、供应商、批号等信息，并打印入库单。

（2）出库管理。用于处理出库操作，记录各种发货的类型，记录出库物品的代码、存放仓库、货位、出库数量、单价、客户代码和领用部门、领料单号等信息，并打印出库单。

（3）入库检查。对采购来的材料进行检查，合格物品入库，不合格的进行索赔或退货处理。

（4）仓库调拨。按照企业业务和管理方法不同，分别进行物料内部调拨处理和存货异地移库处理，提供调入仓库、调出仓库管理模式，保证仓储的实际数量精确。

（5）库存盘点。可根据需要选择使用定期或连续盘点的方式，即可对于一个仓库的所有物料盘点，也可对某一物料单独盘点，自动汇总盘点数据，及时生成盘盈亏调整单。

（6）库存控制和优化。可按不同条件快速查询物料及现有库存，对库存信息实施监控。对企业内的各类物料进行 ABC 分类管理，并提供最低的库存量、最高库存量、最安全库存量的预警功能。

讨论题：

1. 谈谈库存管理与控制的意义。
2. 一年应该订几次货？一年订货的总成本是多少？

第一节　库存与库存管理概述

一、库存的含义和分类

（一）库存的含义

库存是指企业所有资源的储备。库存系统是指用来控制库存水平、决定补充时间及订购量大小的整套制度和控制手段。

传统上，制造性库存是指对公司产品有贡献或组成产品一部分的物资。制造性库存一般可分为：原材料，产成品，备件，低值易耗品以及在制品。在服务行业，库存一般指用于销售的有形商品以及用于管理的低值易耗品。

在制造业和仓储保管业中，库存分析的目的是为了解决什么时候进行订购、订购量为多少两个问题。

许多公司都努力与供应商建立长期供需关系，以便该供应商能为企业全年的需求提供服务。这样一来，问题就从"何时"与"订多少"转化为"何时"与"运送多少"。从某种意义上来说，库存是为了满足未来需要而暂时闲置的资源，所以资源的闲置就是库存，而与这种资源是否存放在仓库中没有关系，与资源是否处于运动状态也没有关系。虽然汽车运输的货物处于运动状态，但这些货物是为了未来需要而暂时闲置的，也是库存，是一种在途库存。这里所说的资源，包括工厂里的各种原材料和在制品、维修件和生产消耗品、成品和备件等。

库存是仓储的最基本的功能，除了进行商品储存保管外，它还具有整合需求和供给，保持物流系统中各项活动顺畅进行的功能。企业为了能及时满足客户的进货需求，就必须经常保持一定数量的商品库存。配送中心为了保持配送的顺利进行就必须预先储存一定数量的商品来满足订货需求。企业存货不足，会造成供货不及时、供应链断裂，丧失市场占有率或交易机会；社会整体存货不足，会造成物资贫乏、供不应求。而商品库存需要一定的维持费用，同时还存在由于商品积压和损坏而产生的库存风险。因此，在库存管理中既要保持合理的库存数量，防止缺货和库存不足，又要避免库存过量，发生不必要的库存费用。

（二）库存的分类

按照企业库存管理的目的，库存可以分为以下几种类型。

1. 经常库存

经常库存也叫周转库存，是指为满足客户日常的需求而建立的库存。经常库存的目的是为了衔接供需，缓冲供需之间在时间上的矛盾，保障供需双方的经常活动都能顺利进行。这种库存的补充是按照一定的数量界限或时间间隔反复进行的。

2. 安全库存

安全库存是指为了防止由于不确定因素（如突发性大量订货或供应商延期交货）的影响而准备的缓冲库存。例如，为了防止供应商可能发生的生产事故、原材料运输不能按期到达等意外情况造成材料供应短缺，需要设立安全库存；产品销售的不可预测性，也要储存一定量的成品库存。

3. 加工和运输过程库存

加工库存是指处于流通加工或等待加工而处于暂时储存状态的商品。运输过程的库存是指处于运输状态（在途）或为了运输的目的（待运）而暂时处于储存状态的商品。这两种方式都属于中转库存。

4. 季节性库存

季节性库存是指为了满足特定季节中出现的特定需求而建立的库存，或指对季节性生产的商品在出产的季节大量收储所建立的库存，如空调机、日历等商品具有明显的季节性消费特征。在某些季节的销售高峰期，产品会供不应求；在其他季节，产品则会滞销。因此，需要在高峰季节来临之前开始生产，并保持一定量的库存。

5. 促销库存

促销库存是指为了应付企业的促销活动产生的预期销售增加而建立的库存。

6. 时间效用库存

时间效用库存是指为了避免商品价格上涨造成损失，或为了从商品价格上涨中获利而建立的库存。

7. 沉淀库存或积压库存

沉淀库存或积压库存是指商品品质变坏或损坏，或者是因没有市场而滞销的商品库存，还包括超额储存的库存。

（三）库存的作用

库存既然是资源的闲置，就一定会造成浪费，增加企业的成本。那么，为什么还要维持一定量的库存呢？这是因为库存有其特定的作用："没有商品的储存就没有商品的流通。"因此，库存在物流的运作中具有特定的内在作用。

1. 保持生产运作的独立性

在作业中心保持一定量原材料能给该中心带来生产柔性。例如，因为每一次新的生产准备都带来成本，而库存能减少生产准备次数。装配线上各个工作站是独立进行工作的，所以即使是相似的操作，在各个工作站所花的时间也不同。因此，有必要在工作站上保持一些零件，这样，作业时间短的工作站与作业时间长的工作站之间可以得到平衡，进而使平均产量平稳化。

2. 满足需求的变化

如果能够精确地知道产品的需求，将有可能使（虽然不是必须节约的）生产的产品恰好满足需求。但是，需求通常是不能完全知道的，所以必须保持安全库存或缓冲量以防需求的突然变化。

3. 增强生产计划的柔性

库存储备能减轻生产系统要尽早生产出产品的压力。也就是说，生产提前期宽松了，在制订生产计划时，就可以通过加大生产批量使生产流程更加有条不紊，并降低生产成本。生产准备完成后，若生产批量比较大的话，将能使生产准备成本得以分摊。

4. 克服原料交货时间的波动

在向供应商订购原材料时，有许多原因都将导致材料到达延误：发运时间的变化，供应商工厂中原材料短缺而导致订单积压，供应商工厂或运输公司发生意外的工人罢工，订单丢失以及材料误送或送达的材料有缺陷等。

5. 利用经济订购量的好处

签订一份订单的成本包括人员工资、电话费、打字费、邮费等。所以，每张订单的订货量越大，所要签订的订单数则越少。同时，大订单对降低运输费用也有好处——运送的数量越多，单位运输成本越小。

二、库存管理基本概念

（一）需求

需求可以有不同的形式：间断的或连续的，如商业存储系统中，顾客对时令商品的需求是间断的，对日用品的需求是连续的；均匀的或不均匀的，如工厂自动生产流水线对原料的需求是均匀的，而城市对电力的需求则是不均匀的；独立的和相关的；确定性的和随机的等。

（二）独立需求与相关需求

【相关链接】

20世纪60年代，IBM公司的约瑟夫·奥列基博士提出了对物料的需求分为独立需求与相关需求的概念。

1. 独立需求与相关需求的概念

（1）独立需求。当一个库存项目的需求与其他库存项目的需求无关时，称为独立需求。因此，独立需求是一种不能从上一级需求派生出下一级需求的需求类型。即需求项目之间没有任何联系，不会发生一个项目的需求对另一个项目的需求产生影响的需求形式。如对成品、备品备件等的需求。这种需求受市场等随机因素的影响，需求一般经过预测得到。

（2）相关需求。当一个库存项目的需求与其他库存项目的需求直接相关时，称为相关需求。相关性包含两方面：一种是纵向的，即上一级需求项目派生出下一级需求项目。另一种是横向的，如随同产品发货的附件等。因此，在库存管理中，我们必须搞清独立需求与非独立需求之间的区别，库存系统决策的基础依赖于区分需求来自最终产品还是与该产品本身有关。

2. 独立需求与相关需求的区别

（1）掌握需求的数量和时间的方式不同。独立需求是随机的，只能靠预测来掌握；相关需求是确定的、随时间变化的，特征是已知的，所以不需要预测，只需根据生产计划来确定。

（2）满足两种需求的库存在性质上不同。满足独立需求的存货需要设立安全存货，满足相关需求的存货不需要设立安全存货，而且在理想情况下，所有的生产存货都应该是在制品。

（三）库存管理思想

独立需求的库存控制与相关需求的库存控制原理是不相同的。独立需求对一定的库存控制系统来说，是一种外生变量（exogenous variable），相关需求则是控制系统的内生变量（endogenous variable）。不管是独立需求库存控制还是相关需求库存控制，都要回答这些问题：如何优化库存成本？怎样平衡生产与销售计划，来满足一定的交货要求？怎样避免浪费，避免不必要的库存？怎样避免需求损失和利润损失？所以，库存管理要根据用户需求量的大小，指定一个订货进货策略，来控制订货进货过程，达到既满足用户需要又控制了库存水平、使得库存总费用最小的目的。库存控制方法实际上又可以叫做订货策略，主要解决与订货有关的三个问题：什么时候订货（即订货点、订货时机）？订多少（即订货批量）？如何实施（即订货法、如何操作）？

三、库存控制补给基本策略

独立需求库存控制采用的是订货点控制策略。订货点法库存管理的策略很多，最基本的策略有四种：连续性检查的固定订货量、固定订货点策略，即 (Q, R) 策略；连续性检查的固定订货点、最大库存策略，即 (R, S) 策略；周期性检查策略，即 (t, S) 策略；综合库存策略，即 (t, R, S) 策略。在这四种基本的库存策略基础上又延伸出很多种库存策略。我们重点介绍这四种基本的库存策略。

1. (Q, R) 策略

该策略的基本思想是：对库存进行连续性检查，当库存降低到订货点水平 R 时，即发出一个订货，每次的订货量保持不变，都为固定值 Q。该策略适用于需求量大、缺货费用较高、需求波动性很大的情形。

2. (R, S) 策略

该策略和 (Q, R) 策略一样，都是连续性检查类型的策略，也就是要随时检查库存状态，当发现库存降低到订货点水平及时，开始订货，订货后使最大库存保持不变，即为常量 S，若发出订单时库存量为 I，则其订货量为 $(S-I)$。该策略和 (Q, R) 策略的不同之处在于其订货量是按实际库存而定，因而订货量是可变的。

3. (t, S) 策略

该策略是每隔一定时期检查一次库存,并发出一次订货,把现有库存补充到最大库存水平 S,如果检查时库存量为 I,则订货量为 $(S-I)$。经过固定的检查期 t,发出订货,若此时库存量为 I_1,则订货量为 $(S-I_1)$;经过一定的时间 L_T(L_T 是订货提前期,可以为随机变量),库存补充到 $(S-I_1)$,库存到达 A 点。再经过一个固定的检查时期 t,又发出一次订货,若此时库存量为 I_2,则订货量为 $(S-I_2)$,经过一定的时间,库存再达到新的高度 B。如此周期性检查库存,不断补给。该策略不设订货点,只设固定检查周期和最大库存量。该策略适用于一些不很重要的、或使用量不大的物资。

4. (t, R, S) 策略

该策略是策略 (t, S) 和策略 (R, S) 的综合。这种补给策略有一个固定的检查周期 t、最大库存量 S、固定订货点水平 R。当经过一定的检查周期 t 后,若库存低于订货点,则发出订货;否则,不订货。订货量的大小等于最大库存量减去检查时的库存量。当经过固定的检查时期到达 A 点时,此时库存已降低到订货点水平线 R 之下,因而应发出一次订货,订货量等于最大库存量 S 与当时的库存量 I_1 的差 $(S-I_1)$。经过一定的订货提前期后在 B 点订货到达,库存补充到 C 点。在第二个检查期到来时,此时库存位置在 D,比订货点水平位置线高,无须订货。第三个检查期到来时,库存点在 E,等于订货点,又发出一次订货,订货量为 $(S-I_3)$,如此周期进行下去,可实现周期性库存补给。

【拓展提高】

常见库存控制模型

常见的独立需求库存控制模型根据其主要的参数,如需求量与提前期是否为确定,分为确定型库存模型和随机型库存模型。

1. 确定型库存模型

(1) 周期性检查模型 (periodic review model)。此类模型有六种,分不允许缺货、允许缺货、实行补货等三种情况。每种情况又分瞬时到货、持续到货两种情形。最常用的模型是不允许缺货、瞬时到货型。

(2) 连续性检查模型 (continuous review model)。连续型检查模型需要确定订货点和订货量两个参数。也就是解决 (Q, R) 策略的两个参数的设定问题。连续型库存检查模型分六种:不允许缺货、瞬时到货型;不允许缺货、持续到货型;允许缺货、瞬时到货型;允许缺货、持续到货型;补货、瞬时到货型;补货、持续到货型。最常见的连续性检查模型是不允许缺货、瞬时到货型。最经典的经济订货批量模型 (EOQ) 模型就是这种。

2. 随机型库存模型

随机型库存模型要解决的问题是:确定经济订货批量或经济订货期;确定安全库存量;确定订货点和订货后最大库存量。随机型库存模型也分连续性检查和周期性检查两种情形。

第二节　库存控制技术

一、ABC 库存控制技术

ABC 库存控制技术又叫 ABC 分类管理法、ABC 分析法，它是以某类库存物质品种数占物质品种数的百分数和该类物质金额占库存物质总金额的百分数大小为标准，将库存物质分为 A、B、C 三类进行分级管理。ABC 分类管理法简单易行，效果显著，在现代库存管理中已被广泛应用。

（一）ABC 分类管理法的来源

【相关链接】

> ABC 分析的基础可源自巴雷特分析（Pareto analysis）。巴雷特在 1897 年研究社会财富分配时收集了许多国家的收入统计资料，得出收入与人口关系的规律，即占人口比重不大（20%）的少数人的收入占总收入的大部分（80%），而大多数人（80%）的收入只占总收入的很小部分（20%）。
> 由此他提出了所谓的"关键的少数和次要的多数"的结论。

1951 年，美国通用电气公司的董事长迪基对公司所属某厂的库存物品经过调查分析后发现上述原理适用于储存管理，将库存物品按所占资金也可分成三类，并分别采取不同的管理办法和采购、储存策略，尤其是对重点物品实行 ABC 分类分析的重点管理的原则。

（二）ABC 分类管理法的原理

仓库保管的货物品种繁多，有些物质的价值较高，对企业的发展影响较大，或者对保管的要求较高，而多数被保管的货物价值较低，要求不是很高。如果我们对所有的货物采取相同的管理方法，则可能投入的人力、资金很多，而效果则事倍功半。如何在管理中突出重点，做到事半功倍，这是应用 ABC 分析方法的目的。

20—80 原则是 ABC 分类的指导思想，所谓 20—80 原则，简单地说就是 20% 的因素带来了 80% 的结果，如 20% 的客户提供了 80% 的订单，20% 的产品赢得了 80% 的利润，20% 员工创造了 80% 的财富。当然，这里的 20% 和 80% 并不是绝对的，还可能是 25% 和 75% 等等，总之，20—80 原则作为统计规律，是指少量的因素带来了大量的结果。它告诉人们，不同的因素在同一活动中起着不同的作用，在资源有限的情况下，注意力显然应该放在起着关键性作用的因素上，ABC 分类法正是在这种原则指导下，企图对库存物质进行分类，以找出占用大量资金的少数库存货物，并加强对它们的控制与管理，对那些占用少量资金的大多数货物，则实行较简单的控制与管理。

一般地，人们将价值比率为 65%～80%、数量比率为 15%～20% 的物品化为 A 类。
将价值比率为 15%～20%、数量比率为 30%～40% 的物品化为 B 类。
将价值比率为 5%～15%、数量比率为 40%～55% 的物品化为 C 类。

（三）ABC 分类的步骤

采用 ABC 分类管理法可以按照下列步骤进行：

（1）分析本仓库所存货物的特征。包括货物的价值、重要性以及保管要求上的差异等。

（2）收集有关的货物存储资料。包括各种货物的库存量、出库量和结存量。前两项应收集半年到一年的资料，后一项应收集盘点或分析时的最新资料。

（3）资料的整理和排序。将所收集的货物资料按价值（或重要性、保管难度等）进行排序。当货物品种较少时，以每一种库存货物为单元统计货物的价值；当种类较多时，可将库存货物采用按价值大小逐步递增的方法分类，分别计算出各范围内所包含的库存数量和价值。

（4）将前面计算出的资料整理成表格形式，求出累计百分数。

（5）根据表中统计数据绘制 ABC 分析图。再根据价值和数量比率的划分标准，可确定货物对应的种类。

【例 6-1】广东南方仓储有限公司是一家专业仓储企业，2008 年 6 月公司进行了库存盘点，经盘点库存货物的数量和价值如表 6-1 所示，试对南方仓储库存货物进行 ABC 分类。

表 6-1 库存货物数量与价值统计

序号	货物单价/元	数量	数量比率/%	数量累计比率/%	价值/万元	价值比率/%	价值累计比率/%
1	10000 以上	10	5.0	5.0	12	23.1	23.1
2	6001～10000	18	9.0	14.0	13	25.0	48.1
3	4001～6000	12	6.0	20.0	6.5	12.5	60.6
4	2001～4000	20	10.0	30.0	7.0	13.5	74.0
5	1001～2000	32	16.0	46.0	6.5	12.5	86.5
6	501～1000	48	24.0	70.0	5	9.6	96.2
7	1～500	60	30.0	100	2	3.8	100
合计		200	100		52	100	

解：根据表 6-1 数据绘制 ABC 分析图。

第一步，以横坐标反映数量比率，纵坐标反映价值比率，描点后连接起来，如图 6-1 所示。

第二步，根据 ABC 分析图以及价值和数量比率的划分标准，确定货物的分类。如表 6-2 所示。

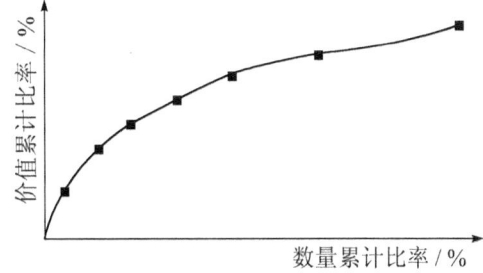

图 6-1 ABC 分析图

表 6-2 货物分类

序 号	分 类
1, 2	A
3, 4, 5	B
6, 7	C

（四）ABC 分类管理法的应用

根据 ABC 分析图，需要对不同等级的货物进行不同的管理方法。

1. A 类货物采取定期订货方式，定期调整库存

（1）增加盘点次数，以提高对库存量的精确掌握。

（2）尽量减少货物出库量的波动，使仓库的安全储备量降低。

（3）A 类货物必须保证不拖延交货期。

（4）A 类货物是价值分析的对象。

（5）货物放置于便于进出的地方。

（6）货物包装尽可能标准化，以提高常仓库利用率。

2. B 类货物的管理方法

（1）正常的控制，采用比 A 类货物相对简单的管理方法。

（2）B 类货物中销售额比较高的品种要采用定期订货方式或定期定量混合方式。

3. C 类货物的管理方法

（1）将一些货物不列入日常管理的范围，如对于螺丝、螺母之类的数量大价值低的货物不作为盘点的货物，并可规定最少出库的批量，以减少处理次数等。

（2）防止库存缺货，安全库存要多些或减少订货次数以降低费用。

（3）减少这类货物的盘点次数。

（4）通过现代化的工具可以很快订货的货物，不设置库存。

（5）给予最低的优先作业次序。

二、供应链环境下的库存控制技术

供应链管理思想对企业的最直接和最深刻的影响是企业决策思维方式的转变：从传统、封闭的纵向思维方式向横向、开放思维方式转变。库存管理是企业管理主要内容之一，供应链管理思想无疑会对此带来很大的影响。与传统的企业管理方法相比，在信息来源、信息的集成方法、计划的决策模式、计划的运行环境、控制的手段等许多方面，供应链管理模式下的管理方法都有显著不同。

（一）供应商管理用户库存（VMI）

长期以来，流通中的库存是各自为政的。流通环节中的每一个部门都是各自管理自己的库存，零售商、批发商、供应商都有各自的库存，各个供应链环节都有自己的库存控制策略。由于各自的库存控制策略不同，因此不可避免地产生需求的扭曲现象，即所谓的需求放大现象，无法使供应商快速地响应用户的需求。在供应链管理环境下，供应链的各个环节的活动都应该是同步进行的，而传统的库存控制方法无法满足这一要求。近年来，在国外，出现了一种新的供应链库存管理方法——供应商管理用户库存（Vendor Managed Inventory，VMI），这种库存管理策略打破了传统的各自为政的库存管理模式，体现了供应链的集成化管理思想，适应市场变化的要求，是一种新的有代表性库存管理思想。

1. VMI 的基本思想

VMI 是一种很好的供应链库存管理策略。关于 VMI 的定义，国外有学者认为："VMI 是一种在用户和供应商之间的合作性策略，以对双方来说都是最低的成本优化产品的可获性，在一个相互同意的目标框架下由供应商管理库存，这样的目标框架被经常性监督和修

正，以产生一种连续改进的环境。"

传统地讲，库存是由库存拥有者管理的。因为无法确切知道用户需求与供应的匹配状态，所以需要库存，库存设置与管理是由同一组织完成的。这种库存管理模式并不总是最优的。例如，一个供应商用库存来应付不可预测的或某一用户不稳定的（这里的用户不是指最终用户，而是分销商或批发商）需求，用户也设立库存来应付不稳定的内部需求或供应链的不确定性。虽然供应链中每一个组织独立地寻求保护其各自在供应链的利益不受意外干扰是可以理解的，但不可取，因为这样做的结果影响了供应链的优化运行。供应链的各个不同组织根据各自的需要独立运作，导致重复建立库存，因而无法达到供应链全局的最低成本，整个供应链系统的库存会随着供应链长度的增加而发生需求扭曲。VMI库存管理系统就能够突破传统的条块分割的库存管理模式，以系统的、集成的管理思想进行库存管理，使供应链系统能够获得同步化的运作。

VMI策略的关键措施主要体现在如下几个原则中：

（1）合作性原则（合作精神）。在实施该策略时，相互信任与信息透明是很重要的，供应商和用户（零售商）都要有较好的合作精神，才能够相互保持较好的合作。

（2）互惠原则（使双方成本最小）。VMI不是关于成本如何分配或谁来支付的问题，而是关于减少成本的问题。通过该策略使双方的成本都获得减少。

（3）目标一致性原则（框架协议）。双方都明白各自的责任，观念上达成一致的目标。如库存放在哪里，什么时候支付，是否要管理费，要花费多少等问题都要回答，并且体现在框架协议中。

（4）连续改进原则。使供需双方能共享利益和消除浪费。VMI的主要思想是供应商在用户的允许下设立库存，确定库存水平和补给策略，拥有库存控制权。

精心设计与开发的VMI系统，不仅可以降低供应链的库存水平，降低成本，而且，用户外还可获得高水平的服务，改善资金流，与供应商共享需求变化的透明性和获得更高的用户信任度。

2. VMI的实施方法

实施VMI策略，必须改变订单的处理方式，建立基于标准的托付订单处理模式。首先，供应商和批发商一起确定供应商的订单业务处理过程所需要的信息和库存控制参数，然后建立一种订单的处理标准模式，如EDI标准报文，最后把订货、交货和票据处理各个业务功能集成在供应商一边。

库存状态透明性（对供应商）是实施供应商管理用户库存的关键。供应商能够随时跟踪和检查到销售商的库存状态，从而快速地响应市场的需求变化，对企业的生产（供应）状态作出相应的调整。为此，需要建立一种能够使供应商和用户（分销、批发商）的库存信息系统透明连接的方法。供应商管理库存的策略可以分如下几个步骤实施。

（1）建立顾客情报信息系统。要有效地管理销售库存，供应商必须能够获得顾客的有关信息。通过建立顾客的信息库，供应商能够掌握需求变化的有关情况，把由批发商（分销商）进行的需求预测与分析功能集成到供应商的系统中来。

（2）建立销售网络管理系统。供应商要很好地管理库存，必须建立起完善的销售网络管理系统，保证自己的产品需求信息和物流畅通。① 保证自己产品条码的可读性和惟一性；② 解决产品分类、编码的标准化问题；③ 解决商品存储运输过程中的识别问题。

目前已有许多企业开始采用 MRPII 或 ERP 企业资源计划系统,这些软件系统都集成了销售管理的功能。通过对这些功能的扩展,可以建立完善的销售网络管理系统。

(3) 建立供应商与分销商(批发商)的合作框架协议。供应商和销售商(批发商)一起通过协商,确定处理订单的业务流程以及控制库存的有关参数(如再订货点、最低库存水平等)、库存信息的传递方式(如 EDI 或 Internet)等。

(4) 组织机构的变革。这一点也很重要,因为 VMI 策略改变了供应商的组织模式。过去一般由会计经理处理与用户有关的事情,引入 VMI 策略后,在订货部门产生了一个新的职能负责用户库存的控制,库存补给和服务水平。

一般来说,在以下的情况下适合实施 VMI 策略:零售商或批发商没有 IT 系统或基础设施来有效管理他们的库存;制造商实力雄厚并且比零售商市场信息量大;有较高的直接存储交货水平,因而制造商能够有效规划运输。

VMI 的支持技术主要包括:EDI/Internet、ID 代码、条码、条码应用标识符、连续补给程序等。

(二) 联合库存管理

对现有的供应链库存管理模式进行了新的拓展和重构,提出了联合库存管理新模式——基于协调中心的联合库存管理系统。

1. 基本思想

VMI 是一种供应链集成化运作的决策代理模式,它把用户的库存决策权代理给供应商,由供应商代理分销商或批发商行使库存决策的权力。联合库存管理则是一种风险分担的库存管理模式。地区分销中心体现了一种简单的联合库存管理思想。传统的分销模式是分销商根据市场需求直接向工厂订货,比如汽车分销商(或批发商),根据用户对车型、款式、颜色、价格等的不同需求,向汽车制造厂订的货,需要经过一段较长时间才能达到,因为顾客不想等待这么久的时间,因此各个推销商不得不进行库存备货,这样大量的库存使推销商难以承受。

近年来,在供应链企业之间的合作关系中,更加强调双方的互利合作关系,联合库存管理就体现了战略供应商联盟的新型企业合作关系。

联合库存管理是解决供应链系统中由于各节点企业的相互独立库存运作模式导致的需求放大现象,提高供应链的同步化程度的一种有效方法。联合库存管理和供应商管理用户库存不同,它强调双方同时参与,共同制定库存计划,使供应链过程中的每个库存管理者(供应商、制造商、分销商)都从相互之间的协调性考虑,保持供应链相邻的两个结点之间的库存管理者对需求的预期保持一致,从而消除了需求变异放大现象。任何相邻结点需求的确定都是供需双方协调的结果,库存管理不再是各自为政的独立运作过程,而是供需连接的纽带和协调中心。

基于协调中心的库存管理与传统的库存管理模式相比,有如下几个方面的优点:

(1) 为实现供应链的同步化运作提供了条件和保证。

(2) 减少了供应链中的需求扭曲现象,降低了库存的不确定性,提高了供应链的稳定性。

(3) 库存作为供需双方的信息交流和协调的纽带,可以暴露供应链管理中的缺陷,为改进供应链管理水平提供依据。

（4）为实现零库存管理、准时采购以及精细供应链管理创造了条件。

（5）进一步体现了供应链管理的资源共享和风险分担的原则。

联合库存管理系统把供应链系统管理进一步集成为上游和下游两个协调管理中心，从而部分消除了由于供应链环节之间的不确定性和需求信息扭曲现象导致的供应链的库存波动。通过协调管理中心，供需双方共享需求信息，因而起到了提高供应链的运作稳定性作用。

2. 联合库存管理的实施策略

（1）建立供需协调管理机制。为了发挥联合库存管理的作用，供需双方应从合作的精神出发，建立供需协调管理的机制，明确各自的目标和责任，建立合作沟通的渠道，为供应链的联合库存管理提供有效的机制。没有一个协调的管理机制，就不可能进行有效的联合库存管理。

建立供需协调管理机制，要从以下几个方面着手：

① 建立共同合作目标要建立联合库存管理模式，首先供需双方必须本着互惠互利的原则，建立共同的合作目标。为此，要理解供需双方在市场目标中的共同之处和冲突点，通过协商形成共同的目标，如用户满意度、利润的共同增长和风险的减少等。

② 建立联合库存的协调控制方法，联合库存管理中心担负着协调供需双方利益的角色，起协调控制器的作用，因此需要确定库存优化的具体方法。这些内容包括库存如何在多个需求商之间调节与分配，库存的最大量和最低库存水平、安全库存的确定，需求的预测等等。

③ 建立一种信息沟通的渠道或系统信息共享是供应链管理的特色之一。为了提高整个供应链的需求信息的一致性和稳定性，减少由于多重预测导致的需求信息扭曲，应增加供应链各方对需求信息获得的及时性和透明性。为此应建立一种信息沟通的渠道或系统，以保证需求信息在供应链中的畅通和准确性。要将条码技术、扫描技术、POS 系统和 EDI 集成起来，并且要充分利用因特网的优势，在供需双方之间建立一个畅通的信息沟通桥梁和联系纽带。

④ 建立利益的分配、激励机制，要有效地运行基于协调中心的库存管理，必须建立一种公平的利益分配制度，并对参与协调库存管理中心的各个企业（供应商、制造商、分销商或批发商）进行有效的激励，防止机会主义行为，增加协作性和协调性。

（2）发挥两种资源计划系统的作用。为了发挥联合库存管理的作用，在供应链库存管理中应充分利用目前比较成熟的两种资源管理系统：MRPII 和 DRP。原材料库存协调管理中心应采用制造资源计划系统 MRPII，而在产品联合库存协调管理中心则应采用物资资源配送计划 DRP。这样在供应链系统中把两种资源计划系统很好地结合起来。

（3）建立快速响应系统。快速响应系统在美国等西方国家的供应链管理中被认为是一种有效的管理策略，它经历了三个发展阶段。第一阶段为商品条码化，通过对商品的标准化识别处理加快订单的传输速度；第二阶段是内部业务处理的自动化，采用自动补库与 EDI 数据交换系统提高业务自动化水平；第三阶段是采用更有效的企业间的合作，消除供应链组织之间的障碍，提高供应链的整体效率，如通过供需双方合作，确定库存水平和销售策略等。

目前在欧美等西方国家，QR 系统应用已到达第三阶段，通过联合计划、预测与补货等策略进行有效的用户需求反应。美国的 Kurt Salmon 协会调查分析认为，实施快速响应系统后供应链效率大有提高：缺货大大减少，通过供应商与零售商的联合协作保证 24 小时供货；库存周转速度提高 1～2 倍；通过敏捷制造技术，企业的产品中有 20%～30% 是根据用户的需求而制造的。快速响应系统需要供需双方的密切合作，因此协调库存管理中心的建立为快速响应系统发挥更大的作用创造了有利的条件。

（4）发挥第三方物流系统的作用。第三方物流系统（Third Party Logistics，TPL）是供应链集成的一种技术手段。TPL 也叫做物流服务提供者（Logistics Service Provider. LSP），它为用户提供各种服务，如产品运输、订单选择、库存管理等。第三方物流系统的产生是由一些大的公共仓储公司通过提供更多的附加服务演变而来，另外一种产生形式是由一些制造企业的运输和分销部门演变而来。

把库存管理的部分功能代理给第三方物流系统管理，可以使企业更加集中精力于自己的核心业务，第三方物流系统起到了供应商和用户之间联系的桥梁作用，为企业获得诸多好处：①减少成本；②使企业集中于核心业务；③获得更多的市场信息；④获得一流的物流咨询；⑤改进服务质量；⑥快速进入国际市场。

面向协调中心的第三方物流系统使供应与需求双方都取消了各自独立的库存，增加了供应链的敏捷性和协调性，并且能够大大改善供应链的用户服务水平和运作效率。

三、MRP 与库存管理

（一）MRP 基本原理

1. 物料需求计划（Material Requirement Planning，MRP）的产生

在物料需求计划问世之前，库存计划通常采用订货点法。但是订货点法只能保证稳定均衡消耗情况下不出现短缺，不能保证消耗多变情况下不出现短缺，也无法起到降低库存的作用。

【相关链接】

> 1965 年美国的 J.A 奥列基博士（Dr. Joseph A. Orlicky）提出独立需求和相关需求的概念，并指出订货点法只适用于独立需求物质。由于市场需求是经常变化的，对各种物料的需求也是时刻在变化，这其中既有独立性的需求，也有相关性的需求。不出现短缺和降低库存是生产中遇到的两个互相矛盾的目标，而且增加库存并不一定就能保证所有物料不出现短缺。正是为了解决这个矛盾，美国生产管理和计算机应用专家 Oliver W. Wight 与 George W. Plosh 首先提出了物料需求计划 MRP。
>
> IBM 公司首先在计算机上实现了 MRP 处理。随后，MRP 经历了一个由基本 MRP 到闭环 MRP，再到 MRP Ⅱ，然后再到 MRP Ⅲ 的发展过程。

2. 基本 MRP 的原理

基本 MRP 的原理是，由主生产进度计划（Master Production Schedule，MPS）和主产品的层次结构逐层逐个地求出产品所有零部件的出产时间、出产数量。如果是自己加工，就形成了加工任务单。如果是向外采购，就形成了采购任务单。因此，MRP 的基本任务

是：从最终产品的生产计划导出相关物料的需求量和需求时间；根据物料需求时间和生产（订货）周期确定其开始生产（订货）的时间。

MRP 是在库存管理的订货点法基础上提出来的，通过综合分析订单、当前库存以及生产顺序的信息，使得正确的物料在正确的时间到达，以此来减少库存、降低劳动力成本、增加按时发货率。

MRP 的基本任务是编制零件的生产计划和采购计划。然而，要正确编制零件计划，首先必须落实产品的生产进度计划，即主生产计划，这是 MRP 展开的依据。MRP 还需要知道产品的零件结构，即物料清单（bill of materials，BOM），才能把主生产计划展开成零件计划。同时，还必须知道所需物料的库存数量才能准确计算出零件的采购数量。

3. MRP 的主要内容

MRP 主要回答三个问题：

（1）需要什么？

（2）需要多少？

（3）什么时候需要？

4. MRP 的任务

MRP 是一种模拟技术，根据主生产计划、物料清单和库存余额，对每种物料进行计算，指出何时将会发生物料短缺，并给出建议，以最小库存量来满足需求且避免物料短缺。EOQ 系统地解决了独立需求物料的库存控制问题，这里 MRP 主要解决物料的相关需求的一系列问题。

（二）MRP 的基本构成

根据 MRP 的逻辑关系图，由图 6-2 所示可知，物料需求计划（MRP）的主要输入的内容有主生产计划（MPS）、物料清单（BOM）和库存信息。

MRP 是通过主生产计划（MPS）明确我们将要生产什么。通过物料清单（BOM）回答我们用什么生产、需要用些什么。最后，库存信息显示我们有什么，通过与库存记录比较回答我们还需再得到什么。

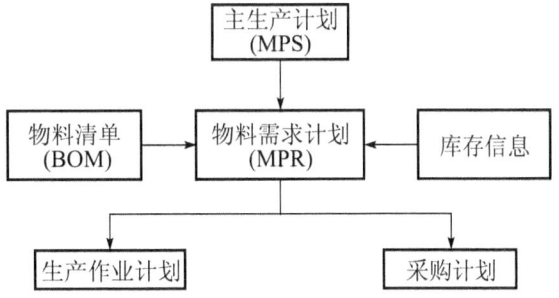

图 6-2 MRP 的逻辑关系图

1. 主生产计划

主生产计划是确定最终产品在每一个具体时间生产的产品数量，在一般情况下具体时间的单位为周，也可以是日、旬和月。主生产计划一般处理的是最终物料，有时处理的是主要的部件。

2. 物料清单

物料清单要列出各物料、零件和部件等组成，反映一个完整的生产产品的描述。这一描述一般用产品结构树来反映，如图 6-3 所示。

已知生产最终产品 U，U 是由 2 个单位 V 和 3 个单位 W 组成。部件 V 又是由 1 个单位 X

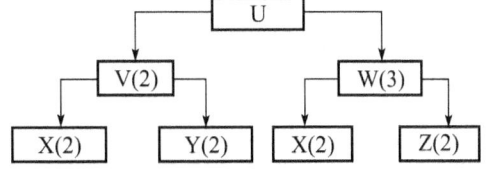

图 6-3 产品结构树状关系

和 2 个单位 Y 构成。部件 W 是由 2 个单位 X 和 2 个单位 Z 构成。

能够算出，若需要生产 100 单位 U，则需要如下数目的其他的零部件：

部件 V：2×U 的数目 = 2×100 = 200

部件 W：3×U 的数目 = 3×100 = 300

部件 X：部件 X 由两部分组成：1×V 的数目 = 1×200 和 2×W 的数目 = 2×300，两部分相加 200 + 600 = 800

部件 Y：2×V 的数目 = 2×200 = 400

部件 Z：2×W 的数目 = 2×300 = 600

3. 库存信息

库存信息反映的是我们有什么，是对企业的原材料、零部件、在制品等存在状态的一种反映。其主要参数如下：

（1）总需求量。是指部件或原材料等在要求时间内的需求数量，它不考虑当前库存量。

（2）预计入库量。是指已经确定的，在规定时间内到达的采购货物的数量。

（3）现有库存量。是指在企业的仓库中可用的货物库存数量。

（4）净需求量。是指各具体时间的实际需求数量。

（5）已分配量。是指目前保存在企业仓库中，但已分配计划了的货物数量。

（6）计划订货量。是指根据需求时间计算出的货物需求到达数量。

（7）计划下达量。是指企业根据订货提前期应当发出订单的货物数量。

根据上例的计算，我们可以得到产品的物料需求计划中各零部件的需求时间和订货时间，如表 6-3 所示。

表 6-3　产品的物料需求计划

		1	2	3	4	5	6	7	
U	需求时间							100	U 提前期一周
	订货时间						100		
V	需求时间						200		V 提前期二周
	订货时间				200				
W	需求时间						300		W 提前期二周
	订货时间				300				
X	需求时间				800				X 提前期三周
	订货时间	800							
Y	需求时间				400				Y 提前期一周
	订货时间			400					
Z	需求时间				600				Z 提前期一周
	订货时间			600					

（三）闭环 MRP

MRP 只体现在物料需求这一方面，物料需求计划仅仅是生产管理的一部分，要通过企业部门的作业管理和采购作业管理来实现，其中还必须受到企业生产能力的约束。因此，仅有 MRP 是不够的，于是人们提出了闭环 MRP 系统。闭环 MRP 的内容体现，一方面是指把生产能力计划、车间作业和采购作业计划纳入 MRP，形成一个封闭系统。而另一方面是指在计划执行过程中，必须有来自车间、供应商和计划人员的反馈信息，从而使生产计划方面各子系统协调平衡。为区别于 MRP，提出了闭环 MRP。闭环 MRP 的系统反馈流程如图 6-4 所示。

从闭环 MRP 的系统反馈中可以看到，闭环体现着出现的问题，在运作过程中产生的数据会反馈到系统，并且对系统能够进行验证，需要时再进行相应的修正。

（四）MRP Ⅱ

物料需求计划的进一步扩展，也就是将在生产过程中一些其他相关因素渗入系统中是必然的。MRP Ⅱ 是制造业资源计划（Manufacturing Resource Planning）的英文缩写。MRP Ⅱ 的思想集中体现了制造企业生产经营过程中的客观规律和需求，其功能全面覆盖了市场预测、订单接收、生产计划、物料需求、能力需求、库存控制、车间管理直到产品销售的整个生产经营过程以及相关的所有财务活动。从而为制造业提供了有效的计划和控制工具。

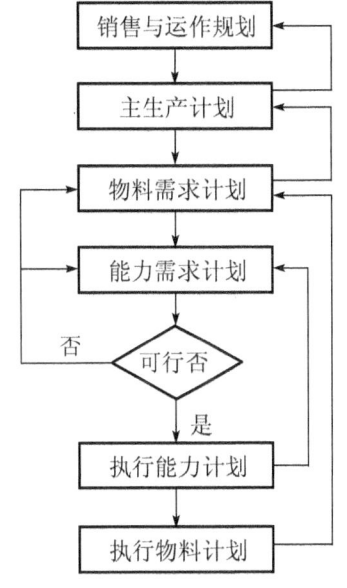

图 6-4　闭环 MRP 的系统反馈流程

MRP Ⅱ 与 MRP 本质的不同就是 MRP Ⅱ 集成了销售管理、成本管理和财务管理的内容，不但解决了物流和信息流的统一，还集成了资金流，对财务分析和财务决策提供支持。

MRP Ⅱ 管理模式的特点有：

（1）MRP Ⅱ 把企业中的各子系统有机地结合起来，形成一个面向整个企业的一体化系统。其中，生产和财务两个子系统关系尤为密切。

（2）MRP Ⅱ 的所有数据来源于企业的中央数据库，各子系统在统一的数据环境下工作。

（3）MRP Ⅱ 具有模拟功能，能根据不同的决策方针模拟出各种未来将会发生的结果，因此，它也是企业上层管理机构的决策工具。

四、JIT 与库存管理

（一）JIT 基本原理

JIT 反映了生产制造业追求优秀的一种理念，是通过工厂的"拉动系统"进行管理。它涉及产品设计、过程设计、设备选择、物料管理、质量保证等一系列的活动。其基本点是有计划地消除所有的浪费，持续不断地提高生产率。从原材料到产成品的所有过程消除一切浪费，强调零库存，以零缺陷为目标改善产品质量。通过减少准备时间、队列长度和批量而达到缩短提前期，改进操作过程，并且以最小成本来实现这些目标。

【相关链接】

> 20世纪70年代末，在石油危机的冲击下，为了降低成本，消除在生产过程中的一切浪费，日本丰田汽车公司首先推出准时制化的生产方式JIT（just in time）。

丰田关于JIT系统的定义是只在必要的时间以必要的数量生产必要的物料。通常称为"看板"（kan ban）系统。JIT是一组活动的集合，其目的在于实现在原材料、在制品及产成品保持最小库存的情况下进行大批量生产，零件准时到达下道工序并被下道工序迅速加工和转移。准时制是基于任何工序只在需要时才生产必要的制品的逻辑。生产的需要是产生于对产品的实际需求。理论上讲，当有一件产品卖出时，市场就从系统的终端拉动一个产品，于是形成了对生产线的订货。总装配线上的工人从物流的上游工位拉动一个新产品补充被取走的产品。这个上游工位又从更上游的工位拉动产品。重复这一过程，直到原材料投入工序。为了保证该拉动过程平稳工作，JIT要求全过程各阶段都要具有很高的质量、良好的供应商关系以及对最终产品需求的准确预测。

（二）JIT概念的四个主要要素

1. 零库存

零库存是一种现代库存管理方法，它基于在准确的时间把准确的数量送到准确的地点。超过需要的一切都是浪费，因此，任何库存都是浪费。日本的JIT理念认为，库存是由于计划不周、能力不够、供应商过失、订单处理延迟和生产操作不规范、设备保养差等原因所造成。JIT生产可以发现其他生产方式由于过多的库存和过多人员而隐藏的问题。

2. 备货期短

由于采用小批量供货和较短的供货周期，JIT使备货时间大大地缩短了。生产提前期的缩短也使成本下降。

3. 高频率小批量补货

高频率小批量供货可以减少和避免存货，当发现问题时容易得到改进和实现均衡作业以及柔性生产的实现等。

4. 高质量和无缺陷

JIT要求消除各种引起浪费的不合理的原因，要求在整个生产过程中每一个操作都要达到精益求精，将质量管理引入每一个操作中，对产品质量进行及时的检测与处理。

（三）JIT的目的及要求

1. JIT的目的

（1）解决生产过程中时间、库存和废品等浪费问题；

（2）暴露系统在生产过程中的问题及存在的瓶颈问题；

（3）实现流水线生产。

2. 实施JIT的要求

实施JIT过程中强调全体员工的参与和管理。要求对生产过程进行持续的改革。对生产过程进行全面的质量管理以改善和提高产品质量，通过检验等手段来发现和解决问题这本身也是一种浪费。要求减少批量，以小的批量规模组织生产。

JIT 目前已被用于重复性生产企业。JIT 模式的生产过程要求有一个稳定的环境。其生产过程不要求大规模大批量的组织生产。

（四）JIT 与传统库存管理的比较

JIT 以追求消除浪费、实现原材料和外购件零库存为目标，与传统库存管理比较，其体现的特点有：

1. 采用单源的供应方式

JIT 采用有别于传统供应商多源的供应方式，一方面可以与供应商建立长期的合作伙伴关系，而不是传统的交易关系。这样可以享受长期的、大规模的低成本效益。另一方面在原材料和外购零部件等质量上得到保证。由于长期的合作伙伴关系，JIT 把质量的保障责任放在供应商处，不需要企业部门来把关。供应商须参与生产企业从产品设计到生产管理的整个过程，而不仅仅是按指令进行供货。从源头上保证供货质量，将供应商所供的货直接送到生产线上，减少了一系列的中间传统环节，达到降低成本的目的。

2. 小批量供货和较短的备货时间

小批量供货是 JIT 的特点之一，以保证按时、保质保量供货。由于小批量供货要求和较短的备货时间要求，在采用 JIT 模式时，供应商或仓储设施等就在生产企业的周围附近建立起来。

3. 高效的信息共享

要消除浪费、降低成本和达到零库存的目的，从供应商供货到产品的生产以及产品出厂销售等，整个供应链就需要依赖高效的信息以协调整个系统。及时、准确的信息可以迅速反应，使产供销之间的时间差、地区差和空间差降低到最低程度，以达到降低成本和提高企业效益的目的。

五、ERP 与库存管理

（一）ERP 概述

ERP（Enterprise Resource Planning）的概念由美国 Gartner Group 于 20 世纪 90 年代初提出。实施以客户为中心的经营战略是 20 世纪 90 年代企业在经营战略上的重大的转变。ERP 的管理思想主要体现为对整个供应链上的资源进行管理，同时也体现精益生产、同步工程和敏捷制造的思想。ERP 的核心管理思想就是以客户为中心，实现对整个供应链的有效管理。

实施以客户为中心的经营战略就要对客户需求迅速做出响应，并在最短的时间内向客户提供高质量和低成本的产品。ERP 要求企业能够根据客户需求迅速重组业务流程，消除业务流程中非增值的无效活动，变顺序作业为并行作业，在所有业务环节操作中追求高效率和动态响应，迅速完成整个业务流程。而基于时间的作业方式的真正实现又必须扩大企业的控制范围，面向整个供应链，把从供应商到客户的全部环节都集成起来。

实施以客户为中心的经营战略涉及企业的流程重组。企业流程重组是对传统管理观念的重大变革，在这种观念下，产品不再是不变的，而是根据客户要求而定。业务流程和生产流程不再是一成不变的，而是针对客户需求，以减少非增值的无效活动为原则而重新组合的。ERP 要求企业的组织必须是灵活和动态可变的，市场的需求变化是传统的 MRP 所难以满足的。因此,以客户为中心,能满足整个供应链上基本特点的 ERP 系统也就应运而生了。

(二) ERP 应用特点

ERP 的应用特点是在明确生产企业现有资源情况下,可对企业的资源进行组合、配置、优化,以达到降低成本和提高企业效益的目的。在实施过程中,关注客户关系管理(CRM)。以客户为中心的经营战略渗透到整个供应链的管理,使企业内部的各个部门以及内外部在管理过程中能做到协调平衡。

另外,ERP 在保留 MRP Ⅱ 人、财、物等资源基础上,扩展了管理的范围,把客户需求和企业内部的制造活动以及供应商的制造资源整合在一起,形成一个完整的企业供应链,并对供应链的所有环节(如订单、采购、库存、计划、生产制造、质量控制、运输、分销、服务与维护、财务管理、人事管理、实验室管理、专案管理、配方管理等)进行有效管理。ERP 能很好地支持管理中的混合型制造环境,满足企业多方位的经营需求。通过企业业务流程重组以实现信息资源共享,准确地实时监控企业整个经营状况的目的,达到由事后控制转向到事前和对整个过程中的动态控制。

从 MRP 到 ERP 的发展过程与相互关系如图 6-5 所示。

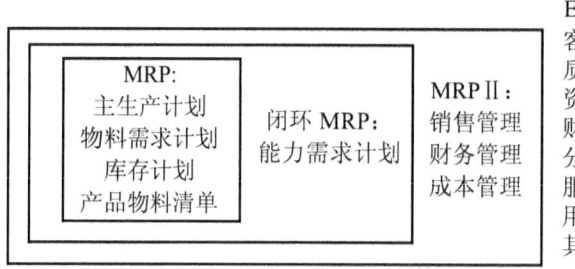

图 6-5 从 MRP 到 ERP 的发展及相互关系

六、DRP 与库存管理

(一) DRP 概述

DRP (Distribution Requirement Planning) 即分销需求计划。DRP 主要解决分销物资的供应计划和调度问题,达到既保证有效地满足市场需要又使得配置费用最省的目的。

分销需求计划是库存管理的一种计划方法,它主要解决分销物资的供应计划和调度问题,基本目标就是合理地进行物品分销和资源配置,以达到既保证有效地满足市场需要,又使得配置费用最省的目的。它的产生对商品流通过程有着巨大的影响和深远意义,是商品资源优化配置技术的核心技术之一。

DRP 的发展经过了三个阶段。

第一个阶段是 DRP Ⅰ,称基本 DRP;第二个阶段是 DRP Ⅱ,即分销资源计划;第三个阶段是 DRP Ⅲ,它是 DRP Ⅱ 和一些有关的 CAD 系统、专家系统、管理信息系统、管理决策系统的集成系统,可译为集成分销资源计划。这里只介绍 DRP Ⅰ 和 DRP Ⅱ。DRP 联系着物流配送系统和制造规划及控制系统,它阐明了现有的存货状况,并且预测配送系统对于制造生产计划和物料规划的需求。

DRP 和 MRP 一样都是需求管理的一部分,所不同的是,DRP 是由顾客的需求所决定，企业无法或者很少能加以控制；而MRP是由生产计划所决定的，生产计划是由企业制定和控制的。从库存管理的角度来考虑，制造和装配完成之前的库存管理是由MRP进行的，而一旦制成品到了工厂的仓库，就由DRP来管理存货了。

（二）DRP的基本原理

DRP在以下两类企业中可以得到应用。

1. 流通企业

特别是一些含有物流业务的企业，如储运、配送、商贸连锁企业等。这些企业最基本的特征，是有可能亲自负责销售，也有可能不负责销售，但是必然有储存和运输的业务，也就是有进货或送货的业务。DRP可使企业商品流通中的总费用最省，资源（车辆、仓库等）利用率最高。

2. 大型的生产企业

大多数中小企业生产的产品是交给经销商或零售商去销售，自己没有销售网络。但是有的生产企业，特别是大型生产企业，有自己的销售网络和储运设施，自己生产出来的产品，或完全自己销售，或部分由流通企业销售。这样，生产企业是面对市场来生产自己的产品，既组织生产，又负责流通。其内部分工为：产品资源由生产部门提供，具体储、运、销业务则通常由流通部门承担。

综合两类企业的共同之处是：

以满足社会需求为自己的宗旨，依靠一定的物流能力（包括仓储、运输、装卸、搬运等能力），从制造企业或物资资源市场组织物资资源以满足社会的物资需求。同样可以发现二者情况不同点在于生产企业的流通部门代替了流通企业物流中心的工作，生产部门代替了流通企业的生产厂集合（或者说是生产市场）的位置。

DRP的逻辑关系如图6-6所示。

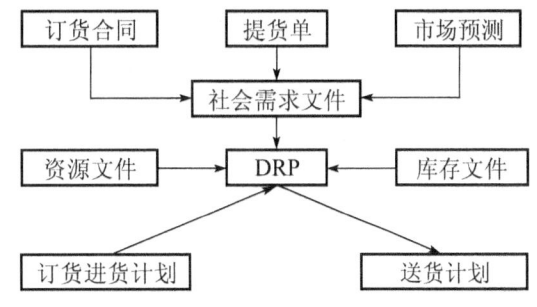

图6-6 DRP的逻辑关系

（三）DRP的运作

1. 输入文件

（1）社会需求文件。包括所有用户的订货单、提货单和供货合同，以及下属子公司、企业的订货单，此外还要进行市场预测，确定一部分需求量。所有需求按品种和需求时间进行统计，整理成社会需求文件。社会需求文件是进行DRP处理的依据，是DRP处理的最主要的文件，没有这个文件就不可能进行DRP处理。

（2）库存文件。对自有库存物资进行统计列表，以便针对社会需求量确定必要的进货量。物流中心需要根据它确定什么物资可以从仓库里提货送货、送多少，什么物资需要订货进货。仓库里有的物资，从仓库里提货送货，送货的数量不能超过现有的库存量；仓库里没有的，就应订货进货。所以仓库文件也是制订DRP计划所必需的文件。

（3）生产企业资源文件。包括可供应的物资品种和生产企业的地理位置等，地理位置与订货提前期有关。生产企业资源文件主要是为DRP制订订货计划用的。

2. 输出文件

（1）送货计划。对用户的送货计划，为了保证按时送达，要考虑作业时间和路程远近，提前一定时间开始作业。对于大批量需求可实行直送，而对于数量众多的小批量需求可以进行配送，对小批量用户的依次循环送货，配送方式在保证用户需求的同时，又可以减少车次，节省费用。

（2）订货进货计划。是指生产厂订货进货的计划。对于用户需求的订货物资，如果配送中心没有库存量，则需要生产厂订货进货。订货进货也需要花时间，所以也需要设定订货提前期。要根据具体厂家来设定提前期。这由生产厂资源文件提供。这里订货和进货不是一回事。进货计划是对于生产厂委托储运、委托经营的物资而言的，这些物资的所有权在生产厂家，配送中心只是代理经营服务，货物没有了，就直接到生产厂去进货。而订货计划是针对物流中心自己买断经营的产品而言的，所有权属配送中心，货物没有了，需要重新订货。所以，订货进货计划，实际上包含了这两种经营方式。

（四）DRP Ⅱ 概述

DRP 与 MRP 一样，只提出了需求，而没有考虑执行计划的能力问题。在 DRP 的基础上，增加物流能力计划，就形成了一个集成、闭环的物资资源配置系统，称为 DRP Ⅱ。

（五）DRP Ⅱ 的主要特点

1. 在功能方面

DRP Ⅱ 除了对物资的进、销、存进行管理外，还具有对车辆、仓库的配置利用以及成本、利润核算等功能。此外，还有物流优化、管理决策等功能。

2. 在具体内容上

DRP Ⅱ 增加了车辆管理（主要管理运输车队，包括运输任务的实施和考核）、仓储管理（主要是仓储商品的进、发、存的管理）、物流能力计划（主要包括车辆运输能力、仓储能力等计划，以保证送货计划和订货进货计划实施）、物流优化辅助决策系统（主要是为配置车辆、进行调运、进行辅助决策服务以达物流优化）和成本核算系统（根据各部分的运作，以求出各项成本和利润）。

3. 具有闭环性

DRP Ⅱ 是一个自我适应、自我发展的闭环系统。信息系统也是一个闭环反馈系统，订货信息和送货信息都反馈到仓库和车队。

（六）DRP Ⅱ 的原理

DRP Ⅱ 的原理由上下两部分组成，上部分与 DRP 的原理图一样，下部分增加了三大模块。这三大模块分别是能力平衡、运输仓储计划和成本核算模块。

（七）DRP Ⅱ 的优缺点

DRP Ⅱ 的优点有：

① 对存货的有效管理使存货水平得到了降低；
② 对主生产计划的指导协调了产品的制造和物流环节，降低了产品的成本；
③ 降低了配送过程的运输成本；
④ 提高服务水平，保证顾客的需求得到满足；
⑤ 提高了存货对市场不确定性的反应的机动性。

缺点是需要对需求有相对准确的预测。

第三节　库存管理的经济分析

一、库存管理的费用

在整个库存经营过程中，会发生各种各样的费用，主要有以下几种费用。

1. 订货费

所谓订货费，是指订货过程中发生的与订货有关的全部费用，包括差旅费、订货手续费、通信费、招待费以及订货人员的有关费用。

订货费用的特点是，在一次订货中订货费用与订货量的多少无关，而若干次订货的总订货费用与订货次数有关，订货次数越多，总订货费用越多。

$$C_0 = \frac{D}{Q} \cdot S$$

式中　C_0——总订货费用；
　　　D——t 期间内的单位时间内的平均需求量；
　　　Q——订货批量；
　　　S——平均订货费用。

2. 保管费

所谓保管费，是指在保管过程中为物质保管所花费的全部费用，包括：入、出库时的装卸搬运堆码检验费用，保管用具用料费用，仓库房租和水电费，保管人员的有关费用，保管过程中的货损货差，保管物质资金的银行利息等。

保管费用的特点是保管费用与被保管物质数量的多少和保管时间长短有关，被保管物质的数量越多，保管时间越长，所承担的保管费用也就越高。

$$\overline{C_1} = \overline{Q} \cdot H$$

式中　$\overline{C_1}$——t 期间内平均单位时间的平均保管费用；
　　　H——单位物质单位时间内的保管费；
　　　$\overline{Q}$——平均库存量。

$\overline{Q}$ 的计算公式分三种情况：

（1）瞬时到货，即所订货物立刻全部到达，订货和进货不需要一个单位以上的时间，库存量是突然增加一个订货批量，即每次订货批量为 Q，则：

$$\overline{Q} = \frac{Q}{2}$$

（2）持续到货，即所订货物订货和进货需要一个单位以上的时间，库存量是渐渐增加的，设 P 为进货速率，d 为出库速率，则在进货期间的库存增长速率为 $(p-d)$，设每次订货批量为 Q，则：

$$\overline{Q} = \frac{Q}{2} \cdot \frac{p-d}{p} = \frac{Q}{2} \cdot \left(1 - \frac{d}{p}\right)$$

（3）在一般情况下，$\overline{Q} = \dfrac{\sum Q_i}{n}$。

3. 缺货费

所谓缺货，就是当用户来买货时仓库因为没有现货供应而丧失了这次销售机会，这种现象叫缺货。这种情况下，仓库中有货就销售，没有货物就不销售，库存量可以降到零。但缺货也会造成缺货损失，即缺货费用。

缺货费用的特点是在具体情况下，缺货费可能有三种情况：与缺货量有关；与缺货次数有关；与缺货时间有关。

当缺货费用只与缺货量次数有关时，单位时间平均缺货费用的计算公式为：

$$\overline{C}_2 = \frac{\overline{R}}{Q} \cdot C_2$$

当缺货费用既与缺货量有关，又与缺货时间有关时，单位时间的平均缺货费用的计算公式为：

$$\overline{C}_2 = \overline{Q}_2 \cdot C_2$$

上面两个公式中，$\overline{Q}_2$ 是期间内的平均缺货量，C_2 是单位物质单位时间的缺货费或者是单次的缺货费。Q 是订货批量，$\overline{R}$ 是需求速率即单位时间的销售量。

4. 补货费

所谓补货，就是当用户来买货时仓库没有现货供应，但不丧失销售机会，而是要求用户仍然在这里订货，进行欠账经营，承诺马上进货，待进货后马上补货给用户。所以在补货情况下，在欠账阶段，库存量可以下降到负值；在进货后的补货阶段，库存由负值再上升到正值。

补货费用的特点是在具体情况下，补货费可能有三种情况：与补货量有关；与补货次数有关；与补货时间有关。

当补货费用只与补货次数有关时，单位时间的平均补货费用可以用下式计算：

$$\overline{C}_3 = \frac{\overline{R}}{Q} \cdot C_3$$

当补货费用既与补货量有关，又与补货时间有关时，单位时间的平均补货费用可以用下式计算：

$$\overline{C}_3 = \overline{Q}_3 \cdot C_3$$

上面两个公式中，$\overline{C}_3$ 是期间内的平均补货量，C_3 是单位物质单位时间的补货费或者是单次的补货费。Q 是订货批量，$\overline{R}$ 是需求速率即单位时间的销售量。

5. 进货费与购买费

所谓进货费，就是进货途中为进货所付出的全部费用，即运杂费，包括运费、包装费、装卸费、租赁费、延时费、货损货差等。所谓购买费，即购买物质的原价。它们的特点是当订货的数量、订货的地点确定后，总的进货费与总的购买费是确定不变的，不会随着进货批量的变化而变化。我们把这种与订货批量无关的费用称为固定费用，而把那些与订货批量有关的费用称为可变费用。因此，进货费与购买费是固定费用，而订货、保管费、缺货费、补货费是可变费用。

设每批物质的进货费为 c_4，每批价为 K_o，订货批量为 Q，则总进货费与购买费总和

C_4 为

$$C_4 = (c_4 + K_0)Q$$

为简单起见，用 K 表示固定费用（包括进货费与购买费，下同），

$$C_4 = KQ$$

则单位时间内的平均固定费用 $\overline{C}_4$ 为：

$$\overline{C}_4 = \frac{KQ}{T} = K\overline{R}$$

6. 总费用

所谓总费用，即各项费用的总和。在缺货情况下可以表示为：

$$T_C = C_0 + C_1 + C_2 + C_4$$

在补货情况下可以表示为：

$$T_C = C_0 + C_1 + C_3 + C_4$$

注意，在缺货情况下不能补货，在补货情况下不会发生缺货。缺货和补货是互相排斥的，具体情况可以归纳为四种类型：

（1）不允许缺货类型。可以发生订货费、保管费、进货费和购买费，不发生缺货费和补货费。

（2）缺货类型。可以发生订货费、进货费和购买费。在不缺货期间发生保管费，在缺货期间发生缺货费，但不会发生补货费。

（3）补货类型。可以发生订货费、进货费和购买费。在不补货期间发生保管费，在补货期间发生补货费，但不会发生缺货费。

（4）在一个长期过程中，有时实行缺货，有时实行补货。即这次实行缺货，下次实行补货，这时，以上 6 种费用都可发生。

二、库存控制基本类型

通常使用的库存控制系统有三种类型：定量订货系统、定期订货系统和需求驱动精益供应系统。

1. 定量订货系统

定量订货系统是指库存量降到一定水平（订购点）时，按固定的订购数量进行订购的方法。因此，它主要靠控制订购点和订购批量两个参数来控制订购进货。

定量订购法的原理是：预先确定一个订购点，在销售过程中随时检查库存，当库存下降到这个订货点时，就发出一个订购批量，订购批量取经济订购批量。

2. 定期订货系统

定期订购法又称定期盘点法订购，是指每隔一段时间即进行订购，订购时间固定，每次订购量不定。该方法的关键在于确定一个订购周期 T 和一个最高库存量 $Q_{\max}$，这个订购周期就是控制库存的订货时机；最高库存量就是控制库存的一个给定库存水准。此后每隔一个周期 T，就检查库存发出订购，订购量的大小，就是最高库存量与当时的实际库存量之差。

3. 需求驱动精益供应系统

在现代供应链管理中，为了适应顾客对商品的多样化、个性化需求和准时化生产的要

求，企业追求零库存目标，采用更先进的物料需求计划（MRP）。及时掌握需求信息，根据需求制订生产计划，再根据主生产计划和产品的结构，制定各零部件的生产计划和采购计划。

复习思考题

（一）名词解释

MRP DRP ERP

（二）填空

1. JIT 是使制造业达到优秀的一种哲理，其基本点是有计划地消除_____，持续不断地提高生产率。

2. ERP 的核心管理思想就是实现对整个供应链的有效管理。主要体现对整个供应链资源进行管理的思想和体现精益生产、同步工程和_____的思想。

3. VMI 是一种供应链集成化运作的决策代理模式，它把用户的库存决策权代理给_____，由供应商代理分销商或批发商行使库存决策的权力。

（三）单项选择

1. MRP 的基本内容是（　　）。
   A. 确定物料的开始生产时间
   B. 编制原材料及零件的生产计划和采购计划
   C. 明确产品的零件结构
   D. 计算库存数量

2. 确定每一具体的最终产品在每一具体时间段内生产数量的计划是（　　）。
   A. 主生产计划（MPS）   B. 生产计划
   C. 物料清单（DOM）   D. 能力需求计划（CRP）

3. MRP 的中文含义是（　　）。
   A. 物料需求计划   B. 制造资源规划
   C. 企业资源规划   D. 能力需求计划

4. CRP 的中文含义是（　　）。
   A. 物料需求计划   B. 制造资源规划
   C. 企业资源规划   D. 能力需求计划

5. JIT 的中心思想是（　　）。
   A. 零废品   B. 零库存
   C. 准结时间少   D. 消除一切无效劳动和浪费

（四）简答题

1. JIT 管理方法的特点是什么？

2. MRP Ⅱ 的基本思想是什么？

3. 叙述物料需求计划的主要步骤。

4. JIT 与传统库存管理比较有什么特点？

部分参考答案

(二) 填空

1. 所有的浪费
2. 敏捷制造
3. 供应商

(三) 单项选择

1. B　2. A　3. A　4. D　5. D

【实训项目】

仓库管理流程实训

实训内容：

(1) 了解仓库管理员、仓库拣货员、分拣员岗位流程；

(2) 掌握这些岗位的设备性能；

(3) 了解仓库设备：盘点机、物料箱、理货箱、RF 手持终端、仓储货架、电子标签货架、输送分拣系统、堆高叉车、出货台、辊筒输送机、流利条线、链板机、顶升移载机、平移机。

实训目的：

(1) 掌握仓库的盘点管理、盘点机的使用；

(2) 掌握仓储作业中的分拣业务流程；

(3) 掌握仓储配送中根据订单安排分拣、取货；

(4) 掌握仓库取货作业中涉及的物流设备。

实训要求：

(1) 熟练操作物流实训中心仿真系统；

(2) 掌握库存控制业务活动。

实训操作与规范：

(1) 有组织地进行活动。

(2) 注意安全。

(3) 听从现场指挥。

【课后案例1】

快速反应的时装生产

假设你信步走入一家商店，要求店主按你要求的尺寸和特点定做服装，这种现象称为"量体裁衣"。这是一种 JIT 系统在为实现准时反应而将零售商和制造商连接起来方面的扩展。有了这种快速反应能力，零售商能够将其销售点的信息直接送到工厂现场，从而使延迟时间实现最小化，使服装通过正常的零售渠道送到购买者手中。定制服装技术公司正在开发一种价格比较合理的女式牛仔裤,"量体裁衣"。概念的应用可以节约30%的生产费用。同时也减少了库存和降低损失。CCTC公司由Sung Park开办,他认为女士们是愿意花48美元的价格买一条保证合体的牛仔裤。

女士们有电子仪器般灵敏的感觉,她们能够在商店中选择她们喜欢的牛仔裤式样,并与CCTC的JIT服务部门签下合同,衣服在Veront进行裁剪,在得克萨斯缝制,然后在不到2周的时间内发运到顾客手中。目前女式牛仔装的市场的销售额是20亿美元,因此Park认为这是一个检验JIT服务的巨大市场。

讨论题:

1. 如果你是传统的牛仔裤零售商,你对这种新趋势有什么看法?
2. 你认为顾客愿意为产品的运送等待两周吗?
3. 如果运送时间要两周的话,CCTC如何在顾客服务上参与竞争?
4. 讨论CCTC参与竞争的其他战略变量是什么。
5. 零售商使用这些新系统还可以获得什么改进?从期末库存、百货商店或零售商店的规模、库存记录及周期计算等几方面进行讨论。
6. 如何改变其他组织功能的战略以支持生产方式转向JIT方式?

【课后案例2】

MRPⅡ在美的集团的成功实施

MRPⅡ实施前,美的集团一直用手工制订生产计划的方式,即生产料生产计划、车间生产计划和产品销售计划的生产作业三级计划,这些计划面对迅速变化的市场已经显然不能胜任,并且易造成产品积压或供不应求。美的集团风扇厂年产量将近1 100万台。如此大的产量,所需物料达上万种之多,同时生产和经营机构也是庞大的。

美的集团的领导清楚地意识到若想企业可持续发展,管理理念和方法必须有一个突破。于是,集团决定投资上千万元,全面实施MRPⅡ工程。实践证明,美的集团电风扇厂通过MRPⅡ工程不仅在企业内部实施了以市场为导向、以销售为龙头的控制生产计划,同时,也解决了传统生产制造系统与分销系统的供求矛盾。MRPⅡ的实施主要体现在以下几方面。

一、确立现代企业的管理理念

MRPⅡ项目在刚实施时,遇到的第一个阻力就是人的传统理念和不良的习惯。针对这一情况,集团总裁和电扇厂总经理提出"以科学为本、以实用为主"的实施策略。在MRPⅡ基础上将中高层管理者纳入考核之中,并表示了"宁可停产,也要把不良习惯扭转过来"的决心。在美的集团领导的充分重视和有利支持下,美的集团内部迅速打破传统观念,统一思想,对项目的成功实施起到了关键的作用。

二、提升企业生产销售的快速反应能力

美的集团与Oracle公司合作实施的MRPⅡ项目从根本上解决了美的集团在这个方面的难题。系统的供应链管理模块中拥有多种灵活的计划和执行能力,能对企业的生产进行配套的供求管理。Oracle系统中的供应链管理能使生产和采购随时适应市场的需求,避免了生产采购的盲目性。MRPⅡ解决了企业以往不能及时交货、库存产品积压和库存资金占用太多等一系列问题，企业对市场的变化能迅速做出动态反应，达到了企业调整产品结构、缩短生产周期、提高企业生产率的目标。Oracle的销售订单管理功能还能为每个销售渠道建立相应的服务策略，使各销售点能通过查询存货、调拨可能等信息来确认订单的可行性，以确保一些复杂订单的正确操作。

三、实现高效的物料控制管理

由于美的集团生产所需物料达上万种之多，项目实施之前，物料、账和物的管理十分烦琐，容易出现错误。同时，原材料采购随意性较大，造成计划不能贯彻执行。物料短缺或不配套，给采购、生产及销售环节等造成损失。项目实施后，美的集团能通过市场所提供的信息来确定物料的需求时间和需求量，并结合国内外市场的物料供应情况和企业自身的生产经营信息来确认物料的采购提前期、最佳订货批量和制品定额，使企业的物流、资金流和信息流得到了统一的管理。

讨论题：

1. 美的集团为什么要实施 MRPⅡ 管理？
2. MRPⅡ给美的集团带来哪些效益？
3. 结合实际情况谈谈我国中小企业目前实施 MRP 管理的阻力有哪些。

第七章　仓储安全与保管技术

【学习目标】

知识目标

1. 了解仓储安全管理的意义；
2. 理解库场治安保卫管理的重要性；
3. 掌握仓库消防安全管理知识；
4. 掌握仓储质量管理工作内容及基本方法。
5. 掌握仓储保管技术。

能力目标

1. 能够明白仓储安全管理的任务，加强仓储的安保工作；
2. 能够处理仓库一切安全、消防、火灾等意外事故；
3. 能够有效应用各种现有手段提高仓储质量管理水平，增强竞争力；
4. 能够熟练应用仓储保管技术有效防护仓库质量损失。

【引导案例】

深圳安贸危险品仓库事故

1993年8月5日13时15分，深圳市安贸危险品储运公司清水河仓库4库，因违章将过硫酸铵、硫化钠等化学危险品混储，引起化学反应而发生火灾爆炸事故。

此事故发生是由于违反安全规定。

（1）违反消防法规，丙类物品仓库当甲类仓库使用。1987年5月，该公司以丙类杂品干货仓库使用性质向深圳市消防支队报请建筑消防审核。1989年该仓库部分库房存储危险品，违反了消防规范要求。

（2）消防安全管理工作不落实。第一，没有称职的防火安全干部；第二，化学危险品进库没有进行安全检查和技术监督，账目不清，管理混乱；第三，仓库搬运工和部分仓管员是外来临时工，上岗前未经必要的培训，发生火灾后不懂如何扑救。

（3）拒绝消防监督提出的整改建议，对隐患久拖不改。

（4）消防基础设施、技术装备与扑救大火不适应。深圳市是缺水城市，清水河地区更是缺水区，仓库区虽然有些消防栓，但因压力达不到国家消防技术标准规定，使灭火工作受到影响。

讨论题：

1. 结合案例，说明仓库的安全管理有何重大意义。
2. 谈一下仓库治安保卫管理措施包括哪些？

第一节　仓储安全管理

仓库是商品高度集中的重要基地，也是广大仓储职工进行各种仓储作业的场所。做好商品的养护工作，确保商品安全，是仓储职工的基本职责，也是使仓储的商品进行正常流通的基本保证。如果因仓储的安全管理工作不善致使仓库发生火灾、被盗、商品霉烂变质、虫蛀鼠咬或自然灾害等情况，不仅给有关客户及本单位造成重大的经济损失，而且也会影响正常的社会秩序、生产秩序和人民生活秩序，还会严重影响仓储企业的信誉。因而做好仓库的安全管理工作直接影响到企业的生存和发展，是仓储工作的首要任务，也是每个工作人员的基本职责。

【相关链接】

> 仓储安全管理工作要以消防工作为核心，认真贯彻"预防为主"的方针，确保人身、商品和设备的安全。

一、仓储安全管理的意义和任务

1. 仓储安全管理的意义

不断改善劳动条件，保护职工在生产中的安全和健康，防止事故和职业病，是现代化仓储管理的重要原则之一。现代化仓储不仅要具备现代化的劳动手段，即具有先进的设备和技术，而且要实行文明生产。这就要求在仓储生产过程中不仅要保持库容整洁，有良好的劳动环境和生产秩序，而且要有各项安全规程和制度，以保证职工、设备及储存物资在储运过程中的安全。在物资储运过程中，客观上存在着一些不安全的因素，如在装卸搬运笨重物资时，有被碰撞的危险；在操作电器设备时，有触电的危险；在搬运或储放危险品时，有中毒、爆炸等危险。一旦发生事故，将可能造成人员伤亡和物资的大量损失，因此，仓储管理必须十分重视发现、分析和消除仓库物资管理过程中的各种危险，保护仓库中的人、财、物不遭受破坏、损失，并在一定条件下取得最佳的经济效益和社会效益。

2. 仓储安全管理的任务

仓储安全主要包括库房、机械设备、商品、人身等多项内容，仓储安全管理的基本任务可归纳为：建立、健全安全生产的各种规章制度并坚决贯彻执行，防止各种事故的发生；提高警惕，严防不法分子破坏，确保仓库、职工的安全。从这个基本任务出发，具体有下列几方面的工作。

（1）建立、健全安全生产责任制和各项安全保卫制度。安全生产责任制和各项安全保卫制度是加强安全管理的重要措施。安全生产责任制应落实到各级人员，主要负责人对本单位的安全生产工作全面负责。安全生产责任制一般有安全操作规程、危险品仓库安全操作制度等；安全保卫制度主要有门卫制度、执勤制度、交接班制度等。

在建立和健全各种安全制度的同时，要加强平时的检查，监督执行情况，及时发现并消除隐患，确保安全。针对安全事故，实行生产安全事故责任追究制度，依照《中华人民共和国安全生产法》和有关法律、法规的规定，追究生产安全事故责任人员的法律责任。

（2）保证仓储安全生产的投入，完善安全生产条件，加强仓储安全技术工作。在物资储运过程中，为防止和消除伤亡事故，保障职工安全和减轻繁重体力劳动，必须对仓储安全生产给予充分的投入，进行安全生产科学技术研究，推广应用安全生产先进技术，提高安全生产水平。如需采用新工艺、新技术或者使用新设备，必须了解、掌握其安全技术特性，采取有效的安全防护措施，并对从业人员进行专门的安全生产教育和培训。

（3）加强对有关安全生产的法律、法规和安全生产知识的宣传，提高职工的安全生产意识。充分发动和依靠全体职工是切实做好仓储安全工作的必由之路。为此，从业人员必须具备必要的安全生产知识，熟悉有关的安全生产规章制度和安全操作规程，掌握本岗位的安全操作技能。未经安全生产教育和培训合格的从业人员，不得上岗作业。

（4）提高警惕，严防不法分子破坏，坚决有力地打击一切破坏活动。仓库内储存着大量物资，这往往成为不法分子的攻击目标。为此，必须提高广大职工的警惕性，积极做好必要的防护措施，确保仓库安全。一旦发生偷盗、纵火等事故，仓库应立即与公安部门联系，争取早日破案。

二、库场治安保卫管理

库场治安保卫工作是仓储管理的重要组成部分，通过治安保卫管理，能预防和制止违反治安管理的行为和犯罪活动，消除治安灾害隐患，确保各项仓储工作的正常进行，保护国家、集体的财产和职工的生命、财产安全。治安保卫管理的内容包括建立健全治安保卫管理组织，建立健全治安保卫管理制度，落实各项治安防范措施等。

1. 治安保卫管理组织

治安保卫组织，通常分为保卫组织、警卫组织和群众性治安保卫组织。为了顺利开展治安保卫工作，仓储部门应当根据实际情况，按照精干高效、运转灵活的原则设立保卫机构，或者配备专职、兼职保卫工作人员，从而形成仓储安全网。下面对3种保卫组织形式做简要介绍。

（1）保卫组织。仓库保卫机构是在仓库党政的领导下进行工作，业务上受到当地公安机关和上级保卫部门的指导。其主要任务是对本库的商品、设备和人员的安全全面负责。保卫机构要与公安、劳动、供电、交通运输、防汛、防震、卫生等部门加强联系，及时交换安全信息，接受他们的指导；对警卫守护人员进行经常性的业务技术教育；对员工进行安全方面的讲座和业务技术训练；定期或不定期地举行安全操作表演；调查、登记、处理、上报有关案件等。

（2）警卫组织。仓库警卫工作的重点是负责仓库日常的警戒防卫。其任务是：掌握出入仓库的人员情况；禁止携带易燃、易爆等危险物品入库；核对出库物资；日夜轮流守卫，谨防盗窃与破坏等事故的发生；在仓库发生人为或自然灾害事故时，要负责仓库的防护、警戒工作。

（3）群众性治安保卫组织。群众性治安保卫组织是指在仓库党政领导及保卫部门的指导下的治安保卫委员会或治安保卫小组；其成员既有仓库领导，也有职工群众，并在各班、组设立安全保卫员。它的基本任务是：利用各种方式对仓库职工和四邻居民进行治安保卫宣传教育，协同警卫人员做好保卫和防火工作，协助维护单位的治安秩序和保卫要害部位的安全，劝阻和制止违反治安管理法规的行为。

2. 治安保卫管理制度

治安保卫管理必须贯彻预防为主、确保重点、打击犯罪、保障安全的方针，坚持"谁主管，谁负责"和"有奖有惩、奖惩分明"的原则。治安保卫工作的顺利开展，必须有完善的制度保障。为此，仓储部门应建立一系列治安保卫管理制度。

（1）安全岗位责任制度。明确安全管理责任一直是安全生产管理的重点，也是保障安全生产的基础。仓储部门或企业应根据收发、保管、养护等具体业务特点，确定每个岗位的安全责任，并与奖惩挂钩。通过认真贯彻执行安全岗位责任制度来加强职工各自的责任感，堵塞工作中的漏洞，保证仓储工作秩序有条不紊，确保仓库安全。

（2）门卫、值班、巡逻、守护制度。门卫是仓库的咽喉，必须严格人员、货物的出入管理。传达人员及值班警卫人员要坚守岗位，尽职尽责，对外来人员必须进行验证、登记，及时报告可疑情况，以防意外发生。

（3）仓储设施管理制度。仓储设施是进行仓储工作的必要条件。完善的仓储设施管理制度，能保证仓储业务活动的正常进行，避免意外事故的发生，也有利于仓储经营取得最大的经济效益。

（4）重要物品安全管理制度。根据 ABC 管理法的观点，仓储物资可根据一定的指标分为 A、B、C 三类，而对 A 类物资应重点对待。从安全角度看，危险品、价值极高等物资应重点防护、认真对待，以免造成人身伤亡和巨大的经济损失。

（5）要害部位安全保卫制度。要害部位是安全防护的重点，因此，必须建立健全要害部位安全保卫制度。在要害部位设置安全技术防范设施。要害部门或者要害岗位，不得录用和接受有犯罪记录的人员。

（6）防火安全管理制度。在安全管理工作中，防火是重点，保证商品安全又是防火的中心。为此，必须熟悉各种仓储物品的性能、可能引起火灾的隐患和各种防火、灭火方法，并采取各种防范措施，从而保证仓库的安全。

（7）机动车辆安全管理制度。机动车辆管理也是治安保卫管理的一个重要方面。外单位的车辆不得随意进入，因业务需要必须进入的，必须履行必要的手续，且必须做好防火、防爆等保护措施。严格仓库自有车辆的使用制度，做到安全用车，避免灾害事故的发生。

（8）外来务工人员管理制度。目前大量企业的从业人员是外来务工人员，不同程度地存在着安全素质偏低的问题。仓储部门或企业在赋予这些外来务工人员安全生产权利的同时，必须向他们明确安全岗位责任制度，即他们应严格遵守安全规程和规章制度、服从管理、接受培训、提高安全技能，及时发现、处理和报告事故隐患和不安全因素。只有充分重视和发挥人在仓储活动中的主观能动性，最大限度地提高从业人员的安全素质，才能把不安全因素和事故隐患降到最低限度，预防和减少人身伤亡。

（9）治安防范的奖惩制度。认真落实治安防范的奖惩工作直接关系到安全岗位责任制度能否有效运行。因此，必须对治安防范工作搞得好的给予表扬、奖励，对工作不负责任而发生事故和问题的给予批评或处罚，并及时向上级有关部门报告奖惩情况。

3. 治安保卫工作的内容

为了预防和制止违反治安管理的行为和犯罪活动，消除治安灾害隐患，确保各项仓储工作的正常进行，治安保卫管理应突出做好以下工作：

（1）根据仓库地形和库房、货场分布情况，划定岗哨和巡逻范围，在划定地段内，明确守护员之间以及守护员与保管员之间的安全交接责任。例如，守护员在保管员下班后，应检查所负责地段内的库房，门窗是否关闭落锁，电源是否切断，库房周围的杂物是否清除；保管员上班开仓前，应检查门窗锁封有无异状；警卫员换班时要交清情况，非工作时间，尤其是夜间，除警卫员之外的一切人员，非经仓库主管批准，不得私自进入仓库存货区。

（2）开展社会主义法制和治安保卫工作的宣传教育，增强职工群众的法制观念和自觉维护本企业治安秩序的意识；同时，加强警卫人员的道德教育、业务学习，邀请当地公安部门派员讲授有关专业知识和协助军事训练，以提高其军事素质。

（3）应当按照公安机关的规定和技术标准，在要害部位设置安全技术防范设施。专职警卫人员，均应驻守仓库。有事外出须经批准，并按时返库，仓库可采取轮休制，以保证人员必要的休息。

（4）仓库警卫组织应与公安部门建立经常性的联系制度，及时交换情报和经验；并应与四邻单位密切联系，了解周围动态，做到心中有数。

三、仓库消防

（一）仓库火灾知识

1. 燃烧知识

凡有热和光一起放出的氧化反应，称为燃烧。燃烧是空气中的氧和可燃物质的一种强烈的化学反应，也就是可燃物的激烈氧化。在这种化学反应中，通常要发出光和火焰，并放出大量的热。

在日常生活、生产中所看到的燃烧现象，大都是可燃物质与空气（氧）或其他氧化剂进行剧烈反应而发生的放热发光的现象。燃烧不是随便发生的，凡发生燃烧，就必须同时具备三个条件，即可燃物、助燃物、着火源。

（1）可燃物。凡能与空气中的氧或其他氧化剂起剧烈反应的物质，都称为可燃物。简单地说，就是可以燃烧的物质，如木材、纸张、汽油、酒精、氢气、乙炔、金属钠、镁等。

（2）助燃物。凡能帮助和支持燃烧的物质都叫助燃物，如空气、氧、氯、氯酸钾、高锰酸钾、过氧化钠等。

（3）着火源。凡能引起可燃物质燃烧的热能源都称着火源。最常见的有明火焰、赤热体、火星和电火花等。

【相关链接】

在仓储环境中常见的火源的温度都大大超出一般可燃物所需点火能量。所以，要求在有火灾爆炸危险的场所严禁烟火，禁止使用易产生火花的金属工具，不准机动车辆随便驶入，采用防爆电器，严格防火检修制度等。

2. 仓库火灾的知识

（1）火灾的定义：在时间和空间上失去控制的燃烧所造成的灾害。（GB5907—1986）

（2）火灾的分类：按照 GB4968—1985，根据物质燃烧特性把火灾分为 4 类，如表 7-1 所示。

表 7-1 火灾的分类

分类	项目	示例
A 类火灾	指固体物质火灾，这种物质具有有机物性质，一般在燃烧时能产生灼热的余烬	如木材、棉、毛麻、纸张火灾等
B 类火灾	指液体火灾和可熔化的固体物质火灾	如汽油、煤油、柴油、原油、甲醇、沥青、石蜡火灾等
C 类火灾	指气体火灾	如煤气、天然气、甲烷、乙烷、丙烷、氯气火灾等
D 类火灾	指金属火灾	如钾、钠、镁、钛、锆、锂、铝镁合金火灾等

3. 仓库火灾的特点

（1）易发生，损失大。仓库物资储存集中，大部分是易燃易爆物品，一旦遇到着火源，极易发生火灾。仓库发生火灾不仅造成库存物资付之一炬，而且还会对仓库建筑、设备、设施等造成破坏，引起人身伤亡。据统计，我国有许多火灾发生在仓库，且引起的损失较大。

【相关链接】

> 例如：据《2002 中国火灾统计年鉴》记载，2001 年 8 月 13 日，广州市松洲螺溪经济发展公司仓库发生火灾，烧毁库房一座，建筑面积 1 000m^2，直接财产损失 359.26 万元。
>
> 2001 年 9 月 1 日沈阳市大龙洋石油有限公司储油罐区发生火灾，造成 1 人死亡、8 人受伤，直接财产损失 285.25 万元。

（2）易蔓延扩大。储存可燃物的仓库，由于储存物资多，火势发展较快，着火后火势会迅速蔓延扩大，产生很高的温度。一般物资仓库燃烧中心温度往往在 1000℃ 以上，而化学危险物品（如汽油等）着火的温度更高。高温不仅使火势蔓延速度加快，还会造成库房、油罐的倒塌，在库外风力影响下，形成一片火海。爆炸品仓库、化学危险物品仓库等还易引起爆炸。

（3）扑救困难。由于库内物资堆放数量大，发生火灾后，物资燃烧时间长，加之许多仓库远离城区，供水和道路条件较差，仓库消防设备设施不足，消防力量有限，这就增加了扑救的难度。库房平时门窗关闭，空气流通较差，发生不完全燃烧，产生大量烟雾，影响消防人员的视线和正常呼吸，发生火灾后，库房内堆垛物资倒塌，通道受阻，也给扑救造成困难。

4. 仓库火灾原因

仓库中储存有可燃物（各种物资），空气中也总是存在助燃物（氧气），根据燃烧三要素，分析引起仓库火灾的原因，就是要找出引起仓库火灾的着火源。

（1）明火。就是一种敞开的火焰（或火星及灼热的物体），具有较高的温度并释放一定的热量。仓库中的明火主要有打火机、火柴、吸烟、烧荒、施放烟花爆竹、施工中电焊、气焊等。

（2）雷电。仓库许多地处山区，尤其是地处多雷地区的仓库，雷电是引起仓库火灾的重要原因。雷电的危害主要表现为直接雷击、雷电感应和雷电波。

（3）静电。两种不同物质相互摩擦或其他原因，导致了一个物体的电子转移到另一个物体上，就要产生静电。在储存易燃易爆危险物品的场所，如弹药库、油库等，静电荷的火花放电，就会引起火灾爆炸。

（4）电气。电气引起火灾的原因主要有短路、超负荷、接触电阻过大、火花和电弧、熔断器、开头插销、照明灯具。电动机、架空配电线路和火灾爆炸场所未按规定安装防爆电气装置等。

（5）自燃。有些自燃点较低的物质，在储存的过程中，发生自燃，引起火灾。

（6）爆炸。在仓库中，储存的可燃气体或蒸气与空气混合达到爆炸极限，通火源发生爆炸，引起火灾爆炸事故。弹药库内储存的爆炸性物质，接触火源、受热、通电、撞击、摩擦，也会引起火灾爆炸事故。扑救带电火灾用"1211"或干粉灭火器、二氧化碳灭火器效果好，因为这3种灭火器的灭火药剂绝缘性能好，不会发生触电伤人的事故。

（二）仓库防火

仓库中存放着大量物资，一旦发生火灾，将造成人员伤亡和巨大的经济损失。因此，仓库必须遵守消防法规和安全规程，把消防安全工作贯彻到仓储的各个岗位和全部活动中并确保防火安全。仓库的防火工作应从以下几方面着手。

1. 储存管理

（1）库房内物品储存要分类、分堆，堆垛与堆垛之间应当留出必要的通道，主要通道的宽度一般不应少于两米。根据库存物品的不同性质、类别确定垛距、墙距、柱距、梁距。每个库房必须规定储存限额。能自燃的物品、化学易燃物品与一般物品以及性质互相抵触和灭火方法不同的物品，必须分库储存，并标明储存物品的名称、性质和灭火方法。

（2）能自燃的物品和化学易燃物品堆垛应当布置在温度较低、通风良好的场所，并应当有专人定时测温。

（3）遇水容易发生燃烧、爆炸的化学易燃物品，不得存放在潮湿和容易积水的地点。

（4）受阳光照射容易燃烧、爆炸的化学易燃物品，不得在露天存放。化学易燃物品的包装容器应当牢固、密封，发现破损、残缺、变形和物品变质、分解等情况时，应当立即进行安全处理。

（5）易燃、可燃物品在入库前，应当有专人负责检查，对可能带有火险隐患的物品，应当存放到观察区，经检查确无危险后，方准入库或归垛。

（6）储存易燃和可燃物品的库房、露天堆垛附近，不准进行试验、分装、封焊、维修、动用明火等可能引起火灾的作业；如因特殊需要进行这些作业，事先必须经仓库防火负责人批准，并采取安全措施，调配专职或义务消防队员进行现场监护，备有充足的灭火器材；作业结束后，应当对现场认真进行检查，切实查明未留火种后，方可离开现场。

（7）库房内不准设办公室、休息室，不准住人，不准用可燃材料搭建搁层。在库房或露天堆垛的防火间距内，不准堆放可燃物品和搭建货棚。

（8）库房内一般不应当安装采暖设备，如物品防冻必须采暖，可用暖气采暖。散热器与可燃物品堆垛应当保持安全距离。

（9）库区和库房内要经常保持整洁。对散落的易燃、可燃物品和库区的杂草应当及时清除。用过的油棉纱、油抹布、沾油的工作服、手套等用品，必须放在库房外的安全地点，妥善保管或及时处理。

2. 装运管理

（1）装卸化学易燃物品，必须轻拿轻放，严防震动、撞击、重压、摩擦和倒置。不准使用能产生火花的工具，不准穿带钉子的鞋，并应当在可能产生静电的设备上，安装可靠的接地装置。

（2）进入易燃、可燃物品库区的蒸汽机车和内燃机车，必须装置防火罩，蒸汽机车要关闭风箱和送风器，并不得在库区停留和清炉。仓库应当有专人负责监护。

（3）进入库区的汽车、拖拉机必须戴防火罩，并不准进入库房。进入库房的电瓶车、铲车，必须有防止打出火花的安全装置。运输易燃、可燃物品的车辆，一般应当将物品用苫布苫盖严密，随车人员不准在车上吸烟。

（4）对散落、渗漏在车辆上的化学易燃物品，必须及时清除干净。库房、站台、货场装卸作业结束后，应当彻底进行安全检查。

（5）各种机动车辆在装卸物品时，排气管的一侧不准靠近物品。各种车辆不准在库区、库房内停放和修理。

3. 电源管理

（1）库房内一般不宜安装电器设备。如果需要安装电器设备，应当严格按照有关电力设计技术规范和有关规定执行，并由正式电工进行安装和维修。

（2）储存化学易燃物品的库房，应当根据物品的性质，安装防爆、隔离或密封式的电器照明设备。

（3）各类库房的电线主线都应当架设在库房外，引进库房的电线必须装置在金属或硬质塑料套管内，电器线路和灯头应当安装在库房通道的上方，与堆垛保持安全距离，严禁在库房门顶架线。

（4）库房内不准使用碘钨灯、日光灯、电熨斗、电炉子、电烙铁、电钟、交流收音机和电视机等电器设备，不准用可燃材料做灯罩，不应当使用超过 60 W 以上的灯泡。灯头与物品应当保持安全距离。

（5）库房内不准架设临时电线。库区如需架设临时电线，必须经仓库防火负责人批准。使用临时电线的时间不应当超过半个月，到期及时拆除。

（6）库区的电源应当设总闸和分闸，每个库房应当单独安装开关箱。开关箱应当设在库房外，并安装防雨、防潮等保护设施。

（7）在库区及库房内使用电器机具时，必须严格执行安全操作规程。电线要架设在安全部位，免受物品的撞击、砸碰和车轮碾压。

（8）电器设备除经常检查外，每年至少应当进行两次绝缘测试，发现可能引起打火、短路、发热和绝缘不良等情况时，必须立即修理。禁止使用不合规格的保险装置。电器设备和电线不准超过安全负荷。库房工作结束时，必须切断电源。

4. 火源管理

（1）库区内严禁吸烟、用火，严禁放烟花、爆竹和信号弹。在生活区和维修工房安装和使用火炉，必须经仓库防火负责人批准。

（2）金属火炉距可燃物不应当小于1.5m。在木质地板上搭设火炉，必须用隔热的不燃材料与地板隔开。

（3）金属烟囱距可燃墙壁、屋顶不应当小于70cm，距可燃屋檐不应小于10cm，高出屋檐不应小于30cm。烟囱穿过可燃墙、窗时必须在其周围用不燃材料隔开。

（4）不准用易燃液体引火。火炉附近不准堆放木片、刨花、废纸等可燃物。不准靠近火炉烘烤衣物和其他可燃物。燃着的火炉应有人负责管理。从炉内取出的炽热灰烬，必须用水浇灭后倒在指定的安全地点。

5. 消防设施

（1）仓库区域内应当按照《建筑设计防火规范》的规定，设置消防给水设施，保证消防供水。库房、货场应当根据灭火工作的需要，备有适当种类和数量的消防器材设备，并布置在明显和便于取用的地点。消防器材设备附近，严禁堆放其他物品。仓库应当装设消防通信、信号报警设备。

（2）消防器材设备应当有专人负责管理，定期检查维修，保持完整好用。寒冷季节要对消防储水池、消火栓、灭火机等消防设备采取防冻措施。

四、防台风、防雨汛

雨汛、台风灾害与火灾的性质有所不同，目前它还是一种不能完全避免的自然灾害，特别是我国东南沿海各省，雨汛、台风灾害是仓库安全的一大威胁。但是，实践证明，只要充分发挥人的力量，坚持依靠群众，及早进行预防，雨汛、台风等自然灾害仍然可以减少甚至避免损失。根据以往经验，要预防雨汛、台风灾害损失，必须做好下面几项工作。

（一）防台风工作管理组织

在雨汛、台风季节到来之前，应成立防汛防台风领导小组或办公室，这是带有季节性的短期工作组织，然而每年都要如期组成，开展工作。其工作人员从仓库职能机构中挑选兼任，人数多少视仓库规模大小以及当年防雨汛、防台风工作需要而定。

（二）防台风、抗台风工作

1. 加强宣传教育，积极进行防范

要用科学态度、生动事例教育职工，消除麻痹思想，提高职工对雨汛、台风灾害的认识，并把它作为季节性的仓储工作任务，及时布置、检查、总结其工作；并要表扬先进者，对不重视灾害，因失职而造成损失者必须视情节轻重进行认真处理。仓库领导人及防汛防台风组织负责人在汛期和台风季节，要参加昼夜驻库值班，并组织职工轮流守护仓库。发生灾害或预防工作必要时，应统一领导与指挥仓库职工全力以赴，防范抢救。

2. 争取上级和专业部门的领导与支持

仓库防汛防台风工作，要主动向上级和当地防汛指挥部汇报工作，在上级和防汛指挥部的统一领导下搞好防范工作。汛期，仓库的防汛防台风领导小组要与当地防汛指挥部、气象部门、广播电台等有关单位经常保持联系，汇报、交流情况，随时了解雨汛、台风等气象变化情况。对于当地和仓库附近的历年最高水位、警戒水位、最大降雨量等历史资料和有关情况以及对本库的影响等应预先了解，及时掌握，以便于参考分析使预防工作能有计划、有重点地进行布署，避免工作忙乱和造成人力、物力、财力的浪费。

3. 千方百计改善物品储存条件

不存侥幸心理，要做可能受害打算，从难从严要求，从保证不受损失出发，积极改善物品储存条件。如在汛期对库区内低洼可能被水淹的储存场所，要采取措施防止水淹，其储存的物品必要时可采取转库的方法转移到安全地点，尤其是露天货场的商品更要严密防范，防止损失。

4. 及时维修仓库

在雨汛、台风季节之前，即应检查维修仓库建筑、设备，特别对条件较差的库房、简易货棚应修理加固，保证不漏雨、不进水，四周排水通畅，不积水，这是维修应达到的起码要求。

5. 做好防汛、防台风物资准备和制订防汛方案

防汛、防台风物资如抽水设备、麻袋、土石料等，按实际需要事前安排好，及早采购，保证最低需要量，避免临时措手不及。同时，要制订科学的防汛、防台风方案，根据雨汛、台风情况和本库实际，确定紧急抢险方案，事先准备好紧急抢险器材并制订好使用办法。

（三）防雨湿

雨湿是仓库管理中经常遇到的问题。防止和消除雨湿可以从以下几方面进行。

1. 衬垫

衬垫是指根据不同物资的保管要求，按垛形尺寸和负荷轻重，在垛底放上适当的衬垫物，如石墩、石条、水泥条等，以利于垛底通风，从而减少因雨湿带来的潮气对物资的不良影响。

库房和货场的垫垛要求略有区别。由于货场上的货垛有被雨雪浸淋的可能，所以垛垫得要比库房地面高些。其次，货场地势的高低，排水能力的大小，是否场地积水，地质松软程度等都影响着衬垫的高低。货场和库房的衬垫材料也有所不同。一般货场多用水泥块、石块、枕木等衬垫物；而库房一般用垫板、枕木等。这是因为货场的货垛一般比较大而重的缘故。

衬垫注意事项：

（1）下垫要保证物资不受潮，不受水浸，并保持垛底的通风。

（2）货场的地面一定要平整夯实，以免堆垛后地面下沉而造成倒垛事故。

（3）下垫物要铺平放正，衬垫物的负重不能超过其本身和地坪的负重限量。货垛重量较大时，可适当增加衬垫物的密度，但仍需注意通风；衬垫物的负重要均衡，以防货垛和物资变形。

（4）合理使用衬垫物，注意衬垫物的保管和节约。

2. 苫盖

在货场上存放的物资，除应下垫外还需视物资的性质，加以适当的苫盖，以防止物资

直接受雨、露、雪的侵蚀和日光的曝晒。根据储存物资的不同性质、保管要求和垛形，采用不同的苫盖材料和方法。苫盖材料的选择应符合防火安全和经济耐用的要求。目前，仓库常用的苫盖材料有：芦席、竹席、油毡纸、苫布、铁皮、玻璃钢瓦等。在易燃易爆物品仓库里，不得使用芦席、油毡纸等易燃的苫盖物。

不论使用何种苫盖物，苫盖时苫顶斜面必须平整，以免下雨积水渗入垛内。垛底的垫木、石墩等不可露在苫盖物外面，以防雨水倾延渗入垛内。苫盖物不能苫到地面，阻碍垛底通风。苫盖后必须将苫盖物拴紧扎牢，防止被风掀起。在使用苫盖材料时同样要注意节约和保管。

3. 通风

通风就是根据空气自然流动的规律，使库内外的空气交换，以达到调节库内空气温湿度的目的。利用通风调节库内温湿度，是简单易行的有效方法。但要运用得当，才能收到预期的效果。

4. 吸潮

吸潮是一种降低库内空气湿度、消除雨湿的有效方法。在霉雨季节或阴雨天，当库内湿度过大，又无适当通风时机的情况下，在密封库里常采用吸潮的办法，以降低库内的湿度。

吸潮方法有机械吸湿、吸潮剂吸潮等。吸潮剂一般有生石灰、氯化钙、硅胶、木炭、炉灰等。此外，还有利用光电原理进行自动控制的吸潮方法。该种自动控制装置可以达到自动控制与调节库房的温度、湿度，并自动做好记录。当库内温度、湿度超过库存商品规定范围时，能自动记录，或者自动开启库窗，进行通风；当库房温度、湿度降到适宜条件时，又能自动停止去湿机工作，自动关闭通风窗。

五、安全作业

（一）仓库安全操作的重要性

仓库在用电、物资的装卸、搬运、堆码等方面及操作机械设备过程中都存在安全操作问题。在具体作业中，不论人工还是机械操作，一旦违反操作规程，疏忽大意，都会导致事故的发生。轻者受皮肉之苦，重者丧失性命，对职工和企业都会带来极大的损失。

（二）安全作业管理

积极预防仓储作业的操作事故，以保障人身、物品、设备等安全。为此，必须做好下列几方面的工作。

1. 制订和严格执行安全操作规程

为提高工效，预防事故，每项作业，每台设备必须依据过去的经验总结和操作实践，预先制订出安全操作规程，在作业时严格贯彻执行，这是防止事故的关键所在。为了严格贯彻执行安全操作规程，应办好以下事项：

（1）必须做好各级人员的思想工作，教育职工，十分重视安全操作，落实岗位责任制，熟悉安全操作规程，作业时思想集中，全力以赴，遇到问题冷静处理。

（2）队长或班组长，在接受任务时，首先要了解商品性能、数量、包装、储存场所等情况，据以合理组织劳动力，准备必要的机具和防护用具。队长或组长，应向作业人员说明商品性能和交代操作中应注意的事项，并讲清万一发生事故的处理办法等。

（3）进行作业前，人人必须认真检查所用的设备和工具，如果发现问题，一定要修好或调换才准使用。

（4）现场互助，严禁违规。在操作过程中一定要严格按操作规程办事。工作前绝对禁止饮酒，操作中应发挥互助友爱精神，同心协力。作业现场需配有现场指挥，做好指挥与协调工作。

2. 必须加强劳动保护

首先进行加强劳动保护的思想教育，明确加强劳动保护是为了安全操作，对企业、个人都有利。同时要抓技术革新的设备、机具的改造。从技术设备劳动条件上研究和采取措施以保证安全和减轻劳动强度。其次，装卸、搬运等作业人员的身体健康状况，对于安全操作有直接关系，所以，要定期对职工进行体格检查。一般新的人员参加操作之前，都要进行一次身体健康状况检查，在正常情况下，每年普遍体检一次，及时预防和治疗职业病。再是劳动保护用品应该备足，按规定发放使用。

3. 加强业务技术学习，提高操作技术水平

经常组织职工学习安全操作技术，吸取过去作业事故的教训，使之较熟练掌握操作技能和必要的业务知识。随着仓储作业机械化程度的提高，以及装卸、搬运、堆码、检查、养护等方面新技术的应用，加强业务技术学习成为职工进行生产的必要前提。如有关装卸、搬运安全操作规程、商品性能（尤其是新产品、危险品）、设备机具的性能等基本知识，都应列入业务学习内容，并定期考核，对各人应掌握的基本技术和知识，做出鉴定。通过考核评定优劣，并与奖惩挂钩，以促进职工业务学习的自觉性，不断提高业务技术水平，使人人都能按照操作规程熟练地进行安全作业。

4. 抓好设备安全管理、开展安全操作竞赛

根据国内外的经验和有关资料分析，伤亡事故往往与设备不良或者操作不当有关。设备质量不好或者不注意维护，就会留下事故隐患。因此，仓库应该加强设备管理，坚持以维护为主，检修为辅的方针，搞好设备维护保养工作，保证设备经常完好。如果对装卸等设备只管使用，不注意维护检修，甚至为了片面追求高作业量，不惜拼设备，让设备超负荷运转或者带"病"作业，往往不可避免地发生事故。

（三）安全操作的基本要求

为实现安全操作，避免事故的发生，对仓储过程中涉及的每一工种的工人，都有一些安全操作的基本要求。现以装卸工为研究对象，介绍其安全操作的基本要求。

1. 服从领导，听从指挥

操作人员对安排的任务不挑不拣，努力完成作业定额，做到当日任务当日完成。库房、货场的工人，要在保管员的指导下，翻倒、堆码商品，团结协作。

2. 严格执行安全操作规程

作业前要对机具进行安全检查，不得"带病"使用。作业时要穿戴好劳动保护的衣、帽、手套，思想集中，协调一致，不违章作业。爱护物品，文明生产，轻搬轻放，不摔、不碰。保证人身、商品、设备的安全。

3. 妥善进行堆码与装车

堆码物品要做到辅垫平稳，货垛牢固整齐，层次分明，数字准确，各种间距符合安全要求。破损包装不上垛，及时修理，因商品特性而不宜倒置、重压的，堆码时不倒置，不

侧放,不重压。危险货垛坚决翻垛,重新堆码,防止倒塌。作业完毕后,轧清件数,向保管员交代清楚。装车时,要严格按照技术装载的规定装足、码紧、码牢,轻浮和易散物品,要用拢绳加固,妥善苫盖。破损包装不上车,不出门。装卸车都要注意安全,点清数量,防止差错。

4. 爱护机具,搞好维修保养

保证机具经常处于良好状态,借用的机具使用完毕后,及时送还。

第二节 仓储质量管理

人们一提起质量,往往只想到产品的质量,质量管理也似乎只是工业企业的事情。然而,根据 ISO9000 标准的观点,质量是一组固有特性满足要求的程度,这里所指的特性可以是物理的、感官的、行为的、时间的、人体工效的等各种类别的特性,要求是指明示的、通常隐含的或必须履行的需求或期望。因此,它既包括有形产品,也包括服务;既包括产品内在的特性,也包括产品外在的特性。从这个观点出发,仓储提供的是一种保证生产连续进行的服务,仓储同样要突出质量管理。本节就全面质量管理的方法在我国仓储管理中的应用做些介绍。

一、仓储质量管理的意义与作用

1. 提高仓储质量是保持产品质量的必要条件

物流的功能在于解决产、需在时间和空间的分离,创造出时间及场所的效用。而这种时间及场所的效用必须以优质的产品质量为前提。仓储作为物流的基础功能,对于保持产品质量有着重要的意义。如果这些产品尚未到达消费者手中,在物资储运过程中就已遭到损坏或变质,那么,即便生产企业生产出来的产品质量再好,到达用户手中的也可能已成了次品或废品了。所以,仓库的任务之一就是必须搞好仓储质量管理。

2. 提高仓储质量是提高仓库经济效益和仓储管理水平的有效手段

在仓储工作中,常常由于某些原因造成错发、错运等事故,这不仅使用户不能及时得到所需的物资而影响正常生产,而且给仓储部门带来巨大的损失。仓储质量低劣会使仓储企业、承担物流责任的生产企业或公司、销售公司等各种类型企业遭受到下述损失:①赔偿损失的支出;②处理索赔的行政法律事务的支出;③收回、重整再发送被退回货物的支出;④时间耽误的机会损失及利息损失;⑤公司或企业的信誉损失,会出现订货减少、合同条款不利等问题。

只有不断提高仓储质量,不断减少和消灭各种差错事故,保证储存物资的质量,才能不断降低消耗,增加仓库的盈利,为仓库积累更多的资金,仓储生产经营成果才能逐步得到改善。

仓储质量反映了仓储的各项工作、各个环节的情况,它是仓储管理的一面镜子。在仓储管理的各项工作中都存在着质量问题,抓住质量管理,就抓住了问题的中心。提高仓储质量的过程,也就是提高仓储管理水平的过程。

3. 提高仓储质量是提高仓储企业竞争能力的重要条件

近几年，社会上出现了大量的物流企业，而这些企业的主要业务就是仓储。此外，由于加入 WTO 以后，我国将逐步开放各类市场，现在已经有一些实力雄厚的物流企业进入我国参与竞争，未来的仓储业竞争将异常激烈。仓储质量的好坏，是仓储企业参与竞争的一个重要砝码。因此，要想提高在仓储业的竞争能力，只有搞好仓储质量，提高仓储生产技术质量和服务质量。

二、仓储质量特征和内容

仓储质量包含以下几方面内容。

1. 储存物资的质量

仓储的对象是具有一定质量的实体，即有合乎要求的等级、尺寸、规格、性质、外观。这些质量是再生产过程中形成的，仓储在于转移和保护这些质量，最后实现对用户的质量保证。在当代风行的质量保证体系中，对用户的质量保证不可能完全依赖于生产，而且也依赖于流通。在"仓储保管业务"、"商品包装管理"等章内论述的有关内容，都是针对储存物资的质量提出的，这些方法和措施是保证储存物资质量完好所必需的。

2. 服务质量

仓储业有极强的服务性质，不管是生产企业隶属的仓储活动，还是对外从事的仓储业务，整个仓储的质量目标，就是其服务质量。一般来讲，仓储服务普遍体现在满足用户要求方面，这一点难度是很大的，各个用户要求不同，这些要求往往超出企业的能力，要实现这些服务要求，就需要企业有很强的适应性及柔性，而这些又需要以强大的硬件系统和有效的管理系统支撑。

当然，对服务的满足不能是消极被动的，因为有时候用户提出的某些服务要求，由于"效益背反"的作用，会增大成本或出现别的问题，这对用户实际是有害的，盲目满足用户的这种要求不是服务质量的表现。仓储承担者的责任是积极、能动地推进服务质量。仓储服务质量的具体衡度指标，主要是时间、成本、数量和质量。

3. 储运工作质量

工作质量指的是仓储各环节、各工种、各岗位具体工作的质量。为实现总的服务质量，要确定具体的工作要求，以质量指标形式确定下来则为工作质量指标。这是将仓储服务总的目标质量分解成各个工作岗位可以具体实现的质量，是提高服务质量所做的技术、管理、操作等方面的努力。

工作质量和物流服务质量是两个有关联但又不完全相同的概念。仓储服务质量水平取决于各个工作质量的总和。仓储的工作质量可归纳为以下许多内容：商品损坏、变质、挥发等影响商品质量因素的控制及管理；商品丢失、错发、报损等影响商品数量因素的控制及管理；商品维护、保养；商品入库、出库检查及验收，商品入库、出库计划管理，计划完成及兑现的控制；商品标签、标示货位、账目管理，建守正常的规章制度；库存量的控制；质量成本的管理及控制；库房工作制度、温度和湿度控制制度；工作标准化管理；各工序设备正常运转、完好程度管理；上、下道工序（货主、用户）服务。

4. 仓储工程质量

与产品生产的情况类似，仓储质量不但取决于工作质量，而且取决于工程质量，优良的工程质量对于物流质量的保证程度，受制于物流技术水平、管理水平、技术装备。好的仓储质量，是在整个仓储过程中形成的，要想能"事前控制"仓储质量，预防仓储造成的不良品，必须对影响仓储质量的诸因素进行有效控制。在仓储过程中，这些因素可归纳为以下6方面。

（1）人的因素：包括人的知识结构、能力结构、技术熟练程度、质量意识、责任心等反映人的素质的各项因素。

（2）体制的因素：包括领导方式、组织结构、工作制度等方面。

（3）设备因素：包括物流各项装备的技术水平、设备能力、设备适用性、维修保养状况及设备配套性等。

（4）工艺方法因素：包括仓储流程、设备组合及配置、工艺操作等。

（5）计量与测试因素：包括计量、测试、检查手段及方法等。

（6）环境因素：包括仓储设施规模、水平、湿度、温度、粉尘、照明、噪声、卫生条件等。

三、仓储质量指标

质量指标是用于反映质量现状的数据，用于判定质量水平的标准，是制订质量改进措施的依据，也是全面质量管理用数据说话的表现。

（1）库存量。库存量是指在统计期内平均存货数量，反映了仓库平均库存水平和库容利用程度，反映了仓库的经营情况。

$$月平均库存量 = \frac{月初库存量 + 月末库存量}{2}$$

$$年平均库存量 = \frac{各月平均库存量之和}{12}$$

（2）收发正确率。收发正确率表示仓库在某一段时期正确收发货物的程度。从反向看，则表示收发误差程度。

$$物资收发正确率 = \frac{期内吞吐量 - 发生收发差错的物资总量}{同期吞吐量} \times 100\%$$

（3）完好率。在统计期内货物发生丢失、损坏、变质等质量事故的整体程度。

$$物资完好率 = \frac{期内平均库存量 - 期内丢失、损坏、变质的物资总量}{同期平均库存量} \times 100\%$$

（4）验收时间。验收时间表示仓库对货物入库的货物验收所花费的时间指标。

$$平均验收时间 = \frac{期内各批验收天数之和}{同期验收批次数} （天/批）$$

（5）赔偿率。仓库事故造成毁损的损失赔偿和违反行政管理制度的罚款总额占经营收入的比例。表示仓储经营的风险成本。

$$业务赔偿率 = \frac{期内业务赔偿罚款总额}{同期业务总收入} \times 100\%$$

四、仓储质量管理的基本方法

仓储质量的概念既包含仓储对象质量，又包含仓储手段、仓储方法的质量，还包含工作质量，是一种全面的质量观。因此，仓储质量管理必须运用全面质量管理的观点与方法。

全面质量管理理念运用到仓储管理中的体现的是：仓储企业（或仓储部门）全体职工及有关部门同心协力，建立起从物资接运开始至出库发运全过程的质量体系，控制影响仓储质量的各种因素，有效地利用人力、物力、财力、信息等资源，为货主和用户提供满意的服务。全面质量管理的基本核心是提高人的素质，调动人的积极性，人人做好本职工作，通过抓好工作质量来保证和提高产品质量或服务质量。

【拓展提高】

> 仓储的工作质量内容：
> - 商品损坏、变质、挥发等影响商品质量因素的控制及管理；
> - 商品丢失、错发、报损等影响商品数量因素的控制及管理；
> - 商品维护、保养；
> - 商品入库、出库检查及验收，商品入库、出库计划管理，计划完成及兑现的控制；
> - 商品标签、标识货位、账目管理，遵守正常的规章制度；
> - 库存量的控制；
> - 质量成本的管理及控制；
> - 库房工作制度、温度和湿度控制制度；
> - 工作标准化管理；
> - 各工序设备正常运转、完好程度管理；
> - 上、下道工序（货主、用户）服务等。

（一）全面的质量管理法

1. 实施全面的质量管理

开展全面的质量管理是现代企业质量管理最基本的方法。仓储的全面质量管理则是以仓储产品的质量为中心，以最优的质量、最佳的服务、最低的消耗，满足客户的各种需求，运用一定的组织体系和科学的管理方法，动员、组织各部门和全体员工共同努力，提高仓储产品质量。全面质量管理包括4个方面。

（1）质量管理的对象是全面的。包括仓储计划、仓库设计规划、仓储作业、仓储管理、财务、商务、设备管理、人力资源等各方面。

（2）质量管理是全过程的管理。从市场宣传、商务磋商到仓储安排、接受货物、作业、交付、包装、客户保持的全过程都采取全面质量管理。

（3）仓储全面质量管理是一种全员的管理。直接、间接参与仓储活动的所有部门及人员，从企业的高层管理人员直到底层的员工都应积极参与质量管理，确保产品质量。

（4）质量管理的方法是系统的。整个仓储活动的质量管理，需要依据统一的质量标准和质量体系，对所有人员、部门的质量要求必须一致。

2. 以防为主

质量管理的基本要求是仓储的一切活动都以满足客户需求为目标，以防为主。质量管理需要建立有效的质量管理体系，采取严格的质量责任制，通过事先控制、以防为主来保证质量，形成质量管理和保证的系统。以事先的要求、事先的检查、事先的防范进行管理，因而需要充分综合现代手段与技术进行质量控制，预先发现问题，提前做好控制工作，确保达到质量标准。

3. 从小处着手

虽然说质量管理是一项系统的工作，要有规划、有系统地进行，从大处着眼，但是在质量管理中更要重视对细节的质量管理，从仓储、服务的小处入手。通过一系列小变革、小改革，解决小问题，改变小瑕疵，不断进行质量改进的良性循环，不断提高整体质量，这样可以大幅度降低质量管理的成本。

（二）排列图管理法

排列图最早由意大利经济学家帕累特提出并应用于社会财富的分布状态而得名。他发现少数人占有大量社会财富，即发现了所谓"关键的少数和次要多数"的关系。

后来，美国的质量管理学家米兰把他的原理应用于质量管理，成为找出影响产品质量因素的一种有效的方法。

排列图（见图7-1）有两个纵坐标、一个横坐标、几个直方形和一条曲线。左边的纵坐标表示频数（件数、金额等），右边的纵坐标表示频率；横坐标表示影响

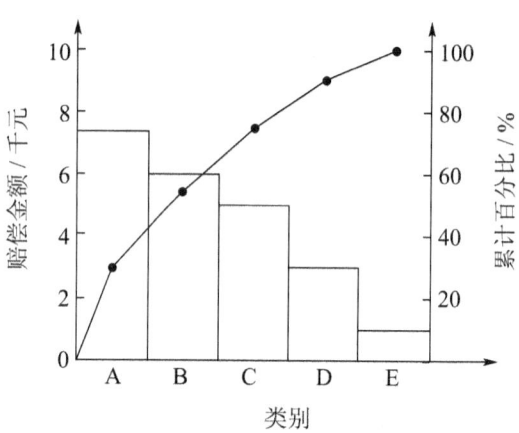

图7-1 某库赔偿费排列图

质量的各个因素，并按影响程度的大小从左到右排列；直方形的高度表示某个因素影响的大小，曲线表示各个影响因素大小的累计百分数，称帕累特曲线。

通常按累计百分数将影响因素分为三类：0～80%为A类，在累计百分数80%以内的各因素，显然是主要因素；累计百分数在80%～90%的为B类，是次要因素；累计百分数在90%～100%的为C类，是一般因素。

例如，某库对所储存物资由于发生丢失、损坏等质量事故而发生的赔偿费做了统计，各类赔偿费数据如表7-2所示，其排列如图7-1所示。

表7-2 赔偿费数据

赔偿费类别	代号	赔偿金额/千元	单项百分比/%	累计百分比/%
金属锈蚀降价	A		30	30
装卸摔坏	B		25	55
差错事故损失	C		20	75
丢失	D		15	90
其他	E		10	100
合　　计				

由排列图可以看出：影响储存物资质量的主要因素是锈蚀、摔坏和差错事故，这三个因素占累计百分数的75%，这样就找出了影响该库质量问题的主要因素，应及时采取措

施，重点控制。

（三）相关图管理法

相关图又称散布图，是表示两个变量之间关系的图，用于分析两个测定值之间的相关关系。将两种有关数据列出，并用坐标点填在坐标纸上，对数据的相关性进行直观地观察分析，可以得到定性的结论。

（1）强正相关。当因素的数值增大时，质量特性值也显著提高，点子的分布呈直线状。表示因素和质量之间有强的正相关关系。

（2）弱正相关。当因素的数值增大时，质量特性值也有提高，但点子的分布比较分散，表示因素和质量之间有弱的正相关关系。

（3）不相关。当因素的数值增大时，产品质量不一定增大，也不一定下降，点子的分布很分散，表示这种因素和产品质量没有相关关系。

（4）弱负相关。当因素的数值增大时，质量特性值下降，但点子的分布比较分散，表示因素和质量之间有弱的负相关关系。

（5）强负相关。当因素的数值增大时，质量特性值显著下降，点子的分布呈直线状。表示因素和质量之间有强的负相关关系。

（6）非线性相关。当因素的数值增大时，质量特性值开始提高，后来却下降，点子的分布呈曲线状，表示因素和质量特性值之间是曲线相关关系。

在仓储管理中也经常碰到这种情况，例如，进出库成本与作业量之间的关系，仓储成本与维护量之间的关系，空气温度与易挥发物资损耗间的关系等等。图7-2表示空气温度变化与某些化工品挥发损耗量之间的关系示意图。

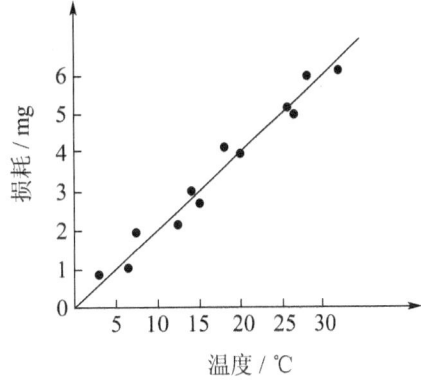

图7-2 温度与化工品损耗散布图

（四）统计分析表管理法

统计分析表又名检查表、统计调查表，是利用统计报表来进行数据整理和粗略原因分析的一种工具。其格式因调查的质量问题不同，可采取不同的格式。一般根据工作需要自行设计。

使用统计分析表时，将问题、原因、缺陷等，按类别记录在表上，标明数量，然后按类别、数量进行汇总分析。例如，"物资维护保养情况月报表"分别对除锈喷油、直接喷油、苫垫、翻垛等项目进行记录和汇总，从统计表中直接反映了仓库对库存物资的各种维护情况。又如，"储运业务货损、货差事故月报表"分别按事故类别（少发、多发、串发、验错、丢失、串装、保管事故、装卸搬运损坏等项目）进行记录和汇总，从中找出造成储运业务货损、货差的主要原因，为改进工作，指出了方向。

（五）分层分析法

分层分析法又称分类法、分级法，是整理、归纳数据的基本方法。搜集到的一大堆杂乱无章的数据，并不能说明问题，而只有把数据按一定的标志加以分类，使数据反映的事实更明显、更突出，这样才能找出问题所在，才能对症下药。据以分类的标志，应根据所要研究的目的而定。

【相关链接】

> 层次分析法（The Analytic Hierarchy Pricess，简称 AHP）是由美国运筹学家、匹兹堡大学萨第（T. L. Saty）教授于20世纪70年代提出的。他首先于1971年在为美国国防部研究"应急计划"时运用了 AHP，又于1977年在国际数学建模会议上发表了"无结构决策问题的建模——层次分析法"一文，此后 AHP 在决策问题的许多领域得到应用，同时 AHP 的理论也得到不断深入和发展。

层次分析法的主要特点是定性与定量分析相结合，将人的主观判断用数量形式表达出来并进行科学处理，因此，更能适合复杂的社会科学领域的情况，较准确地反映社会科学领域的问题。同时，这一方法虽然有深刻的理论基础，但表现形式非常简单，容易被人理解、接受，因此，这一方法得到了较为广泛的应用。目前每年都有不少 AHP 的相关论文发表，以 AHP 为基本方法的决策分析系统——"专家选择系统"软件也已推向市场，并日益成熟。

复习思考题

1. 仓储安全管理有什么意义？
2. 仓储安全管理的主要任务和内容是什么？
3. 为顺利开展治安保卫工作，仓储部门或企业应建立哪些治安保卫制度？
4. 火灾的条件有哪些？灭火的基本原理是什么？
5. 火灾的种类有哪些？
6. 不同类型的火灾可采用哪些对应的灭火方法？
7. 仓库防火工作可从哪些方面开展？
8. 仓库安全作业的内容有哪些？
9. 仓储质量管理的内容是什么？
10. 仓储质量管理的基本方法有哪些？

【实训项目】

实训内容：
参观企业的仓库，注意观察其安全管理工作的布置。
实训目的：
（1）了解与熟悉仓库安全管理制度与方法。
（2）掌握仓库安全管理措施。
实训要求：
（1）熟悉仓库安全管理相应理论知识。
（2）联系不同种类的仓库参观。
（3）仔细观察仓库安全设备的布置及数量。

(4) 了解各个仓库安全管理措施。

实训操作与规范：

(1) 上网下载或从有关出版物上查阅《仓库防火安全管理规则》（1990年4月10日）（中华人民共和国公安部令第6号）。

(2) 有组织地进行活动。

(3) 注意安全。

(4) 听从现场指挥。

【课后案例】

佛山三水"2·14"烟花爆竹仓库爆炸

2008年2月14日凌晨3时32分左右，位于广东省佛山市三水区西南街道金本彭坑村的三水粤通仓储运输有限公司（以下称"粤通公司"）烟花仓库发生爆炸事故。爆炸发生时传出三声巨响，在广东佛山市三水区、南海区、禅城区、高明区均有震感。南海区罗村一居民致电中新社记者时称，爆炸发生时，他家的房子门窗都有震动，全村的狗叫声不断，村内的居民很多人跑出来相互了解情况。

据了解，佛山粤通仓储有限公司在金本彭坑村有二十座仓库，占地一百七十三亩。仓库储存着大量的烟花爆竹，多由湖南生产，计划从三水港中转出口。发生爆炸事故的是佛山粤通仓储有限公司烟花爆竹仓库储存的烟花爆竹，爆炸的为七号仓库。爆炸发生时，有四名保安在值班。

事故发生后，原国家安全监管总局李毅中局长和广东省政府黄华华省长、佟星副省长等领导分别作出重要批示，广东省安全监管局等部门领导及时赶赴事故现场指导事故救援及善后工作。

由广东省安全监管局、省公安厅等有关单位组成的佛山市三水区"2·14"烟花爆竹仓库爆炸事故省政府调查组（以下称"省事故调查组"）近日经过反复的调查取证，得出事故发生的直接原因为：粤通仓库A2仓库内储存的烟花爆竹火药受潮，产生大量的热量并聚集引起殉爆（炸药的爆炸能引起与其相距一定距离的被惰性介质隔离的炸药的爆炸，这一现象叫做殉爆），从而导致其他仓库爆炸燃烧。本次事故造成直接经济损失929万元，未造成人员伤亡。

在事故处理中，为吸取教训，教育和惩戒有关责任人员，根据相关法律法规规定，广东省安全监管局依法对粤通公司处以人民币20万元的罚款；对粤通公司法定代表人等6名责任人，作出不同程度的处罚处理；责令事故责任单位作出书面检讨；吊销粤通公司及有关责任人员的相关证照。

（来源：广州日报）

讨论题：

1. 仓库防火最重要的是防止哪些火灾，如何进行预防？
2. 试分析企业安全生产主体责任不落实的间接原因的危害性？

第八章　配送及配送中心

【学习目标】

知识目标
1. 理解配送的概念和内涵，对配送、运输、搬运和送货等概念能够进行有效区分；
2. 理解配送作业的组织形式；
3. 理解配送中心的概念和内涵，有效区别配送中心与物流中心；
4. 掌握配送中心的功能及类型；
5. 掌握配送中心的组织结构与管理。

能力目标
1. 能对生活中常见配送企业识别其作业组织形式，并能分析其配送特点；
2. 能说明不同类型的配送中心在服务对象、组织形式和功能方面的区别和联系。

【引导案例】

中储拓展物流配送业务

中国物资储运总公司（简称中储）是具有45年历史的专业物流企业，提供全过程物流解决方案、组织全国性及区域性仓储、配送、加工、分销、现货交易市场、国际货运代理、进出口贸易、信息等综合物流服务，并充分利用其土地资源的优势，开展房地产、实业开发等多元化经营。

中储总资产60亿元，占地面积1 000万 m^2，货场面积300万 m^2，库房面积150多万 m^2。储存各类生产、生活资料。年吞吐货物5 300万 t，年平均库存300万 t。各物流中心均有铁路专用线，共90条，总长80km。载重汽车3 000辆。

中储立足发挥储运的硬件优势和网络优势，积极拓展配送业务，以现有分布于全国各大中城市的仓库为据点，形成地域物流配送中心，并逐步建立中储全系统的物流配送网络和完整的配送业务流程以及服务规范，向现代物流产业进军。

20世纪80年代末期，中储只有两个仓库从事配送业务，主要形式是为生产企业提供产前、产中、产后的原材料及产成品的配送服务。到目前为止，已有所属60多个仓储介入此项业务，许多传统仓库成了能提供分销、库存、加工等多项服务的配送中心。配送的形式多种多样，服务的深度和广度不断延伸。为了让客户放心、满意地使用中储的配送服务，中储向客户提出了"配送及时，交接准确，反馈迅速，搬运安全，信誉可靠，网络服务"的承诺。"配送及时"，即接到配送单后，保证市内当天送达，200km以内24h内送达，600km以内36h内送达；"交接准确"，即由专业人员负责交接工作，保证货物和各种票据交接手续简单、准确；"反馈迅速"，即货物经分拣送达后，保证用最快的通讯方式通知顾客确认；"搬运安全"，即实行绿色服务，不污染、不破坏货物包装，保证外包装破损率在1%以下；"信誉可靠"，即由中储原因发生的货损、货差责任事故，中储将按市价全额赔偿，同时客户还可选择是否由中储给货物代上保险；"网络服务"，即中储在沈阳、大连、天津、石家庄、郑州、西安、咸阳、成都、重庆、武汉、衡阳、南京、连云港、上海实现联网改造，以降低空车率。中储不仅在服务中认真履行承诺，而且还针对不同的客户提供具体的个性化服务。例如，中储股份南一分公司在为海尔服务的过程中，库房温度和湿度保持在规定的范围之内，做到库房内地面和货物上无尘土，同时保管员"日事日毕"，配送业务原则上当天任务当天完成，每天、每周、每月进行动态盘点并按时报告。又如，无锡中储物资公司与张家港浦项不锈钢有限公司的合作中，无锡中储为保证货物在运输途中的安全，车辆配备足够数量的"井"字形木架底座；卷板装载汽车后，加固并遮盖防雨篷布；装卸时使用软索，落地时上盖下垫；卷板被装火车时，车皮地板上铺满草垫，并按张家港图纸规定方式装车；卷板与车皮间使用8号铁丝捆绑牢固，卷板与铁丝的接触部位全部使用橡皮垫加以保护。无锡中储在保证了货物运输安全的同时，真正做到了客户满意。再如，中储为LG电子沈阳乐金有限公司的库存商品不仅提供防雨、防盗、防潮、防鼠、防污染等基本保证，还按照要求为该公司的一切业务资料保密，提供24h装卸服务，汽车运输快速、及时、准确地运送到东北地区各指定的代销地点。此外，中储孤家子一库为香港德讯海空运有限公司的西门子产品、基士得耶办公设备（中国）有限公司辽宁分公司的高档办公设备，中储石家庄东三教仓库为海尔电冰箱销售有限公司的电冰箱，中储股份上海沪南公司为正大集团易初莲花连锁超市的货物进行配送服务等，都切实履行了配送服务承诺，并且根据不同客户的要求提供个性化服务，做到一切为客户着想，一切为客户服务。

在配送业务领域迅速发展的同时，中储正在积极筹划将全系统分散的60多个仓库业务联成网络，加强信息化建设，以期实现物流配送网络和电子商务网的对接。同时，中储系统正以中储股份（证券代码：600787）为依托，积极整合、重组、优化现有存量资产，使传统的仓储型仓库向区域性现代物流中心转型，向网络化、信息化、规模化的一流现代物流企业积极迈进。

讨论题：
1. 中储是如何拓展物流配送业务的？
2. 中储的物流配送业务有哪些特色？

第一节 配送概述

一、配送的概念

"配送"这个词汇来自于日语原词，《日本工业标准（JIS）物流用语》中将配送定义为："将货物从物流据点送交给收货人"。中国国家标准《物流术语》（修订版，GB/T 18354—2006）将配送（Distribution）定义为："在经济合理区域范围内，根据客户要求，对物品进行拣选、加工、包装、分割、组配等作业，并按时送达指定地点的物流活动"。

配送是物流中一种特殊的、综合的活动形式，是商流与物流的紧密结合，包含了商流活动和物流活动，也包含了物流中若干功能要素的一种形式。一般的配送集装卸、包装、保管、运输于一身，通过这一系列的活动将货物送至目的地；特殊的配送则还要以流通加工活动为支撑，其包括的方面更广。但是，配送的主体活动与一般物流却有不同，一般物流是运输及保管，而配送则是运输及分拣配货。分拣配货是配送的独特要求，也是配送中有特点的活动，以送货为目的的运输则是最后实现配送的主要手段。

二、配送的特点

从配送活动的实施过程上看，配送包括"配"和"送"两方面的活动，"配"是对货物进行集中、分拣和组配，"送"是以各种不同的方式将货物送达至指定地点或客户手中。因此，可以为配送归纳出以下特点：

（1）配送不只是送货，也不是生产企业推销产品时直接从事的销售性送货，而是从物流结点至用户的一种特殊送货形式。从送货的功能看，其特殊性表现为：从事送货活动的是专业流通企业，而不是生产企业；配送是中转型送货，而一般传统意义上的送货，尤其是从工厂至用户的送货往往是直达型。

（2）配送不是单纯的运输和输送，而是运输和其他活动共同构成的组合体。虽然配送活动离不开运输，但配送包含的那一部分运输，在整个运送过程中是处于二次运输、支线运输、末端运输的位置。

（3）配送不是广义概念的组织物资订货、签约、进货及对物资处理分配的供应，而是以供应者送货到户式的服务性供应，是一种"门到门"的服务。

（4）配送是在全面配货基础上，完全按照用户要求，包括种类、品种搭配、数量、时间等方面的要求所进行的运送，是配和送的有机结合形式。

【相关链接】

配送与送货、运输、搬运之区别与联系

1. 配送和送货

配送和通常所说的送货在本质上是不同的。一般来说，配送有一套确定的组织、相对固定的渠道，有一套装备和管理、技术力量，有一套制度的体制形式，以服务客户为目标，按需、按时、按地点交付客户。通常所说的送货是一种偶然的、随机的、被动的行为，而配送却是一种经常的、确定的、主动的行为。显然，送货更多地体现着传统物流的理念和作业行为，而配送则更多地体现着现代物流的理念和方法。

2. 配送与运输、搬运

配送、运输、搬运等物流环节都有改变物品空间位移的作用，但在物流运作过程中，它们还是有很大区别的。国家标准《物流术语》（修订版，GB/T 18354—2006）对三者定义进行了有效区分。

> 运输（Transportation），即用运输设备将物品从一地点向另一地点运送。其中包括集货、分配、搬运、中转、装入、卸下、分散等一系列操作。
>
> 配送（Distribution）是指在经济合理区域范围内，根据客户要求，对物品进行拣选、加工、包装、分割、组配等作业，并按时送达指定地点的物流活动。
>
> 搬运（Handling carrying）指在同一场所内，对物品进行水平移动为主的物流作业。
>
> 一般来说，运输主要是指在一个较大范围内，对物品进行水平移动为主的物流作业，可以使用车、船、飞机等多种运输工具；配送属于运输中的末端运输（又称二次运输），主要指在一个较小范围内，对物品进行短距离的空间移动，一般使用汽车做运输工具；而搬运则指在同一场所内，对物品进行水平移动为主的物流作业，一般使用叉车、牵引车等搬运工具。

三、配送作业的组织形式

在不同的市场环境下，为了满足不同产品、不同客户、不同的流通环境的要求，在配送组织活动过程中，可以采取不同的配送形式来满足用户的需要。根据配送组织过程的两大要素，即配送时间和配送货物数量的不同，可以将配送活动分为定时配送、定量配送、定时定量配送、定时定线路配送、即时配送和共同配送等多种组织形式。

（一）定时配送

配送企业根据与用户签订的配送合同，按照约定的时间间隔进行的配送组织形式。定时配送的时间，由配送的供给与需求双方通过协议确认。每次配送的品种及数量可预先在协议中确定，实行计划配送；也可以在配送之前以商定的联络方式（如电话、传真、计算机网络等）通知配送品种及数量。

这种配送形式的时间比较固定，且具有一个循环周期，因此便于安排配送计划和配送调度。对用户而言，也便于接货和组织生产。但是由于配送商品种类、数量不确定，配货、配装及运输的难度较大，在具体实施时，也会给配送运力的安排造成困难。定时配送有以下几种具体形式：

1. 小时配

小时配是接到配送订货要求后，在1h内将货物送达。这种方式适用于一般消费者突发的个性化需求所产生的配送要求，也经常用作配送系统中应急的配送方式。B to C 型的电子商务，在一个城市范围内，也经常采用小时配的配送服务方式。

2. 日配

接到订货要求之后，在24h之内将货物送达的配送方式。日配是定时配送中较为广泛采纳的一种形式，尤其在城市内的配送中，它占了相当大的比例。一般而言，日配的时间要求大体上是：上午的配送订货下午可送达，下午的配送订货第二天早上送达；或者是在用户实际投入使用前24h送到，即用户下午要用的保证上午送到，上午需要的保证前一天下午送到。这样就可以使用户获得在实际需要的前半天得到送货服务的保障，如果是企业用户，这可使企业的运行更加精密化。

广泛而稳定地开展日配方式，可使用户基本上不用保持传统的库存，就可实现生产的准时和销售经营的连续性（无缺货）。下述几种情况较适合日配这种配送形式：①消费者需求新鲜的、食品类商品，如水果、点心、肉类、蔬菜等；②消费者由于消费冲动产生的突发需求，如体育用品、衣物、电器等商品；③用户是多个小型商店，如街区的零售店或便利店，它们的资金实力小，追求资金和货物的周转快，随进随售；④用户条件限制，不可能保持较长时期的库存，或者用户是采用"零库存"方式进行生产的生产企业。

3. 准时配送方式

按照双方协议时间，准时将货物配送到用户的一种方式。这种方式和时配、日配的主要区别在于：时配、日配是向社会普遍承诺的配送服务方式，针对社会上不确定的、随机性的需求。准时方式则是两方面协议，往往是根据用户的生产节奏，按指定的时间将货送达。这种方式比日配方式更为精密，可以利用这种方式，连"暂存"的微量库存也可以取消，绝对地实现零库存。

准时配送方式要求有较高水平的配送系统来实施。由于用户的要求独特，因而不大可能对多用户进行周密的共同配送计划。这种方式适合于装配型、重复、大量生产的企业用户，这种用户所需的配送物资是重复、大量而且没有太大变化的，因而往往是一对一的配送。

4. 快递方式

一种提供快速配送服务的组织方式。快递服务一般而言覆盖地区较为广泛，所以，服务承诺期限按不同地域会有所变化，这种快递方式综合利用"小时配"、"日配"等在较短时间实现送达的方式，但不明确送达的具体时间，所以一般用作向社会广泛服务的方式，而很少作为生产企业"零库存"的配送方式。

快递配送面向整个社会企业型和个人型用户，是一种很有名气的配送方式。日本的"宅急便"、美国的"联邦快递"、我国邮政系统 EMS 快递都是运作得非常成功的快递配送企业。

（二）定量配送

定量配送是指按照规定的数量（批量），在一个制定的时间范围内（对配送时间不严格限定）进行配送。这种方式数量固定，备货工作有较强的计划性，比较简单也比较容易管理。可以按托盘、集装箱及车辆的装载能力来有效地选择配送的数量，这样能够有效地利用托盘、集装箱等集装方式，也可做到整车配送，配送的效率较高。

定量配送服务方式，由于时间不严格规定，可以将不同用户所需物品凑整车后进行合理配装配送，运力利用也较好。

定量配送不仅有利于配送服务便于企业的科学管理，对用户来讲，每次接货都是同等数量的货物，有利于人力、装卸机具、储存设施的配备。

定量配送适合在下述领域采用：①用户对于库存的控制不十分严格，有一定的仓储能力，不施行"零库存"；②从配送中心到用户的配送路线保证程度较低，难以实现准时的要求；③难以对多个用户实行共同配送，只有达到一定配送批量，才能使配送成本降低到供、需双方都能接受的水平。

（三）定时定量配送

按照规定的配送时间和配送数量进行配送。这种形式兼有定时、定量两种方式优点，是一种精密的配送服务方式，但对配送组织要求较高，计划难度较大。由于适合采用的对象不多，很难实行共同配送等配送方式，因而成本较高，在用户有特殊要求时采用，不是一种普遍适用的方式。

定时定量配送方式的实际应用，主要在大量而且稳定生产的汽车、家用电器、机电产品的供应物流里面取得了成功。这种方式的管理和运作，一是靠配送双方事先的一定时期的协议为依据来执行；也常常采用"看板方式"来决定配送的时间和数量。

（四）定时定路线配送

在规定的运行路线上，制定配送车辆到达的时间表，按运行时间表进行配送，用户可以按照配送企业规定的路线及规定的时间选择这种配送服务，并到指定位置及指定时间接货。

采用这种方式有利于配送企业有计划地安排车辆及驾驶人员，可以依次对多个用户实行共同配送，无需每次决定货物配装、配送路线、配车计划等问题，因此比较易于管理，配送成本较低。对用户而言，可以在确定的路线、确定的时间表上进行选择，又可以有计划地安排接货力量，虽然配送路线可能与用户还有一段距离，但由于成本较低，用户也乐于接受这种服务方式。

这种方式特别适合对小商业集中区的商业企业的配送。商业集中区域交通较为拥挤，街道又比较狭窄，难以实现配送车辆"门到门"的配送。如果在某一站点将相当多商家的货物送达，然后再用小型人力车辆将货物送到商业门店，这项操作往往在非营业时间内完成，可以避免上述矛盾对配送造成的影响。

（五）即时配送

即时配送是指完全按用户突然提出的配送要求，随时进行的配送组织形式。这是对各种配送服务进行补充和完善的一种配送方式，这种配送方式主要应对用户由于事故、灾害、生产计划的突然变化等因素所产生的突发性需求；也应对一般消费者经常出现的突发性需求。这是有很高灵活性的一种应急方式，也是大型配送企业应当具备的应急能力。有了这种应急能力，就能够支持和保障配送企业的经营活动。需要提出的是，这种配送服务实际成本很高，难以用作经常性的服务方式。

（六）共同配送

按照日本工业标准（JIS）的解释，共同配送是"为提高物流效率对许多企业一起实行配送"。共同配送的主要追求目标是配送合理化。这包含以下几方面的考虑：通过共同配送降低配送成本；通过共同配送使车辆满载，减少上路车辆，改善交通及环境；通过共同配送取得就近的优势，减少车辆行驶里程；通过共同配送减少配送网点及设施，节约社会财富。共同配送有以下几种具体形式：

（1）由一个配送企业综合若干家用户的要求，对各个用户统筹安排，在配送时间、数量、次数、路线等诸方面做出系统的、最优的安排，在用户可以接受的前提下，全面规划，合理计划地进行配送。这种配送服务方式，适合于在用户比较多的情况下，用户的配送需求有一定的共同性，这样就可以采用集中进货、集中库存、有效的分货、配货、配载、选择运输方式、选择运输路线、合理安排送达数量和送达时间，使配送具有很强的科学性和计划性。当然，这种配送方式实行起来较为复杂，需要有比较高的管理水平。

（2）由若干家用户联合组织配送系统对这些用户进行配送。这种形式，将分散的配送需求集中起来，将分散的资源集中，就可以达到一定规模，从而提高配送效率并且降低成本。

（3）多家配送企业联合，共同划分配送区域，共同利用配送设施（如配送中心），进行一定程度的配送分工。这种配送方式，配送企业可选择离用户最近的配送中心对用户实行配送，这个配送中心可能并非隶属于本配送企业，而是隶属于另一家配送企业，但由于离用户近，可降低配送成本。同样，另一企业的某些用户，也可由这个企业的配送中心实行近距离配送。这样的适当划分，可以使实行共同配送的若干配送企业取得"双赢"或者是"多赢"。形成了一种共同协作的配送方式。这种配送服务方式，往往是配送企业实行连锁化、集团化的前奏。

第二节 配送中心及其功能类型

一、配送中心的概念

根据国家标准《物流术语》（修订版，GB/T 18354—2006），配送中心（Distribution Center）的定义为：从事配送业务具有完善信息网络的场所或组织。应基本符合下列要求：①主要为特定客户或末端客户提供服务；②配送功能健全；③辐射范围小；④多品种、小批量、多批次、短周期。

配送中心的形成和发展是有其历史原因的。很多学者认为配送中心是在仓库的基础上发展起来的。仓库作为保管物品的设施，它的主要功能是储藏物资。由于经济的发展、生产规模的不断扩大，仓库功能也在不断演变和分化。20世纪70年代石油危机之后，为了挖掘物流过程中的经济潜力，物流过程出现了细分，再加上市场经济体制造就了买方市场环境，以服务来争夺用户的竞争结果是：企业做出了"营销中心下移"、"贴近顾客"的营销战略，贴近顾客一段的所谓"末端物流"便受到了空前的重视。配送中心正是在这种新的市场环境下，在仓库不断演化和演变过程中出现的新的物流设施。事实证明，配送中心作为流通领域的一种新形式，已经构筑了一条更为畅通的流通渠道。

二、配送中心的类型

根据不同的划分标准，配送中心可以划分为不同的类型。

（一）根据功能侧重不同进行划分

1. 储存型配送中心

这类配送中心有很强的储存能力，其储存空间往往占整体空间比例比较大。生产资料配送中心、连锁超市的配送中心等都属于这一类，配送中心储存了大量物资和商品，为客户提供支持生产或销售的配送服务。由于历史的原因，目前我国以这类配送中心居多。

2. 流通型配送中心

这类配送中心不以商品的长期保管、存储为目的，加快商品流通是其主要目标，"大进大出"是其主要特点。一般的情形是，大批量货物整托盘或整箱进入，或者经过暂存，然后中转出货；或者以直接换装的形式，直接换装出货；或者经过简单分拣，配货发货。

3. 加工型配送中心

此类配送中心以流通加工为主要功能。既可以有分拣、分割、计量、组装、小件包装、贴标签、条形码贴附等简单作业，也可以有如净菜加工、食品加工、生产资料加工等稍复杂和有一定技术的作业。

4. 综合型配送中心

这类配送中心功能比较齐全，采购、存储、包装、配送、流通加工、信息处理等功能都具备，作业能力比较强。这类配送中心以大型生产企业和大型流通企业建设的居多。

(二) 根据运营主体的不同进行划分

1. 生产企业主导型配送中心

这类配送中心主要由实力雄厚的大型生产制造企业投资建立并运营。一方面为企业的生产制造提供准时生产配送服务，降低生产物流成本，另一方面为企业产品提供销售物流配送服务，以降低流通费用，并提高售后服务的质量。如海尔物流配送中心就有采购件和制成品两个自动化仓库，共19536个库存货位。采购件自动化仓库负责向装配线工位准时地配送零部件，制成品自动化仓库负责向全国42个分销配送中心准时地配送制成品。该配送中心建成后，可节约库存周转资金8亿元，给企业带来巨大经济效益。

2. 商业企业主导型配送中心

随着商业规模的扩大和连锁商业的兴起，大型商业企业更愿意自建配送中心达到有效控制销售和降低物流成本的目的。这类配送中心主要包括以批发商为主的批发型配送中心和以零售商为主的零售商（或连锁超市）配送中心。如沃尔玛、国美电器、易初莲花等大型流通企业都建立有自己的配送中心，专门为本公司所属的销售网点提供商品配送服务。

3. 物流企业主导型配送中心

由于自建配送中心的建设成本和运营成本一般都比较高，因此由生产商、批发商、零售商以外的第三方物流企业提供配送服务，也是一种经常采用的配送模式。这对广大的中小型生产企业、流通企业，以及社会上的零散用户来说，是一种很好的选择。

4. 共同配送中心

为了满足企业经营和降低成本的需要，由多个中小型企业合资或合作建立配送中心的模式。这类模式可以在供应商的上下游企业间实行，也可以在同类企业间实行，也可以在异类企业间实行，只要能够实现"共赢"，就达到了大家共同的目标。这样做不仅可以提高配送车辆的利用率，减少企业的配送费用，弥补配送能力薄弱的不足，而且有利于企业及时快速地响应客户的需求。

(三) 根据配送商品属性的不同进行划分

由于商品的种类、特性多种多样，因此按配送商品属性的不同进行划分，就出现了各种专业配送中心。常见的有医药品配送中心、化妆品配送中心、食品配送中心、家电配送中心、烟草配送中心、日用品配送中心、电子产品配送中心、书籍配送中心、农产品配送中心、汽车零配件配送中心、钢材配送中心、水果蔬菜配送中心等。由于这些种类的配送中心配送的商品类别不同，各种商品之间又有排他性或不可混淆性的要求，所以配送中心的设施、结构、设备、机械以及管理方式均有一定差异。

【拓展提高】

配送中心与物流中心

根据国家标准《物流术语》（修订版，GB/T 18354-2006），物流中心的定义是从事物流活动且具有完善信息网络的场所或组织。应基本符合下列要求：①主要面向社会提供公共物流服务；②物流功能健全；③集聚辐射范围大；④存储、吞吐能力强；⑤对下游配送中心客户提供物流服务。

由此可知，物流中心与配送中心都是从事物流活动的一种场所或组织，都是现代物流体系的重要节点，都具有较齐全的物流功能，且功能非常相似，都具有完善的信息网络。这是它们的共同点，也是两个概念在现实中经常被混淆、被混合使用的重要原因之一。但实际上，这两个概念是有区别的：

（1）服务客户群的差别。物流中心主要面向整个社会服务，而配送中心主要为特定客户或末端用户服务，其辐射的范围要小。

（2）品种与数量上的差别。物流中心一般从事的是少品种、大批量的配送，而配送中心相对于物流中心来讲，从事的是多品种、小批量的配送。

（3）一般情况下，物流中心的上游是工厂，下游是配送中心或批发商，而配送中心的上游是物流中心或工厂，下游是零售店或最终消费者。

（4）存储的差别。存储是物流中心的一项主要业务和功能，而存储是配送中心的一项辅助业务。

三、配送中心的作业流程

不同类型的配送中心，其作业流程的长短不一，内容各异，但作为一个整体，其作业流程又是统一的、一致的。配送中心典型作业活动及作业流程如图8-1所示。

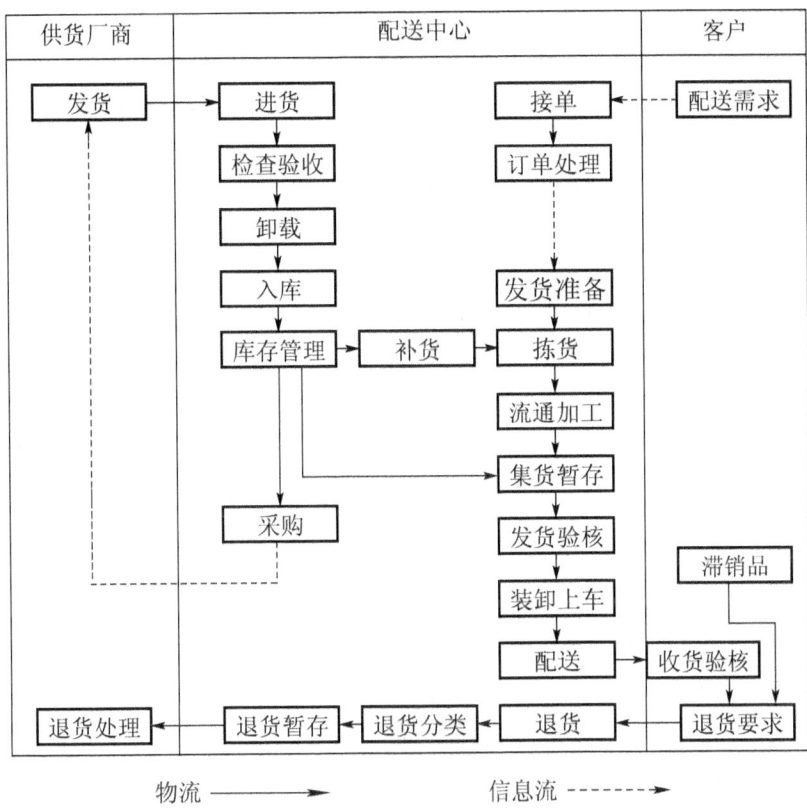

图 8-1 配送中心典型作业活动及作业流程图

四、配送中心的功能

配送中心是专门从事货物配送活动的经济组织，它又是集加工、理货、送货等多种功能于一体的物流结点。为实现用户的多样化需求，配送中心必须通过自身具体功能的体现，才能满足用户需求。其功能表现在以下方面。

1. 采购集货功能

配送中心必须采购所要供应的商品，才能及时、准确无误地为用户供应物资。配送中心应根据市场的供求变化情况，制定并及时调整统一的、周全的采购计划，并由专门的人员与部门组织实施。

2. 存货控制功能

配送中心必须保持一定的货物储存量。一方面，如果低于合理的储存量水平，可能造成供应的停顿；另一方面，大量的存货会造成物流成本的上升。严格控制存货水平是配送中心管理的一项主要任务。

3. 分拣配装功能

通过分拣配装功能，可以满足客户对一次送货所要求的商品品种和数量。货品分拣是适应小批量、多品种的商品流通需求而出现的物流过程中的运作形式。越接近物流末端环节的配送中心，其分拣的功能越复杂。

4. 流通加工功能

为了扩大经营范围和提高配送水平，目前国内许多配送中心都配备了各种加工设备，由此形成了一定的加工能力。这些配送中心能按照用户提出的要求和根据合理配送商品的原则，将组织进来的货物加工成一定的规格、尺寸和形状。其流通加工形式主要有：

（1）切割加工。对整件货物通过分割形成等量或等额单元。

（2）分装加工。为了便于生产或销售，货物按要求被重新包装成大包装、小包装、运输包装、销售包装等多种形式包装。

（3）分选加工。由于购进货物在质量等级、规格、花色上存在一定差异，不利于生产或销售，必须进行有效的、有目的性的人工或机械方式分选，以满足不同需求。

5. 信息处理功能

现代物流对信息处理的要求越来越高，配送中心的整个业务活动必须严格按照订货计划或通知、各用户的订单、库存准备计划等内容进行有效操作，而这一过程本身就是信息处理过程。信息处理具体表现在：

（1）接受订货。接受用户订货要求，经综合处理后，确定相应的供货计划。

（2）指示发货。接受订货后，根据用户分布状况确定发货网点，通过计算机网络或其他方式向发货网点下达发货指示。

（3）确定配送计划。确定配送路线和车辆，选定最优配送计划并发出配送命令。

（4）控制系统。配送中心即时或定时了解采购、库存、加工、配送等情况，以便准确、迅速、有效处理业务。

（5）有效衔接供货商和用户。掌握供货商的情况，以便及时向供货商发出采购通知进货，同时了解各用户的对货物的要求，也便于及时储存货物和运输货物，满足用户需求。

第三节 配送中心组织结构与管理

一、配送中心的组织结构

配送中心内部的组织结构，从纵向来看可以划分成若干个不同的部门。一般来讲，配送中心内部组织如图8-2所示。

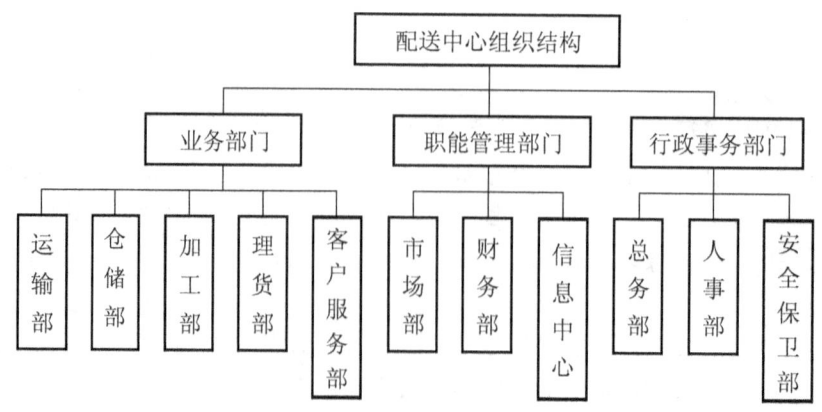

图8-2 配送中心内部组织结构

1. 业务部门

业务部门是直接参加和负责组织配送中心业务活动的部门，包括各个配送业务机构，担负着从货品进入配送中心到按用户要求送达目的地的工作，按照不同的业务种类可以分为运输部、仓储部、加工部、理货部、客户服务部等。业务部门是配送中心组织机构的主体。它们的主要任务是直接从事配送的经营、操作、对外建立经济联系，并负责处理经营业务纠纷等。业务部门的规模和分工程度直接影响着其他部门的机构设置。

业务部门的组织机构划分和设置，主要有四种方法：

（1）根据处理对象的货品类别分设二级业务部门，即设置下级机构分别负责一类或几类货品的全部物流业务。

（2）根据经营业务的不同环节分设二级业务部门，即按入库、保管、出库、运输等不同环节设置机构，分别负责不同的业务内容。

（3）将前两种方法结合起来，即在货品种类分工的基础上，再将该类货品处理的各个业务环节交由一个二级机构来负责。

（4）根据地理区域范围的划分分设二级业务机构。

2. 职能管理部门

职能管理部门是指与业务部门活动有着直接关系，专为业务部门开展工作而提供服务的管理部门。该部门直接承担计划、指导、监督和调节职能，包括计划统计、财务统计、价格管理、信息系统支持等；按领导的委托向业务部门布置工作，负责收集、整理经营业务信息，是各级领导的参谋机构，不直接从事配送中心的经营活动。

3. 行政事务部门

行政事务部门指的是既不直接从事物流业务经营活动，又不直接对经营业务进行指导和监督，而是间接地服务于经营业务和职能管理部门的行政事务机构，包括总务、人事、教育培训、保卫等机构。它们的主要任务和职责权限是为经营和管理工作提供事务性服务、人事管理、安全保卫和法律咨询等。

二、配送中心管理的内容

配送中心经营管理的核心包括收货管理、存货管理、发货管理、退货管理、信息管理、财务管理以及人员的配备和设备的采用。

1. 收货管理

收货管理是配送中心物流管理的第一个环节。它的核心任务是将总部采购的来自各个生产厂家的货物汇集到配送中心，经过一系列的收货流程，按照规定的储存方法将货物放置于合适的地点。

2. 存货管理

存货管理是指对货物的存储管理。商品在仓库里的存放有两种模式：一是商品群系统，二是货位系统。商品群系统是指将同类商品集中放于一处；货位系统包括开放货位系统和统制货位系统，即每一个货位都有一个相应的编号，其中开放货位系统是货位编号固定，某类产品可随机调换货位；而在统制货位系统中，商品则被赋予同一编号，改变货位，编号亦随之改变。商品群系统和货位系统各具优缺点，如商品群系统定位容易，但搬运困难；货位系统定位复杂，但方便调运。无论采用哪一种商品存放方法，其核心目标都是减少储存费用，方便配送。

3. 发货管理

发货管理是配送中心物流管理的最后一个环节，目标是将商品准确而又及时地运送到各个连锁店铺。这便要求采用经济、科学的拣货方法和配货流程，在现代信息管理设备的辅助下，顺利完成这一管理职能。

4. 退货管理

退货管理是配送中心的一项重要的辅助服务活动，是配送中心提高客户服务水平的重要手段之一。货物退回有各种原因，如订单错误、错发、运输过程中的损坏等。

5. 信息管理

信息系统和配送系统是结合在一起发生作用的，是支撑配送中心营运的两个"车轮"。可以说，信息系统流畅与否直接决定着配送系统的流畅程度，因为信息流直接沟通着配送中心与外界的商务联系，决定着订货与收货的精确性。因此，做好配送中心信息管理工作，对配送中心的发展具有至关重要的作用。

6. 财务管理

配送中心因类型不同承担着不同的财务职能，尤其对于总部授权进货或参与进货的配送中心来说，财务管理是其内部重要职能之一。随着配送中心由自用型向公用型等社会化形态转变，财务管理职能将日趋独立。

7. 人员的配备和设备的采用

虽然配送中心正在向自动化、现代化方向发展，但人工作业仍然不可缺少，如货物的拣取、配送等。采用人工作业时可以考虑采用外包方式，如自行完成则可根据作业量的大小实行轮班制或多班制。设备的采用可根据配送中心的规模、配送作业量和配送作业自动化程度来考虑。

复习思考题

1. 什么是配送？配送有何特点？
2. 什么是配送中心？国家标准《物流术语》中对配送中心是如何定义的？
3. 配送中心与物流中心有何区别与联系？
4. 配送中心有哪些主要功能？
5. 配送中心有哪些不同的类型？各有什么特点？

【实训项目】

实训内容：

参观配送中心的进货、验收、储存、拣取、加工与包装、分类配货、配送出货检查、配送运输等作业环节以及信息流的过程。

实训目的：

（1）掌握配送中心的基本作业流程。

（2）熟悉配送中心的基本作业流程，包括：进货、验收、储存、摄取、加工与包装、分类配货、配送、出货检查、配送运输等环节。

实训方式：

参观整个配送活动的作业流程。包括：进货、验收、储存、摄取、加工与包装、分类配货、配送、出货检查、配送运输等环节，并由企业相关管理人员对各个环节进行详细讲解。

实训要求：

（1）在熟悉配送中心理论基础知识的基础上，联系不同种类的配送中心参观。

（2）留心观察，详细记录、收集配送中心的业务流程与不同岗位的工作内容。

实训操作与规范：

（1）有组织地到"某物流配送中心"进行活动。

（2）注意保持现场秩序，听从现场指挥，注意操作安全。

（3）在学校的物流实训实验室进行模拟实践，对学生分组，模拟完成配送活动的各个环节。

【课后案例】

华联超市配送体系的现代化

2000年8月华联超市新建的现代化配送中心正式启动。该配送中心位于上海市普陀区桃浦镇，紧贴外环线，直连沪嘉、沪杭高速公路，南部沪宁铁路南翔编组站，通向市区和向外辐射的能力强。华联新建的桃浦配送中心的主体建筑物是高站台、大跨度的单层物流设施；为了充分利用理货场上方的空间，配送中心的局部为两层钢筋混凝土框架结构的建筑物。新建配送中心的基地面积28 041m²，总建筑面积2 000m²，商品在库存量批万箱；日均吞吐能力14万箱。配送中心基地内部的环状主干道路宽20m，实行"单向行驶、分门进出"。配送中心的南北两侧，建有4m宽的装卸平台，站台高出室外道路1m，当厢式卡车尾部停于站台时，车厢抱垫板与商台面基本处于同一平面，将商品的装卸作业变成水平移动，大大减少装卸作业环节的劳动强度。站台作业线总长270m，可停靠80多辆卡车同时作业。站台上方装有悬挑8m的钢结构雨篷，保证配送中心可以一天24h全天候作业。配送中心的中央空调，采用多元网架结构，上盖镶嵌统长型采光带的彩色夹芯保温钢板屋面，白天（包括阴雨天）库内作业不需要人工照明。绿色非金属耐磨地面，装卸搬运作业时不起灰，确保了食品的卫生安全。

为了达到整体现代化，华联超市加强了供货系统的配送体系构筑。改造了原南京的中型配送中心，建成了10 000m²的区域性配送基地，库存量达20万箱、日均配送量8 000箱，为位于南京以外的江苏、安徽两省直营店和加盟店配货。根据公司全力开拓北京大市场的战略，又在北京选址，与中国第三方物流的龙头公司之一——中远集装箱运输有限公司共同开发了华联超市的北京配送中心。北京配送中心拥有4 000m²的库房、1 000m²理货场，日均配送能力4 000箱，库存量8万箱。随着公司加大对北京市场的开发力度，已开始第二期扩展计划，库存将扩大到20万箱，承担为北京和天津地区100家门店的供货任务。为了获得更大的发展空间，华联超市在新一轮发展规划中，预计门店数将增加到3 000家，总销售额180亿元至200亿元。预计配送中心的日均配送量将达25万箱，库存量300万箱。目前已开始了物流二期工程工作。二期工程将征地200亩，新建8万 m² 的现代化大型配送中心。实现仓储立体化、装卸机械化、作业无纸化和整箱商品分拣作业的自动化、车辆安装卫星定位系统（GPS），把科技融入到连锁经营和物流配送领域中去。

随着华联超市进一步向全国拓展和跨出国门的宏伟规划的实施，"华联物流"要加强管理的科学化、规范化和合理化，扩大和健全物流配送网络，建立独立核算的机制，充分利用物流产业化的优势，走社会化配送的发展道路。

（案例来源：http：//www.chinawuliu.com.cn）

讨论题：

1. 为了构筑配送体系的现代化，华联超市采取了哪些措施？
2. 配送中心在华联超市配送体系现代化进程中起到了什么作用？

第九章　配送运输概述

【学习目标】

知识目标
1. 理解配送运输的概念和特点；
2. 了解配送运输的基本作业流程；
3. 掌握配送运输路线的类型；
4. 掌握配送线路优化的节约里程法；
5. 了解配送运输车辆积载的方法和注意事项；
6. 掌握车辆调度的方法及配送运输合理化的有效措施。

能力目标
1. 能根据客户订单及分布状况合理地编制配送运输计划，选择合理的配送运输方法；
2. 能对配送企业的运输网络进行分析和基本设计；
3. 能根据具体业务要求，进行配送运输线路优化、车辆积载及车辆调度；
4. 能正确判断和识别现实中的配送运输是否合理，并能针对不合理现象提出改进措施和建议。

【引导案例】

梅林正广和的配送系统

2000年2月22日下午上海新闸路1124弄的一户人家拨通"85818"电话，报出自己在正广和购物网络的用户编号，要求订购两桶纯净水、一袋免淘米，并说明第二天上午家里留人，支付水票。几秒钟之内，这份订单被接线小姐输入正广和的计算机系统，系统根据用户编号从数据库中调出用户住址，再根据地址和送货时间自动将这份订单配置到第二配送站次日上午的送货单。当天晚上9时，位于上海繁华地带静安区康定东路16号的正广和销售网络第二配送站里，经理罗方敏准时打开电脑，接收从总部传过来的送货单。这份送水单的用户全部在第二配送站的辖区静安区东区之内，送货时间23日上午，用户地址、电话、编号、所需货物、数量、应收款等已清楚地列出来。

几乎与此同时，一份相同的送货单也传到公司配送中心和运输中心。第二天一大早，运输中心派出车辆，到配送中心仓库提出已配好的货物，发往第二配送站。

第二配送站墙上贴着一张静安东区详细到门牌号的地图，签收完货物后，罗经理根据这张地图和自己的经验排好送货路线，将上午的单子分派给7个送货工人。整个上午，这些揣着送货单的工人蹬着有"梅林正广和"和"85818"字样的三轮车，在静安东区的弄堂里出出进进，完成送货到家的"最后1公里"。

中午12时30分，所有小工送货和收款的情况被汇总成表，由第二配送站的电脑传送至总部。个别没有送到的，汇总表中的"原因"一栏会被注明"01"、"02"、"03"，分别代表"地址错误"、"家中无人"等。

各配送站每天上午10时30分、下午2时30分、晚上9时30分共三次接收总部的送货指令，分别安排当天下午、晚上和次日上午的送货计划，然后在每天的下午6时30分、次日早8时30分、下午2时30分把每天下午、晚上和次日上午的送货完成情况传回总部。每天收回的水票和现金也交至总部结算。根据这些信息，总部再决定是否有必要给配送站及时补货。

有4名职能管理人员、7名送货工人、1辆小货车和7辆"黄鱼车"、房屋月租金7 000元的第二配送站，每天大概要送出大桶纯净水300多桶、袋装米30多包，还有饮料、冷饮、鲜花、罐头等其他几十种物品。在正广和遍布上海的大约100个配送站里，第二配送站的规模算是中等。据说，每个配送站的年利润都在15万元到20万元左右。

三个配送中心、100个配送站、200辆小货车、1 000辆"黄鱼车"、1 000名配送人员，构成了正广和在上海的整个配送网络。这个号称上海市区"无盲点"的网络组织严密而有序，有将近百万户上海市民依靠这个配送网完成日常饮水和其他日用消费品的采购。

讨论题：
1. 梅林正广和的配送业务是如何开展的？
2. 梅林正广和的单户配送业务能保得住成本吗？

第一节　配送运输概述

一、配送运输概念

配送运输是指将被订购的货物使用汽车或其他运输工具从供应点送至顾客手中的活动。其间货物可能是从工厂等生产地仓库直接送至客户，也可能通过批发商、经销商或物流中心、配送中心转送至客户手中。配送运输通常是一种短距离、小批量、高频率的运输形式。

如果单从运输的角度看，它是对干线运输的一种补充和完善，属于末端运输、支线运输。配送运输主要为汽车运输，具有城市轨道货运条件的可以采用轨道运输，对于跨城市的区域配送可以采用铁路运输，或者在河道水域使用船舶运输。

二、配送运输的特点

配送运输是一种直接面向客户的服务，具有以下特点。

1. 时效性

快速及时，即确保在客户指定的时间内交货是客户最重视的因素，也是配送运输服务水平的充分体现。配送运输是从客户订货到交货的最后环节，也是最容易引起时间延误的环节。影响时效性的因素有很多，除配送车辆故障外，所选择的配送线路不当、中途客户卸货不及时等均会造成时间上的延误。因此，必须在认真分析各种因素的前提下，用系统化的思想和原则，有效协调、综合管理，选择配送线路、配送车辆、送货人员，使每位客户在其所期望的时间内能收到所期望的货物。

2. 安全性

配送运输的宗旨是将货物完好无损地送到目的地。货物的装卸作业、运送过程中的机械扰动和冲击及其他意外事故、客户地点及作业环境、配送人员的素质等都会影响配送运输的安全性，因此，在配送运输管理中必须坚持安全性的原则。

3. 沟通性

配送运输是配送的末端服务，它通过送货上门服务直接与客户接触，是与顾客沟通最直接的桥梁，代表着公司的形象和信誉，在沟通中起着非常重要的作用。所以，必须充分利用配送运输活动中与客户沟通的机会，巩固和发展公司的信誉，为客户提供更优质的服务。

4. 方便性

配送以服务为目标，以最大限度地满足客户要求为优先。因此，应尽可能地让顾客享受到便捷的服务，通过采用高弹性的送货系统，如紧急送货、顺道送货与退货、辅助资源回收等，为客户提供真正意义上的便利服务。

5. 经济性

实现一定的经济利益是企业运作的基本目标，因此，对合作双方来说，以较低的费用完成配送作业，是企业建立双赢机制、加强合作的基础。所以，企业不仅要为客户提供高质量、及时方便的配送服务，还必须提高配送运输的效率，加强成本控制与管理，为客户提供优质、经济的配送服务。

三、配送运输的基本作业流程

配送运输基本作业流程如图 9-1 所示。

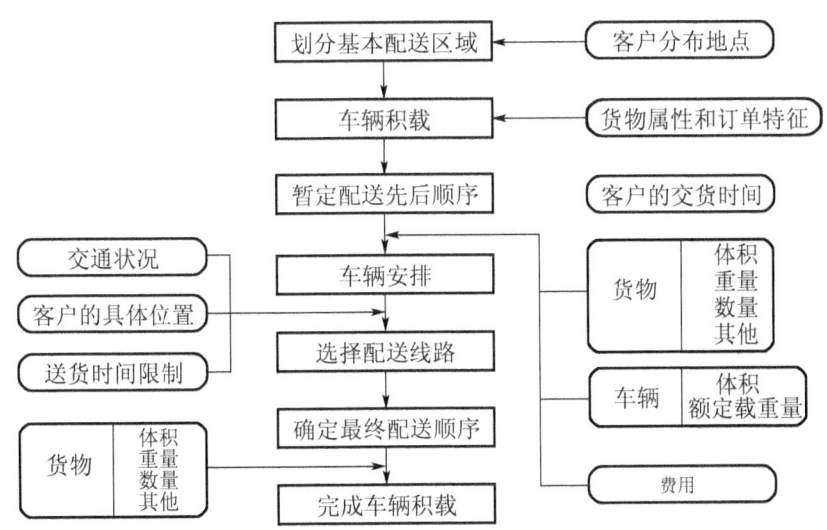

图 9-1 配送运输基本作业流程

1. 划分基本配送区域

为使整个配送有一个可遵循的基本依据，应首先将客户所在地的具体位置作一系统统计，并将其作区域上的整体划分，将每一客户囊括在不同的基本配送区域之中，以作为下一步决策的基本参考。如按行政区域或依交通条件划分不同的配送区域，在这一区域划分的基础上再作弹性调整来安排配送。

2. 车辆积载

由于配送货物品种的特性各异，为提高配送效率，确保货物质量，必须首先对特性差异大的货物进行分类。在接到订单后，将货物依特性进行分类，以分别采取不同的配送方式和运输工具，如按冷冻食品、速冻食品、散装货物、箱装货物等分类配载；其次，配送货物也有轻重缓急之分，必须初步确定哪些货物可配于同一辆车，哪些货物不能配于同一辆车，以做好车辆的初步配装工作。

3. 暂定配送先后顺序

在考虑其他影响因素做出最终的配送方案前，应先根据客户订单要求的送货时间将配送的先后作业次序作一概括的预计，为后面车辆积载做好准备工作。计划工作的目的是为了保证达到既定的目标，所以，预先确定基本配送顺序可以既有效地保证送货时间，又可以尽可能提高运作效率。

4. 车辆安排

车辆安排要解决的问题是安排什么类型、吨位的配送车辆进行最后的送货。一般企业拥有的车型有限，车辆数量亦有限，当本公司车辆无法满足要求时，可使用外雇车辆。在保证配送运输质量的前提下，是组建自营车队，还是以外雇车为主，则须视经营成本而定。但无论自有车辆还是外雇车辆，都必须事先掌握有哪些车辆可供调派并符合要求，即这些车辆的容量和额定载重是否满足要求；其次，安排车辆之前，还必须分析订单上货物的信息，如体积、质量、数量等，尤其是货物装卸的特殊要求。综合考虑各方面因素的影响，做出最合适的车辆安排。

5. 选择配送线路

已知每辆车负责配送的具体客户后，怎样以最快的速度完成对这些货物的配送，即如何选择配送距离短、配送时间短、配送成本低的线路，这需根据客户的具体位置、沿途的交通情况等做出优先选择和判断。除此之外，还必须考虑有些客户或其所在地点环境对送货时间、车型等方面的特殊要求，如有些客户不在中午或晚上收货，有些道路在某高峰期实行特别的交通管制等。

6. 确定最终的配送顺序

做好车辆安排及选择好最佳的配送线路后，依据各车负责配送的具体客户的先后，即将客户的最终配送顺序加以明确的确定。

7. 完成车辆积载

明确了客户的配送顺序后，接下来就是如何将货物装车，以什么次序上车的问题，即车辆的积载问题。原则上，知道了客户的配送顺序先后，只要将货物依"后送先装"的顺序装车即可。但有时为了有效利用空间，可能还要考虑货物的性质（怕震、怕压、怕撞、怕湿）、形状、体积及质量等做出弹性调整。此外，对于货物的装卸方法也必须依照货物的性质、形状、质量、体积等来做具体决定。

在以上各阶段的操作过程中，需要注意的要点有：
(1) 明确订单的内容。
(2) 掌握货物的性质。
(3) 明确具体配送地点。
(4) 适当选择配送车辆。
(5) 选择最优的配送线路。
(6) 充分考虑各作业点的装卸货时间。

四、配送运输方法

影响配送运输的因素较多，为了在运输方法的选择上既有利于客户的便捷性、经济性，又有利于货物的安全性，应尽量避免不合理运输。以下介绍几种不同的配送运输方法。

(一) 汽车整车运输

汽车整车运输是指同一收货人、一次性需要到达同一站点，且适合配送装运3吨以上的货物，或者货物重量在3吨以下，但其性质、体积、形状需要一辆3吨以上车辆一次或一批运输到目的地的运输。

1. 整车运输作业基本程序

整车运输作业基本程序为：按客户需求订单备货→验货→配车→配装→装车→发车→运送→卸车交付→运杂费结算→货运事故处理。

整车货物重量按一次配载的最大载重量计算，最大载重量不足车辆核定载重量时，按车辆核定载重计算；未装足车辆核定载重量时，按车辆核定载重量核收运费。一个托运人托运整车货物的重量（毛重）低于车辆核定载重量时，为合理使用车辆的载重能力，可以拼装另一托运人托运的货物，即一车二票或多票，但货物总重量不得超过车辆核定载重量。

整车货物运输一般中间环节较少，送达速度快，运输成本较低。企业通常以整车为基本单位订立运输合同，以便充分体现整车配送运输的可靠、快速、方便、经济等特性。

2. 整车货物配送运输的作业过程

整车货物运输作业过程是一个多工种的联合作业系统，是社会物流中必不可少的重要组成部分。这一过程是货物运输的劳动者借助于运输线路、运输车辆、装卸设备、站场等设施，通过各个作业环节，将货物从配送地点运至客户地点的全过程。它由四个相互关联又相互区别的过程构成，即运输准备过程、基本运输过程、辅助运输过程和运输服务过程。

(1) 运输准备过程。运输准备过程是指在配送货物进行运输之前所做的各项技术性准备工作，包括车型的选择、线路的组合与优化、装卸设备的配置以及运输过程的装卸工艺方案的设计等。

(2) 基本运输过程。基本运输过程是运输作业过程的中心环节，是指直接组织货物，从配送点至客户地点完成货物空间位置移动的作业活动，包括起运点装货、车辆途中运行、终点卸货等作业环节。

(3) 辅助运输过程。辅助运输过程是指为保证基本运输过程的正常进行，而必须进行的各项辅助性生产活动。它主要包括运输车辆、装卸设备、基础设施的维护及修理作业，以及有关商务事故的预防、处理和费用的结算工作等。

(4) 运输服务过程。运输服务过程是指贯穿于基本运输过程和辅助运输过程中的各项服务性工作。如行车燃料、润滑材料及配件的供给，配送货物的包装、储存和保险业务等。

整车货物运输作业过程的各个构成部分既是相对独立，又是相互关联的。只有通过运输准备过程、辅助运输过程和运输服务过程，基本运输过程才能更快捷地与物流的其他环节有机衔接起来，从而保证配送业务的高质量。

（二）多点分运

多点分运是在保证满足客户要求的前提下，集多个客户的配送货物进行搭配装载，以充分利用运能、运力，降低配送成本，提高配送效率的运输方式。

1. 往复式行驶线路

在往复式行驶线路中，一般是由一个供应点到一个客户的专门送货。从物流优化的角度看，其基本条件是客户的需求量接近或大于可用车辆的核定载重量，需专门派一辆或多辆车一次或多次送货。可以说往复式行驶线路是指配送车辆在两个物流结点间往复行驶的路线类型。根据运载情况，具体可分为三种形式：

（1）单程有载往复式线路。这种行驶线路因为回程不载货，因此其里程利用率较低，一般不到50%。

（2）回程部分有载往复式线路。车辆在回程过程中有货物运送，但货物不是运到线路的终点，而是运到线路的中间某一结点；或是中途载货运到终点。这种行驶线路因为回程部分有载，里程利用率比前一种有了提高，大于50%，但小于100%。

（3）双程有载往复式线路。车辆在回程运行中全程载有货物运到始点，其里程利用率为100%（不考虑驻车的调空行程）。

2. 环形行驶线路

环形行驶线路是指配送车辆在若干个物流结点间组成的封闭回路上，所作的连续单向运行的行驶路线。车辆在环形行驶路线上行驶一周时，至少应完成两个运次的货物运送任务。由于不同运送任务其装卸作业点的位置分布不同，环形式行驶线路可分为四种形式，即简单环形式、交叉环形式、三角环形式、复合环形式，如图9-2所示。

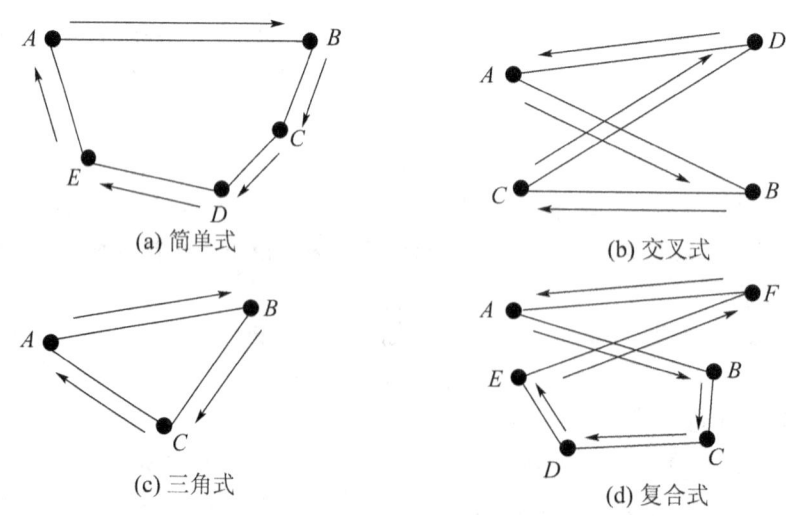

图9-2 环形行驶线路示意图

3. 汇集式行驶线路

汇集式行驶线路是指配送车辆沿分布于运行线路上各物流结点间，依次完成相应的装卸任务，而且每一运次的货物装卸量均小于该车核定载重量，沿路装或卸，直到整辆车装满或卸空，然后再返回出发点的行驶线路。汇集式行驶线路可分为直线形和环形两类。一般来说，环形的里程利用率可能要高一些。这两种类型的线路各自都可分为分送式、聚集式、分送—聚集式。汇集式直线形线路实质上是往复式行驶线路的变形，如图9-3所示。

（1）分送式。分送式线路指车辆沿运行线路上各物流结点依次进行卸货，直到卸完所有待卸货物返回出发点的行驶线路。

（2）聚集式。聚集式线路指车辆沿运行线路上各物流结点依次进行装货，直到装完所有待装货物返回出发点的行驶线路。

（3）分送-聚集式。分送-聚集式线路指车辆沿运行线路上各物流结点分别或同时进行装、卸货，直到装满或卸完所有待运货物返回出发点的行驶线路。

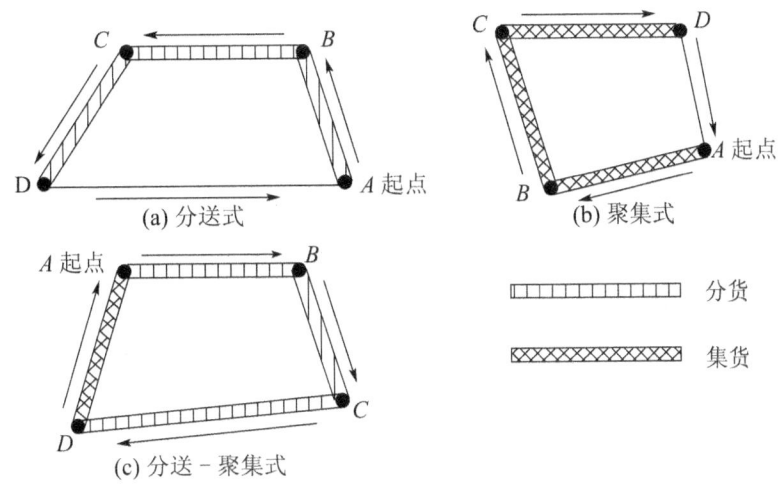

图9-3　汇集式线路示意图

车辆在汇集式行驶线路上运行时，其调度工作较为复杂。有时运输虽然完成了指定的运送任务，但其完成的运输周转量却不尽相同。这是因为车辆所完成的运输周转量与车辆沿线上各物流结点的绕行次序有关。

4. 星形行驶线路

星形行驶线路是指车辆以一个物流结点为中心，向其周围多个方向上的一个或多个结点行驶而形成的辐射状行驶线路。如图9-4所示，O是中心节点，A，B，C……是各方向上的节点。

如果就一个行驶方向看，如按$O \to E$运行，变成了一个往复式行驶线路。如果就一个局部（$O—A—B$）看，如车辆按$O \to A \to B \to O$运行，形成了一个环形行驶线路。如果将各结点更广泛地连通，车辆在多个结点之间运行的话，则整体上形成了一个复杂的网络式行驶线路。

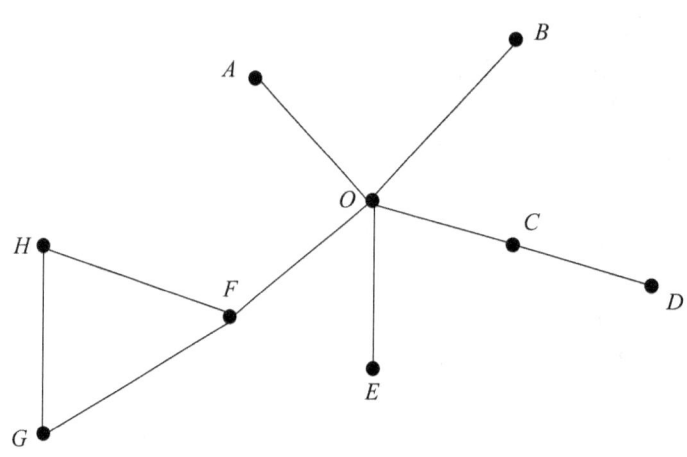

图 9-4 星形线路图

（三）快运

1. 快运的含义

根据《道路货物运输管理办法》的有关规定，快件货运是指从接受委托的当天 15 时起，300km 运距内，24h 内送达；1 000km 运距内，48h 内送达；2 000km 运距内，72h 送达。

快运是对配送中运输基本方法的一种改进，主要有中、短距离的快件运输。送达时间、运费一般由双方协商确定，而且配送通常还应配有快速备货通道。有时货物运输量虽不足车辆的核定吨位，但仍需专门运输一趟。因此，快运的送达特别及时。

2. 快运的特点

（1）送达速度快。

（2）配装手续简捷。

（3）实行承诺制服务。

（4）可随时进行信息查询。

3. 快运业务操作流程

通过电话、传真、电子邮件接受客户的委托→快速通道备货→分拣→包装→发货→装车→快速运送→货到分发→送货上门→信息查询→费用结算。

4. 快运的基本形式

（1）定点运输。定点运输指按发货地点固定车辆，专门完成一些相对固定的货物配送任务的运输组织形式。在组织定点运输时，除了根据任务固定车辆或车队外，还应实行有关装卸人员和装卸设备的固定及调度员在该工作点的固定。

（2）定时运输。定时运输指根据客户的需求量计划，车辆按编制的运行计划所拟定的行车时刻表来进行工作的运输组织形式。

（3）特快运输。特快运输指根据客户的临别需求，快速响应，进行快速备货，调用待发车辆，将货物快速送达客户手中。

（4）联合快运。充分利用几种运输方式的网络优势进行优化配送运输，实现快捷性、经济性。

五、影响配送运输的因素

影响配送运输效果的因素很多。动态因素，如车流量变化、道路施工、配送客户的变动、可供调动车辆变动等。静态因素，如配送客户的分布区域、道路交通网络、车辆运行限制等。

各种因素互相影响，很容易造成送货不及时、配送路径选择不当、贻误交货时间等问题。因此，对配送运输的有效管理极为重要，否则不仅影响配送效率和信誉，而且将直接导致配送成本的上升。

第二节 配送网络

配送网络是由物流节点和配送线路构成的。配送活动中的物流节点主要包括物流中心（Logistics Center）、配送中心（Distribution Center）、物品和供方和需方。配送网络是配送作业的基本条件，不同类型的节点和不同的网络结构决定了配送模式和配送方法，从而产生不同的配送效果。

一、配送网络类型

（一）集中型配送网络

集中型配送网络是指在配送系统中只设一个配送中心，所有用户需要的物品均由这个配送中心完成配送任务，如图 9-5 所示。在这个系统中，由于只有一个配送中心，配送决策由这个中心做出，配送的商品也只经过这一个中心进出，所以从这一点看是一种集中控制和集中库存的模式。如一个城市范围内中小型连锁企业自己设置的为所属的连锁店配送商品的配送系统一般只设一个配送中心，属于这种配送网络类型。

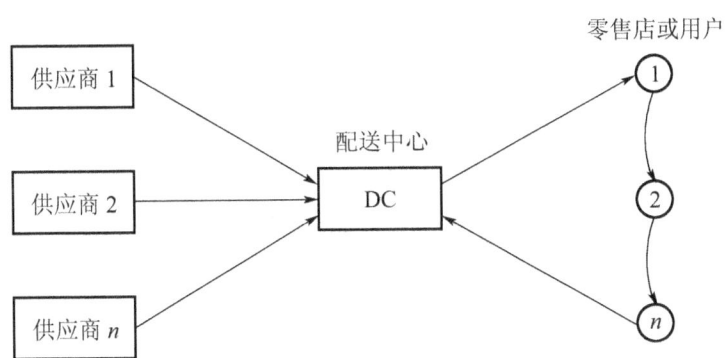

图 9-5 集中型配送网络

集中配送的库存集中，有利于规模经济的实现，也有利于库存量的降低，但也存在外向运输运输成本（从配送中心到客户的运输成本）增大的趋势。

（二）分散型配送网络

分散型配送网络是指一个配送系统中（通常在一个层次上）设有多个配送中心，而将零售店或用户按一定的原则分区，归属某一个配送中心，如图9-6所示。大城市中的大型连锁公司自己设置的为所属连锁店配送商品的配送系统通常要设置多个配送中心才能满足需要，就属于这种配送网络类型。

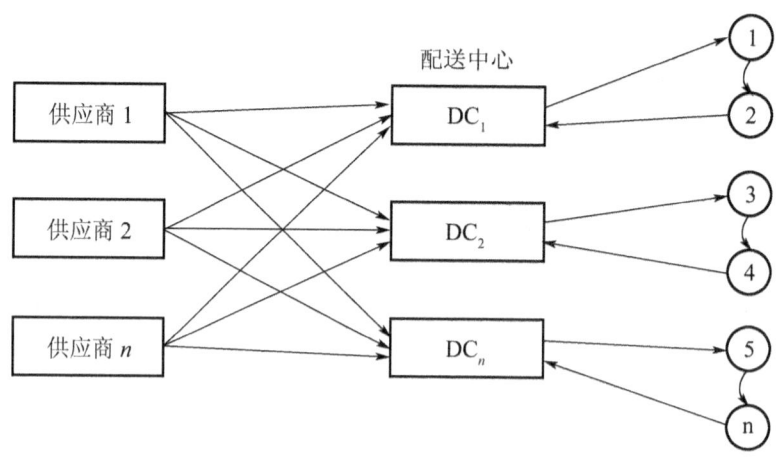

图9-6 分散型配送网络

（三）多层次型配送网络

多层次型配送网络是在配送系统中设有两层或更多层次的物流中心和配送中心，其中至少有一层是配送中心，而且是靠近用户。大型第三方物流企业、大型零售企业或从供应链来看的物流系统，它们的配送网络通常是这种结构。日本许多大型第三方物流企业和大型零售企业多在大城市40km的圈外建立大规模的广域物流中心，与城市圈内的配送中心共同构成多层次的配送网络结构，目的是既要满足用户高度化的服务需求，还要提高物流效率。随着企业规模的大型化，配送规模扩大，经营品种多、以高频率、小批量为前提的高水平配送需要使库存集约化，需要最大限度地追求连托盘、集装箱、散货都能高效率快速处理的机械化、自动化、信息化的物流设施，同时也为了追求低成本物流战略，这种大型广域物流中心应运而生。

图9-7为含有广域物流中心的两层次配送网络。日本以综合商店为中心的大批量销售的连锁型零售业，90%以上都拥有这种广域物流中心。多层次的配送网络，由于与供应商和与用户的距离都较近，所以运输成本都会有所降低。

在复杂的多层次配送网络中，有些物流中心或配送中心只是充当商品中转的协调点，而不是商品的储存点。商品从生产企业到达物流中心或从物流中心到配送中心的停留时间非常短，这主要是为了缩短商品储存的时间和零售店的提前期。因此，这种多层次的系统并不一定会增加商品库存量。

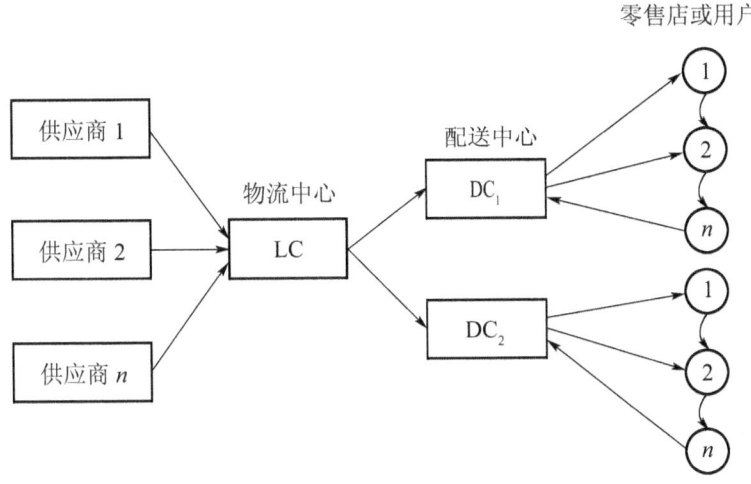

图9-7 多层次型配送网络

二、配送运输线路优化

(一) 配送线路优化的意义

为将货物送到客户手中，运输单位需要从一个或多个配送中心组织配送运输。一般地，由于连接一个或多个配送中心和一个或多个配送目的地存在一个道路交通网，如何在这张道路交通网上综合考虑各线路车流量、道路状况、客户的分布状况、配送中心的选址、车辆核定载质量以及其他车辆运行限制等因素，找出一条最佳的运输线路解决方案，达到节省运行距离、运输时间和运行费用的目的，这就是配送线路优化的意义。

(二) 配送线路优化的原则与约束条件

1. 配送线路优化的原则

(1) 路程最短原则。这是一种最为直观的原则。如果路程与成本相关程度高，其他因素可忽略不计时，应首先考虑。

(2) 成本最低原则。成本是配送核算的减项部分，是诸多因素的集合，较为复杂，在具体计算过程中，必须在同一范围内加以考虑，认同其最小值。

(3) 利润最高原则。利润是配送中心的核心，也是业务成果的综合体现。因此在计算时，力争利润数值最大化。

(4) 吨公里最小原则。这一原则在长途运输时较多利用和选择。在多种收费标准和到达站点情况下，最为适用。在共同配送时，也可选用此项原则。

(5) 准确性最高原则。准确性内容包括配送至各大客户的时间要求和路线合理选择的要求。如何协调这两个因素，有时操作起来比较困难，会与成本核算相矛盾，因此，要有全局观念。

(6) 合理运力原则。运力包括组织配送人员、配送货物和各项配送工具。为节约运力，必须充分运用现有运力，实现配送任务。

2. 配送线路优化的约束条件

在配送运作过程中，存在着各种各样的约束条件。从客户角度考虑，有对货物品种、规格、数量和质量的要求，对货物送达时间范围的要求等。从配送中心自身考虑，有车辆核定载重量和容积的约束、有车辆最大行驶距离和最长行驶时间的约束等。从外部周边环境角度考虑，有道路通行时间限制和道路区间禁行的约束，有道路施工和交通堵塞等影响。这些约束在确定配送路线时都必须充分考虑。

（三）配送线路的优化方法

1. 方案评价法

当对配送路线的影响因素较多，难以用某种确定的数学关系式表达时，或难以以某种单项依据评定时，可以采取对配送路线方案进行综合评定的方法。综合评定以确定最优方案的步骤如下：

（1）拟定配送路线方案。以某一项较为突出和明确的要求作为依据，例如以某几个点的配送准时性，或司机习惯行驶路线等拟定出几个不同方案，方案要求提供路线出发、途经地点，车型等具体参数。

（2）对各方案引发的数据进行计算，如配送距离、配送成本、配送行车时间等数据进行计算，并作为评价依据。

（3）确定评价项目。决定从哪几方面对各方案进行评价，如动用车辆数、司机数、油耗、总成本、行车难易、准时性、装卸车难易等方面，都可作为评价依据。

（4）对各方案进行综合评价，选出最优方案。

【例9-1】某配送企业设立配送路线方案评价10项指标，如表9-1所示。每个评价标准分为5个档次并赋予不同的分值，即极差（1分）、差（2分）、较好（3分）、良好（4分）、优秀（5分），满分为50分。在表上为各个配送路线方案评分，根据最后的评分情况，在各个方案之间进行比较，最后确定配送路线。

如表9-1所示，是对某一配送路线方案进行评分的情况。表中的路线方案得分为40分，即5+5+2+4+3+4+5+5+3+4=40。

表9-1 配送路线方案评价表

序号	评价指标	极差 1分	差 2分	较好 3分	良好 4分	优秀 5分
1	配送全过程的配送距离					√
2	行车时间					√
3	配送准确性		√			
4	行车难易				√	
5	动用车辆台次数			√		
6	油耗				√	
7	车辆状况					√
8	运送量					√
9	配送客户数			√		
10	配送总成本				√	

2. 数学计算法

由于配送作业中往往存在着多个目标和多种约束，配送路线的确定有一定的复杂性，一般要综合多种方法，采用多种数学工具，构建经济数学模型，并借助于计算机才能够得到满意的配送路线方案。常见的配送问题及数学求解方法有旅行商问题（Traveling Salesman Problem，TSP）、中国邮递员问题（Chinese Postman Problem，CPP）、扫描算法（Sweep Algorithm）等。

3. 节约里程法

在实际工作中有时只需求近似解，不一定求得最优解，在这种情况下可采用节约里程法。

（1）节约里程法的基本思想。

假设 P 为配送中心，向 A 和 B 两个配送地点配送货物，各点相互的道路距离分别用 a、b、c 表示，如图 9-8a 所示。现采用两种配送运输路线方案，第一种运输方案如图 9-8b 所示，从 P 分别向 A、B 两点往返运输，其配送运输里程应为 $2a + 2b$。第二种运输方案如图 9-8c 所示，从 P 出发，再从 A 到 B 巡回运输，则配送运输里程为 $a + b + c$。若不考虑道路特殊情况等因素的影响，第一种方案与第二种方案配送运输里程之差为 $2a + 2b - (a + b + c) = a + b - c$。根据三角形任意两边之和大于第三边的原理，可以认为，第二种方案比第一种方案要节约 $a + b - c$ 的里程数。

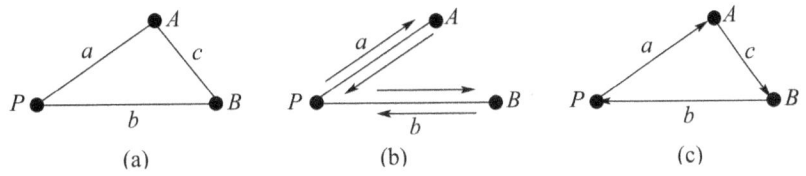

图 9-8 节约里程法示意图

节约里程法就是按照以上原理对配送网络的路线进行优化计算的。节约里程量的一般公式为 $2a + 2b - (a + b + c) = a + b - c$。按照节约量的大小顺序制定配送路线。

（2）节约里程法的基本设定。

① 配送的是同一种或类似的货物。

② 各客户的位置和需求量均为已知。

③ 配送中心有足够的运力，能满足所有用户的供货需求。

（3）节约里程法算例。

【例 9-2】现有一配送网络，如图 9-9 所示，图中 P 为配送中心，向所在城市 A、B、C、D、E、F 共 6 个客户点配送货物，它们之间的距离（km）和每一处的配送货物量（t）见表 9-2 所示。假设该配送中心有最大装载重量为 2.5t 和 4t 两种货车，试确定配送路线。

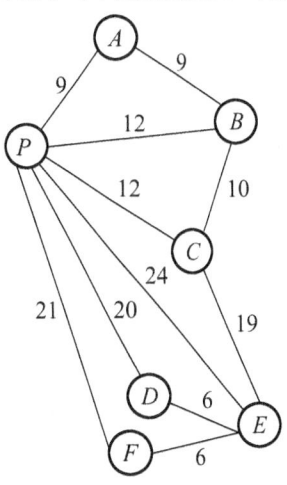

图 9-9 配送网络图

表9-2 配送距离和配送量

地点	PA	PB	PC	PD	PE	PF
距离/km	9	12	12	20	24	21
配送量/t	0.8	0.7	1.0	1.1	1.75	1.15
地点	AB	BC	CE	DE	DF	EF
距离/km	9	10	19	6	1	6
配送量/t	—	—	—	—	—	—

第一步：计算配送中心 P 到各配送点、各配送点之间的最短距离。

最短距离的计算方法：从终点开始逐步逆向推算。由于配送中心与各配送点只有一个结点，故它们之间的距离即为最短距离。因这些数据表中已知，故只需计算各客户点之间的最短距离即可。即计算 AC、AD、AE、AF、BD、BE、BF 和 CD 的距离。以 BD 计算为例：由图9-9所示，与终点 D 相连接的有 P、E、F，从 B 至 D 的最短距离为 $B \to P \to D$，即为 $12 + 20 = 32$（km）。同理可求得其他各客户之间的最短距离，见表9-3所示。

表9-3 最短距离表 km

	P	A	B	C	D	E	F
P	0	9	12	12	20	24	21
A		0	9	19	29	33	30
B			0	10	32	29	33
C				0	25	19	25
D					0	6	1
E						0	6
F							0

第二步，计算各配送点组合的节约里程数，并将之进行排序。

节约里程数可由节约量的一般公式求得。如 DF 间的节约里程数为 $PD + PF - DF = 20 + 21 - 1 = 40$（km）。同理可求得其他各客户之间的节约里程数，见表9-4所示。

表9-4 节约里程数 km

序号	1	2	3	4	5	6	7	8	9	10
组合	DF	EF	DE	CE	BC	AB	CF	BE	CD	AC
节约里程	40	39	38	17	14	12	8	7	7	2

由表9-4以看出：

① DF 节约里程最大，从表9-2中得知，它们的配送货物量是 $1.75 + 1.15 = 2.9$（t），在货车载重限度内，可以入选。

② E 点的配送货物量为1.1t，正好可以与2.9t拼装为一辆4t货车的载运量，它们相

互衔接成为一条配送路线 PDFEP，全程为 $20+1+6+24=51$（km）。因 4t 货车已装满，所以考虑第二条配送路线。

③ B、C 配送货物量是 $0.7+1.0=1.7$（t），在货车载重限度内，可以将 A 点的 0.8t 货物集中在一起，拼装为一辆 2.5t 货车的载重量，形成第二条配送路线 PABCP，全程为 $9+9+10+12=40$（km）。

此案例的配送路线优化后确定为两条，即 PDFEP 和 PABCP，如图 9 – 10 所示。总行程为 $51+40=91$（km），使用 4t 和 2.5t 货车各一辆。

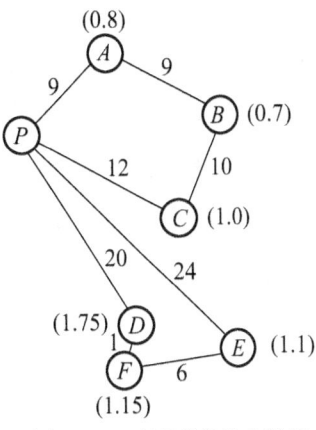

图 9 – 10　配送线路优化结果

第三节　配送运输车辆积载

一、车辆积载的概念和原则

1. 车辆积载的概念

配送中心服务的对象是众多的客户和各种不同的货物品种。为了降低配送运输成本，配送中心需要充分利用运输配送的资源，对货物进行装车调配、优化处理，以提高车辆在容积和载重两方面的装载效率，进而提高车辆运能、运力的利用率，降低配送运输成本，这就是积载。

2. 车辆积载的原则

原则上，客户的配送顺序安排好后，配送中心只要按货物"后送先装"的顺序装车即可。但有时为了有效地利用空间，配送中心还应根据货物的性质（怕震、怕压、怕撞、怕湿）、形状、体积及质量等做出某些调整。配送中心如能根据这些因素选择恰当的装卸力法，并能合理地进行车辆积载工作，则可减少货物在配送运输中的货损、货差，既能保证货物完好和运输安全，又能使车辆的载重能力和容积得到充分的利用。因此，配送中心在车辆配载时需要遵循以下原则：

（1）轻重搭配的原则。车辆装货时，必须将重货置于底部，轻货置于上部，避免重货压坏轻货，并使货物重心下移，从而保证运输安全。

（2）大小搭配的原则。如到达同一地点的同一批配送货物，其包装的外部尺寸有大有小，为了充分利用车厢的内容积，配送中心可采取不同尺寸大小货物，在同一层或上下层合理搭配，以减少厢内留有的空隙。

（3）货物性质搭配的原则。拼装在一个车厢内的货物，其化学属性、物理属性不能互相抵触。因货物性质抵触而发生的损耗，由托运人负责；由此造成承运人损失的，托运人应负赔偿责任。

（4）确定合理的堆码层次及方法。配送中心可根据车厢的尺寸、容积、货物外包装的尺寸以及货物的性质来确定堆码的层次和方法。

另外，到达同一地点的适合配装的货物应尽可能一次积载，积载时货物重量不允许超过车辆所允许的最大载重量。积载时车厢内货物重量应分布均匀，还应防止车厢内货物之间碰撞与污损等。

配送车辆的载重能力和容积能否得到充分的利用，除了与货物本身的包装规格、性质等有很大关系外，还与采用的积载方法有密切关系，恰当的积载方法能使车箱内部的高度、长度、宽度得到充分的利用。

二、车辆积载的方法

积载装车最理想的状态是车辆的体积和载重量两者都达到最大，此时积载装车的效率最高。

当货品种类为两三种时，可以用列方程的方法求解。当货品种类繁多时，可以用运筹学中的动态规划法求解。

在实际工作中，一般遇到的问题是客户的订单不能拆散，所以单一品种的重量和体积特性就变成了一个订单的特性。较复杂的装车和路线计算方法可以由计算机程序来完成，将订单的信息和车辆的信息输入系统，由系统给出最优答案。在实际工作中，比较简单的方法是确定总订单的优先指标是重量还是体积，然后按优先次序进行安排。例如，当体积是运输安排的最关键因素时，将车辆按最大体积装满，就达到了装车积载的最佳效率。

由于重体货物能充分利用车辆载重量，而不能充分利用车辆容积，轻体货物能充分利用车辆的容积，却不能充分利用车辆的载重量，所以若采用轻体货物与重体货物配装的方法，可以同时最大限度地利用车辆的载重量和容积。

对于厢式车具有确定的车厢容积，敞篷车也因高度的限制使得车辆的载货容积为确定值。设车厢容积为 V，车辆标记载重量为 W，重货、轻货的配装重量分别为 W_a、W_b，其装载容重比分别为 γ_a、γ_b，问如何积载才能使得车辆载重量和车辆容积均被充分利用。

$$\begin{cases} W_a + W_b = W \\ W_a \times \gamma_a + W_b \times \gamma_b = V \end{cases}$$

则：

$$W_a = \frac{V - W \times \gamma_b}{\gamma_a - \gamma_b}; \quad W_b = \frac{V - W \times \gamma_a}{\gamma_b - \gamma_a}$$

【例9-3】某仓储公司利用20ft集装箱向某地发运两种可配装的物资，该型号箱的限重为17.5t，有效容积为33m²，重体物资容重比为1.43m³/t，轻体物资容重比为4m³/t。问如何装载才能使车辆的载重能力和车厢容积都被充分利用？

解：设重体物资的装载量为 W_a，轻体物资的装载量为 W_b。

其中：$V = 33m^3$, $W = 17.5t$, $\gamma_a = 1.43m^3/t$、$\gamma_b = 4m^3/t$，据公式可求得：

$$W_a = \frac{V - W \times \gamma_b}{\gamma_a - \gamma_b} = \frac{33 - 17.5 \times 4}{1.43 - 4} = 14.4 \text{ (t)}$$

$$W_a = \frac{V - W \times \gamma_b}{\gamma_b - \gamma_a} = \frac{33 - 17.5 \times 1.43}{4 - 1.43} = 3.1 \text{ (t)}$$

该车装载重体物资14.4t、轻体物资3.1t时车辆达到满载。

为了使用方便，根据某些轻重配装货物的密度，可以利用以上计算公式，编成各类车辆简明配装表，在装车时无需再进行计算，只要知道配装物资的密度，即可在配装表中直接查出轻、重体物资配装的数量。

应当注意，配装只是配送时要考虑的一个方面，如果货物性质及装运方面有特殊要求，货物之间会相互影响时，就不能单从配装的满载角度来考虑和决定问题。此外，还需顾及到分阶段向用户卸货问题，应当将后卸货物装在车厢内部，否则会延误整个配送时间，加大卸车费用。

三、车辆积载的注意事项

（1）货与货之间，货与车辆之间应留有空隙并适当衬垫，防止货损。

（2）包装不同的货物应分开装载，如板条箱货物不要与纸箱、袋装货物堆放在一起。

（3）重不压轻，大不压小，轻货应放在重货上面，包装强度差的应放在包装强度好的上面。

（4）具有尖角或其他突出物的货物应和其他货物分开装载或用木板隔离，以免损伤其他。

（5）为了减少或避免差错，尽量将外观相近、容易混淆的货物分开装载。

（6）不将散发臭味的货物与具有吸臭性的货物混装。

（7）尽量不将散发粉尘的货物与清洁货物混装。

（8）切勿将渗水货物与易潮货物一同存放。

（9）在装载易滚动的卷状、桶状货物时，要垂直摆放。

（10）尽量做到"后送先装"。

（11）装货完毕后，应在门端处采取适当的稳固措施，以防开门卸货时，货物倾倒造成货损或人身伤害。

第四节　配送运输车辆调度方法

车辆的运行是在点多、面广、纵横交错、干支相连的运输网络中分散流动的，涉及多个部门、多个环节，工作条件较为复杂。这就需要建立一个具有权威性的组织指挥系统——车辆调度管理部门，进行统一领导、统一指挥，灵活、及时地处理问题。

一、车辆调度工作的作用及特点

1. 车辆调度工作的作用

（1）保证运输任务按期完成。

（2）能及时了解运输任务的执行情况。

（3）促进运输及相关工作的有序进行。

（4）实现最小的运力投入。

2. 车辆调度工作的特点

（1）计划性。计划性即坚持合同运输与临时运输相结合，以完成运输任务为出发点，认真编制、执行及检查车辆运行作业计划。

（2）预防性。预防性即在车辆运行组织中，经常进行系统预防性检查，发现薄弱环节，及时采取措施，避免运输生产的中断。

（3）机动性。机动性即加强信息沟通，机动、灵活地处理有关部门的问题，准确、及时地发布调度命令，保证生产的连续性。

二、车辆调度的基本原则

（1）坚持统一领导和指挥、分级管理、分工负责的原则。
（2）坚持从全局出发、局部服从全局的原则。
（3）坚持以均衡和超额完成生产计划任务为出发点的原则。
（4）坚持最低资源（运力）投入和获得最大效益的原则。

车辆运行计划在组织执行过程中常会遇到一些事前难以预料的问题，如客户需求量变动、装卸机械发生故障、车辆运行途中发生技术障碍、临时性桥断路阻等。这就要车辆调度管理部门有针对性地对这些问题加以分析和解决，随时掌握货源状况、车况、路况、气候变化、驾驶员思想状况、行车安全等，确保运行作业计划顺利进行。

在具体进行车辆调度时，应注意：
① 宁打乱少数计划，不打乱多数计划。
② 宁打乱局部计划，不打乱整体计划。
③ 宁打乱次要环节，不打乱主要环节。
④ 宁打乱当日计划，不打乱以后计划。
⑤ 宁打乱可缓运物资运输计划、不打乱急需物资运输计划。
⑥ 宁打乱整批货物运输计划，不打乱配装货物运输计划。
⑦ 宁使企业内部工作受影响，不使客户受影响。

三、车辆调度的方法

车辆调度的方法有多种，可根据客户所需货物、配送中心站点及交通线路的布局不同，简单的可采用定向专车运行调度法、循环调度法、交叉调度法等。如果运输任务较重，交通网络较复杂时，为合理调度车辆的运行，可运用运筹学中运输问题解决方法，如表上作业法、图上作业法等。由于表上作业法在物流运筹学运输问题中会重点讲解，这里仅重点介绍常用的图上作业法，其他方法请查阅相关资料。

图上作业法是将配送运输量任务反映在交通图上，通过对交通图初始调运方案的调整，求出最优配送车辆运行的调度方法。图上作业法适用于配送运输线路呈树状、圈状，且对供销地点的数量没有严格限制的情况。图上作业法的原则可以归纳为：流向划右方，对流不应当；内圈、外圈分别算，要求不能过半圈长；如若超过半圈长，应去运量最小段；反复运算可得最优方案。因此，利用此法组织配送运输，可使车辆行驶最佳运输路线，减少车辆的空驶，提高车辆的里程利用率。

与运输距离、线路有关的不合理的运输有两种现象：一种是对流现象，另一种是迂回现象。图上作业法可以避免上述对流和迂回现象，找出运输线路最短、运力最省的运输方案。图上作业的基本步骤为：

（1）绘制交通图。根据客户所需货物汇总情况、交通线路、配送点与客户点的布局，绘制交通示意图。

【例9-4】设有 A_1、A_2、A_3 三个配送点分别有化肥40t、30t、30t，需送往四个客户点 B_1、B_2、B_3、B_4，各客户点的需要量分别为 10t、20t、30t、40t，而且已知各配送点和客户点的地理位置及它们之间的道路通阻情况，可据此绘制出相应的交通图，如图9-11

所示。

图标:

A_i(X)——配送点供应供量 X;

B_j(Y)——客户点需求量 Y。

(2) 将初始调运方案反映在交通图上。任何一张交通图上的线路分布形态无非是成圈与不成圈两类。对于不成圈的,如 A_1、B_2 的运输,按"就近调运"的原则即可很容易地得出最优调运方案。其中 ($A_1 \to B_4$, 70km) < ($A_3 \to B_4$, 80km), ($A_3 \to B_2$, 70km) < ($A_2 \to B_2$, 110km),先设定 ($A_1 \to B_4$)、($A_3 \to B_2$) 运输。箭头"→"表示物资调运的方向即流向,并规定:流向"→"必须画在线路前进方向的右侧。对于成圈的 A_2、B_4、B_1、A_3、B_3 所组成的圈,可采用破圈法处理,即先假定某两点(如 A_2 与 B_4)不通(即破圈,如图 9-12 所示),再对货物就近调运 $A_2 \to B_3$、$A_2 \to B_4$,数量不够的再从第二近点调运,即可得出初始调运方案,如图 9-12 所示。

在绘制初始方案交通图时,凡是按顺时针方向调运的货物调运线路(如 $A_3 \to B_1$、$B_1 \to B_4$、$A_2 \to B_3$),其调运箭头线都画在圈内,称为内圈;否则,其调运箭头线(如 $A_3 \to B_3$)都画在圈外,称为外圈。

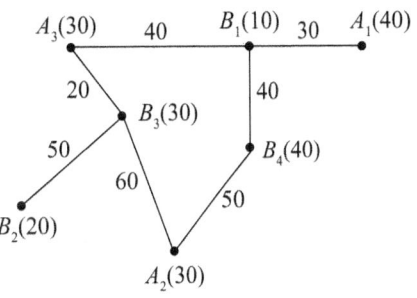

图 9-11 交通线路图

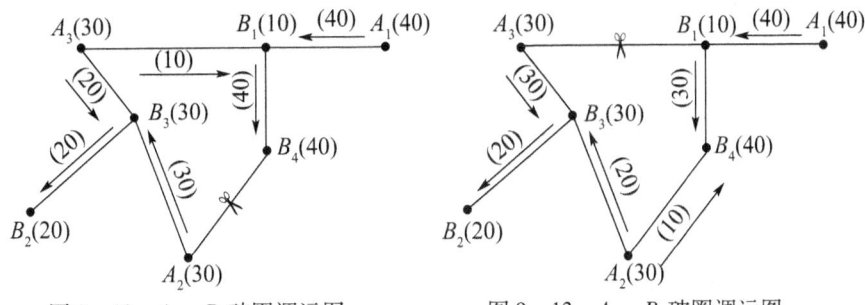

图 9-12 A_2—B_4 破圈调运图   图 9-13 A_3—B_1 破圈调运图

(3) 检查与调整。面对交通图上的初始调运方案,首先分别计算线路的全圈长、内圈长和内圈长(圈长即指里程数),如果内圈长和外圈长都分别小于全圈长的一半,则该方案即为最优方案。否则,即为非最优方案,需要对其进行调整。

在图 9-11 中,全圈长($A_2 \to B_4 \to B_1 \to A_3 \to B_3 \to A_2$)为 210km,内圈长($A_3 \to B_1$、$B_1 \to B_4$、$A_2 \to B_3$)为 140km,外圈长($A_3 \to B_3$)20km。由于内圈长大于全圈长的一半,需要缩短内圈长度。调整的方法是在内圈(若外圈大于全圈长的一半,则在外圈)上先假定运量最小的线路两端点(如 A_3 与 B_1)之间不通,再对货物就近调运,可得到调整方案,如图 9-13 所示。

如此反复,直至得出最优调运方案。在图 9-13 中,可计算得内圈长为 100km,外圈长为 70km,均小于全圈长的一半,可见,该方案已为最优方案。

两种调运方案结果评价见表 9-5 所示。

表9-5 图上作业法方案评价表

	B_1		B_2		B_3		B_4		供应量
	初始方案	最优方案	初始方案	最优方案	初始方案	最优方案	初始方案	最优方案	
A_1		10					40	30	40
A_2					30	20		10	30
A_3	10		20	20		10			30
需求量	10		20		30		40		100

初始调运方案运行的总吨公里是：
$$F = 40 \times 70 + 30 \times 60 + 10 \times 40 + 20 \times 70 = 6\,400 \text{（吨公里）}$$

最优调运方案运行的总吨公里是：
$$F = 10 \times 30 + 30 \times 70 + 20 \times 60 + 10 \times 50 + 20 \times 70 + 10 \times 20 = 5\,700 \text{（吨公里）}$$

【特别提示】

表上作业法

当某些运输调度问题采用图上作业法难以进行直观求解时，可以列出调运物资的供需平衡表及运价表，按最小元素法、伏格尔法等方法建立初始调运方案，然后采用闭回路法、位势法等方法计算检验数来验证这个方案，如所有检验数均为非负，说明方案是最优的。如果有某个或某几个检验数小于0，则对初始方案进行调整，直至得到满意的结果。这种列表求解方法就是表上作业法。表上作业法有其局限性：只能在供销（产销）地不多的情况下适用。对于实际工作中大规模的车辆调度物资调运问题，必须建立数学模型，借助计算机软件来进行计算求解。

第五节　配送运输合理化

一、不合理配送运输的表现形式

1. 迂回运输

由于道路交通网络的纵横交错及车辆的机动性、灵活性，在配送中心与送货地点之间，往往有不同的运输路径可供选择。凡不经过最短路径的绕道运输，均称为迂回运输。

2. 过远运输

这是一种舍近求远的配送运输，多发生在多点配送中。在配送作业规划时，当有多个配送据点时，不就地或就近获取某种物资，却舍近求远，拉长运输距离，造成运力浪费。造成过远运输这一不合理现象的原因可能很复杂，其中配送中心规划布点是影响因素之一。另外，配送中心对供应商的选择及商品采购计划的不合理也可能会造成过远运输。

3. 重复运输

同一批货物运抵目的地后没有经任何加工和必要的作业，又重新装运到别处的现象。多发生在配送过程中多余的中转、倒装、虚耗装卸费用，造成非生产性停留，增加了货物作业量，延缓了送货速度，增加了货损，也增加了费用。

4. 无效运输

无效运输是指被运输的货物没有进行合理的配送加工作业，造成货物杂质较多，或包装过度、物流容器等辅助工具的不合理，使运输能力浪费于不必要物资的运输，造成运能的浪费。

5. 运输方式及运输工具选择不当

未考虑各种运输工具的优缺点，而进行不适当的选择，所造成的不合理运输。常见有以下几种形式：

（1）违反水陆分工使用，弃水走陆的运输。弃水走陆是指从甲地到乙地的货物运输，有铁路、水路、公路等多种运输方式可供选择，但是将适合水路或水陆联运的货物改为用铁路或公路运输，从而使水运的优势得不到充分发挥。

（2）铁路短途运输。不足铁路的经济运行里程却选择铁路进行运输。

（3）水运的过近运输。不足船舶的经济运行里程却选择水运进行运输。

（4）载运工具选择不当，实载率过低造成运力的浪费。

二、影响配送运输合理化的因素

影响配送运输合理化的因素包括外部因素和内部因素两个方面。

1. 外部因素

影响配送运输合理化的外部因素主要来自以下两个方面：

（1）交通运输网络布局及交通流状况。配送运输主要发生在城市内部及城市间经济里程半径50～350km范围内的运输活动，服务区域内的道路交通布局及交通流状况决定了配送运输的成本、速度及服务的一致性。

（2）配送中心规划布点。配送中心在区域内的规划布点在一定程度上决定了配送运输的距离、时间、服务的客户服务范围，布点不合理可能产生迂回运输和过远运输等不合理运输，会影响配送运输的成本和服务水平。

2. 内部因素

影响配送运输合理化的内部因素包括以下五个方面：

（1）运输距离。在配送过程中，运输时间、货损、运费、车辆或船舶周转等运输的若干技术经济指标，都与运输距离有一定的比例关系。因此，运距长短是配送运输是否合理的一个最基本因素，缩短运距既具有宏观的社会效益，也具有微观的企业效益。

（2）运输环节。每增加一次运输环节，不但会增加起运的运费和总运费，而且必然要增加运输的附属活动，如装卸、包装等，各项技术经济指标也会因此下降。所以，减少运输环节，尤其是同类运输工具的环节，对合理运输有促进作用。

（3）运输工具。各种运输工具都有其使用的优势领域，对运输工具进行优化选择，按运输工具特点进行装卸运输作业，最大限度地发挥所用运输工具的作用，是运输合理化的重要一环。

（4）运输时间。在全部配送时间中，运输时间占较大部分，因而运输时间的缩短对整个流通时间的缩短有决定性作用。此外，运输时间短，有利于运输工具的加速周转，充分发挥运力的作用；有利于运输线路通过能力的提高，对运输合理化有很大贡献。

（5）运输费用。运费在全部配送成本中占很大比例，运输费用的降低，无论对客户来讲还是对配送中心来讲，都是运输合理化的一个重要指标。运费的判断，也是各种合理化配送是否行之有效的最终判断依据之一。

三、配送运输合理化的有效措施

1. 提高运输工具实载率

实载率有两个含义：一是单车实际载重与运距之乘积和核定载重与行驶里程之乘积的比率。这在安排单车、单船运输时，是作为判断装载合理与否的重要指标。二是车船的统计指标，即一定时期内车船实际完成的物品周转量（以吨公里计）占车船载重吨位与行驶公里乘积的百分比。在计算车船行驶的公里数时，不但包括载货行驶路程，也包括空驶行程。

提高实载率的意义在于：充分利用运输工具的额定能力，减少车船空驶和不满载行驶的时间，减少浪费，从而求得运输的合理化。配送的优势之一就是将多个客户需要的物品和一家需要的多种物品实行配装，以达到容积和载重的充分合理运用。与以往自家提货或一家送货车辆的回程空驶的状况相比，这是运输合理化的一个进展。在铁路运输中，采用整车运输、整车拼装、整车分卸及整车零卸等具体措施，都是提高实载率的有效途径。

2. 减少动力投入，增加运输能力

这种合理化的要点是少投入，多产出，走高效益之路。配送运输的投入主要是能耗和载运工具的初始投资，在现有的运输能力基础上，大力发展节能型车辆、使用低成本能源可以在一定程度上降低单位运输成本，达到配送运输合理化的目的。

3. 充分合理地利用社会运力，发展合作化配送运输

配送中心使用自有车辆，自我服务，其规模有限，难以形成规模经济效益，经常会出现空驶、亏载等浪费。以合同经营或合作经营方式充分合理地利用社会运输资源，可以在一定程度上降低配送中心设备投入，提高载运工具的利用率，从而达到降低配送运输成本的目的。

4. 合理规划配送运输线路，运用科学的方法进行运力调度

配送是在合理的区域内进行的短距离运输，配送线路规划是配送运输业务管理的重要内容，合理的线路规划可以减少空驶，缩短运输总里程，提高配送运输的送达速度，提高配送的服务水平。

复习思考题

1. 什么是配送运输？影响配送运输的因素有哪些？
2. 配送运输的基本作业程序有哪几个步骤？
3. 常见的配送运输方法有哪几种？
4. 配送网络结构可分为几种？各有何特点？
5. 配送运输路线有哪些优化方法？

6. 配送运输车辆积载有哪些注意事项？
7. 配送车辆调度应遵循哪些基本原则？
8. 不合理的配送运输有哪几种表现形式？影响配送运输合理化的因素有哪些？
9. 配送运输合理化的措施有哪些？

【实训项目】

配送实务实训

实训内容：
到所在城市货运市场或配载市场调研运输企业开展配送采取的作业形式及流程。
实训目的：
(1) 掌握配送作业的组织实施。
(2) 掌握配送作业计划的编制。
实训要求：
(1) 学生（有条件的学校）可在物流实训实验室进行模拟实践，按照配送作业环节分配班级成员担任不同岗位角色，模拟完成配送活动的各个环节，讨论分析配送活动的基本作业流程。
(2) 查阅各种物流资料，正确编制配送作业计划，填制相关单证。
实训操作与规范：
(1) 单证编制需紧密结合物流企业运作实际；
(2) 老师在讨论过程中，注意调动学生气氛，同时注意启发和引导。

【课后案例】

张裕集团葡萄酒配送路线优化研究

1. 张裕集团葡萄酒配送模式分析

成立于1892年的张裕集团现已发展成为中国乃至亚洲最大的葡萄酒生产经营企业。近年来，张裕集团的葡萄酒市场需求量逐年上升，其生产的葡萄酒采用的是定时定量配送模式，即按固定的时间和客户订单的数量进行送货，对于一些需求量较小的客户也要单独组织车辆进行送货。以山东省的客户需求为例，张裕集团仅在烟台市设有仓库，客户分散在全省的各个县区市，并且需求量大小差别很大，此配送模式，经常造成过高的运输成本。分析其原因可归纳为以下几个方面：①配送模式不适应集团发展要求，特别是对于即时性需求，不能及时响应；②配送路线的选择不合理，没有得到优化；③车辆调度不合理，没有充分利用车辆配载容积。

2. 利用节约里程法优化葡萄酒配送路线

以山东省14个地级市张裕集团葡萄酒客户配送为例，利用节约法来优化配送路线、制定配送计划。各市的葡萄酒需求量和配送距离如表9-6所示。其中，年货运量最多的是淄博、青岛；距离最远的是济宁、聊城。

表9-6 运输任务表

客　户	青岛	东营	泰安	济宁	潍坊	日照	枣庄
货运量（t/年）	1 146	388	396	478	924	294	390
配送距离/（km）	245	430	544	670	300	395	615
客　户	聊城	济南	淄博	德州	临沂	滨州	菏泽
货运量（t/年）	386	2436	1282	226	480	220	286
配送距离（km）	640	513	398	621	475	431	753

张裕集团的配送车辆主要以招标的形式选择第三方物流公司来为其运送产品，这样一方面集团可以不设自己的运输车队，节约大量资金和人员，集中精力于葡萄酒加工、酿制、新产品开发等核心业务，另一方面，充分发挥第三方物流公司运输规模优势，按时、按量准时送货，实现双赢。为了保证配送车辆的数量、装载量满足配送需求，集团在招标过程中，往往选择几家物流公司共同为其配送产品，因此，在配送车辆的选择上留有余地，为降低运输成本创造了条件。各物流公司的车型有10t、8t、6t、4t、2t、1t不等，数量足以满足配送要求。

车辆调度采用以下方案：根据各城市的年需求量，制订月度配送计划，按需求量的多少选配车辆。例如，青岛市年需求量为1 146t，月平均95.5t，先选用最大车型进行直送（90t利用9辆10t汽车运送），剩余货运量（5.5t）利用节约法原理进行配送，其他城市的货运量均按此方式进行整理，则表9-6中货运量变为表9-7所示数据。

表9-7 各地市配送剩余任务表

客　户	青岛	东营	泰安	济宁	潍坊	日照	枣庄
货运量/（t/年）	5.5	4.3	3	0	7	4.5	2.5
客　户	聊城	济南	淄博	德州	临沂	滨州	菏泽
货运量/（t/年）	2.2	3	6.8	8.8	0	8.3	3.8

在表9-7中，济宁、临沂的剩余货运量为零，因此仅对有剩余货运量的12个城市采用节约法进行配送线路的优化。

已知各城市的编号及相互距离，详见表9-8和表9-9。

表9-8 各城市编号

编号	P_0	P_1	P_2	P_3	P_4	P_5	P_6
城市	烟台	青岛	东营	泰安	潍坊	日照	枣庄
编号	P_7	P_8	P_9	P_{10}	P_{11}	P_{12}	
城市	聊城	济南	淄博	德州	滨州	菏泽	

表 9-9 各城市之间的相互距离 （km）

编号	P_0	P_1	P_2	P_3	P_4	P_5	P_6	P_7	P_8	P_9	P_{10}	P_{11}	P_{12}
P_0	0	245	430	544	300	395	615	640	513	398	621	431	753
P_1		0	350	352	181	147	355	473	372	278	456	315	537
P_2			0	248	140	302	370	329	220	101	261	65	453
P_3				0	240	295	204	157	62	154	211	218	243
P_4					0	201	312	349	243	70	325	168	446
P_5						0	245	419	335	265	446	325	456
P_6							0	298	265	278	382	349	262
P_7								0	144	251	164	268	191
P_8									0	140	154	167	272
P_9										0	228	104	359
P_{10}											0	218	322
P_{11}												0	402
P_{12}													0

根据节约里程法，最终得到 12 个地市剩余配送运输量的配送路线为：$P_0 \rightarrow P_6 \rightarrow P_7 \rightarrow P_{12} \rightarrow P_0$；$P_0 \rightarrow P_3 \rightarrow P_8 \rightarrow P_0$；$P_0 \rightarrow P_2 \rightarrow P_5 \rightarrow P_0$；$P_0 \rightarrow P_1 \rightarrow P_0$；$P_0 \rightarrow P_4 \rightarrow P_0$；$P_0 \rightarrow P_9 \rightarrow P_0$；$P_0 \rightarrow P_{10} \rightarrow P_0$；$P_0 \rightarrow P_{11} \rightarrow P_0$，共 8 条配送路线。共需 8 辆车，其中 4 辆 10 吨车，2 辆 8 吨车，2 辆 6 吨车，总运输距离为 7 954km；优化前共需 12 辆车，总运输距离为 11 770km。可见，配送路线优化后可减少 4 辆车，缩短运输距离 3 816km，效果非常显著。

（资料来源：刘利军．张裕集团葡萄酒配送路线优化研究．山东工商学院学报，2006）

讨论题：

1. 根据节约里程法原理，尝试给出本案例的详细计算过程。
2. 节约里程法优化配送路线的核心思想何在？

第十章 配送成本管理

【学习目标】

知识目标
1. 了解配送成本的构成及影响配送成本的因素；
2. 掌握配送定价及收费计费方式；
3. 掌握配送成本的控制方法与策略。

能力目标
1. 能按成本项目进行配送成本核算；
2. 能根据配送企业成本核算资料，制订成本控制措施和策略。

【引导案例】

安得物流"有效配载"的成功运作

安得物流（简称安得）成立于1999年，其中美的集团占有其70%的股份，安得算是美的的一个投资子公司。现在美的方面的业务占了安得物流总共销售额的一半都不到，而美的自身就有3亿元的业务量，但现在这些业务散落在不同的部门，被不同的物流公司分掉，而美的的物流成本包括库存周期、运输成本却总是不能得到有效降低。这次安得物流又将目光再次瞄准自己的东家，他们希望能够将美的空调、小家电、饮水机、微波炉等同一部门的物流业务进行整合。而美的也正有这样一个需求，这倒不是"肥水不流外人田"的原因。据说美的空调等家电的成本2000年降低了30%，这是一个令人吃惊得难以相信的数字。而这30%的降低空间，主要指望物流方面进行最合理的压缩来实现。"毕竟物资成本是存在一个极限的，不可能无限地降低下去，而我们的物流成本却还有很大空间"。美的董事局主席何享健是这场物流整合真正的策动者，"何主席看到了美的存在的这个需求，只有整合才能提高各部门的效率。"美的集团国内营销本部物流部经理陈军说。美的事业部对自己的物流成本要求是一年比一年降低，但是美的物流服务商没有足够强大的整合能力。

物流成本的降低将直接对交货时间、完好率等提出更高要求，而"有效配载"则成为这场整合运动亟待解决的核心问题。以前，美的公司的空调和其他小家电产品都是通过不同的物流公司运往全国各地，而在运输过程中都会因为运输任务无法协调而造成许多小批量运输业务出现大量空载的现象，成本难以降低。据说，这是一个双方几乎同时表达出的愿望，美的希望将各个部门的物流进行整合，而安得从专业的角度看到这一需求。从安得的成长背景业看，似乎没有比它更适合从事整合任务的公司了，无论是从对美的的各事业部门运作方式的了解，还是彼此合作根基的深厚程度都决定了这一合作进行的可能，但安得方面则表示，以美的方面的行事风格，安得也没有十足的把握。安得认为，事情成功与否，要看双方在彼此探讨之后提出的解决方案是否能带来真正的价值，另外安得也要面临其他物流公司可能提出的更有竞争力的方案。陈军说，将美的不同事业部的物流平台进行整合之后，将带来四个方面的提高。首先，服务水平，交货期，准时完好率将得到提高；其次，将改变发货批量，并使存货成本降低5%左右；第三，可以降低运费；第四，运力需求应得到调和，对于发货批量存在不同需求的各个事业部将在更大规模的整合中得到调和。陈军说，从制造业到物流业的整体成本水平来看，5%库存成本大于20%物流成本，也就是说物流服务水平的提高更主要的作用在于降低库存成本。而事实上，制造基地对物流的要求是"少品种，大批量"，区域物流中心的要求则是"多品种，小批量"。如果能将美的各事业部物流成功进行整合，那么首要任务就是在美的制造基地进行最佳调配，以减少对销售区域网络和仓储终端网点的需求。而这一部分则成为美的的降低整体产品成本的核心所在，每年30%的成本下降空间皆出自于此。30%扣起来有些难以置信，但是物流平台的整合前景则使这一切成为可能。

（案例来源：http://www.chinawuliu.com.cn）

讨论题：

对美的来说，降低物流成本主要是通过什么措施完成的？

第一节　配送成本概述

一、配送成本的含义

配送活动主要由备货、储存、分拣及配货、配装、送货、送达服务及配送加工等环节组成。

配送成本是指在配送活动的备货、储存、分拣、配货、配装、送货等环节所发生的各项费用的总和，是配送过程中所消耗的各种活劳动和物化劳动的货币表现。

配送费用（诸如人工费用、作业消耗、物品损耗、利息支出、管理费用等）按一定对象进行汇集就构成了配送成本。配送成本的高低直接关系到配送中心的利润，进而影响连锁企业利润的高低。比如，销售额为500元，配送成本为50元。如果配送成本降低10%，就能得到5元的利润。

在归集和计算配送成本之前，首先明确以下三个问题：

（1）成本的计算范围如何确定的问题。配送过程中涉及不同的配送对象，如不同的送货对象、不同的配送产品，此时如按不同对象进行成本归集，成本计算的结果有明显的差别。

（2）在备货、储存、配货、送货等诸种配送活动中，以哪几种活动作为计算对象的问题。选择不同活动进行成本归集计算出来的配送成本自然是有差别的。

（3）把哪几种费用列入配送成本的问题。支付运费、支付保管费、支付人工费、折旧费等，取其中哪一部分列入配送成本进行计算直接影响到配送成本的大小。

从上述三个方面的问题来看，企业配送成本的大小与不同的前提条件有关。各企业应根据各自不同的情况及管理需要来决定本企业配送成本的计算范围。

二、配送成本构成

配送成本主要由配送中心、配送运输两个环节组成,作为一个整体活动有着共同的成本支出,但每个环节都有各自的成本构成。总的来说配送成本有资本成本分摊、支付利息、员工工资福利、行政办公费用、商务交易费用、自有车辆设备运行费、保险费或者残损风险、工具以及耗损材料费、分拣装卸搬运作业费、车辆租赁费等。以上各项成本可以分为固定成本、变动成本两类。

1. 固定成本

固定成本是指短期内必须支出、不随经营量发生变化的成本,亦即只要开展配送经营,就必须支出的成本,如资本成本分摊、固定员工工资、行政办公费用等。虽然说固定成本与配送经营量没有关系,但是配送量增大时,分配到每单位配送量的固定成本就会相对降低。理论上说只有一单位配送量时,固定成本就需要完全由该一单位配送量来承担。因而说固定成本是必须支出的,分配到每一单位上的固定成本,就需要每单位配送的收益贡献率来弥补。

固定成本是由企业规模、生产方式、资本成本所确定的。规模越大、生产的技术手段越先进、资本越密集,则固定成本也就越高。

2. 变动成本

变动成本则是指随配送量的变化而发生变化的成本,如商务交易费、设备运行费、租赁费、装卸搬运作业费、保险费等。在没有经营时,没有变动成本支出。对于每增加一单位配送量所增加的成本,称为边际成本,也就是说边际成本就是变动成本。

变动成本主要由劳动力成本、固定资产的运行成本和社会资源的使用成本确定。变动成本和固定成本会因为经营方式的不同发生转化。如自购车辆配送时,购车成本为固定成本;而采用租车运输时,使用车辆的租金则成了变动成本。

三、配送成本的特点

配送成本具有以下特点。

1. 配送成本的隐蔽性

如同物流成本冰山理论指出的那样,要想直接从企业的财务核算中完整地提取出企业发生的物流成本是难以办到的。配送成本作为物流成本的一部分,通常的财务会计不能完全掌握,但是通过"销售费用"、"管理费用"科目可以看出部分配送费用情况,而这些科目反映的费用仅仅是全部配送成本的一部分,即企业对外支付的配送费用。并且这一部分费用往往是混同在其他有关费用中而并不是单独设立"配送费用"科目进行独立核算。比如像连锁店之间进行配送所发生的费用是计算在销售费用中的;同样,备货时支付的费用最终也会归入销售费用;而配送中发生的人工费用与其他部门的人工费用一起分列入管理费用和销售费用;与配送有关的利息和企业内的其他利息一起计入营业外费用。这样企业支出的有关配送费用实际上就隐藏在各种财务会计科目中,管理人员很难意识到配送管理的重要性之所在。

2. 配送成本削减具有乘数效应

什么是乘数效应?举个例子来说,假定销售额为 10 000 元,配送成本为 1 000 元。如果配送成本降低10％，就可能得到100元的利润。我们再看看，如果这个企业的销售利润率为5％，则创造100元利润，需要增加2 000元的销售额，即降低10％的配送成本所起的作用相当于销售额增加20％。这还是在销售利润率为5％情况下得到的，可见配送成本的下降会产生极大的效益。

3. 配送成本的"二律背反"特点

所谓"二律背反"是指同一资源的两个方面处于相互矛盾的关系之中，要达到一个目的必然要损失另一部分目的：要追求一方，必得舍弃另一方的一种状态，简单地讲，就是此涨彼消，此消彼长。例如，减少库存据点以及库存，必然引起库存补充频繁，从而增加运输次数，同时，仓库的减少，会导致配送距离变长，运输费用进一步增大，此时一方成本降低，另一方成本增大，产生成本"二律背反"状态。如果运输费的增加超过保管费的降低部分，总的成本反而会增加，这样减少库存据点以及库存变得毫无意义。又如，简化包装，可降低包装作业强度，进而降低包装成本。但与此同时却导致仓库里货物堆放不能过高，降低了保管效率。而且，由于包装简化，在装卸和运输过程中容易出现包装破损，导致搬运效率降低，破损率增加。

由于配送活动各环节之间密切相关，而且在多数场合处于成本的"二律背反"状态，所以，在对配送活动进行成本管理时必须把相关成本拿到同一场所用"总成本"来评价其损益，从而实现整体配送活动的合理化。

企业经营者在对配送成本进行核算及控制时必须把握住配送成本的以上几个特点。

四、影响配送成本的因素

1. 时间

配送持续的时间直接影响的后果是对配送中心的占用和仓储固定成本的耗用。而这种成本往往表现为机会成本，使得配送中心不能提供其他配送服务获得收入或者在其他配送服务上增加成本。

2. 距离

距离是构成配送运输成本的主要内容。距离越远，也就意味着运输成本越高；同时造成运输设备需要增加，送货员工需要增加。

3. 配送物的数量、重量

数量和重量增加虽然会使配送作业量增大，但大批量的作业往往能够提高配送效率。配送的数量和重量是委托人获得折扣的理由。

4. 货物种类及作业过程

针对不同的货物种类，配送作业的要求和难度也不相同．承担的责任也不一样，因而这会对成本产生较大幅度的影响。采用原包装配送显然成本支出要比配装配送要低，因而不同的配送作业过程直接影响到成本高低。

5. 外部成本

配送经营时配送企业或许要使用到配送企业自身以外的资源，比如当地的起吊设备租赁市场具有垄断性，则配送企业租用起吊设备的成本就会增加；当地的路桥收费普遍且无管制，则必然使配送成本剧增。

五、配送成本核算的意义

进行配送成本核算主要有以下几方面的意义。

1. 有利于把握正确的物流实际成本

配送是企业物流的重要环节之一，配送成本是企业整个物流成本计算的一部分，把握了配送成本就能对企业的物流总成本有一个清晰而全面的认识，有利于计算企业的实际支出。

2. 有利于改善企业物流管理

配送成本核算可以以时间为基础进行比较，如对上月的比较，去年同月比较，同一企业相同时间内不同配送业务的比较，可以发现物流配送管理存在的问题，以便发现不合理的物流活动，及时进行改进。

3. 有利于分清成本发生的责任归属，促进物流管理一体化

通过配送成本的核算，可以分析配送成本上升的原因，同时也发现企业存在哪些不合理物流活动。进而可以明确企业各部门物流管理的责任。

许多企业都把物流合理化看成是物流部门或配送部门的事，这似乎变成了一种常识。然而，这是错误的。事实上物流费用过高、活动不合理的大部分责任不仅仅在物流配送部门；由于物流系统是一个综合的系统，实际发生物流的部门都有物流活动的发生，因此物流费用涉及企业的大多数部门，如生产、销售等部门。而物流成本责任清晰化，有利于唤起和劝导其他部门重视物流管理工作，重视物流活动合理化，实现企业物流管理一体化。

例如，销售物流系统的设计，一般取决于销售政策，由销售部门决定。具体来讲，包括与交货期有关的问题，如"订货后几天内配送"；与库存量有关的问题，如"一定商品的周转率下的库存是多少"；与订货条件有关的问题，如"接受订货的最小批量是多少"等。其实这些问题都是关于"顾客服务水平"的，作为物流部门来讲，即便知道这种顾客服务水平从物流的角度来看是不合理的，但种种原因使得物流部门无法干预。如通过物流配送成本分析核算，就可以反映销售物流设计的不合理，从而促进销售部门改进物流系统结构，实现企业物流管理的一体化管理。

4. 为企业管理提供物流管理方面的数据和绩效考核依据

为企业提供物流管理方面的数据和绩效考核依据主要表现为两个方面：一是为企业物流活动计划、执行、控制提供计算和绩效考核依据，特别对企业高层管理人员提供正确的分析数据与报告，可以加强全公司对物流重要性的认识，促成物流革新的决心。二是可通过物流配送成本测算、评价物流配送部门对企业经营绩效的贡献度。

5. 促进物流合理化

物流合理化不单单是物流配送部门的事情，也是生产、销售等发生物流的部门所应该负责的领域。所以，在物流合理化实施阶段，有必要明确了解物流合理化的责任范围有多大，是扩大到生产、销售等部门，还是局限在物流配送部门本身范围之内。前者，是从企业物流一体化这种观点出发来改变销售结构的一种想法，即所谓后勤思想。通过物流系统化这一目的去寻求合理的物流形式。后者的主导思想是不触及销售结构，把这些部门看作是客观给出的条件，或通过对作业方法、运费标准、运输工具的利用、事务处理方法、信息流通手段等活动的评价研究，力求把物流合理地组织起来。两种做法是明显不同的，实

施的程序和方法等也有很大差别。从合理化效果这一点来说，前者的成果远比后者大，这是毫无疑问的。要想彻底实现物流合理化，不扩大到其他领域中去是不行的，物流一体化可以说是企业物流管理重大课题之一。

第二节　配送成本的核算

一、配送成本的分类

1. 按适用对象分类

按不同的功能计算配送成本，不仅可以实现降低配送的各项成本，而且，还能分别控制由不同的产品、不同的地区、不同的服务对象而产生的配送成本。若我们按有选择性的单独的各项来计算配送成本的话，就形成了一般所说的按适用对象来计算配送成本。此种方法可以让企业对特殊的对象，进行配送成本的跟踪和计算，以达到控制此项配送成本的目的。

【相关链接】

> 例如，现在很多的连锁店，若针对每一分店计算其配送成本，就可以计算出各个营业单位的配送成本与其销售金额的对比，可以针对各个数据的比较值，采取相关的措施，以达到加强各项管理的目的；若以服务对象来计算配送成本，可以计算出针对每一顾客所耗费的配送成本，从中可以得出，各个层次的顾客服务水平的标准，为制定服务策略提供参考。

主要的分类有：

（1）按商品计算配送成本。把按功能计算出来的成本，以各自不同的基准，分配给各类商品，以此计算配送成本。这种方法可用来分析各类商品的盈亏，进而对确定企业的产品策略提供参考。在实际应用中，要考虑进货和出货差额的毛收入与商品周转率之间的交叉比率。

（2）按顾客计算配送成本。按顾客计算配送成本可分为按标准单价计算和按实际单价计算两种计算方式。按顾客计算配送成本可以用来作为确定目标顾客、确定服务水平等营销战略的参考。

（3）按分店或营业所计算配送成本。按分店或营业所计算配送成本就是要算出各营业单位配送成本与销售金额或毛收入的对比，用来了解各营业单位配送中存在的问题，以便加强管理。

2. 按支付形态分类

按支付形态计算配送成本，就是把配送成本分别按订货费、运费、保管费、包装材料费、人工费、管理费、利息支付等支付形态记账，利用这些数据，就可以计算出配送成本的总额。这样可以了解花费最多的项目，从而确定配送成本管理的重点。

按支付形态不同来进行配送成本的分类主要是以财务会计中发生的费用为基础，通过乘以一定比率来加以核算。此时配送成本可分为：

（1）人工费。人工费指因人力劳务的消耗而发生的费用，包括工资、奖金、福利费、医药费、劳保费以及职工教育培训费和其他一切用于职工的费用。

（2）材料费。材料费指因物料消耗而发生的费用。由物资材料费、燃料费、消耗性工具、低值易耗品摊销及其他物料消耗费组成。

（3）维护费。维护费指土地、建筑物、机械设备、车辆、搬运工具等固定资产的使用、运转和维修保养所产生的费用，包括维修保养费、折旧费、房产税、土地、车船使用税、租赁费、保险费等。

（4）对外委托费。对外委托费指企业对外支付的包装费、运费、保管费、出入库装卸费、手续费等业务费用。

（5）一般经费。一般经费是指差旅费、交通费、资料费、零星购进费、邮电费、城建税、能源建设税及其他税款，还包括商品损耗费、事故处理费及其他杂费等一切一般支出。

（6）特别经费。特别经费主要有按实际使用年限计算的折旧费和企业内利息等。

（7）其他费用。在配送成本中还应包括向其他企业支付的费用。比如商品购进采用送货制时包含在购买价格中的运费和商品销售采用提货制时因顾客自己取货而从销售价格中扣除的运费。在这些情况下，虽然实际上本企业内并未发生配送活动，但却发生了相关费用，故也应把其作为配送成本计算在内。

3. 按功能分类

按支付形态计算配送成本的方法，有一定的缺陷，利用这种方法可以计算出总的配送费用，但是却不能把配送在整个成本总费用中的重要特点以及各个项目表现出来。只有把各个项目表现出来，才有利于制定具体的有针对性的降低配送成本的总费用措施。比如，把这个总费用分成保管费用、装卸费用、输送费用等，这样可以根据这些项目，加强对实际配送的各个流程的监控，以便在不同的项目中采取相应的措施控制配送成本。

按包装、配送、保管、搬运等功能计算配送成本的方法就是按功能计算配送成本的方法。按照配送功能进行分类，配送成本大体可分为物品流通费、信息流通费和配送管理费三大类。

（1）物品流通费。物品流通费指为了完成配送过程中商品、物资的物理性流动而发生的费用，可进一步细分为：

① 备货费：指进行备货工作时需要的费用。包括筹集货源、订货、集货、进货以及进行有关的质量检验、结算、交接等而发生的费用。

② 保管费：指一定时期内因保管商品而需要的费用。除了包租或委托储存的仓储费外，还包括企业在自有仓库储存时的保管费。

③ 分拣及配货费：指在分拣、配货作业中发生的人力、物力的消耗。

④ 装卸费：指伴随商品包装、运输、保管、运到之后的移交而发生的商品在一定范围内进行水平或垂直移动所需要的费用。在企业内，一般都未单独计算过装卸费，而是根据其发生的时间将其计入相关的运杂费、保管费、进货费中。如果在实务中进行分离很困难，也可将装卸费分别计算在相应的费用中。

⑤ 短途运输费：指把商品从配送中心转移到顾客指定的送货地点所需要的运输费用。

除了委托运输费外，还包括由本企业的自有运输工具进行送货的费用，但要将伴随运输的装卸费用除外。

⑥ 配送加工费：指根据用户要求进行加工而发生的费用。

（2）信息流通费。信息流通费是指因处理、传输有关配送信息而产生的费用，包括与储存管理、订货处理、顾客服务有关的费用。在企业内处理、传输的信息中，要把与配送有关的信息与其他信息的处理、传输区分开来往往极为困难，但是这种区分在核算配送成本时却是十分必要的。

（3）配送管理费。配送管理费是指进行配送计划、调整、控制所需要的费用，包括作业现场的管理费和企业有关管理部门的管理费。

二、配送成本的计算

（一）定价方式

1. 单一价格法

单一价格法是指在一个配送区域内不论货物配送到哪儿，对同一计费单位采用同一个价格。单一价格相当于采用配送货量平均成本来定价，有些客户（如运输距离远、货量少的）获得超值服务，而另一些客户则多支付了费用。采用单一价格一般需要对配送品的规格进行限定，如每件不超过5kg或者$1m^3$。

2. 分区价格法

分区价格法是指将配送覆盖区域划分成若干个价格区间，对运送到不同区域的商品采用不同的价格。一般来说，区间的划分以距离为原则，如果配送过程中经常遇到塞车情况或者需要通过收费路口，则企业可提高定价。

3. 分线价格法

分线价格法是指将配送区域按照配送运输线路进行划分，对每一条线路分别进行定价。只要是属于该线路的配送，就使用该线路价格，而无论是否达到该设计线路的基点。

（二）价格制定方法

1. 成本定价法

成本定价法是指根据配送经营的成本确定价格的方法。价格由成本、利润、税收三部分组成。其中：

$$成本 = 直接成本 + 间接成本$$
$$利润 = 成本 \times 成本利润率$$

税收则根据国家税收政策确定。配送经营的税收有营业税和企业所得税两种。营业税直接计入成本；企业所得税则包含在成本利润之中。

$$营业税 = （配送收入 - 外包的运输费支出）\times 营业税率$$

没有外包运输时

则 $$营业税 = 配送收入 \times 营业税率 = 价格 \times 计费数量 \times 营业税率$$

由于总收入等于总支出加利润，

则　　　　　　　总收入 = 成本 + 利润 + 税收
而　　　　　　　总收入 = 价格 × 计费数量

价格 × 计费数量 =（直接成本 + 间接成本）×（1 + 成本利润率）+ 价格 × 计费数量 × 营业税率

$$价格 = \frac{(直接成本 + 间接成本) \times (1 + 成本利润率)}{计费数量 \times (1 - 营业税率)}$$

2. 边际成本定价法

在达到规模经济时，获得利润最大化的条件是边际成本等于边际收益，这是经济学的基本原理。边际成本定价法是指在配送达到规模经济时，以边际成本作为价格的定价方法。利用边际成本定价法的条件在于，已达到了规模经济，配送规模再继续增加就会使不经济的固定成本大幅增加，就会使所定的价格不能弥补固定成本的支出。

3. 市场价格定价法

在配送市场上，存在着由众多的配送经营人组成的配送供给者和众多对配送产品的需求者，他们形成了配送供给和配送需要的两方。当配送产品价格极高时，需求者不愿意消费，需求量较小；随着配送产品价格的降低，消费能力增大，需求量增大，需求量与价格呈逆向变化。同样，当配送产品价格很低时，配送商不愿意经营，供给量很少；当配送产品价格增高时，配送商的配送经营量就会增加，配送供给量与配送价格同向变化。在某个价格上，双方的数量与价格关系相同，达到平衡，此时的价格就是供需平衡的价格，此时的数量就是供需平衡的数量。此时的价格就是整个市场的价格，也就是配送供应商所能定的最高价格。

对于众多中小规模的配送经营者，只能是配送市场价格的接受者，需要采用市场价格确定配送价格，并按照该价格管理和控制成本支出。

4. 综合定价法

产品定价是企业与客户、与竞争对手的博弈行为，既要能保证产品尽可能被广泛接受，扩大经营规模，又要能保证企业实现最高的利益。定价要根据成本、市场需求、市场竞争的需要，合理确定。总的来说，正常定价不能低于成本，但也不能高于市场均衡价格。

（三）配送收费计费方式

配送收费可以是独立的提供配送服务而收费，或者作为其他服务的一个环节，合并在其他服务收费之中。但总的来说，配送是一项独立的计费项目，需要依据配送的成本确定收费。配送经营人收费主要有以下几种方式。

1. 按配送量计收费用

该方法以每单位的配送量为计费单位。如采用重量单位，总收费即为总配送量与费率的乘积。但是由于配送不同商品的作业有一定的差别，所投入的劳动不同，如重大货物与轻巧货物作业不同，因此配送收费也可以按商品类别进行分类、分等级。按配送量收费还有按所配送的货物的体积计费、按件数收费等方式。

2. 按配送次数收费

该方法以提供的配送次数为收费单位，不计具体的配送量。此种收费方式相当于包车配送，一般有每次配送最大量的限制，如每次不超过一整车等。

3. 按期收费

该方法以一定时期为计费单位。对于配送稳定的客户，定量、定次的配送，则仅仅是计费形式的不同。否则，则是对于基本客户的优惠，或者是对极小量的协同配送收费。

第三节　配送成本的控制策略

一、配送成本的控制

进行配送成本核算的最终目的是实现对配送成本的控制。一般来说，配送成本的控制应从以下几方面进行。

1. 加强配送的计划性

任何一家企业，在配送商品时，难免会碰到临时配送、紧急配送等特殊情况，还有的企业的配送随意性很大，所有的这些原因，都有可能产生较大的配送成本，增加额外的配送开支，因为这些行为在大多情况下，会使配送车辆不满载，配送车辆的行走线路不合理，增加里程，浪费时间。因此，在实际的配送过程中，需要针对不同商品的特点，制定严密的配送计划。在实际工作中，应针对商品的特性，制定不同的配送申请和配送制度：

（1）对鲜活商品，应定时、定量申请，定时、定量配送。分店一般一天申请一次，商品采购量应以控制在当天全部售完为宜。

（2）对普通商品，应定期向配送中心订货，订货量为两次订货的预计需求量。在实行定期申请的情况下，分店只须预测订货周期内的需求量，就可降低经营风险。

2. 确定合理的配送路线

这是物流配送的一个重要问题，有很多科学的方法可以进行线路的确定，比如线性规划方法，运筹学中的对运输问题的解决方法等。为了获得较合理的运送线路，可以利用这些方法，做出多个运输方案，并对这些方案进行评价，以期得出最优解，让运送设备、油量、行车路线的难易程度、装卸货物的时间等多个因素达到一个最优的组合。确定配送路线的方法很多，既可采用方案评价法，又可以采用数学模型进行定量分析。无论采用何种方法，都必须考虑以下条件：

（1）满足所有客户对商品品种、规格和数量的要求。

（2）满足所有客户对货物发到时间范围的要求。

（3）在交通管理部门允许通行的时间内送货。

（4）各配送路线的商品量不得超过车辆容积及载重量。

（5）在配送中心现有运力及可支配运力的范围之内配送。

3. 进行合理的车辆配载

各客户的需求情况不同，订货也就不大一致，一次配送的货物可能有多个品种。这些商品不仅包装形态、储运性质不一，而且密度差别较大。为了让车辆的运输能力得到充分的利用，可以考虑体积不等、密度不等的商品进行混合装载，这样可以让车辆的体积得到充分的利用，又能使车辆满载，可以大大降低运输的运营成本，从而降低配送成本。

4. 量力而行建立计算机管理系统

在配送作业中，分拣、配货要占全部劳动的60%，而且容易发生差错。若能在这样的环节建立计算机系统来辅助作业的话,可以大大地加快作业速度,减少出错率。比如采用条形码,就可以使拣货简单、准确,配货快速、便捷,可以大大地提高工作效率,节省成本,降低配送费用。有条件的单位,还可以建立卫星定位系统,对重要的商品和运输场次进行全球定位跟踪,防止意外的情况发生,以保证物品配送的顺利进行。

二、降低配送成本的策略

要理解降低配送成本的策略,首先要理清降低配送成本和提高配送服务水平的相互联系,正确处理和协调两者的关系是配送管理的重要内容。

(一) 配送服务与成本之间的"二律背反"

前文提过"二律背反",降低配送成本和提高配送服务水平就是配送系统的这样一对冤家。过去曾有人提出把"在任何时间、任何地点、任何数量上都满足顾客的要求"作为一般服务标准,这样的服务标准确实很高,只有在不考虑成本的前提下才能办得到,从管理的观点来看,这是一种"无原则"的服务标准,既不现实又不可取。而另一个偏向则是不管生产和购销的要求,一味追求最低成本,比如为了大批量集中进行送货,以降低运输费用,而不考虑顾客的需要,延长送货时间,结果造成缺货损失,影响企业信誉。这种以牺牲企业未来利益而换来的低成本同样毫无意义,是管理上的本末倒置。配送成本与配送服务之间也存在"二律背反"关系。

一般来说,提高配送服务质量,配送成本即上升,成本与服务之间受收益递减法则的支配,但当处于高水平的配送服务时,成本的增加与配送服务水平不能按比例相应提高,如图 10-1 所示(其中 $r_1 < r_2$)。

如何正确处理和协调这两者之间的关系呢?

在管理实践中,应注意权衡利弊,用综合的方法来求得两者之间的平衡。如可以通过考察配送系统的投入产出比,来对配送系统经济效益进行衡量和评价。配送系统中的投入就是配送成本,而配送系统的产出就是配送服务。以最低的配送成本达到所要求的配送服务水平,这样的配送系统就是一个有效率的系统。

(二) 降低配送成本的几种策略

配送活动在完成的过程中,也同时增加了产品的价值,这有助于提高企业的竞争力。但完成配送活动是需要付出代价的,即需配

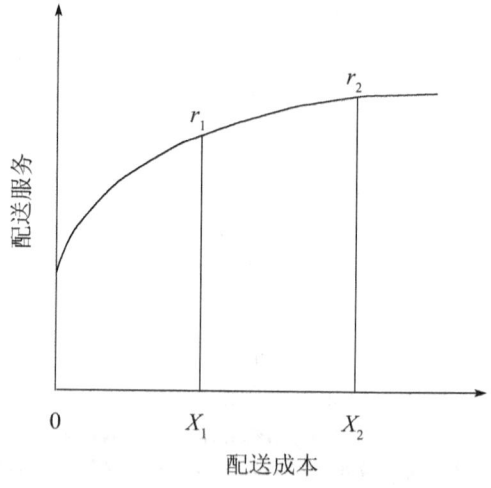

图 10-1 配送服务与配送成本关系示意图

送成本。配送管理就是在配送的目标即满足一定的顾客服务水平与配送成本之间寻求平衡。在一定的配送成本下尽量提高顾客服务水平,或在一定的顾客服务水平下使配送成本最小。一般来说,企业要想在一定的顾客服务水平下使配送成本最小可以考虑以下策略。

1. 混合策略

混合策略是指配送业务一部分由企业自身完成。这种策略的基本思想是:尽管采用纯

策略（即配送活动要么全部由企业自身完成，要么完全外包给第三方物流完成）易形成一定的规模经济，并使管理简化，但由于产品品种多变、规格不一、销量不等等情况，采用纯策略的配送方式超出一定程度不仅不能取得规模效益，反而还会造成规模不经济。而采用混合策略，合理安排企业自身完成的配送和外包给第三方物流完成的配送，能使配送成本最低。例如，美国一家干货生产企业为满足遍及全美的 1 000 家连锁店的配送需要，建造了 6 座仓库，并拥有自己的车队。随着经营的发展，企业决定扩大配送系统，计划在芝加哥投资 700 万美元再建一座新仓库，并配以新型的物料处理系统。该计划提交董事会讨论时，却发现这样不仅成本较高，而且就算仓库建起来也还是满足不了需要。于是，企业把目光投向租赁公共仓库，结果发现，如果企业在附近租用公共仓库，增加一些必要的设备，再加上原有的仓储设施，企业所需的仓储空间就足够了，但总投资只需 20 万美元的设备购置费，10 万美元的外包运费，加上租金，也远没有 700 万美元之多。

2. 差异化策略

差异化策略的指导思想是：产品特征不同，顾客服务水平也不同。当企业拥有多种产品线时，不能对所有产品都按同一标准的顾客服务水平来配送，而应按产品的特点、销售水平来设置不同的库存、不同的运输方式以及不同的储存地点，忽视产品的差异性会增加不必要的配送成本。例如，一家生产化学品添加剂的公司，为降低成本，按各种产品的销售量比重进行分类：A 类产品的销售量占总销售量的 70% 以上，B 类产品占 20% 左右，C 类产品则为 10% 左右。对 A 类产品，公司在各销售网点都备有库存，B 类产品只在地区分销中心备有库存而在各销售网点不备有库存，C 类产品连地区分销中心都不设库存，仅在工厂的仓库才有存货。经过一段时间的运行，事实证明这种方法是成功的，企业总的配送成本下降了 20% 之多。

3. 合并策略

合并策略包含两个层次，一是配送方法上的合并；另一个则是共同配送。

（1）配送方法上的合并。企业在安排车辆完成配送任务时，充分利用车辆的容积和载重量，做到满载满装，是降低成本的重要途径。由于产品品种繁多，不仅包装形态、储运性能不一，在容重方面，也往往相差甚远。一辆车上如果只装容重大的货物，往往是达到了载重量，但容积空余很多；只装容重小的货物则相反，看起来车装得满，实际上并未达到车辆载重量。这两种情况实际上都造成了浪费。实行合理的轻重配装、容积大小不同的货物搭配装车，就可以不但在载重方面达到满载，而且也充分利用车辆的有效容积，取得最优效果。最好是借助电脑计算货物配车的最优解。

（2）共同配送。共同配送是一种产权层次上的共享，也称集中协作配送。它是几个企业联合集小量为大量共同利用同一配送设施的配送方式，其标准运作形式是：在中心机构的统一指挥和调度下，各配送主体以经营活动（或以资产为纽带）联合行动，在较大的地域内协调运作，共同对某一个或某几个客户提供系列化的配送服务。这种配送有两种情况：一是中小生产、零售企业之间分工合作实行共同配送，即同一行业或在同一地区的中小型生产、零售企业单独进行配送的运输量少、效率低的情况下进行联合配送，不仅可减少企业的配送费用，配送能力得到互补，而且有利于缓和城市交通拥挤，提高配送车辆的利用率；第二种是几个中小型配送中心之间的联合，针对某一地区的用户，由于各配送中心所配物资数量少、车辆利用率低等原因，几个配送中心将用户所需物资集中起来，共同配送。

4. 延迟策略

传统的配送计划安排中，大多数的库存是按照对未来市场需求的预测量设置的，这样就存在着预测风险。当预测量与实际需求量不符时，就出现库存过多或过少的情况，从而增加配送成本。延迟策略的基本思想就是对产品的外观、形状及其生产、组装、配送应尽可能推迟到接到顾客订单后再确定。一旦接到订单就要快速反应，因此采用延迟策略的一个基本前提是信息传递要非常快。一般说来，实施延迟策略的企业应具备以下几个基本条件：

（1）产品特征：模块化程度高，产品价值密度大，有特定的外形，产品特征易于表述，定制后可改变产品的容积或重量。

（2）生产技术特征：模块化产品设计、设备智能化程度高、定制工艺与基本工艺差别不大。

（3）市场特征：产品生命周期短、销售波动性大、价格竞争激烈、市场变化大、产品的提前期短。

实施延迟策略常采用两种方式：生产延迟（或称形成延迟）和物流延迟（或称时间延迟），而配送中往往存在着加工活动，所以实施配送延迟策略既可采用形成延迟方式，也可采用时间延迟方式。具体操作时，常常发生在诸如贴标签（形成延迟）、包装（形成延迟）、装配（形成延迟）和发送（时间延迟）等领域。美国一家生产金枪鱼罐头的企业就通过采用延迟策略改变配送方式，降低了库存水平。历史上这家企业为提高市场占有率曾针对不同的市场设计了几种标签，产品生产出来后运到各地的分销仓库储存起来。由于顾客偏好不一，几种品牌的同一产品经常出现某种品牌的畅销而缺货，而另一些品牌却滞销压仓。为了解这个问题，该企业改变以往的做法，在产品出厂时都不贴标签就运到各分销中心储存，当接到各销售网点的具体订货要求后，才按各网点指定的品牌标志贴上相应的标签，这样就有效地解决了此缺彼长的矛盾，从而降低了库存。

5. 标准化策略

标准化策略就是尽量减少因品种多变而导致附加配送成本，尽可能多地采用标准零部件、模块化产品。如服装制造商按统一规格生产服装，直到顾客购买时才按顾客的身材调整尺寸大小。采用标准化策略要求厂家从产品设计开始就要站在消费者的立场去考虑怎样节省配送成本，而不要等到产品定型生产出来了才考虑采用什么技巧降低配送成本。

不管采用何种策略，都要充分地考虑各种因素，以期达到最低的配送成本、满意度较高的配送服务的目的，比如在考虑配送服务水平不变的情况下，通过各种方式降低成本，或者在成本不升高的同时，提高服务的质量。还可以在顾客能接受的范围内，适当地增加成本以提高服务的水平，若能采用些具有创新的方式，在低成本的情况下，实现较高的服务水平，则更可以获得较好的收益。尽管可以采用一些相应的措施，实现这些目的，但是配送跟成本总是一对需要调和的矛盾。比如，某企业减少了库存点，节省了库存管理费用，但是它势必带来运输费用的增长，因为送货频繁了；包装费用降低了，势必为管理和库存带来麻烦，并且运输也会大受影响。所有的这些问题，都会带来成本的另一方面的增长，都说明配送与成本存在"二律背反"的关系，这就要求把配送当作一个系统问题来处理，即配送必须系统化。在这个系统中，主要包含保管子系统、运输子系统、搬运子系统、包装子系统以及配送加工子系统。所谓的系统化就是要综合地整合这几个子系统，让它们发挥出最佳的效益。所以配送策略的采用是一个系统问题,需要综合、全面地考虑。

复习思考题

1. 配送成本有哪些构成?影响配送成本的因素有哪些?
2. 讨论配送成本的定价方式与价格制定方法之间的联系和区别。
3. 配送成本控制的方法有哪些?
4. 降低配送成本的策略中,你认为哪种策略效果最为显著?

【实训项目】

配送中心实务实训

实训内容:
(1) 参观第三方物流配送中心。
(2) 参观制造业仓储配送中心。
(3) 参观百货便利连锁配送中心。
(4) 参观汽车配件及整车配送中心。
(5) 参观电子产品及精密仪器配送中心。
(6) 参观低温冷藏仓储配送中心。

实训目的:
(1) 了解和熟悉不同配送中心的业务流程。
(2) 熟悉不同物流配送中心成本费用的构成。
(3) 熟悉和掌握不同配送中心成本核算与控制方法。

实训要求:
(1) 提前熟悉不同物流配送中心的业务范围,搜集相关资料,找出问题,带着问题参观。
(2) 提前搜集相关资料,熟悉成本核算理论,对照参观配送中心分清成本分类。
(3) 向配送中心相关人员了解成本核算的内容和方法。
(4) 认真记录在成本核算的实际操作中存在的问题和注意事项。

实训操作与规范:
(1) 遵守企业的规章制度。
(2) 要有保密意识,不探寻不传播企业的商业秘密。

【课后案例】

沃尔玛利用物流配送系统节省成本

沃尔玛进入中国短短十几年间,已在中国发展46家分店,其中广东占13家。今年沃尔玛还准备在中国内地开10~15家分店。业内人士认为,沃尔玛能发展到今天这般规模,很大程度与它强大的物流系统分不开。作为大卖场,沃尔玛是如何采用物流配送中心节省成本的呢?

众所周知,沃尔玛的业务之所以能够迅速增长,正是因为沃尔玛在节省成本以及在物流运送、配送系统方面取得了一些成就。事实上,物流运输和配送系统是沃尔玛的焦点业务。据资料显示,近年来沃尔玛每年在物流方面的投资都在1 000多亿美元以上,而且投资额正随着业务的增长在不断增长。

1. "无缝点对点"物流系统

为做到在物流方面降低成本,沃尔玛建立了一个"无缝点对点"的物流系统,能够为商店和顾客提供最迅速的服务。这种"无缝"指的是产品从工厂到商店的货架这一链条尽可能平滑,使整个供应链达到一种非常顺畅的链接,尽可能提供给顾客所需要的服务,同时也可以降低成本。物流业务要求比较复杂,如有时可能会有一些产品出现破损,因此在包装方面就需要有一些对产品特别的保护措施。因为对沃尔玛来说,能够提供更多的产品种类与优质的产品是非常重要的。

2. 配送中心的构建

物流的循环是一个圆圈。如果物流循环是比较成功的,那么在消费者买了东西之后,这个系统就开始自动地进行供货。这个系统当中的可变性使得卖方和买方(工厂与商场)可以对这些顾客所买的东西和订单进行及时地补货。这个系统应当是与配送中心联系在一起的。这个配送中心实际上是一个中枢,将供货方的产品提供给商场,从而减少供货商许多成本。

据了解,沃尔玛降低配送成本的一个方法就是与供应商一起来分担。比如,供货商们可以送货到沃尔玛的配送中心,也可以直接送到商店。但如果供货商们采用沃尔玛的配送中心的配送方式,就可以节省很多钱,且可以把省下来的这部分利润,让利于消费者。这些供货商们也可以为沃尔玛分担一些建立配送中心的费用,如此沃尔玛可从整个供应链中,将配送中心的成本费用节省下来。

3. 物流信息技术应用

据介绍,沃尔玛的物流部门可进行全天候的运作。在此过程中,沃尔玛采用一些包括零售技术在内的最尖端的技术。沃尔玛进行物流业务的指导原则,是把所有的物流过程集中到一个伞形结构之下。在供应链中,每一个供应者都是这个链中的一个环节,沃尔玛必须要使整个供应链成为一个非常平稳、光滑的过程,一个顺畅的过程。这样,沃尔玛的运输、配送以及对于订单与购买的处理等所有的过程,都是一个完整的网络当中的一部分,这样就可以大大降低成本。如在沃尔玛的物流当中非常重要的一点是要确保商店所得到的产品与发货单上完全一致。因此沃尔玛必须有一套非常精确的系统,才可确保整个物流配送过程中不会出现任何差错。这样,商店把整个卡车当中的货品卸下来就可以了,而不用把每个产品检查一遍。因为他们相信过来的产品是没有任何失误的,这样就可以节省很多检验产品的时间。

目前沃尔玛在中国的每一个商店都有补货系统。它使得沃尔玛在任何一个时间点都可以知道,现在商店当中有多少货品,有多少货品正在运输过程当中,有多少是在配送中心,等等。同时它也使沃尔玛了解到,某种货品上周卖了多少,去年卖了多少,而且可以预测将来可以卖多少。因为沃尔玛所有的货品都有一个统一的产品代码,在中国叫EAN

数码。沃尔玛可以对这些代码进行扫描和阅读。此外，沃尔玛还有一个非常好的系统——零售链接，可以让供货商们直接进入到这一系统，了解他们的产品卖得怎么样。根据沃尔玛每天卖的情况，他们可以对将来卖货进行预测，以决定他们的生产情况，这样他们产品的成本也可以降低。

据了解，沃尔玛所有的系统都是基于 UNIX 系统的一个配送系统，并采用传送带、产品代码，以及自动补货系统和激光识别系统，所有的这些加在一起为沃尔玛节省了相当多的成本。

（注：案例来源于《民营经济报》）

讨论题：
1. 沃尔玛是如何降低配送成本的？
2. 沃尔玛的成功案例对中国的零售业的启示作用体现在哪些方面？

参 考 文 献

[1] 周云霞. 仓储管理实务［M］. 北京：电子工业出版社，2008.
[2] 邬星根. 仓储与配送管理［M］. 上海：复旦大学出版社，2005.
[3] 郑克俊. 仓储与配送管理［M］. 北京：科学出版社，2006.
[4] 李永生. 仓储与配送管理［M］. 北京：机械工业出版社，2005.
[5] 浦震寰. 现代仓储管理［M］. 北京：科学出版社，2006.
[6] 杨凤祥. 仓储管理实务［M］. 北京：电子工业出版社，2006.
[7] 张远昌. 仓储管理与库存控制［M］. 北京：中国纺织出版社，2004.
[8] 郝渊晓. 现代物流配送管理［M］. 广州：中山大学出版社，2001.
[9] 李玉民. 配送中心运营管理［M］. 北京：电子工业出版社，2007.
[10] 曲学军. 配送中心运营与管理［M］. 北京：人民交通出版社，2007.
[11] 高本河，缪立新，郑力. 仓储与配送管理基础［M］. 深圳：海天出版社，2004.
[12] 邬星根. 仓储与配送管理［M］. 上海：复旦大学出版社，2005.
[13] 张念. 仓储与配送管理［M］. 大连：东北财经大学出版社，2004.
[14] 李永生，郑文岭. 仓储与配送管理［M］. 北京：机械工业出版社，2003.
[15] 周万森. 仓储配送管理［M］. 北京：北京大学出版社，2005.
[16] 缪兴锋. 供应链管理技术与方法［M］. 广州：华南理工大学出版社，2006.
[17] 刘亮，田春青. 第三方物流企业运营管理案例［M］. 北京：人民交通出版社，2007.
[18] 吴润涛，靳伟，王之泰. 物流手册［M］. 北京：中国物资出版社，1986.
[19] 董千里. 高级物流学［M］. 北京：人民交通出版社，1994.
[20] 俞仲文. 物流配送技术与实务［M］. 北京：人民交通出版社，2001.